ミクロ経済学

山崎 昭著

知泉書館

由紀子　奈穂子　紫穂子 へ

はじめに

　この本はミクロ経済学の中級レベルのテキストです．経済学入門を学んだ学生を念頭においていますが，大学1年レベルの微積分を履修した諸君も本書から経済学の学習を開始できます．テキストの本文を始める前に，経済学を初めて学習する方々のために，経済学およびミクロ経済学について簡単な説明をしておきます．その後で，このテキストのいくつかの特徴を説明します．また，本書をテキストにミクロ経済学を教える場合の講義の組み立て方について，いくつかの可能性を示しておきます．そして最後に本書をまとめる作業で参考にした著書について簡単に触れておきたいと思います．

　経済と経済学　「経済」というと何となく日常生活と密接な関係があるように思えるのに，「経済学」というと何かしら疎遠だと考える風潮があるようです．特に，高校を終えたばかりの若い人は，経済学の実感があまりわかないようです．そこで，日常生活においてわたしたちと切っても切れない縁がある「お金」から出発して，経済と経済学について考えてみましょう．学生諸氏の視点からすると，お金といえば，まず「何に使うか」ということと，お金を「どのように稼ぐか」ということが問題になるでしょう．（後者には親からの毎月の仕送りも含めます．）実は，この2つの事柄について，日々の生活の中でわたしたちがどのように考え，どのように事を処理して行くかが，巡り巡って経済の基本的な諸問題とかかわって来ます．例えば，携帯電話を購入する，カラオケボックスに行く，授業のテキストを購入する，DVDを買う，あるいは，親が子供を塾に通わせるというようなことは，どのようなもの(=「財」とよびます)やサービスに対して，人々の欲求があるかを端的に示しています．また，どのようなアルバイトをしようか，大学を出てからどのような職業に就いて働こうかなどといったことは，いろいろな「労働」に対して，人々がどれ位いそれを提供したいと考えるかを示すことになります．

　他方，こうしたわたしたちの消費者や労働者としての意思決定や行動と裏腹に，財やサービスを提供する側(=企業・生産者)でも，どのような種類の財・サービスをどれ位い生産し，そのためにどのような原材料と労働をどのように用いるかなどなど，生産と販売に関する様々な意思決定を行なわなければなりません．消費と生産に関する具体的な意思決定が行なわれ，それが現実の生産活動と人々一人一人の消費活動として実現して行く場を全体として抽象的にとらえ，「経済」（エノコミー）economy とよびます．「経済学」（エコノミックス）economics は，この意味での経済における人々の活動とその相互作用がもたらす結果をよく理解しようとする学問であり，その知識を社会を良くするために役立てようとする学問です．歴史的にいえば，当初の経済学の主たる課題は，どのようにすれば人々を飢え苦しむことから救うことができるか，ということであったでしょう．経済学の基本線は今でもこの問題にあるといえます．現代の社会で，この種の基本的な経済問題は地球規模で生じています．先進各国のレストランやコンビニエンス・ストアーの近辺では，未だ十分に食べられるような食品を，定時的にゴミ箱に捨てているかと思えば，アフリカ諸国の中には餓死者を出している悲惨な国もあります．日本に限って見れば，この問題は，国民の間の貧豊の差を是正し，平等を保つための

税制改革の問題, さらには, 高齢化社会での世代間の負担の不平等性などの問題として顕在化しています. 現代社会における先進各国の主たる経済課題は, 安定的な経済の発展と人々の貧富の格差の是正を, 世界全体でどのように実現して行くかに帰着するのではないでしょうか.

ミクロ経済学　このような伝統的経済学の内容は, 1950年代以降, ミクロ経済学の名称で受け継がれてきています. したがってミクロ経済学の主たる内容は, 消費者や生産者といった経済構成員の経済行動の分析に始まり, そうした経済構成員の市場における取り引きが最終的に各構成員へのどのような資源配分に結実していくのかを明らかにしていくことから構成されます. その際, 各種の財・サービス市場における市場取引の機能, 言い換えれば, 市場における価格の働きがどのようなものか, さらには, 市場で決定される財・サービスの価値をどのように理解するかといった点の分析が主要な内容となりますから, 「価格理論」Price Theory とか「価値の理論」Value Theory ともよばれます.

「経済学」では「ミクロ経済学」と共に「マクロ経済学」とよばれる内容の経済学も1950年代以降発展しました. マクロ経済学は J.M. ケインズの『一般理論』(1936年) によって発展した分野です. マクロ経済学とミクロ経済学の根本的な相違点はその分析対象ではなく分析手法にあります. ミクロ経済学は経済社会の個々の構成員にさかのぼって, その行動の分析をすると同時に, 市場における各構成員の活動を分析するに際して, 個々の財・サービス市場に至るまで, それぞれの市場での各構成員の行動が, 最終的に経済全体でどのような財・サービスの配分を実現し, どのような成果を生み出すかを分析します. これがミクロ経済学の「ミクロ」というゆえんです.

他方, 「マクロ経済学」の「マクロ」といわれるゆえんは, 経済全体を眺望するということにあるのではありません. その点についてはミクロとマクロの相違点はありません. それは分析手法にあります. マクロ経済学の分析手法の特徴は, 経済変数として集計概念を用いることです. 個々の財・サービスの数量ではなく, 例えば, 国内総生産 GDP といったすべての財・サービスを集計した数量概念や, 価格についても個々の財・サービスの価格ではなく, 物価といった各種の価格の平均値概念を用いて分析します. また, 経済主体についても, 個別の経済構成員の行動を積み上げた分析ではなく, 消費部門, 生産部門等をそれぞれひとまとめにした経済活動の記述により分析を進めます.

本書全体の特徴　本書を書くに当たって意識した事柄や本書の特徴についていくつか説明したいと思います. 初級・中級レベルのミクロ経済学のテキストは, 従来そのほとんどが, マーシャルやシカゴ学派の流れに沿った形で, どちらかと言えば部分均衡論的色彩を強く前面に押し出す形で書かれてきたとわたくしは考えています. その中で例外的なのが, 日本のテキストでは武隈愼一氏の『ミクロ経済学』です. 氏のテキストは初級・中級レベルにおいて極力一般均衡理論の枠組みでの説明を心掛けています. この点に関する本書の狙いは, シカゴ学派系のテキスト (例えば, ハーシュライファーによるもの) と武隈氏のテキストの中間にあります. 経済学的思考訓練の過程において, 部分均衡論的発想も応用問題を考える上では有益だと考えるからです.

現在出版されている平均的なミクロ経済学のテキストと比べた本書の第2の特徴は, 数学を使用しないことを売り物にするのではなく, 大学初年度において履修することができる微積分や初歩的な線形代数を用いた説明も多用していることです. この点では武隈氏のテキストと同一のスタンスをとっていますが, 本書の特徴は, 言葉による直感的な説明を主体として記述を進め, そうした説明と並行して, 図を用いた説明と同時に, 厳密な数学的な説明や証明も示している点です. 自称「理系的頭脳」

をお持ちの学生諸氏は，数学的証明における数学記号の表層的な理解に甘んじることなく，言葉での説明を充分に理解することによって伝統的な経済学的思考を鍛錬してください．図を用いた説明は，言葉による説明や数学的説明による理解を深める役割を果たしてくれるでしょう．他方，自称「数学嫌い」の学生諸氏は，言葉による直感的な説明を軸にテキストを読み進めてもよいのですが，それだけでは英語を学ぶときに英文和訳や英文法のみ学習して，英会話による会話を楽しまないのと全く同じ事のようにわたくしには思えてなりません．数学記号に慣れ，数学記号を単なる記号と認識せずに，そこに込められた意味や「思い」を言葉による説明から理解することによって，数学的な説明や証明に馴染み，経済現象のより明確なイメージを持つことができ，理解を一層深めることができるものと確信しています．

構成内容の特徴　本書全体の形式上の特徴は以上ですが，具体的な内容や構成上の特徴をつぎに説明します．本書は1章から6章で，消費理論，生産理論，および市場理論を解説します．完全競争市場に関するミクロ経済理論の基本的内容をこれらの章でカバーしています．消費理論は2章と3章ですが，2章では消費者の効用最大化という伝統的な視点からの分析を解説します．3章では2種類の双対的視点を導入し，古典的消費理論の結論であるスルツキー方程式の導出とそのインプリケーションを説明します．

消費理論における取り扱いの特徴は2つあります．1つは双対的アプローチにおける「ロワの等式」の導出方法です．現在では，これを双対問題から「恒等式」として説明する場合がほとんどですが，本書では間接効用の最小化問題における必要条件としてこれを説明します．この形で説明すると，ロワの等式と効用最大化問題の条件との類似性が一目瞭然となります．いま1つは，標準的なスルツキー方程式につづいて，留保需要のスルツキー方程式とその応用について紙面を割いて詳しく解説した点です．3章のE節からG節を見ていただくと理解いただけると思いますが，留保需要のスルツキー方程式は応用問題を考える上で有用だからです．

市場経済の基本的成果に関する事実を述べた厚生経済学の基本命題を，早い段階で学生に見せる目的で消費理論に次いで，4章で交換経済における厚生経済学の基本命題を解説し，5章で生産理論を取り上げた後に，つづく6章では生産経済における厚生経済学の基本命題の他，マーシャルの厚生基準・ヒックスの厚生基準を説明します．外部性や公共財の解説も6章で行ないます．外部性というと「市場の失敗」として説明するテキストが今でも多いのですが，本書ではこれを不完備市場の問題の一環として位置付けます．

前半の1章から6章の伝統的完全競争市場におけるミクロ分析につづいて，7章の産業組織と市場成果では，古典的アプローチによる不完全競争市場の分析を説明します．8章から10章では，主として1960年代以降発展したミクロ経済学における主要なテーマの中で，本書レベルのテキストにも組み入れられつつあるトピックを解説します．8章は不確実性およびリスクと市場ということで，不確実性を一般均衡理論のアプローチから財の定義を拡張することによって導入し，不確実性やリスクを考慮した分析を解説します．初級・中級レベルの不確実性の分析では，期待効用関数による選好関係の表現を中心に解説を進めるテキストが多いのですが，本書では可能な限り期待効用関数による表現を前提としないで，説明を進めます．また，7章の最終節に取り入れた市場の不完備性と証券市場やオプション取引の役割に関する一般均衡理論的立場からの説明も初級・中級レベルのテキストでは目新しいかも知れません．

9章は情報と市場ということで「情報の経済学」を扱います．アドバース・セレクション，モラル・ハザード，シグナリングとスクリーニング，インセンティブ体系などの説明をします．初級・中級のテキストでは，往々にして明確な言葉の定義を与えずに例を示して定義にかえるケースが多いのですが，本書ではこれらの用語の明確な定義を与えることと，そうした用語によって表現される現象を市場メカニズムとの関連でどのように理解すればよいのかという点の説明に力を注ぎました．こうした点は未だ統一的な理解に達しているとは限りませんから，著者の独断や偏見があるかも知れません．そうした事については今後読者諸氏からのご叱正やご批判を仰ぎたいと思っています．

1章から9章までは市場経済に関する分析の枠組みですが，最終の10章ではゲーム理論の基本的枠組みの解説を与え，7章で扱った寡占理論・独占理論への応用を取り上げます．ゲーム理論の入門書では必ずしもこの種の応用に耐える程度に厳密な展開形ゲームの定義と諸均衡概念の定義が与えられない場合も多々見受けられますから，本書レベルのテキストとしては，やや詳細なゲーム理論の入門的概念の解説を与えました．

本書では応用例を「ケース・スタディー」として本文中に適宜取り入れています．読者諸氏がこのような応用例を自ら考えることは，ミクロ経済学の伝統的な思考方法を身につける一助となりますし，ミクロ経済学の学習をより楽しくさせるものと考えています．もし，ゼミなどで本書を利用される場合は，こうした応用例についての学生の考えを発表させるのも学生にとって有益でしょう．

1章を除いて各章末に読者の理解度を確認する目的で「理解度チェック問題」を付けました．このうち択一問題は読者自ら理解度を確認するために試みてください．また，文章題についてはその多くが講義の途中で学生への質問として投げかけた問題です．本書の末尾には択一問題の解答例のみ掲載しました．

テキスト・参考書としての使用例　本書は経済学部，大学院修士専修課程，ビジネス・スクールMBAコース等の学生を念頭に，中級レベルのミクロ経済学入門テキストとして書かれています．1回1時間半程度の講義26回程度を標準として考えますと，ミクロ経済学の講義としては，前半の1章から6章までが講義の対象となります．わたくしの場合，週1回の通年講義や週2回のセメスター講義でカバーできるのはこれくらいですが，7章の独占理論や寡占理論までをカバーしたいときは，このうち3章の双対的アプローチについては詳細な説明を省略し，スルツキー方程式の導出とその応用のみ講義で取り上げ，時間の許す範囲で7章の内容を選択して講義することもあります．学生は通常，テキストの前半部分よりも，後半の7章から10章の内容に大きな興味を示します．しかし，1章から6章の内容は経済学を学ぶ際の基礎となりますから，これを割愛して後半部分だけを講義するわけにはいきません．7章から10章の部分はミクロ経済学あるいは経済学のトピックスとして，別途通年講義や週2回のセメスター講義でカバーするのが妥当かと考えています．そのような場合，講義時間に多少のゆとりができるかと思いますが，その分をケース・スタディーの議論や理解度チェック問題の議論にあてることも可能かと思います．

参考書　本書の執筆過程において直接参考にした著書を簡潔に紹介します．1章から6章の伝統的完全競争市場におけるミクロ分析に関しては，必要に応じて古典である[1]と[2]，大学院レベルのミクロ経済学のテキスト[3], [4], [5]を参照しました．本書における内容の構成や執筆スタイル等に関して参考にしたのは，[6], [7], [8], [9], [10]の各テキストです．7章の産業組織と市場成果では[11]

の古典および [3], [4], [7] を参照しました．8 章の不確実性およびリスクと市場の基本的枠組みは [12] と [3]，期待効用については [13] を参考にしました．9 章の情報と市場では，中級レベルの解説方法および内容の概要について [8] と [10] を参考にし，具体的内容に関しては [14], [5], [15], [13] を参考にしました．最終章の 10 章の内容については，[16], [17], [18] および [13] と [4] を参照しました．

　　謝辞　　本書の執筆については，小山光夫氏が知泉書館を創立される前々からお約束していたのですが，筆者の怠慢で随分長い時間が経過してしまいました．本書の執筆を応援し続けていただき，本書の形式に関してもいろいろ工夫を凝らしていただいた小山光夫氏と高野文子氏のお二人に心からのお礼を申し述べます．

　本書は筆者が大学の講義において使用してきた OHP の手書き原稿を元にしており，それを LaTeX のフォーマットに入力していただいた研究室アシスタントの田﨑（菊池）幸代さんにはご苦労いただき大変感謝しています．数年以上もこの形の原稿を講義用配布資料として使用し，それを大幅に加筆・修正してできあがったのが本書です．

　本書の執筆過程では多くの方々から直接間接に有益なご助言やご教示をいただきました．特に，一橋大学での同僚であった武隈愼一氏と市石達郎氏には心から感謝します．さらには一橋大学大学院国際企業戦略研究科の大橋和彦氏と本多俊毅氏，京都大学経済研究所の原千秋氏の諸氏，また 7 章から 10 章の内容を一読していただき，大変有益なご意見をいただいた筑波大学の石川竜一郎氏に感謝します．

2006 年 6 月

　　　　　　　　　　　　　　　　　　　　　　　　　　国立にて　　山　崎　　昭

参　考　書

[1] Leon Walras, *Elément d'Economie Politique Pure*, Corbaz: Lausanne, 1874-1877.（英語訳：*Elements of Pure Economics*, translated by William Jaffe, Irwin: Chicago, 1954.）

[2] Alfred Marshall, *Principles of Economics*, Eighth Edition,The Macmillan Press Ltd.: Lndon, 1920.

[3] E. Malinvaud, *Lectures on Microeconomic Theory*, Revised Edition, North-Holland: Amsterdam, 1985.

[4] Andreu Mas-Colell, Michael D. Whinston, and Jerry R. Green, *Microeconomic Theory*, Oxford University Press: New York, 1995.

[5] Tatsuro Ichiishi, *Microeconomic Theory*, Blackwell Publishers Inc.: Cambridge, 1997.

[6] 武隈愼一『ミクロ経済学』新生社，1989.

[7] Jack Hirshleifer, *Price Theory and its Applications* Prentice-Hall, 1976.（日本語訳：『価格理論とその応用』上，下，志田明訳，マグロウヒルブック，1988.）

[8] Hal R. Varian, Intermediate Microeconomics, Third Edition, W.W. Norton & Company: New Yorl,1993.

[9] Milton Friedman, *Price Theory,* Aldine Publishing Company: New York, 1976.

[10] M.L. Katz and H. S. Rosen, *Microeconomics,* Third Edition, Irwin/McGraw-Hill: Boston, 1998.

[11] Augustin Cournot, *Recherches sur les Principes Mathématiques de la Théorie des Richesse* Hachette: Paris, 1838.（英語訳：*Researches into the Mathematical Principles of the Theory* of *Wealth*, tranlated by Nathaniel T. Bacon, The Macmillan Company: New York, 1927.）

[12] Gerard Debreu,　*Theory of Value*, John Wiley and Sons: New York, 1959.（日本語訳：『価値の理論』丸山徹訳，東洋経済新報社，1977.）

[13] David M. Kreps, *A Course in Microeconomic Theory,* Princeton University Press: Princeton, 1990.

[14] 梶井厚志『戦略的思考の技術』中央公論社，2002.

[15] 伊藤秀史『契約の経済理論』有斐閣，2003.

[16] 鈴木光男『新ゲーム理論』勁草書房，1994.

[17] 鈴木光男『ゲーム理論の世界』勁草書房，1999.

[18] 岡田章『ゲーム理論』有斐閣，1996.

目　　次

はじめに　v

第1章　財と市場　3

- A　財と財空間　4
- B　市場と価格　7
- C　経済構成員と市場における競争　10

第2章　消費理論―パートⅠ　13

- A　効用と効用関数および無差別曲線　14
- B　選好関係としての無差別曲線　18
- C　選好関係と効用関数　19
- D　限界代替率 MRS　24
- E　消費者の最適な選択　30
- F　数学的付記：最適値問題に対する Lagrange の方法
　　―内点解の場合の数学的導出方法　34
- G　消費者需要　38
- H　需要の弾力性　41
- I　応用例　45
　　ケース・スタディー［効用関数と限界代替率の利用］　46
　　ケース・スタディー［落語の落ちに見る市場価格対限界代替率］　47
　　ケース・スタディー［アンケート調査と市場価格］　48
　　ケース・スタディー［需要の計算］　49
- 理解度チェック問題　50

第3章　消費理論―パートⅡ　55

- A　価格と所得の効用　56
- B　間接効用と双対的アプローチ　60
- C　消費支出と双対的アプローチ　65
- D　スルツキー方程式　70
- E　財の売買と留保需要　77
- F　消費と貯蓄　82

  G 余暇と労働　83
  H 応用例　85
    ケース・スタディー［税制と消費者行動］　85
    ケース・スタディー［留保需要と不動産価格］　87
 理解度チェック問題　88

第4章　価格メカニズムと社会的厚生　93

  A 交換経済　94
  B 配　分　95
  C パレートの条件　97
  D 箱図（ボックス・ダイアグラム）　100
  E 市場取引とパレート最適性　102
 理解度チェック問題　107

第5章　生産理論　111

  A 生　産　112
  B 変形関数と生産関数　113
  C 生産と限界概念　116
  D 生産技術の性質　122
  E 生産者の最適な選択行動―利潤最大化行動　124
  F 企業の需要と供給　129
  G 費用関数　134
  H 短期と長期　141
  I 企業と産業の供給曲線　146
 理解度チェック問題　151

第6章　生産経済と社会的厚生　157

  A 生産経済と配分　158
  B 生産経済と厚生経済学の基本命題　159
  C マーシャルの厚生基準　164
  D 外部性　172
  E 公共財　179
 理解度チェック問題　181

第7章　産業組織と市場成果　187

  A 産業組織の基本的な分類　188
  B 独　占（モノポリー）　189
  C 価格支配力と価格差別　196
  D 買い手独占（モノプソニー）　201
  E 独占的競争　205

F　寡　占(オリゴポリー)　206
　　G　応用例　214
　　　ケース・スタディー［安くして欲しいテキストの値段］　214
　　　ケース・スタディー［貿易摩擦］　215
　　　ケース・スタディー［ディズニーランドの価格戦略］　217
　　　ケース・スタディー［買い手のカルテル］　218
　　　ケース・スタディー［過当競争］　219
　　理解度チェック問題　219

第8章　不確実性およびリスクと市場　　223

　　A　不確実性と財概念　224
　　B　状態依存財とリスク選好　226
　　C　危険回避度とリスクに対するプレミアム　230
　　D　市場におけるリスクの交換　236
　　E　市場の不完備性と証券市場の役割　240
　　理解度チェック問題　246

第9章　情報と市場　　249

　　A　経済と情報　250
　　B　アドバース・セレクション　251
　　C　モラル・ハザード　255
　　D　シグナリングとスクリーニング　258
　　E　インセンティブの体系　263
　　理解度チェック問題　270

第10章　ゲーム理論入門：産業組織―戦略的行動と企業間競争　　275

　　A　展開形のゲーム　276
　　B　戦略形のゲーム　281
　　C　ゲームの解と均衡　283
　　D　古典的寡占モデルと展開形ゲーム　288
　　E　独占企業と参入阻止行動　290
　　F　参入阻止ゲームの分析　293
　　理解度チェック問題　299

理解度チェック問題解答　301
索引　302

ミクロ経済学

第 1 章
財と市場

A　財と財空間
B　市場と価格
C　経済構成員と市場における競争

第1章 財と市場

この章では，ミクロ経済分析の出発点となる財の考え方を説明することから始め，つづいて財の配分の仕方を決定する市場機構について簡単に解説します．

A　財と財空間

財とサービス

広い意味での財　私たちの欲求を直接満たすものとして各種の財やサービスを考えます．パソコン，自動車等の工業製品やパン，米，ジュース，ビールといった各種の食料品のように物質的なものを狭い意味で財 goods とよびます．これに対し，教育，輸送，医療といったものも私たちの欲求を満たしてくれるのですが，物質ではありません．このように物質ではないけれども人々の欲求の対象となりえるものを**サービス** services とよびます．こうした狭い意味での財とサービスをまとめて（広い意味での）財 commodities とよぶことにします[1]．

財の分類　日常の生活では，パソコンとワープロを異なるものとして区別しますが，同一機種であれば大学の生協にあるパソコンと秋葉原にあるパソコンとを異なるものとして区別することはないでしょう．しかし，ミクロの経済理論では，製品の物質的な違いやサービス内容の違いにより財を区別するだけでなく，さらにそのほかの視点からも財を識別しています．実際，下記の4つの視点から財を区別し，分類します．

- 物質的な区別あるいはサービス内容による区別
- 場所 location による区別
- 時間 time による区別
- 偶発的事象（コンティンジェンシー contingency）による区別

もちろん，この中で1番目の物質的な違いやサービス内容の違いによる分類は日常生活における私たちの分類と同じです．場所によっても区別するというのは，上の例で言えば大学の生協で販売されるパソコンと秋葉原で販売される同一機種のパソコンとを「異なる財」と考えるということです．同様に，全く同じ製品が同一の場所で販売されても，販売される時期が4月と8月というように違っていれば，「異なる財」と考えます．なぜこのように財を細かく分類するかと言えば，それは後でいろいろな状況に対応した経済分析を行うのに便利になるからです．上の4番目の分類は皆さんにとって耳慣れない分類の方法かも知れません．これは，天候や自然災害等の偶発的事象（コンティンジェンシー）の違いによっても財を区別し，分類するということです．経済環境の不確実性や情報の不完全性を明示的に考察し，「保険の経済学」や「情報の経済学」を考えるときに便利になります．

---

[1]　テキストによっては，commodities を商品とよんでいるものもありますが，本書では財とよぶことにします．「商品」は市場において売買の対象になっている場合の用語ですが，「財」commodities というときは，経済が市場経済であるかどうか，またそれが市場での売買の対象になっているかどうか，といったこととは切り離して用いられます．

上のように各種の財を識別するのが基本ですが，このほかミクロ経済学において国家・地方レベルの政府部門（公共セクター）にかかわる問題を取り上げるときに，欠かせない分類の仕方があります．つぎに，これを説明しましょう．

私的財と公共財　公共セクター（政府）が提供するものには「国防」「治安」などの公共サービスのほか，道路，下水道，交通信号のような特殊な財があります．この種の「財」を理解する上で，つぎの2つの性質で表わされる特質に注目すると便利です．

- 消費の「競合性」——ある人が消費した財を他の人が消費することは不可能だという性質
- 消費の「排除可能性」——財を消費する側か提供する側の意向によって，特定の消費者による直接の消費を排除できるという性質

排除可能性と競合性を完全に満たしている財を**私的財** private goods とよび，これらの性質を完全に欠いている財を**公共財** public goods といいます．**純粋公共財** pure public goods ともよびます．この両者の中間にあるような財を**準公共財** quasi-public goods とよんでいます．

財空間

ミクロ理論では「財」という考え・概念をもとに理論を構築して行きます．いろいろな種類の財の組み合わせをベースにして，消費者の嗜好や生産技術を考え，それをもとに消費者や生産者の特徴を表現することによりその行動を理解しようとするのです．ここではまず「いろいろな種類の財の組み合わせ」を表現する方法についての約束ごと（これをペダンチックですが「財空間」といいます）の説明から入りましょう．

財の数——原則的に「2」の意味　私たちの身の回りをざっと見回してみても，多数の財があることに気が付きます．市場経済移行期の東欧諸国においてすら600万から800万種類の財はあるとも言われました．市場経済では優にこれを上回る数の財があります．また，財の品質（例えばビールのにがみ）などを考慮すると無数（＝無限）の数の財を扱うことも必要になるでしょう．しかし，この本では原則的に財の数＝2として分析を進めます．財の数が2の場合，数式による表現が簡単になるのと平面図による表現が理解を促進するからです．2は多数の財を表現していると考えてください[2]．ただし，5章以下で生産を考える場合には，財の数として3もしくは4を扱うこともあります．（たとえば，投入物として2財，産出物として2財を考える場合です．）厳密に言えば財の数を2としたときの議論は，財の数が3以上の場合に成立するとは限りません．しかし，このテキストで扱うほとんどすべての性質は，財の数が2の場合に限定されることなく成立する性質です．財の数が2の場合にのみ成立する性質については，その都度注意を与

A　財と財空間

---

[2]　幼児，たとえば，私の娘，が数を数え始めたころ，「いち，に」まで数えて，そのつぎは「たくさん」と言っていた時期がしばらくあります．私たちにとっては「2」を「たくさん」というのは簡略化しすぎかも知れません．

えることにします．

財ベクトル　いろいろな種類の財の組み合わせを表示するのに，各種の財が何単位含まれているかを数字によって示します．数字 1 つが 1 種類の財の数量を表わしますから，2 種類の財がある場合は 2 つの数字の組み合わせによって表現することになります．このような数字の組み合わせを**財ベクトル** commodity vector とよびます．しかし，頭に浮かぶイメージからすれば，「数字の組み合わせ」は「いろいろな財が入っている買い物かご」とか「いろいろな財からなる束（たば）」ですから，財ベクトルの同義語として，**財のバスケット** a basket of commodities とか**財の束** a bundle of commodities という言葉も用いられます．財ベクトル $x = (x_1, x_2)$ をつぎのように理解します．

　　　　　　　　[財のバスケット]　[その中味]　[1 財の量]　[2 財の量]
　　　　　　　　　　　x　　　　　　　$=$　　　　$(\quad x_1,\quad\quad x_2\quad)$

財ベクトルの足し算（和）と掛け算（積）[3]　　財ベクトルのイメージはいろいろな財が入っている買い物籠（＝バスケット）でしたから，自然な形で足し算や掛け算ができます．

- **和**　　$x + y = (x_1 + y_1, x_2 + y_2)$.
  x, y という 2 種類のバスケットを足し合わせることは，バスケット x とバスケット y に入っている同じ種類の財の量の和からなるバスケットを考えることを意味します．
- **スカラー積**　　$ty = (ty_1, ty_2)$.
  スカラーというのはベクトルではなく，普通の数を指します．財ベクトル y のスカラー積 ty は，バスケット y を t 倍すること，いわばバスケットを t 個寄せ集めることを意味します．したがって，スカラー積の意味は，t 個のバスケットの中味が 1 つのバスケットの中味をすべて t 倍したものに等しいということです．ただし，t の値を整数に限定しません．

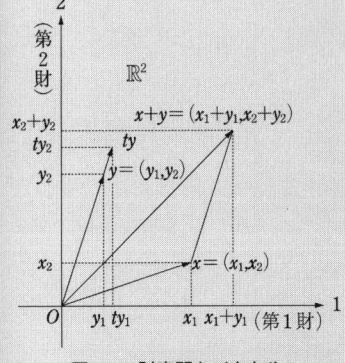

図 1.1　財空間とベクトル

図 1.1 は和とスカラー積を図示したものです．これらの和と（スカラー）積の考え方は私たちが日常生活で行なっている「財バスケット」の足し算や掛け算と合致しています．

財空間　このテキストでは，原則として財の数が 2 種類の場合を明示的に考察しますから，財ベクトルは「2 次元のユークリッド空間」（＝平面）の 1 つの点として取り扱います．そして財ベクトル全体の集合を**財空間** the commodity space とよぶことにします．

---

3) このような演算が定義される集合（空間）を数学ではベクトル空間とよび，その性質については「線型代数」において解説されますので，興味を持たれる読者は数学書を参照してください．

B 市場と価格

生産に必要な財の受け渡しも，消費される財の受け渡しも市場経済ではすべて市場[4]における各経済主体の活動を通して行なわれます．この活動を**市場取引**とよびます．**市場**（マーケット markets）とは財や資産の受け渡しあるいは受け渡し契約が行なわれる場の総称です．市場といっても，築地の市場やかつての東証（東京証券市場）[5]のように具体的に「市場」全体を私たちが目で見ることのできるものとは限りません．よくテレビのニュースなどで報道される「東京外国為替市場」は「築地」というようなある特定の場所に物理的に存在しているものではなく，東京所在の日本の銀行や外国銀行の支店，外国為替ディーラー等が電話，ファックス，コンピュータ・ネットワークなどを通して取り引きを行なう「場」を指す総称であり，その意味で抽象的なものなのです．したがって，昔の「いちば」のような具体的な場所が存在する必要はありません．テレビ・ニュースで「東京外国為替市場」を写し出すとすれば，そういった市場における取り引きの具体的な1例として電話やコンピュータ画面を前にディーリングを実行している人を写し出すのみです．

市場取引の性質により，つぎのようないくつかの市場が考えられます．

直物（スポット spot）市場——実務上は現物が取り引きされる市場のことです．理論上は同一時点の取り引きが行なわれる市場を指します．

先物（フォワード forward）市場——将来時点の財や資産の受け渡しが行なわれる市場のことで，現時点では「契約」の受け渡しが行なわれます．

先物（フューチャーズ futures）市場——多くの先物商品市場や金融先物市場は「フューチャーズ」とよばれます．フォワード市場の場合は契約が成立し取り引きが行なわれると将来時点で現物の受け渡しが行なわれるのですが，フューチャーズの場合は，契約成立後満期日に至るまでの各時点で「連続的」に差額（＝契約価格と各時点での先物価格との差額）の決済のみが行なわれます．

コンティンジェント contingent 財市場——実務上「コンティンジェント財市場」の用語は使用されません．純理論的な用語です．同義語として**状態依存財市場**，**条件付き財市場**，**アロー・ドブルー市場**なども用いられます．先物（フォワード）市場では現物の受け渡しが行なわれる時点に依存して価格が決定されますが，これにさらに偶発的事象に依存して現物の受け渡しが行なわれることを契約し，取り引きするのがコンティンジェント財市場です．各種の保険契約の取り引きがこの種の契約の一例と考えられます．

[4) 「市場」は「いちば」ではなく「しじょう」とよびます．
5) 現在では，証券市場における「場立ち」による取り引きが見られなくなり，コンピュータによるオンライン取引にとって変わられました．

第1章 財と市場

価　格

経済活動が市場取引を通して行なわれることの基本的な意味は，取り引きの対象となるすべての財にたいして「価格」が成立するということです．価格は市場における財の価値評価を表現したものですが，歴史的には，各財の価値評価をそれと等しい価値を持つ他の財の個数によって表現することから始まったものと考えられます．現代社会では経済計算の単位としては法的に定められた抽象的な貨幣単位が用いられます[6]．

計算単位・会計単位（ユニット・オブ・アカウント）　　経済の計算単位や会計単位をユニット・オブ・アカウント unit of account とよびますが，ユニット・オブ・アカウントとして通常は貨幣単位が用いられます．これに対し市場における価値を計る尺度・基準として実際に社会で用いられる単位を**価値尺度** unit of value もしくは**価値基準** standard of value とよびます．それが会計単位と一致しないと多少の不便さはありますが，一致するとは限りません．たとえば，過去のハイパーインフレーション時のアルゼンチンやイスラエルでは，計算単位としては自国通貨であるアルゼンチン通貨やイスラエル通貨の単位が用いられたのですが，市場取引の決済には米ドルが用いられ，米ドルが価値基準となっていたことがあったようです．このように通貨価値が極端に不安定な状況の下では，その社会の会計単位として使用されている通貨が価値基準として用いられなくなるケースがしばしば見られます．その他にも，価値基準と会計単位とが異なる状況が見られます[7]．

また，ある特定の財を用いて各種の財の価値を表現することがあります．このとき，そのような特定の財を**ニューメレール** numeraire とよびます．19世紀から20世紀へかけての著名な経済学者ワルラス Walras の用語です．多くのテキストではニューメレールを価値尺度財とよびますが，ワルラスが用いた本来の意味で，ニューメレールはいろいろな財の価値を表現するためだけに理論上用いられる財を指しており，実際の経済活動において価値尺度となる財であることを前提としません．

価格　　取り引きされる財1単位の価値評価を価格 price とよびます．ある特定の会計単位によって実数値で表現されます．とくに断わらない限り「価格」と言えば「市場価格」（つまり，市場において取り引きされる財1単位の価値評価）を指します．

価格ベクトル　　各財の価格のリストをベクトル（数字の組み合わせ）として表わしたものを価格ベクトル a price vector といいます[8]．価格ベクトル $p = (p_1, p_2)$

---

[6]　日本の現行法では貨幣法により円が通貨単位として用いられることが規定されています．

[7]　フランス，イタリア，ドイツ，デンマーク等のヨーロッパ諸国からなるユーロ圏では，統一通貨単位「ユーロ」を導入し，1999年にはその取り引きが開始されました．日常生活でユーロ単位の通貨が発行されたのは2002年以降です．ユーロが各国の経済取引に完全に定着するまでの過程で，しばらくは，従来の通貨単位であるフランス・フラン，イタリア・リラ，ドイツ・マルク，デンマーク・クローネ等もそれぞれの国における会計単位としてユーロと併行して使用されていました．

[8]　財ベクトルや価格ベクトルというように「ベクトル」とよばれる理由は，つぎの数学注で説

をつぎのように理解します．（図 1.2 参照）

[価格のリスト]　[その内容]　[第 1 財の価格]　[第 2 財の価格]
p 　　　　=　　(　p_1 ,　　　　p_2 　)

価格による財ベクトルの評価 — 支出額・総収入等　市場における価格ベクトルを $p = (p_1, p_2)$ とし，財ベクトルを $x = (x_1, x_2)$ とします．このとき，**市場価格による評価価値**あるいは**市場価値** market value を $p \cdot x$ と書くと，これは $p \cdot x \equiv p_1 x_1 + p_2 x_2$ で与えられます．$p_1 x_1$ は第 1 財を x_1 単位購入するときの支出額，$p_2 x_2$ は第 2 財を x_2 単位購入するときの支出額ですから，$p_1 x_1 + p_2 x_2$ は消費者が（財ベクトル）x を購入するときの**支出額** expenditure を示します．また，x を販売した人にとって $p \cdot x$ は，x を販売したときの**総収入** total revenue となります．

数学注　線型代数では $p \cdot x \equiv p_1 x_1 + p_2 x_2$ によって定義される任意の 2 つのベクトル p, x の積を**内積** inner product とか**ドット積** dot product とよんでいます．すでに高校の数学で学んだように，内積 $p \cdot x$ はきれいな幾何学的イメージを持っていて，経済学的理解を助けることがしばしばあります．

- $p \cdot x = \|p\| \|x\| \cos\theta$　ここで θ はベクトル p と x のなす角度，$\|\cdot\|$ はベクトルの（ユークリッド）の長さ，つまり，
$$\|z\| = \sqrt{z_1^2 + z_2^2}$$
です．図 1.3 のように価格ベクトル p による評価価値 $p \cdot x$ は，価格ベクトル p の長さが 1 で $\|p\| = 1$ のときは，価格ベクトル p を含む直線へ財ベクトル x を直角に射影した長さです[9]．したがって，長さが等しい財ベクトルの市場価値を比べると価格ベクトル p と同じ方向の財ベクトルが最も市場価値が高くなります．言葉を換えると，価格ベクトル p は市場が価値を評価する方向を示しているということです．

- 価格ベクトル p で財ベクトル x を評価する場合，$p \cdot x =$ 一定，となるような財ベクトル x 全体は，ベクトル p（p を x まで「平行移動」する）と「直交」します．$p \cdot x = p \cdot y =$ 一定，であれば $p \cdot x - p \cdot y = p \cdot (x - y) = 0$ となります．$\cos\theta = 0$ となるのは，角度 θ が 90 度（もしくは 270 度）のときですから，p と $(x - y)$ のなす角度は 90 度になっているのです．（図 1.4 参照）

相対価格　価格比 $\dfrac{p_i}{p_j}$ を i 財の j 財に対する相対価格 relative prices といいます．相対価格 $\dfrac{p_1}{p_2}$ が持つ経済学上の意味合いをつぎのように理解することが重要です．第 1 財 1 単位と第 2 財 t 単位とが同等の市場価値を持てば，財ベクトル $(1, 0)$ と $(0, t)$ を価格ベクトル p で評価したときの価値は等しくなりますから，$p \cdot (1, 0) = p \cdot (0, t)$ です．$p_1 \times 1 + p_2 \times 0 = p_1 \times 0 + p_2 \times t$ より，$t = \dfrac{p_1}{p_2}$ となり

明したように，数学的にはベクトル空間を定めるような演算を財の組み合わせや価格の組み合わせについて行なうからです．

9)　$\|p\| \neq 1$ のときは，この射影の長さに $\|p\|$ を掛けて調整した値です．

B　市場と価格

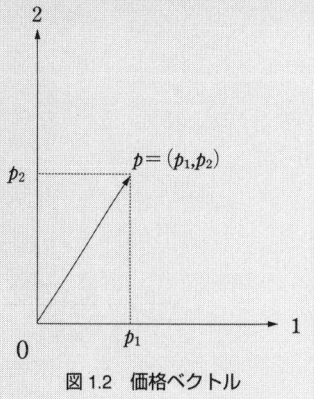

図 1.2　価格ベクトル

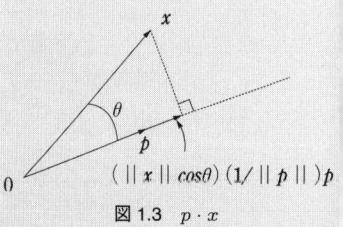

図 1.3　$p \cdot x$

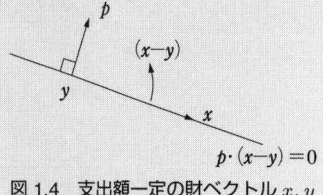

図 1.4　支出額一定の財ベクトル x, y

ます．これは，$\frac{p_1}{p_2}$ が第 1 財 1 単位と同じ市場価値を持つ第 2 財の数量を表わしていることを示しています．言い換えれば，$\frac{p_1}{p_2}$ は第 1 財 1 単位が市場において第 2 財何単位に相当するかを示す数値ということです．その意味で相対価格は市場における第 1 財の第 2 財に対する**交換レート** exchange rate なのです．

合成財—多数財と市場価値による合成　本書では基本的に 2 財のみを考えた分析を行ないますが，多数の財を明示的に分析しなくとも実質上 2 財のみの分析で十分な場合があります．その考え方を簡単に説明しましょう．

分析の対象となっている財を第 1 財とし，その他すべての財への支出額 1 単位を第 2 財 1 単位と考えます．ここで第 2 財は多数の財から「合成」されますから，**合成財** composite commodity とよばれます．第 2 財を構成する多数財の間での相対価格に変動が生じないときに，合成財の考え方は有効です．

数字	財	数量	価格
1	第 1 財	x_1	p_1
2	その他すべての財への支出額（合成財）	x_2	$p_2 = 1$

C　経済構成員と市場における競争

経済構成員

市場では各種の財について取り引きが行なわれ，価格が成立することを説明しました．市場取引への参加者は経済活動の主体である経済構成員ですが，経済学では一般にどのような経済主体を考察の対象とするのでしょうか？　その点について簡単に触れておきます．

経済活動を担う人々や組織を**経済構成員** economic agents あるいは**経済主体**とよび，各構成員は経済活動について統一的な意思決定を行なうものと考えます．より具体的には経済構成員としてつぎの 3 つのカテゴリーの構成員を考えます．

消費者・家計　消費に関する意思決定を行なう経済構成員を**消費者** consumers もしくは**家計** households とよびます．

生産者・企業　生産技術を持ち，生産活動および販売活動に従事する経済主体を**生産者** producers あるいは**企業** firms とよびます．

そのほか，**政府** goverment，**政策当局** policy maker，**中央銀行** central bank 等は**公共部門** public sector と考えますが，本書では明示的に公共部門を担う経済構成員の行動を分析することはしません．政策を議論する際には暗黙の内に公共部門の経済構成員の存在を前提としていることになります．

本書では市場経済が分析の対象ですから，経済構成員による市場活動・市場行動によってどのような市場成果が得られるかを理解することが全体としての目標

となります．売買取引の場としての市場では，経済主体が買い手あるいは売り手となって市場取引に参加します．市場では買い手間，売り手間，さらには買い手と売り手間で取り引きに関する競争が生じますが，競争の在り方によって市場における成果も異なってきます．

市場における競争

異なる経済主体は通常異なった利害関係を持っています．私たちが日常経験する「利害関係の衝突」です．市場という取り引きの場における経済主体間の利害関係の衝突を市場における**競争** competition とよびます．利害関係が衝突する環境において各経済構成員が競って自己の目的を達成しようとする状況を指しているのです．ミクロ経済学の基礎的部分を形成する「需要と供給の理論」（本書の第2章から6章）では，多数の市場参加者を前提とし，市場における競争が行き着いた極限状況を想定して議論を展開します．競争の極限状況は理論的に簡潔な描写が可能なのです．

市場の機能は価格によって描写されることを既に説明しました．多数の市場参加者による市場競争が行き着いた状況を価格によって表現すれば，どのような買い手または売り手をとってみても，誰一人として個人的には市場の価格に影響を持ち得ないような状況だと言えるでしょう．市場参加者が個別的には市場における価格形成に全く影響を持ち得ないような状況では，市場価格を自分にとって与えられたものとして取り引きに関する意思決定を行なうことになります．このように市場価格を「所与として」行動する経済主体を**プライス・テイカー** price-taker とよび，すべての経済主体がプライス・テイカーとなるような市場における競争を**完全競争** perfect competition とよびます．また，完全競争の状況にある市場を**完全競争市場** perfectly competitive market あるいは単に**競争市場** competitive market とよんでいます．

市場における競争が完全競争の状況になければ，市場価格に影響を及ぼすような経済主体が存在していることになります．そのような経済主体を**プライス・メイカー** price-maker とよび，プライス・メイカーが存在するような市場競争を**不完全競争** imperfect competition とよびます．本書の大部分の章では完全競争市場を前提としていますが，産業組織論を扱う2つの章（第7章と10章）においては不完全競争下の企業行動を考察します．

以下の第2章から第6章までで完全競争市場を想定したミクロ経済学の基礎的な理論構成を解説します．まず第2章と3章では需要理論を解説し，4章では生産活動を明示的に考慮しない枠組みで，市場メカニズムの基本的な性質の説明を与えます．そして第5章において生産活動に基づく供給理論を解説し，つづく第6章において4章の内容を拡充し，生産を考慮した場合の市場メカニズムの解説をします．

第2章
消費理論　パートI

A 効用と効用関数および無差別曲線
B 選好関係としての無差別曲線
C 選好関係と効用関数
D 限界代替率 MRS
E 消費者の最適な選択
F 数学的付記：最適値問題に対する Lagrange の方法—内点解の場合の数学的導出方法
G 消費者需要
H 需要の弾力性
I 応用例
　ケース・スタディー
　　[効用関数と限界代替率の利用]
　　[落語の落ちに見る市場価格対限界代替率]
　　[アンケート調査と市場価格]
　　[需要の計算]
理解度チェック問題

第 2 章 消費理論 ―パート I ―

ミクロ経済分析を進める上での最初のステップとして，いろいろな財や価格をどのように表現するかを考えました．これでいよいよ消費者や生産者といった経済構成員の経済活動の分析に入ることができます．私たちの日常生活では，「消費者」という側面が重要な意味を持っています．そこで，身近に感じられる消費活動を定式化し，それを分析することをまず考えてみましょう．この章とつぎの章で消費理論を説明します．

最初に，消費について議論を進めて行く上での基本的な考え方と目標（ゴール）をはっきりとさせておきましょう．

- **基本的な考え方**―消費者の合理的な選択の結果が実際の消費活動として具体化されるものと考えます．
- **消費理論のゴール**―消費者・家計の需要パターン（行動）を理解することです．「需要関数」という形で消費活動を表現することを学び，需要関数の性質を理解することが目標となります．

この章の A 節から F 節までは，上の基本的な考え方が実際にはどのような形で表現されて行くのかを学び，G 節以降「需要」の簡単な性質を学習します．消費理論のゴールにあたる部分はつぎの章の D 節で扱います．

A 効用と効用関数および無差別曲線

効　用

さて，消費者の合理的な選択の結果が実際の消費活動として具体化されるものと考えるとしても，「消費者」をどのように表現すればよいのでしょうか．当面，私たちはこの問題を考えることにします．

消費による満足感としての効用　消費者の行動を消費行動とよぶのですが，理論上は消費者が財ベクトルを選択し，それを消費するという活動を指しています．ある特定の財ベクトルを消費者が選ぶのは，それを消費することによって一定の満足感を得られるからだと考えます．そして，このような満足感が財に「効用」を与えているとみて，人々の満足度の指標を**効用** utility とよぶようになったのです．

効用関数　各種の財の消費により個々の消費者は異なる満足感・効用を得ますが，それを指標として 1 つの実数値関数で表わすとき，**効用関数** utility function といいます．

個々の財について，それを全く消費しない（消費量はゼロ）か，消費する（消費量は正）かのいずれかだとすれば，消費される財ベクトル $x = (x_1, x_2)$ はすべて $x_i \geqq 0$, $i = 1, 2$, を満たします．この条件を満たす財ベクトル $x = (x_1, x_2)$ の集合を $\mathbb{R}^2_+$（「2 次元ユークリッド空間 $\mathbb{R}^2$（＝平面）」の「非負象限」とよぶ）と書き，これに属する財ベクトルを**消費ベクトル** consumption vector とよびます．

消費者の効用関数は $u : \mathbb{R}^2_+ \to \mathbb{R}$ と表わされることになります．効用関数 u は

消費者の満足感の指標を表現するものですから，一般には消費者ごとに異なっているものと考えます．消費者をこのように効用（関数）によって表わすということは，消費者が持ついろいろな性質の中で，財を消費するときに得られる満足感（＝効用）に的を絞って，消費行動を分析するということなのです．とは言っても，効用関数は満足度の指標を通して消費者の嗜好を表現していると考えられます[1]．

数学注 ［関数の表現］$f: A \to B$ の意味は，A に属する元 a（これを $a \in A$ と書く）に対して，関数 f は $f(a)$ という B の元を対応させるということです．A を関数 f の定義域，B を値域といいます．

効用関数の性質

効用関数は満足度の指標を通して消費者の嗜好を表現しているのだと説明しました．B 節から D 節にかけてこの点についての理解を深めることにします．その過程で効用関数によらない嗜好の表現である選好関係についても触れます．この節では手始めに効用関数それ自体の性質と消費者の嗜好・好みを反映するような性質の中で代表的なものを列挙します．

完備性 日常的に言えば，どのような財の組み合わせが好ましいか異なる財ベクトルを比較できるということを指して「完備性」といいます．

消費者の効用関数を $u: \mathbb{R}_+^2 \to \mathbb{R}$ としましょう．どのような消費ベクトル $x = (x_1, x_2), y = (y_1, y_2) \in \mathbb{R}_+^2$ に対しても，その消費から得られる満足感が $u(x), u(y)$ という数値によって効用表現されますから，つぎの $(a), (b), (c)$ のいずれかが成り立ちます．

場合	効用関数の値による比較	読み方	日常的な表現
(a)	$u(x) > u(y)$	x の効用は y の効用より大きい	x の方を y よりも好ましいと思う
(b)	$u(x) = u(y)$	x の効用と y の効用は等しい	x と y とを同程度に好ましいと思う
(c)	$u(x) < u(y)$	x の効用は y の効用より小さい	x よりも y を好ましいと思う

このように任意の 2 つの消費ベクトル $x, y \in \mathbb{R}_+^2$ について，(a), (b), (c) のいずれかが必ず成立する性質を**完備性** completeness（あるいは**比較可能性** comparability）とよびます．また，上記の表で「同程度に好ましい」という表現を経済学では**無差別** indifferent であるといいます．

推移性 簡単に言えば，消費ベクトルの好ましさの比較に矛盾がなく合理的である性質を指して推移性といいます．消費者が消費ベクトル x と y，y と z とをそれぞれ無差別だと思っているとしましょう．このとき，必ずこの人にとって x と z とは無差別であり，x の方を z よりも好ましいと考えたり，逆に z の方を

---

[1] 効用関数は，消費者嗜好の表現にとどまらず，消費の外部性を通して消費者自身の「価値観」をも表現するとみることが可能です．興味のある人は第 6 章のケース・スタディー「「愛」と消費の外部性」を学習した後に考えてみてください．

x よりも好ましいと考えることは有りません．（理由：$u(x) = u(y)$, $u(y) = u(z)$ ならばかならず $u(x) = u(z)$ が成り立つからです．）このような3種類の財ベクトルについての性質を**推移性** transitivity とよびます．また，比較したときに「無差別」だという場合に限らず「より好ましい」という場合の比較においても推移性が成り立っていることも簡単に確かめられるでしょう[2]．このほか，消費ベクトルのどれをとってもそれ自身とは少なくとも同程度に好ましいという性質は，**反射性** reflexivity とよばれます．このような性質は，効用関数については自明です．（$u(x) \geqq u(x)$ は常に成立します．）

以上の性質はいずれも効用関数それ自体が持つ性質です．つぎに消費者の嗜好・好みを反映する性質を2つ取り上げましょう．

単調性 どの財も消費量が増えれば増えるほど効用が上昇し，より好ましいという性質を効用関数の**単調性** monotonicity とよびます．「果てしなき欲望」とでも言えるでしょうか．数学的にこの性質は，$v = (v_1, v_2) \neq 0, v \in \mathbb{R}^2_+$ に対し

$$\text{任意の } x \in \mathbb{R}^2_+ \text{ について } u(x+v) = u(x_1+v_1, x_2+v_2) > u(x)$$

と書けます．第1財と第2財の数量がそれぞれ v_1, v_2 だけ増加し，v_1, v_2 の少なくとも一方がゼロではなければ，より効用が高くなる（＝満足度が大きくなる）ことを表わしています．

準凹性（嗜好の凸性） 効用が同じ2種類の財バスケットを混合（ミックス）するとより効用の高い[3]組合わせのバスケットになるという性質を効用関数の**準凹性** quasi-concavity とよびます．この性質を数学的には

$$0 \leqq t \leqq 1, u(y) \geqq u(x) \text{ であれば，} u(tx + (1-t)y) \geqq u(x)$$

と表現します．

数学注 財バスケット x と y とを混合することの数学的表現について簡単に説明しておきましょう．t を 0 から 1 の間の数値とします．x の $t \times 10$ 割は tx，y の $(1-t) \times 10$ 割は $(1-t)y$ ですから，x と y とを t 対 $(1-t)$ の比で混合すると，$tx + (1-t)y$ となります．これは

$$tx + (1-t)y = t(x-y) + y$$

とも書けますから，y に x と y 差の $t \times 10$ 割を加えたバスケットともみることができます．（図 2.1 参照）

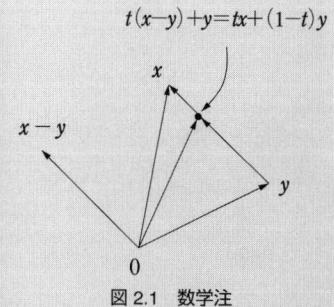

図 2.1 数学注

効用関数と無差別曲線

効用関数の表現の中にさらにどのような形で消費者の好みが潜んでいるかを理解するために，効用関数の「山」とその「等高線」を考えてみましょう．

効用関数の「山」 財空間（財平面）を地上に見立て，消費者の満足感（効用）の強さを山の高さになぞらえると，効用関数 $u : \mathbb{R}^2_+ \to \mathbb{R}$ は地上にどのような「欲望の山」があるかを示しているとみることができます．図 2.2 を参照して

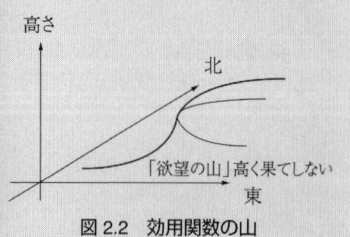

図 2.2 効用関数の山

---

[2] $u(x) > u(y)$, $u(y) > u(z)$ ならば，かならず $u(x) > u(z)$ が成立するからです．

[3] 正確には，「高い」＝低くない，ということです．

ください.

無差別曲線　　ハイキングや登山で山に行くとき，山の等高線が描かれた地図を用います．便利だからです．同じように，消費者の行動を分析する上でも「効用関数の山の等高線」が描かれた地図は有用です．これが無差別曲線の図です．同一効用水準にある消費ベクトルの集合を**無差別曲線** indifference curves とよびます．

数学注　［無差別曲線の数学的表現］ $\{x \in \mathbb{R}_+^2 \mid u(x) = 5\}$ は，効用水準が 5 となるような消費ベクトルの集合を表わしますから，1 つの無差別曲線です．したがって，異なる効用水準に対応して，無数の無差別曲線があることになります．今，$t \in \mathbb{R}$ とすれば，集合 $\{x \in \mathbb{R}_+^2 \mid u(x) = t\}$ は 1 つの無差別曲線を与えますが，数学ではこの集合を $u^{-1}(t)$ と書き，「関数 u による t の逆像」とよんでいます．（図 2.3 参照）

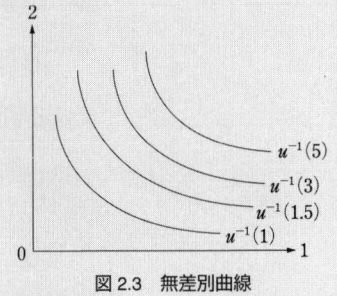

図 2.3　無差別曲線

無差別曲線の性質　　このような無差別曲線には，典型的につぎの 2 つの性質があります．
(1)　任意の消費ベクトル $x \in \mathbb{R}_+^2$ を通る無差別曲線がある．
(2)　効用水準が異なる無差別曲線は互いに交差しない．

第 1 の性質は効用関数 u の完備性（比較可能性）によるものです．第 2 の性質は効用関数 u の推移性によるものですが，これについては，もう少し説明が必要でしょう．今，$u(x) \neq u(y)$ とし，仮に x を通る無差別曲線と y を通る無差別曲線が交差したとしましょう．その交点の消費ベクトルを z とすると，x と z が同じ無差別曲線上にあることから $u(x) = u(z)$ であると同時に，y と z が同じ無差別曲線上にあることから $u(y) = u(z)$ も成立し，推移性により $u(x) = u(y)$ です．これは $u(x) \neq u(y)$ であったことに反します．（図 2.4 参照）

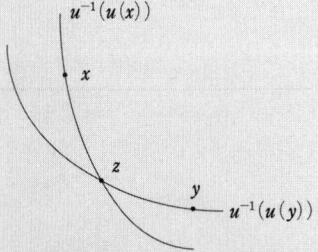

図 2.4　推移性と無差別曲線の非交差性

効用の可測性の問題と無差別曲線 ― 基数的効用対序数的効用　　消費者が各種の財を消費するときに得る満足度を正確に表現するような効用関数は実際に存在するのでしょうか？　これは「効用の可測性」とよばれる問題です．消費者の満足度を正確に表現する効用関数を**基数的効用（関数）**cardinal utility とよびます．かつては，基数的効用関数が存在すると考えられたこともあります．現在では，効用関数は絶対的な満足度を表現する必要はなく，「より好ましい消費ベクトルに，より大きな数値」を与えた指標を表現し，単に「好ましさの順序付け（ランキング）」のみを与えていると考えられています．このように好ましさや満足度の単なる順序付けのみを与える効用関数のことを**序数的効用（関数）** ordinal utility とよびます．序数的効用の場合，効用の山の高さに絶対的な満足度としての意味はなく，その等高線のみが意味を持つことになります．これが効用関数から導かれる無差別曲線の性質に注目する理由なのです．

B 選好関係としての無差別曲線

序数的効用から消費者選好へ

序数的効用の場合，無差別曲線のみが意味を持つということでした．消費者の得る満足感ではなく，消費ベクトルの相対的な好ましさを問題にしているのです．消費ベクトルの好ましさの比較のみが問題になるのであれば，満足度の指標としての効用関数を用いないで，消費者による消費ベクトルの比較を直接に表現する方が自然だということになります．こうした消費ベクトルの比較のみを表現するのが消費者の選好関係です．

選好関係　2つの実数を大小関係で比較する「2項関係」$>, \geqq, =$ に準じて，2つの消費ベクトルの間の好ましさの「大小関係」を比較する「2項関係」を導入し，これを**選好関係** preference relation とよびます．消費ベクトル x, y に対し，消費者が

- x を y「より好ましい」（選好する）と考えるとき，$x \succ y$
- x と y は「同程度に好ましい」（無差別 indifferent である）と考えるとき，$x \sim y$
- 「x よりも y を好ましい」（選好する）と考えるとき，$x \prec y$

と書きます．$x \succsim y$ は，x は y と「無差別であるかより好ましい」という表現です．

選好関係と合理性の仮定

消費理論では，消費者が矛盾の無い合理的な選択を行なうものとして分析を進めます．効用関数が示す消費者の選択態度は，それが完備性や推移性を満たすという点で合理的 rational でした．選好関係によるアプローチでは，消費者選択の対象についての選択態度を選好関係 $\succsim$（$\prec, \sim$ 等）によって示しますから，選好関係について若干の合理性の仮定を設けます．

合理性の仮定

反射性　どのような $x \in \mathbb{R}_+^2$ に対しても $x \succsim x$ である．
完備性（比較可能性）　どのような $x, y \in \mathbb{R}_+^2$ を示されても $x \succsim y$ であるか $y \succsim x$（もしくは，この双方）である．
推移性　$x \succsim y$ であり，$y \succsim z$ であれば，かならず $x \succsim z$ となる．

この3つの**合理性** rationality の仮定のうち，第1の反射性は自明の要請でしょう．第2の完備性は，比較可能性の要請ですから，一見，無害に見えます．しかし，つぎの点に注意してください．どのような x, y が示されてもそれを比較できるということは，日常経験を越えた選択肢を含めて比較可能だということです．たとえば，1ダースの卵と5本のビールからなる財ベクトルと卵3個と7本のビールからなる財ベクトルとを比較するのは日常的ですが，1億5千万ダースの卵と

3千万ダースのビールからなる財ベクトルと，9千9百80万ダースの卵と4千8百90万ダースのビールからなる財ベクトルとの比較は，ほとんどの消費者にとって非日常的です．このような選択肢についても自己の選好を知るには，それ相応の努力と注意深い思索とが必要ではないでしょうか．そうだとすれば，完備性を仮定するとき，分析の対象となる消費者がすべて思慮深い選択を常に行なうことを想定していると言わざるをえません．第3の推移性の仮定は，選択の「無矛盾性」（コンシステンシー）」という意味での合理性を要請しています．推移性については，のちほど改めてコメントを加える機会があります．

選好関係についての標準的な仮定

本書では選好関係 $\succsim$ の合理性を示す3つの仮定に加え，つぎの単調性と強凸性を満たすとき，**標準的な選好（関係）**とよび，ほとんどの場合，標準的な選好を前提として議論を進めます．

単調性 monotonicity　　どのような $x \in \mathbb{R}_+^2$ であっても $v \in \mathbb{R}_+^2 (v \neq 0)$ が付加的に与えられると $x+v \succ x$ となる．

凸性 convexity（**強凸性** strong convexity）　　$y \succsim x$ ならば $0 \leqq t \leqq 1$ に対し $tx+(1-t)y \succsim x$ となる．（$y \succsim x$ ならば $0 < t < 1$ に対し $tx+(1-t)y \succ x$ となる．）

単調性は，どのような消費ベクトルであっても，いくつかの財の消費量を増やすとより好ましい消費ベクトルになることを意味しています．強凸性は，消費ベクトル x と少なくとも同程度に好ましい他の消費ベクトル y とを混合すると，x よりも好ましい消費ベクトルとなることを意味します．異なる種類の消費ベクトルがあるとき，いずれか一方を消費するよりも，混合して消費する方を好ましいとする嗜好を表わします．

選好関係と無差別曲線　　選好関係 $\succsim$ が与えられたとき，たがいに無差別な（同程度に好ましい）財ベクトルの集合を**無差別曲線**とよびます．（ここでは効用関数の無差別曲線ではなく，選好関係から無差別曲線を導入している点に注意してください．）消費ベクトル x に対し，集合 $\{z \in \mathbb{R}_+^2 \mid z \sim x\}$ に属する消費ベクトル y はたがいに無差別ですから1つの無差別曲線を与えます．（図 2.5 参照）

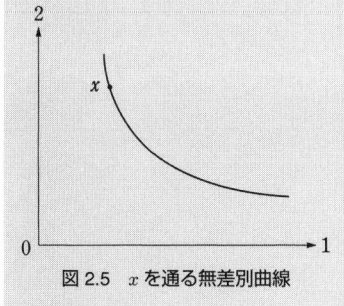

図 2.5　x を通る無差別曲線

選好関係 $\succsim$ が完備性を満たす場合は，どのような $x \in \mathbb{R}_+^2$ をとってもそれを「通る」（含む）無差別曲線があることになります．また，選好関係 $\succsim$ が推移性を満たすならば，異なる無差別曲線が交差しないことは効用関数から得られる無差別曲線の場合と全く同様な議論によって示すことができます．（各自試みてください．）

C　選好関係と効用関数

消費者嗜好の表現に，効用関数を用いる方法と選好関係を用いる方法とを説明しました．この節では，始めに選好関係と（序数的）効用関数の関係を述べ，続いていくつかの具体例を示すことにします．

選好関係と効用関数の関連

選好関係 $\succsim$ に対し，実数値関数 $u : \mathbb{R}_+^2 \to \mathbb{R}$ が
$$u(x) > u(y) \iff x \succsim y$$
を満たすとき，関数 u を $\succsim$ の（序数的）**効用関数**といいます．

連続な[4]選好関係 $\succsim$ と効用関数についてつぎの事実が知られています．

効用関数の存在

$\mathbb{R}_+^2$ の上の連続な選好関係 $\succsim$ が合理性の仮定（反射性，完備性，推移性）を満足するならば，選好関係 $\succsim$ の（序数的）効用関数が存在します．

選好関係 $\succsim$ に対して，その効用関数が1つでも存在すれば，実に無数の（序数的）効用関数が存在することを簡単に確認することが可能です．念のため数学用語の説明をしておきましょう．

数学注 関数 $f : \mathbb{R} \to \mathbb{R}$ が
$$s > t \iff f(s) > f(t)$$
を満たすとき，f を**単調変換** monotonic transformation とよびます．

効用関数と単調変換

u を選好関係 $\succsim$ の効用関数，f を任意の単調変換とすれば，合成関数 $f \circ u$ も $\succsim$ の効用関数となります．

説明 u は $\succsim$ の効用関数だから
$$u(x) > u(y) \iff x \succ y$$
です．ところが f は単調変換だったから
$$u(x) > u(y) \iff f(u(x)) > f(u(y))$$
となります．よって，
$$f \circ u(x) > f \circ u(y) \iff f(u(x)) > f(u(y))$$
$$\iff x \succ y$$

が成立し，$f \circ u$ は $\succsim$ の効用関数となります．

単調変換は数値の変換に当たり，大きさの順番を変えないように数値自体を変換するものです．序数的効用関数は消費ベクトルの好ましさの順に，より大きな数値を対応させますから，（序数的）効用関数を単調変換で変換したものもまた効用関数だということです[5]．同一の選考関係を示す無数の効用関数があることをこの命題は示しています．

---

[4] 選好関係 $\succsim$ が連続だというのは，$x \succ y$ のとき，x と y それぞれの適当な近傍に属する x' と y' についても $x' \succ y'$ が成立することをいいます．

[5] G節で効用最大化問題の解として需要関数を導入しますが，与えられた効用関数ではなく，それを適当に単調変換して得られる関数を用いて需要関数を導出してよいことになります．

選好関係と効用関数の具体例

消費者の嗜好を表現する手段として効用関数と選好関係があることを説明しました．具体的にはどのような効用関数や選好関係を理論上考えるのでしょうか．ここではいくつかの例を取り上げてみます．

コブ＝ダグラス型効用関数　標準的なコブ＝ダグラス型 Cobb-Douglas 効用関数は，
$$u(x_1, x_2) = x_1^t x_2^{1-t},\ 0 < t < 1$$
で与えられます．対数関数 log は単調変換ですから，この形の効用関数を log 変換したものも，全く同じ選好関係や無差別曲線となります．log 変換して得られる効用関数はつぎの形になります．

- $u(x_1, x_2) = t \log x_1 + (1-t) \log x_2,\ 0 < t < 1$
  一見，標準的コブ＝ダグラス型効用関数と異なって見えるつぎの効用関数も，標準的コブ＝ダグラス型効用関数と全く同じ選好関係や無差別曲線を持ちます．
- $u(x_1, x_2) = x_1^{t_1} x_2^{t_2}, t_1 > 0, t_2 > 0$
  これは log 関数による変換によって得られる $t_1 \log x_1 + t_2 \log x_2$ と同じ選好であり，さらに単調変換して得られる
  $$\frac{t_1}{t_1 + t_2} \log x_1 + \frac{t_2}{t_1 + t_2} \log x_2$$
  と同じ選好になるからです．

コブ＝ダグラス型選好関係　コブ＝ダグラス型選好関係は
$$(x_1, x_2) \succsim (y_1, y_2) \iff x_1^t x_2^{1-t} \geqq y_1^t y_2^{1-t}\ (0 < 1 < t)$$
により与えられます．コブ＝ダグラス型選好関係はコブ＝ダグラス型効用関数が定める選好関係です．（図 2.6 参照）

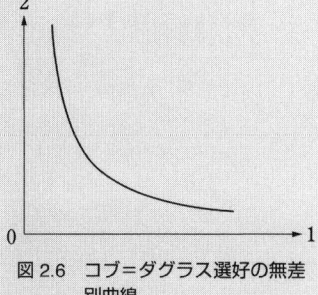

図 2.6　コブ＝ダグラス選好の無差別曲線

レオンチェフ型選好関係（完全補完財）　右足の靴と左足の靴のように，一定比率で消費量が増大するときに効用が増大するような 2 つの財を**完全補完財** perfect complements とよび，各財を完全補完財とみなすような選好を**レオンチェフ型選好関係**とよびます．レオンチェフ型選好関係を与える効用関数を**レオンチェフ型効用関数**とよびますが，つぎの効用関数

- $u(x_1, x_2) = \min\{x_1, x_2\}$
- $u(x_1, x_2) = \min\{tx_1, x_2\}$

がレオンチェフ型効用関数とよばれるものです．これらの効用関数が与えるレオンチェフ型選好関係は L 字型をした無差別曲線になります．（図 2.7 参照）

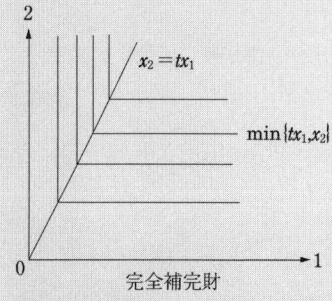

図 2.7　レオンチェフ型選好の無差別曲線

数学注　$\min\{\cdot\}$ は集合 $\{\cdot\}$ に属する元の最小値，$\max\{\cdot\}$ は最大値を表わします．例えば，$\min\{2, 5\} = 2$，$\max\{2, 5\} = 5$ です．

完全代替財　財の単位の変換を許した上で 2 財の消費量の合計のみが選好に影

第2章 消費理論—パートⅠ—

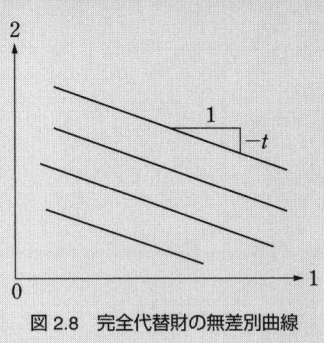

図2.8 完全代替財の無差別曲線

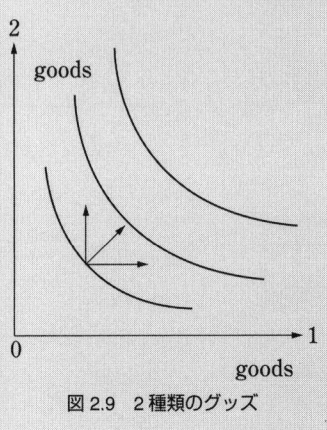

図2.9 2種類のグッズ

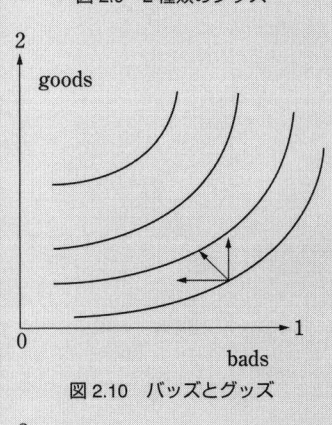

図2.10 バッズとグッズ

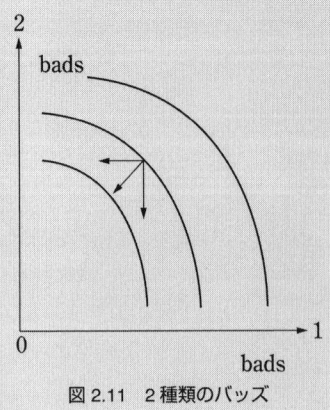

図2.11 2種類のバッズ

響し，それが一定である限り無差別であるような2種類の財を**完全代替財** perfect substitutes とよびます．完全代替財は以下の各効用関数によって表現されます．無差別曲線はいずれの効用関数の場合も同じです．（図2.8参照）

$t > 0$ とし，$t = 1$ 以外は，第1財の1単位を $\frac{1}{t}$ に単位変換した上で消費量の合計を考えます[6]．

- $u(x_1, x_2) = tx_1 + x_2$
- $u(x_1, x_2) = \log(tx_1 + x_2)$
- $u(x_1, x_2) = e^{tx_1 + x_2}$

好ましい財，嫌われる財，中立財　先の3種類の選好は無差別曲線の形状やそれらが持つ意味合いから，各種の具体例を取り上げる場合にしばしば引き合いに出されます．このほか，財の性質そのものを表現するようでいて，消費者の選好を表わす場合も往々にしてあります．その典型的な表現をつぎに列挙しましょう．

- 消費量が多ければ多いほど消費者にとってより好ましいような財を**好ましい財**（グッズ goods）といいます．
- 消費量が少なければ少ないほど消費者にとってより好ましいような財を**嫌われる財**（バッズ bads）とか**負の財**などといいます．
- 消費の増減が好ましさの程度に全く影響を与えないような財を**中立財**（ニューター a neuter, neutral goods）とよびます．

グッズ goods というのは日常的に用いられる英語の表現ですが，バッズ bads は，経済学者特有の英語の駄洒落を含んだ造語です．1960年代の高度成長期における公害問題との関連で定着した言葉です．すべての財が好ましい財であることと選好関係が単調性を満たすこととは同じこと（＝同値）です．この事実からも，財の性質のように述べられている上記の諸性質が，選好関係の特徴を記述していることに気が付くでしょう．

選好関係が合理性を満たし，好ましい方向に凸性を満たすという標準的な場合に，上記の財の分類に対応する無差別曲線をいくつか描いてみましょう．図2.9から図2.12の中の矢印 → は財の選好（好まれる）方向を示します．

例［バッズとグッズ］図2.10におけるようなバッズとグッズの間の無差別曲線を用いた分析の典型的な例にポートフォリオ portfolio 分析（資産選択理論）があります．ポートフォリオ分析では，期待収益をグッズ，リスクをバッズとみなし，財ベクトルにより資産（証券）を表現した上で分析を進めます．リスクは資産による収益の分散によって表わされます．

選好関係の標準的性質に反する例

選好関係と効用関数の具体例を数種類取り上げましたから，つづいて選好の合理性や凸性といった選好関係の標準的性質を満たさない例を示すことにします．

家計の選好と非推移性の例——「コンドルセのパラドックス」　消費行動の分

---

[6] 対数関数 log，指数関数 e ともに単調変換であり，相互に他方の逆関数になっています．

析と言っても，消費者個人のデータを分析することは通常行なわれません．そのようなデータを得ることが困難だからです．せいぜい世帯（＝家計）毎のデータが得られるに過ぎません．そこで，理論上「消費者」というとき，実証分析上は複数人からなる「家計」と解釈することが望まれます．このような場合，選好の合理性とは消費者個人の合理性にとどまらず，意思決定主体としての世帯や家計それ自体の選好の合理性を意味することになります．具体例として，つぎのような状況を考えましょう．

父，母，娘の3人からなる家計の意思決定が多数決によって行なわれるものとします．金曜の夕方に，ジャズ・コンサート（J）かクラシック・コンサート（C）あるいは演劇（T）のうち，いずれかの鑑賞に出かけることを考えています．父（F），母（M），娘（D）の選好の順序はそれぞれ

$$J \succ_F C \succ_F T, \quad T \succ_M J \succ_M C, \quad C \succ_D T \succ_D J$$

とします．J対C，C対T，T対Cという形で3回の投票を行ない，その結果得られる家計の選好関係（つまり，多数決の結果得られる選好順序）$\succ$は，

$$J \succ C \succ T \succ J$$

となります．したがって，この家計の選好は非推移的です．ここで家計に属する個人の選好関係はいずれも推移性を満たすことに注意してください．この例が示す非推移性は**コンドルセのパラドックス** the Condorcet paradox もしくは**投票のパラドックス**として知られています[7]．

嗜好の変化と選好の非推移性　消費者は現時点で財ベクトルyを消費しており，$x \succ y$だとします．その結果，yではなくxが選択されれば，状況は財ベクトルyの保有から財ベクトルxへの保有へと変化します．もし状況の変化により嗜好が変化し，$y \succ x$となれば，その結果外見上，

$$x \succ y \succ x$$

が成立したように見えます．$x \succ x$は成立しませんから，非推移的な結果が生じたように見えます[8]．

嗜好の非凸性の例（図 2.13 参照）　無差別な2種類の消費ベクトルを混合すれば，より好ましい消費ベクトルになるというのが選好関係の強凸性ですから，逆に，混合するとかえって効用が低下するような財の組み合わせが存在すると，選好関係は非凸になることを意味します．私たちの日常生活において，この種の財の組み合わせは存在します．

(1) **民芸調の家具対北欧風の家具**　自宅のリビングにソファーやテーブルなどの家具を配置する場合，民芸調の家具と北欧風の家具を混在させるより，いずれか一方に統一する方を好む人が多いのではないでしょうか．

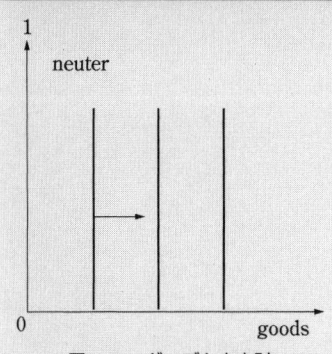

図 2.12　グッズと中立財

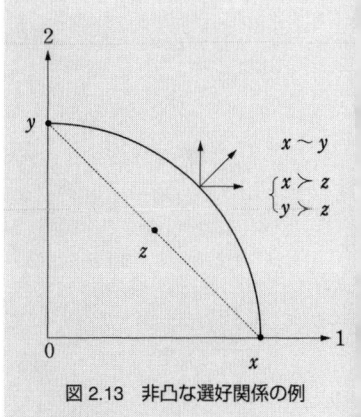

図 2.13　非凸な選好関係の例

---
7)　この例は多数決という民主的な意思決定方式が矛盾のない結果を必ずしももたらさないことを示しています．もちろん，多数決による意思決定方式が好ましくないということを意味するものではありません．

8)　厳密に言えば，このケースでは選好関係が非推移的だというわけではありません．消費者の好みが変化した前後で財ベクトルを比べれば，非推移的に見えることもあるということです．むしろこの例は，一見，選好関係が非推移的であるからといって，選好関係そのものが推移性を満たさないなどと早合点しない方が良いという警鐘と受け止めてください．

(2) **チョコレート・ケーキ対食欲減退剤** 「ダイエットするために食欲減退剤を飲むか、それとも甘いチョコレート・ケーキを食べるか、それが問題だ」と、若い女性ならずとも悩む人がおられるでしょう。チョコレート・ケーキか食欲減退剤のいずれか一方に絞る方が、それらを同時に消費するよりも効用が高いのではないでしょうか。このような悩みを持つ場合、あなたの選好は非凸なのです。しかし、夕食後のデザート用にケーキを買って帰り、娘たちがいろいろなケーキを少しずつ食べているとき、彼女たちの選好は凸性の性質を満たしていると考えられます。

(3) **ちゃんぽんを好まない人にとってのビール対日本酒** もう説明は不要でしょう。

D 限界代替率 MRS

効用関数であっても選好関係であっても共通に無差別曲線によって消費者の嗜好が表現されていると考えられます。より具体的にどのような形で消費者の嗜好が無差別曲線の形状に凝縮しているのかこの節で考えます。結論的には、無差別曲線の「勾配」が財に関する消費者の主観的評価を表わしているのです。このように「無差別曲線の勾配」を表わす概念が重要な意味を持ちますから、これに特別の名前を与え「限界代替率」とよびます[9]。

無差別曲線の勾配 ── 財に関する主観的交換レート

実際に無差別曲線を描いて、それへの接線の勾配を見てみましょう。まず、消費者の現在の消費状況が消費ベクトル $\bar{x}$ で表わされるとします。図2.14のように消費ベクトル $\bar{x}$ を通る無差別曲線を $I_{\bar{x}}$ とし、$\bar{x}$ における無差別曲線 $I_{\bar{x}}$ への接線 $I'_{\bar{x}}$ に置き換えて考えます。(このように「もとの曲線」をその「接線に置き換え」て考えることを、もとの曲線 $I_{\bar{x}}$ を $\bar{x}$ において**線形近似する**といいます。) 図で $I'_{\bar{x}}$ の勾配は -2 になっています。

このとき消費者は、第1財の消費量を1単位増やせるなら、第2財の消費量を2単位減らしてもよい（＝無差別だ）と近似的に考えています。(今後、「近似的」という場合、「もとの曲線を直線に置き換えて考える」こと、言い換えれば「線形近似する」ことを指します。) つまり $(\bar{x}_1+1, \bar{x}_2-2)$ は $\bar{x}$ と近似的に無差別です。(同様に、第1財の消費量を1単位減らしたとき、それ以前の状態と近似的に無差別であるためには、第2財の消費量が2単位増えなければならないとも考えています。) 無差別曲線への接線の勾配の絶対的な大きさは、横軸にとった財1単位に対する消費者の主観的な評価を、縦軸にとる財の単位で近似的に表現しています。この意味で横軸の財に対する**主観的交換レート**を表わしているといえます。

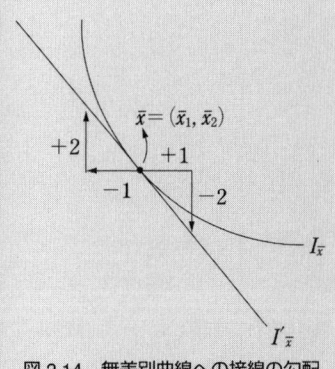

図2.14 無差別曲線への接線の勾配

---

[9] 「限界代替率」という言葉は非日常的で馴染みにくい感じがしますが、これと同種の概念が伝統的ミクロ経済学ではよく用いられます。本節で説明するようにその意味は日常的な感覚でとらえられますから、限界代替率という表現に惑わされないでください。

消費者の主観的交換レートに対し，市場における交換レートは相対価格で与えられます．例えば，$\frac{p_1}{p_2}$ は第1章B節の説明のように，第1財1単位が第2財何単位と市場において交換できるかを示しています．

第2財による第1財の限界代替率 MRS_{12}

横軸の財1単位が縦軸の財何単位に相当すると消費者は近似的に考えているかという主観的交換レートを，無差別曲線への接線の勾配が表わしていました．このような消費者の判断は，市場における消費者の行動を理解する上で重要な要素となります．消費理論における1つのキー・コンセプト（鍵となる主要概念 key concept）として，無差別曲線への接線の勾配の大きさそのものを「第2財による第1財の限界代替率」the marginal rate of substitution of commodity 2 for commodity 1（略して MRS_{12} と書く）として導入します．無差別曲線への接線の勾配の大きさを具体的にどのように定めるのか，この点についての説明が必要です．この具体的な定め方が，とりもなおさず第2財による第1財の限界代替率 MRS_{12} の定義となるのです．

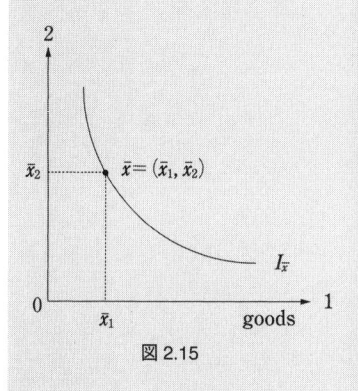

図2.15におけるように消費ベクトル $\bar{x} = (\bar{x}_1, \bar{x}_2)$ を通る無差別曲線を $I_{\bar{x}}$ とします．$I_{\bar{x}}$ は $\bar{x}$ と互いに無差別な第1財と第2財の消費量の組を示していますが，曲線 $I_{\bar{x}}$ の上にある (x_1, x_2) の関係が関数として $x_2 = g(x_1)$ の形で（少なくとも $\bar{x}$ の近傍において）[10]書けたとします．つまり，

$$I_{\bar{x}} = \{(x_1, x_2) \in \mathbb{R}_+^2 \mid x_2 = g(x_1)\}$$

とします．（これは無差別曲線 $I_{\bar{x}}$ が $\bar{x}$ の近傍で関数 g のグラフになっていることを表わしています．）このとき，限界代替率はつぎのように具体的に定められます[11]．

図2.15

第2財による第1財の限界代替率 MRS_{12} の定義

関数 g が $\bar{x}$ において可微分であるとき

$$\mathrm{MRS}_{12}(\bar{x}) \equiv -\frac{dg}{dx_1}(\bar{x}_1) \left(= -\frac{dx_2}{dx_1} \right)$$

と定義します．（図2.16参照）

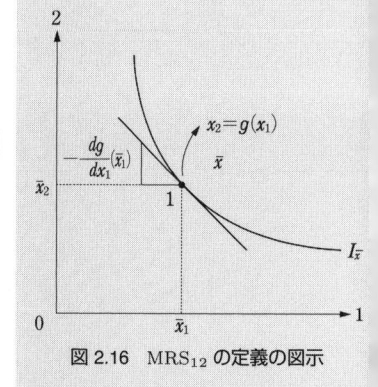

図2.16 MRS_{12} の定義の図示

MRS_{12} の理解の仕方[12] これまでの説明をまとめると，上のように定められた「第2財による第1財の限界代替率 MRS_{12}」には，つぎの互いに同値な解釈

---

10) ここで「近傍」というのは，数学でいう近傍のことですが，大学の数学に不慣れな方は，単に $\bar{x}$ の「近辺」でとか「周辺」でと理解して下さい．

11) この定義で括弧内の $\frac{dx_2}{dx_1}$ における x_2 は，x_1 の関数としての x_2，つまり，$x_2 = g(x_1)$ を表わしています．

12) 第2財による第1財の限界代替率を英語読みの順序に合わせ MRS_{21} と書くテキストもあります．しかし，その意味を考え MRS_{12} と表記するテキストの方が海外を含め多いようです．MRS_{12} が（第2財ではなく）第1財の交換レートを表わすからでしょう．

と意味付けを与えることができます[13]．

MRS$_{12}$ $\iff$ 追加的な1単位の第1財に対し，何単位の第2財を手放しても元の消費ベクトルと（近似的に）無差別であるかを示す数値

$\iff$ 消費者が第1財1単位を第2財何単位と評価するかその主観的な評価を示す数値

$\iff$ 消費者の第2財に対する第1財1単位の主観的交換レート

$\iff$ 横軸に第1財をとったときの無差別曲線への接線の勾配にマイナスを付した値

第2財による第1財の限界代替率 MRS$_{12}$ という表現は，評価される財（第1財）とその評価に使われる財（第2財）を明示した表現ですから，多数財の場合でもその意味は明瞭です．前後関係から評価に使われる財が明らかなときは，単に，第1財の限界代替率とか第2財の限界代替率という表現を今後使う場合もあります．

限界効用

さて，限界代替率は効用の山の等高線である無差別曲線の勾配を表わしていますから，効用関数を使って限界代替率を表現することも可能です．そこで古典的な概念[14]である「限界効用」の説明から始めましょう．

限界効用の定義

効用関数 u が可微分であるとき，それぞれの財について**限界効用** marginal utility をつぎのように定義します．

第1財の限界効用 $\mathrm{MU}_1(\bar{x})$

$$\mathrm{MU}_1(\bar{x}) \equiv \lim_{t \to 0} \frac{u(\bar{x}_1 + t, \bar{x}_2) - u(\bar{x}_1, \bar{x}_2)}{t} \equiv \frac{\partial u}{\partial x_1}(\bar{x}_1, \bar{x}_2) \left(= D_1 u(\bar{x}_1, \bar{x}_2)\right)$$

第2財の限界効用 $\mathrm{MU}_2(\bar{x})$

$$\mathrm{MU}_2(\bar{x}) \equiv \lim_{t \to 0} \frac{u(\bar{x}_1, \bar{x}_2 + t) - u(\bar{x}_1, \bar{x}_2)}{t} \equiv \frac{\partial u}{\partial x_2}(\bar{x}_1, \bar{x}_2) \left(= D_2 u(\bar{x}_1, \bar{x}_2)\right)$$

限界効用 MU_i の解釈　　第 i 財の限界効用 MU_i は「i 財の消費量1単位の増加がもたらす効用の変化」を示します．ここでカギ括弧「・」をつけたのは，この解釈はあくまでも概念が導入されたときのオリジナルな心を伝えるだけのものだからです．序数的効用概念では MU_i に特定の意味を与えることはできません．基数的効用でなければ消費者の満足度を厳密に示しているとは言えないからです．しかし，限界効用の概念は私たちにとって馴染みやすいものであり，便利な概念ですから，現在でも序数的効用と矛盾しない形で用いられることがしばしばあります．

---

13)　下記の説明の括弧書きで「近似的に」としたのは，無差別曲線をその接線で置き換え，線形近似によりその傾きを計測した，つまり微分を用いたという意味です．

14)　「古典的」と言ったのは，限界効用が基数的効用関数を前提として導入された概念だからです．

限界効用による限界代替率の表現

効用関数が与えられているとき，限界効用を用いて限界代替率を簡単に求めることができます．序数的効用では意味をなさない限界効用概念が現在でも生きているのは，これもその理由の1つなのでしょう．限界代替率が限界効用を用いてどのように表現されるか，最初に結論から述べます．

限界代替率と限界効用

$$\mathrm{MRS}_{12} = \frac{\mathrm{MU}_1}{\mathrm{MU}_2}$$

第2財による第1財の限界代替率 $= \dfrac{\text{第1財の限界効用}}{\text{第2財の限界効用}}$

第2財による第1財の限界代替率をこのように簡単に求めることができる理由を説明しましょう．最初に，大学の数学を用いないで主として言葉による説明をし，ついで数式による簡潔な説明をします．

言葉による説明　MRS_{12} は第1財の消費量を1単位増加させるとき，第2財の消費量を何単位減少させても変化以前の消費ベクトルと無差別であるか示します．つぎの表のように第1財の消費量を1単位増加すると，効用は限界効用の MU_1 だけ増えます[15]．

財	1	2
消費量	$+1$	$-\mathrm{MRS}_{12}$
効用	$+\mathrm{MU}_1$	$-\mathrm{MU}_1$

他方，第2財の消費量を1単位減少させると，効用はその限界効用の MU_2 だけ低下します．したがって，第2財の消費量を $\frac{\mathrm{MU}_1}{\mathrm{MU}_2}$ 単位だけ減らすと，効用は $\mathrm{MU}_2 \times \frac{\mathrm{MU}_1}{\mathrm{MU}_2} = \mathrm{MU}_1$ 低下することになり，ちょうど第1財の消費量1単位の増加による効用の増分を帳消しにします．よって，MRS_{12} は $\frac{\mathrm{MU}_1}{\mathrm{MU}_2}$ に等しくなります．

数学注　[微分，導関数]　効用関数 $u(x_1, x_2)$ のような2変数の実数値関数の微分・導関数は，2変数の線型実数値関数であり，$u(x)$ に対し，通常，$Du(x)$ と書かれます．$Du(x): \mathbb{R}^2 \to \mathbb{R}$ ですから，任意の $(t_1, t_2) \in \mathbb{R}^2$ に対し，$Du(x)(t_1, t_2) \in \mathbb{R}$ であり，

$$Du(x)(t_1, t_2) = \frac{\partial u}{\partial x_1}(x) t_1 + \frac{\partial u}{\partial x_2}(x) t_2$$

$$\left(= \left(\frac{\partial u}{\partial x_1}(x), \frac{\partial u}{\partial x_2}(x) \right) \cdot (t_1, t_2) \right)$$

で与えられます．テキストによっては (dx_1, dx_2) という記号を使い，$(dx_1, dx_2) \in$

---
[15]　表は第1財の消費量を1単位増加し，第2財の消費量を MRS_{12} 単位減少させれば，効用の変化が打ち消されることを示しています．

$\mathbb{R}^2$ に対し

$$Du(x)(dx_1, dx_2) = \frac{\partial u}{\partial x_1}(x)dx_1 + \frac{\partial u}{\partial x_2}(x)dx_2$$

と書きますが，dx_1, dx_2 はいずれも任意の実数であることに注意しましょう．$Du(x)(t_1,t_2)$ の値を「**全微分**」とよぶこともあります．これに対し $\frac{\partial u}{\partial x_i}(x)$ ($D_i u(x)$ とも書く) は**偏微分**です．偏微分のときに用いる ∂ は，「ラウンド d」とよんで，この後に来る変数（例えば，x_i）のみ変化させ，ほかの変数はすべて固定しておくことを意味します．∂ という記号は文化系の学生諸君に疎外感を与えるのですが，この記号の後ろに来る変数以外は「無視」して，高校で学習した 1 変数の微分を考えればそれで十分です．

dx_1, dx_2 は x_1, x_2 の「微少な変化」を表わすと説明しているテキストも見受けられますが，これらの値は千，百万，1 億と言ったような数値でもよいため誤解を招く恐れがあります．ただし，$x = (x_1, x_2)$ における微分・導関数は原点を x に移した上で，線形近似してますから，dx_1, dx_2 の値が大きいときは，もとの関数の値から大きくかい離する可能性があります．また，上の t_1, t_2 や dx_1, dx_2 は $x = (x_1, x_2)$ を原点とした座標を示していますから，x_1, x_2, からの変化量と解釈できます．

つぎに $u(x) = u(x_1, x_2)$ の x_1 と x_2 がいずれも $x_1 = g(z), x_2 = h(z)$ と共通の変数を持つ関数だとします．1 変数の実数値関数 F が関数 u と g および h の合成関数として

$$F(z) \equiv u(g(z), h(z))$$

により与えられるならば，$\frac{dF}{dz}(z)$ は 2 つの 1 変数の導関数と 1 つの 2 変数の導関数の合成関数として与えられ

$$\frac{dF}{dz}(z)\left(=\frac{du}{dz}\big(g(z),h(z)\big)\right) = \frac{\partial u}{\partial x_1}\frac{dg}{dz}(z) + \frac{\partial u}{\partial x_2}\frac{dh}{dz}(z)$$

となります．（図 2.17 参照）

図 2.17

数学注 ［陰関数の定理］ミクロ経済学の古典的な諸概念を導入する上で，陰関数の定理は大事な役割を担っています．私たちの理解を手助けする定理の 1 つですから，頑張って定理のイメージをつかんでみましょう．

関数 $f: U \to \mathbb{R}$ は連続可微分，$U \subset \mathbb{R}^2$ は開集合，$f(\bar{x}_1, \bar{x}_2) = t$ とし，つぎの問題を考えます．

問題 $\bar{x} = (\bar{x}_1, \bar{x}_2)$ の近傍で定義される可微分な関数 $x_2 = g(x_1)$ で，この近傍内で

$$f(x_1, g(x_1)) = t$$

を満たす関数 g が存在するでしょうか？

このような性質を満たす関数 g が存在するとき，これを**陰関数** implicit function といいます．関数 f の等高線（レベル・セット）のグラフの中に関数 g の関係が隠されているという意味です．言い換えれば，等高線が与えられたとき，この等高線を関数として表現できるか？ という問題です．ここで，関数 f 自体は「山」に相当します．山 f の等高線を関数で表わしたいのです．上の問題に対する答え

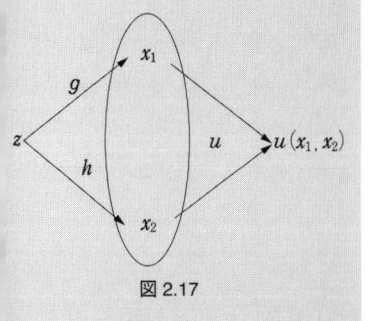

が，つぎの数学定理です．

陰関数の定理

$\dfrac{\partial f}{\partial x_2}(\bar{x}_1, \bar{x}_2) \neq 0$ ならば，$\bar{x}_1$ の近傍で 1 回連続可微分な関数 $x_2 = g(x_1)$ が存在し，$f(x_1, g(x_1)) = t$ を満足します．

図 2.18 の $\bar{z}$ においては $\dfrac{\partial f}{\partial x_2}(\bar{z}_1, \bar{z}_2) = 0$ ですから，陰関数の定理の条件は満たされてません．$\bar{z}$ の近傍では x_2 を x_1 の関数として $f^{-1}(t)$ 上で表現することはできません[16]．これに対し，$\bar{y}$ では $\dfrac{\partial f}{\partial x_2}(\bar{y}_1, \bar{y}_2) \neq 0$ であり，$\bar{y}$ の近傍で $f^{-1}(t)$ 上の x_1 と x_2 の関係を x_1 の関数としての x_2 により表わすことができます． ∎

限界代替率の限界効用による表現の数学的説明　　2 つの数学注により限界代替率の限界効用による表現について，厳密な説明を与える準備が整いました．今，財バスケット $\bar{x} = (\bar{x}_1, \bar{x}_2)$ において，第 2 財の限界効用がゼロではないとします．$\text{MU}_2(\bar{x}) \neq 0$ です．陰関数の定理により，$\bar{x}$ を通る無差別曲線を $\bar{x}_1$ の近傍において，第 2 財の消費量 x_2 を x_1 のある関数 g のグラフとして表現することができます．$\bar{x}$ を通る無差別曲線ですから，もちろん $\bar{x}_2 = g(\bar{x}_1)$ です．新たな関数記号 g を省略するときには，$g(x_1)$ を単に $x_2(x_1)$ と書いて，このような陰関数 g を表現します（図 2.19）．このとき限界代替率の定義から

$$\text{MRS}_{12}(\bar{x}) \equiv -\dfrac{dx_2}{dx_1}(\bar{x}_1)$$

です．$\bar{x}$ を通る無差別曲線の効用水準を t とすれば，消費ベクトル $(x_1, x_2(x_1))$ は常に無差別曲線 $u^{-1}(t)$ 上にありますから

$$u(x_1, x_2(x_1)) = u(\bar{x}_1, \bar{x}_2) = t$$

が $\bar{x}_1$ の近傍で成立します．したがって，

$$\dfrac{du}{dx_1}(\bar{x}_1, \bar{x}_2(\bar{x}_1)) = \dfrac{\partial u}{\partial x_1}(\bar{x}_1, \bar{x}_2) + \dfrac{\partial u}{\partial x_2}(\bar{x}_1, \bar{x}_2)\dfrac{dx_2}{dx_1}(\bar{x}_1)$$
$$= 0$$

を得ます．ここで最後の等号が成立するのは，$(x_1, x_2(x_1))$ は一定の効用水準 t を維持し，効用水準が変化しないからです．ゆえに，

$$-\dfrac{dx_2}{dx_1}(\bar{x}_1) = \dfrac{\partial u(\bar{x}_1, \bar{x}_2)/\partial x_1}{\partial u(\bar{x}_1, \bar{x}_2)/\partial x_2}$$

となります．つまり，$\text{MRS}_{12}(\bar{x}) = \dfrac{\text{MU}_1(\bar{x})}{\text{MU}_2(\bar{x})}$ が成立します．

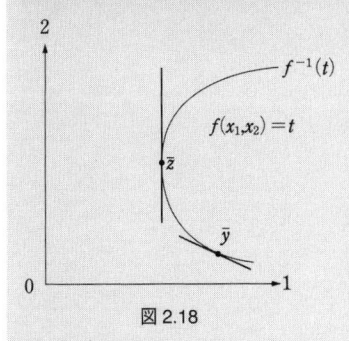

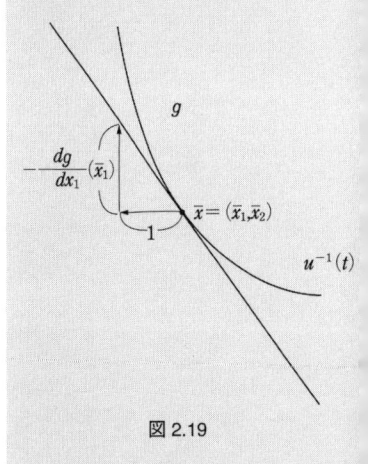

[16] 接線が垂直になっているため，$\bar{z}_1$ の近傍の x_1 では，等高線上で縦軸の方向に x_1 に対して 2 つの x_2 が対応していて関数としての表現ができないのです．

E　消費者の最適な選択

この章でここまでに学んできたことは，基本的にはただ 1 つです．消費者行動を分析する上で消費者をどのように表現すればよいかということです．消費行動の前提となる消費者の好み・嗜好に着目し，効用関数や選好関係によって表現するということでした．この節では話を一歩進め，消費者の日常的な行動としての選択行為を効用関数や選好関係を用いて理解します．選択可能な範囲から最も好ましいベストなものを選択する結果が，消費者行動となって表われるのだとして，消費者の行動を理解するのです．

可能な選択範囲と予算線

消費ベクトルの選択にあたり消費者がベストな選択を行なうということは，選択可能な範囲の中で，最も好ましい，効用を最大にするような消費ベクトルを選ぶということに帰着します．それでは消費者の選択可能な範囲とは何でしょうか．

予算制約　　消費者にとって選択可能な範囲は市場での財の購入価格と支出に振り向けることができる予算額により制約されます．このような制約を**予算制約** budget constraint とよびますが，予算制約はつぎの不等式により表わされます．$p = (p_1, p_2)$ を各財の価格を示す価格ベクトル，$w \geq 0$ を消費者の予算を示す所得とすれば，**予算制約式**は

$$p \cdot x \leq w \quad \left(p_1 x_1 + p_2 x_2 \leq w \right)$$

です．予算制約式を「第 1 財への支出額と第 2 財への支出額の合計が所得を越えない範囲で消費ベクトルを選択可能である」と読みます．予算制約（式）を満たすような消費ベクトル $x = (x_1, x_2)$ が消費者の選択可能な範囲です．そこで，予算制約を満たす消費ベクトル全体を**予算集合** budget set とよび，予算制約を等号で満たすような消費ベクトル全体を**予算線** budget line とよんでいます．（図 2.20 参照）予算線を表わす式は

$$p \cdot x = w \quad \left(p_1 x_1 + p_2 x_2 = w \right)$$

です．

図 2.20　予算線と予算集合

予算線の見方　　予算線 $p_1 x_1 + p_2 x_2 = w$ を眺める場合，つぎの 4 つの点に着目してください．

第 2 財の購入量 x_2：　予算線上の x_2 を皆さんに馴染みのある書き方にすると，$x_2 = -\dfrac{p_1}{p_2} x_1 + \dfrac{w}{p_2}$ です．横軸に第 1 財の数量，縦軸に第 2 財の数量をとり，第 2 財の数量を第 1 財の数量の関数として平面上に書く場合の，予算線の書き方になります．

勾配：　（勾配）$= -\dfrac{p_1}{p_2}$ ですから，「勾配の大きさ」は市場における第 1 財 1 単位の第 2 財に対する交換レートを表わしています．

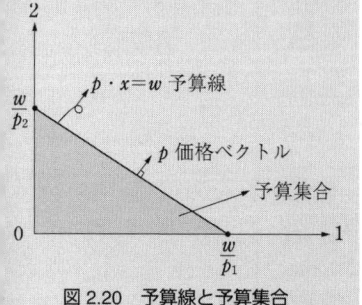

切片： 切片はつぎのようになっています．
- 横軸の切片：$\dfrac{w}{p_1}$ ——所得 w をすべて第 1 財の購入に振り向ける場合に購入可能な第 1 財の数量
- 縦軸の切片：$\dfrac{w}{p_2}$ ——所得 w をすべて第 2 財の購入に振り向ける場合に購入可能な第 2 財の数量

価格ベクトルの方向と予算線： 予算線上に価格ベクトル p を位置すると予算線と直交します（つまり，直角に交わります）．（第 1 章 B 節数学注参照）

予算線の読み方： 予算線が示す等式 $x_2 = \dfrac{w}{p_2} - \dfrac{p_1}{p_2} x_1$ を，「第 2 財の購入量は，所得 w をすべてその購入に振り向ける場合に購入可能な第 2 財の数量から，第 1 財の購入数量 x_1 が市場価格で第 2 財何単位の数量に匹敵するか，その数量を差し引いた数値に等しい」と読むことができます．

最適な選択 —— 効用の最大化

消費者が合理的な選択を行ない，選択可能な範囲から最も好ましい消費財の組み合わせを選ぶことを理論的な表現に翻訳すれば，「予算集合の中で効用を最大化する」ということになります．では，消費者が効用を最大化するような行動をとるとき，どのような状況が実現することになるでしょうか．最初に，図の上で効用最大化の状況を理解した上で，より詳細な分析に進みます．

効用最大化の状況のバリエーション —— 図による理解

(a) **内点解** インテリア・ソリューション an interior solution
無差別曲線は滑らか（スムース）で各財の消費量が正になる場合を図示しています．（図 2.21）

(b) **コーナー解** コーナー・ソリューション a corner solution
いずれかの財の消費量がゼロとなるような状況です．（図 2.22 と図 2.23）

(c) **無差別曲線の屈折点**
内点解のように各財の消費量は正になっていますが，無差別曲線が屈折している場合を図示しています．（図 2.24）[17]

強凸の標準的選好で無差別曲線がスムースな場合は，上の (a) と (b) のケースがあり得ますが，(c) のケースはありません．

効用最大化の条件

効用最大化の視点から消費者の行動を眺めるとき，消費行動の特徴は何か，これを示すのがつぎのテーマです．まず，結論を述べ，ついでそのインフォーマルな説明と数学的説明に移ります．

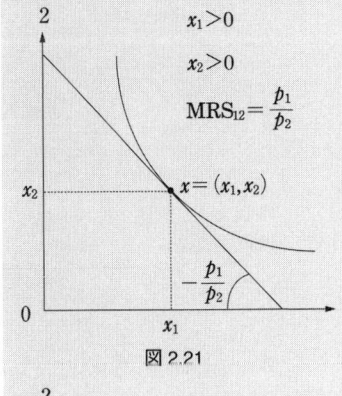

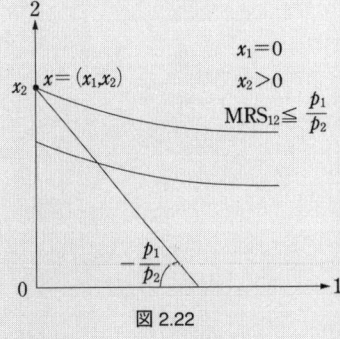

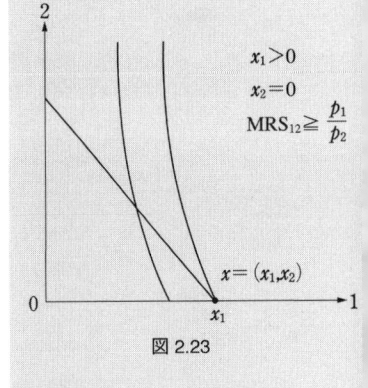

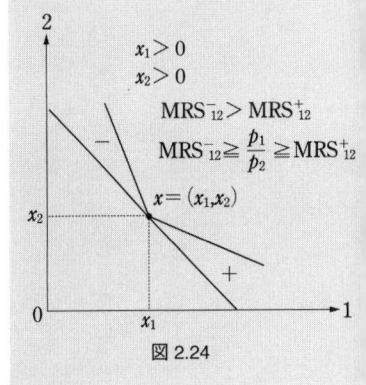

---

[17] 図の中の MRS_{12}^+ は無差別曲線の右側からの勾配，MRS_{12}^- は左側からの勾配に対応しています．

第2章 消費理論―パートI―

> **効用最大化の条件**
>
> 消費者が予算制約の範囲内で最も好ましい消費ベクトル $x = (x_1, x_2)$ を選択するとき,以下の等式・不等式が成立します.
>
> (1) 内点解 ($x_i > 0$, $i = 1, 2$) の場合
>
> $$\mathrm{MRS}_{12}(x) = \frac{p_1}{p_2}$$
>
> 第2財による第1財の限界代替率 = 第2財に対する第1財の相対価格
>
> (2) コーナー解 ($x_1 = 0$ あるいは $x_2 = 0$) の場合
>
> $$\mathrm{MRS}_{12}(x) \leqq \frac{p_1}{p_2} \quad (x_1 = 0 \text{ の場合})$$
>
> $$\mathrm{MRS}_{12}(x) \geqq \frac{p_1}{p_2} \quad (x_2 = 0 \text{ の場合})$$

言葉による説明 (1) 内点解の場合 1) 仮に,$\mathrm{MRS}_{12}(x) > \frac{p_1}{p_2}$ だとすると,消費者の(第2財の単位で表わした)第1財の主観的評価の方が市場における第1財の評価よりも高いことになります.言葉を換えれば,消費者は市場で第1財が安く売られていると感じることになります.

財	1	2
消費量	$+1$	$-\frac{p_1}{p_2}$
効用の変化	$+\mathrm{MU}_1$	$-\mathrm{MU}_2 \times \frac{p_1}{p_2}$

$$p_1 \times 1 - p_2 \times \left(\frac{p_1}{p_2}\right) = 0$$

$$\mathrm{MU}_1 - \mathrm{MU}_2 \times \left(\frac{p_1}{p_2}\right) = \mathrm{MU}_2 \times \left(\mathrm{MRS}_{12} - \frac{p_1}{p_2}\right) > 0$$

そこで,第2財の消費量を $\frac{p_1}{p_2}$ 単位だけ減らせば,第1財の消費量を1単位増加することができますが[18],これにより消費者の効用は $\mathrm{MU}_1 \times 1 - \mathrm{MU}_2 \times \frac{p_1}{p_2} = \mathrm{MU}_2 \times \left(\mathrm{MRS}_{12} - \frac{p_1}{p_2}\right) > 0$ 増加することになり,x が効用を最大にしていたことと矛盾します.(上記の表とそれに続く計算式を参照.)

2) $\mathrm{MRS}_{12}(x) = \frac{1}{\mathrm{MRS}_{21}(x)}$ ですから

$$\mathrm{MRS}_{12}(x) < \frac{p_1}{p_2} \iff \mathrm{MRS}_{21}(x) > \frac{p_2}{p_1}$$

です.したがって,$\mathrm{MRS}_{12}(x) < \frac{p_1}{p_2}$ のケースは第1財と第2財の役割を入れ替えれば1)の議論に帰着します.(あるいは,1)と同様な議論を繰り返せばよいでしょう.下記の表を参考にして,説明を試みてください.)

---

[18] 第2財の消費量が p_1/p_2 未満の場合は,第2財の消費量を p_1/p_2 で割った値だけ第1財の消費量が増加することになります.

財	1	2
消費量	-1	$+\dfrac{p_1}{p_2}$
効用の変化	$-\mathrm{MU}_1$	$+\mathrm{MU}_2 \times \dfrac{p_1}{p_2}$

$$p_1 \times 1 - p_2 \times \left(\frac{p_1}{p_2}\right) = 0$$

$$-\mathrm{MU}_1 + \mathrm{MU}_2 \times \left(\frac{p_1}{p_2}\right) = \mathrm{MU}_2 \times \left(-\mathrm{MRS}_{12} + \frac{p_1}{p_2}\right) > 0$$

(2) コーナー解の場合　上述の 1) では $x_2 > 0$, 2) では $x_1 > 0$ でなければ矛盾を導けません．したがって，$x_1 = 0$ の場合は 1) の不等号のみが排除でき，$\mathrm{MRS}_{12}(x) \leqq \dfrac{p_1}{p_2}$ を得ます．同様に，$x_2 = 0$ の場合は 2) の不等号のみ排除できて，$\mathrm{MRS}_{12}(x) \geqq \dfrac{p_1}{p_2}$ を得ます．

効用最大化条件の経済的な意味　上の議論の本質は，消費者が自分の好みに合わせて最も良いと思う消費パターンを実現していれば，どの財をとってみても「消費している他財によるその財の限界代替率はその相対価格を越えない」ということです．つまり，一般的に「財に対する消費者の主観的評価（= MRS_{12}）が，財の市場評価（= p_1/p_2）を越えない水準まで消費する」という主張です．もしそうでなければ，他財の消費を切り詰めて，その財の消費量を増やすことを消費者は望むからです．したがって，上の効用最大化条件は，私たちの日常生活における実感そのものを理論上の用語で表現しているに過ぎません．言葉による説明を注意深く追っていった人は気付かれたと思いますが，この事実から消費している他財同様「その財も消費している場合は，消費者のその財の主観的評価と市場評価とは等しくなる」という内点解の場合の主張が導かれます．この命題が導かれる根拠は生活実感そのものですが，ある種の驚きを持って迎えられるのではないでしょうか．というのは，体験上私たちは各種の財に対する主観的評価には個人差があることを思い知らされているにもかかわらず，財を実際に消費している人々の間で財の主観的評価は市場の評価に一致し，したがって，主観的評価の個人差は解消しているという命題にもなっているからです．

では，この意味をどのように理解すればよいのでしょうか．それぞれの人々にとっての最適な消費パターンを実現する以前に，主観的評価の差が存在しないことを主張するものではありません．個人の主観的評価と市場の評価とが異なる限り[19]，市場取引が行なわれることを意味しています．その結果として，各消費主体は，自己の主観的評価が市場の評価に一致するまで取り引きを行なうということなのです．

限界代替率と相対価格の関係が効用最大化の条件として成立する理由のインフォーマルな説明をし，その意味を吟味しました．つぎの節で効用最大化条件を

---

[19] もちろん，これは内点解の場合です．つまり，財を実際に正の量消費しようとする人がどこまで取り引きを増やすかという点を議論しています．

内点解の場合に限定して数学的に導出する方法を説明します[20]．その数学的準備として，まず最適化問題を解く Lagrange の方法を説明し，効用最大化問題にそれを適用します．

F 数学的付記：最適値問題に対する Lagrange の方法
―― 内点解の場合の数学的導出方法

最大値・最小値を求める通常の方法

通常の最大・最小値問題は下記の問題として与えられます．

　問題：　　$\max$（または $\min$）$f : U \to \mathbb{R},\ U \subset \mathbb{R}^2$

で与えられます．より正確には，与えられた関数 $f : U \to \mathbb{R}$ に対し[21]，$\max\{f(x)\}$（または $\min\{f(x)\}$）を求めよという問題です．ここで $\max\{\cdot\}$，$\min\{\cdot\}$，は「集合 $\{\cdot\}$ 内の最大値（または，最小値）を求めよ」と読みます．この場合の解の条件がつぎのように与えられることは，よく知られています[22]．

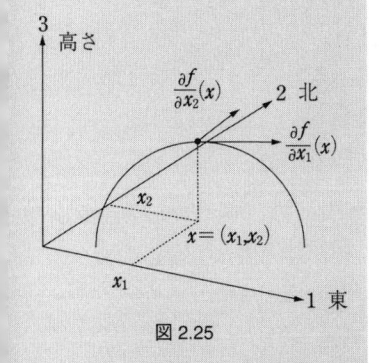

---- 最適解の条件 ----

関数 f は可微分で $x = (x_1, x_2)$ において最大（もしくは最小）値を取るとします．このとき，

$$\frac{\partial f}{\partial x_1}(x_1, x_2)\,(= D_1 f(x_1, x_2)) = 0$$
$$\frac{\partial f}{\partial x_2}(x_1, x_2)\,(= D_2 f(x_1, x_2)) = 0$$

の各条件が成立します．（図 2.25 参照）

上記の連立方程式を解いて解 $x = (x_1, x_2)$ を求めます．

Lagrange の（未定）乗数法

経済学における最大・最小値問題は，ほとんどの場合上の問題と多少異なり，変数の動く範囲に関して制約が設けられています．経済問題の特徴として，限られ

図 2.25

---

[20] コーナー解を許容した最適化条件を求めるには，標準的に Kuhn-Tucker の定理が用いられます．本書ではそこまで立ち入りません．興味を持つ読者は，例えば，武隈慎一・石村直之『経済数学』新世社，2003，岡田 章『経済学・経営学のための数学』東洋経済新報社，2001，神谷和也・浦井憲一『経済学のための数学入門』東京大学出版会，1996 等を参照下さい．ただし，本文中の効用最大化条件の説明は，Kuhn-Tucker の定理の証明と全く同様な考え方でなされています．

[21] $U = \mathbb{R}^2$ あるいは U は開集合です．

[22] 微分についての大学レベルの標準的なテキストを参照してください．ただし，この条件自体は高校で学習した 1 変数の場合の最大・最小値問題の解の条件と本質的に同じで，「変数が動ける方向に対して関数値が増減しない」ことを要請しています．

た財・資源や所得の中で人々が好ましいと考えるような消費が行なわれたり，効率的な生産を目指したりするからです．

> **最適値問題**
>
> 関数 f, g はともに可微分で，$\nabla g(x_1, x_2) \equiv \left(\dfrac{\partial g}{\partial x_1}(x_1, x_2), \dfrac{\partial g}{\partial x_2}(x_1, x_2) \right) \neq 0$.
>
> $$\max \quad f(x_1, x_2)$$
> $$制約条件 \quad g(x_1, x_2) = 0$$

このような最適値問題が与えられたとき，以下の手順にしたがって問題の解を求めることができます．

ステップ1： Lagrange（ラグランジュ）関数 $\mathcal{L}$ をつぎの手順で定めます．

(1) ラグランジュ関数 $\mathcal{L}$ の変数として，元の問題の変数 x_1, x_2 に加え，制約式1つに対し1つの新しい変数（「乗数」とよばれる）を導入します．

(2) ラグランジュ関数 $\mathcal{L}$ は元の問題の「目的関数 f」に（乗数 × 制約式）を加えて作ります．制約式が複数あるときは制約式の数だけ（乗数 × 制約式）を追加します．

したがって，上の問題のラグランジュ関数 $\mathcal{L}$ は導入する乗数を λ で表わすと
$$\mathcal{L}(x_1, x_2, \lambda) \equiv f(x_1, x_2) + \lambda g(x_1, x_2)$$
となります．

ステップ2： ラグランジュ関数 $\mathcal{L}$ の各偏微分 $= 0$ とおきます．（あたかも $\mathcal{L}$ の最適値を求める問題であるかのように考えて，その必要条件を列挙します．）[23]

$$\frac{\partial \mathcal{L}}{\partial x_1}(x_1, x_2, \lambda) = \frac{\partial f}{\partial x_1}(x_1, x_2) + \lambda \frac{\partial g}{\partial x_1}(x_1, x_2) = 0$$

$$\frac{\partial \mathcal{L}}{\partial x_2}(x_1, x_2, \lambda) = \frac{\partial f}{\partial x_2}(x_1, x_2) + \lambda \frac{\partial g}{\partial x_2}(x_1, x_2) = 0$$

$$\frac{\partial \mathcal{L}}{\partial \lambda}(x_1, x_2, \lambda) = g(x_1, x_2) = 0$$

ステップ3： 上の連立方程式を解きます．

以上のような手順で乗数とラグランジュ関数を導入し，最適化問題を解く方法を **Lagrange の（未定）乗数法** multiplier method とよんでいます．

効用最大化条件の導出方法

では，Lagrange の乗数法によって，さきに見た効用最大化の条件を導出してみましょう．効用最大化問題はつぎの問題です．

$$\max \quad u(x_1, x_2)$$
$$制約条件 \quad p_1 x_1 + p_2 x_2 = w$$

---

[23] ただし，$\mathcal{L}$ は一般に最適値を取りません．

この問題に対し，つぎの手順で効用最大化の条件が求められます．

ステップ1： 制約式の数だけ乗数を導入し，ラグランジュ関数を定義します[24]．

$$\mathcal{L}(x_1, x_2, \lambda) \equiv u(x_1, x_2) + \lambda(w - p_1 x_1 - p_2 x_2)$$

ステップ2： 最大値の必要条件を求めます．

$$\frac{\partial \mathcal{L}}{\partial x_1}(x_1, x_2, \lambda) = \frac{\partial u}{\partial x_1}(x_1, x_2) - \lambda p_1 = 0$$

$$\frac{\partial \mathcal{L}}{\partial x_2}(x_1, x_2, \lambda) = \frac{\partial u}{\partial x_2}(x_1, x_2) - \lambda p_2 = 0$$

$$\frac{\partial \mathcal{L}}{\partial \lambda}(x_1, x_2, \lambda) = w - p_1 x_1 - p_2 x_2 = 0$$

ステップ3： 上の連立方程式より u が単調性を満たせば $\lambda > 0$ となります．その結果，最初の2つの等式から

$$\frac{\frac{\partial u}{\partial x_1}(x_1, x_2)}{\frac{\partial u}{\partial x_2}(x_1, x_2)} = \mathrm{MRS}_{12}(x_1, x_2) = \frac{p_1}{p_2}$$

となり，内点解の場合の効用最大化の条件が導かれました．

注 古典的なテキストでは，上のステップ2の式から効用最大化の条件を

$$\frac{\frac{\partial u}{\partial x_1}(x_1, x_2)}{p_1} = \frac{\frac{\partial u}{\partial x_2}(x_1, x_2)}{p_2} \quad (= \lambda)$$

と表現し，「効用を最大化しているときは，追加的1円をどの財の購入に充てても，それによって得られる追加的効用は等しい」と理解しました．また，この値は予算制約式の Lagrange 乗数 λ に等しいのですが，この等式から λ は「所得（もしくは）貨幣の限界効用」を表わしているものと推察できます．より詳しくは第3章で説明します．

Lagrange の数学定理

条件付き最適値問題を解くために，Lagrange の乗数法をどのように適用するかを説明して来ましたから，この節の最後に Lagrange の乗数法の根拠となる Lagrange の数学定理そのものの証明を与えておきます．そのためにグラディエント・ベクトルの説明から始めます．

---

[24] 効用最大化問題の予算制約式のように，元の問題の制約条件が不等式で与えられている問題にラグランジュの方法を適用するために，等式による制約式が $A = B$ の形になっている場合，$A - B = 0$ の形を使うか $B - A = 0$ の形を使うかによって，ステップ2において乗数の前の符号が + か − か変わりますが，本質的にはどちらでも構いません．しかし，本テキストでは乗数の意味合いを統一的に扱う主旨で，つぎのルールで制約式の等式を扱います．最大値問題の制約条件の不等式をすべて $C \geqq 0$ の形にした上で，$C = 0$ の制約式に乗数を掛けてこれを目的関数に加える形にします．予算制約の場合は $w - p_1 x_1 - p_2 x_2 \geqq 0$ ですから，$w - p_1 x_1 - p_2 x_2 = 0$ の制約式に乗数 λ を掛けて目的関数に加えます．

数学注［グラディエント・ベクトル（勾配ベクトル）］ 可微分な実数値関数 $f: U \to \mathbb{R}$, $U \subset \mathbb{R}^2$, に対し，その偏微分からなるベクトル

$$\nabla f(x) \equiv \left(\frac{\partial f}{\partial x_1}(x_1, x_2), \frac{\partial f}{\partial x_2}(x_1, x_2) \right)$$

を**グラディエント・ベクトル**（勾配ベクトル）gradient vector といいます．$\nabla f(x)$ を $\mathrm{grad} f(x)$ とも書きます．グラディエント・ベクトルの下記の性質からその明瞭なイメージが得られます．f を山とし，U は地図上の山の領域，関数 f の値は山の高さとします．

グラディエント・ベクトルの性質

グラディエント・ベクトル $\nabla f(x)$ は，x を通る等高線 $f^{-1}(t)$, $f(x) = t$, への接線に直交し，f の値が最も大きくなる方向（「山」の傾斜が最も急な方向）を示します．

理由 v が x を通る接線上にあれば，$x = (x_1, x_2)$ から $v = (v_1, v_2)$ の方向への動きは近似的に等高線上での移動ですから，f の値は近似的に変化しません．したがって，$\frac{\partial f}{\partial x_1}(x) v_1 + \frac{\partial f}{\partial x_2}(x) v_2 = 0$, つまり $\nabla f(x) \cdot v = 0$ であり，接線上の v と $\nabla f(x)$ が直交していることを示しています（図 2.26, 図 2.27）．ここで，一般にどのような $v \in \mathbb{R}^2$ についても

$$\nabla f(x) \cdot v = \|\nabla f(x)\| \|v\| \cos \theta \quad (\theta \text{ は } \nabla f(x) \text{ と } v \text{ のなす角度})$$

ですから（図 2.28），ベクトル v の長さ $\|v\|$ が一定であるようなベクトル v の中で $\nabla f(x) \cdot v$ の値が最大となるのは $\cos \theta = 1$, つまり $\theta = 0$ の場合です．したがって，$v = \nabla f(x)$ 方向への x の変化は，f の値を最も大きく $\nabla f(x) \cdot v$ だけ変化させるような方向を示しているのです． ∎

数学定理［Lagrange の定理］

最適値問題において $x = (x_1, x_2)$ がその解であれば，ある実数 λ に対し

$$\nabla f(x) = \lambda \nabla g(x) \quad \left(\text{つまり}, \frac{\partial f}{\partial x_i}(x) = \lambda \frac{\partial g}{\partial x_i}(x), i = 1, 2 \right)$$

が成立します．$\nabla f(x) \neq 0$ ならば $\lambda \neq 0$ です．

証明 制約式 $g(z_1, z_2) = 0$ を満たすベクトル $z = (z_1, z_2) \in U$ の集合を S とすれば，

$$S = g^{-1}(0) \equiv \{(z_1, z_2) \in U \mid g(z_1, z_2) = 0\}$$

です．S 上の可微分な曲線，つまり，関数 $z: (-1, 1) \to S$, $z(t) = (z_1(t), z_2(t))$ で，$z(0) = (x_1, x_2)$ を満たすものを考えます（図 2.29）．$(\forall t \in (-1, 1)) z(t) \in S$ ですから，$(\forall t \in (-1, 1)) g(z(t)) = 0$ です．したがって，

$$\frac{\partial g}{\partial x_1}(z(t)) \frac{dz_1}{dt}(t) + \frac{\partial g}{\partial x_2}(z(t)) \frac{dz_2}{dt}(t) = 0$$

となります．$z'(t) \equiv \left(\frac{dz_1}{dt}(t), \frac{dz_2}{dt}(t) \right)$ とおくと，$\nabla g(z(t)) \cdot z'(t) = 0$ がすべての $t \in (-1, 1)$ について成立します．これはベクトル $\nabla g(z(t))$ がベクトル $z'(t)$

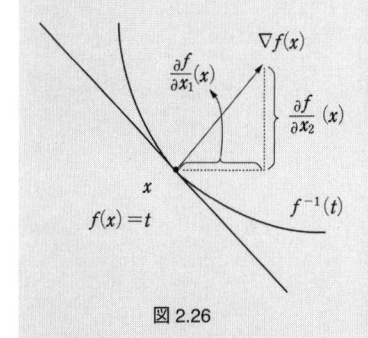

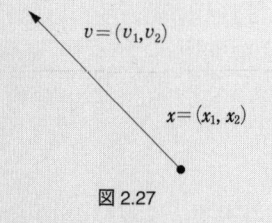

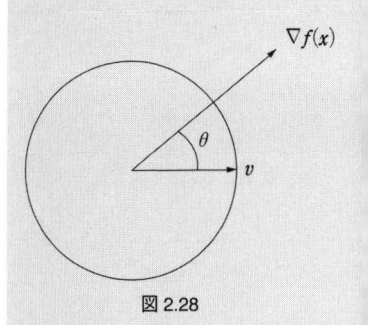

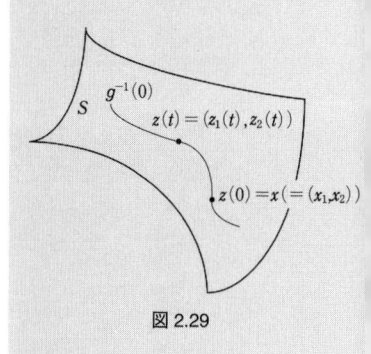

図 2.26

図 2.27

図 2.28

図 2.29

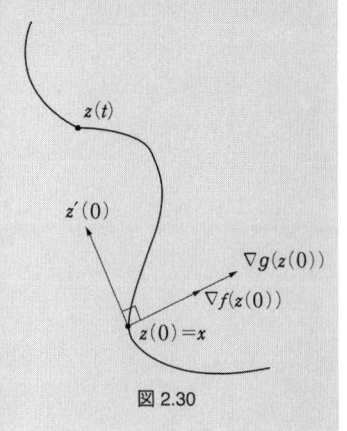

と常に直交していることを意味します．ところが，関数 $f(z(t))$ は t の関数として $t=0$ において（つまり，$z(0)=(x_1,x_2)$ において）最適値を取りますから，$\dfrac{df}{dt}(z(0))=0$ でなければなりません．よって，

$$\frac{\partial f}{\partial x_1}(z(0))\frac{dz_1}{dt}(0)+\frac{\partial f}{\partial x_2}(z(0))\frac{dz_2}{dt}(0)=0$$

です．書き換えれば $\nabla f(x_1,x_2)\cdot z'(0)=0$ となります．これはベクトル $\nabla f(x_1,x_2)$ もベクトル $z'(0)$ と直交していることを示しています．ゆえに，$\nabla f(x)\neq 0$ のとき $\nabla f(x)$ と $\nabla g(x)$ は同一もしくは逆方向になければなりません．したがって，ある実数 $\lambda\neq 0$ に対し $\nabla f(x)=\lambda\nabla g(x)$ が成立します（図 2.30）．また，$\nabla f(x)=0$ のときは $\lambda=0$ に対して，この等式が成立します．これで定理の証明は完了です．■

図 2.30

制約式が複数あるとき，例えば $g_1(x_1,x_2)=0$, $g_2(x_1,x_2)=0$ のとき，Lagrange 関数は

$$\mathcal{L}(x_1,x_2,\lambda_1,\lambda_2)\equiv f(x_1,x_2)+\lambda_1 g_1(x_1,x_2)+\lambda_2 g_2(x_1,x_2)$$

となり，

$$\frac{\partial \mathcal{L}}{\partial x_i}(x_1,x_2,\lambda_1,\lambda_2)=\frac{\partial f}{\partial x_i}(x_1,x_2)+\lambda_1\frac{\partial g_1}{\partial x_i}(x_1,x_2)+\lambda_2\frac{\partial g_2}{\partial x_i}(x_1,x_2),\ i=1,2$$

となります．また，ここで変数が 3 以上の場合で $x=(x_1,\ldots,x_m)\in\mathbb{R}^m$ のときは，上で各 x_i, $i=1,\ldots,m$ に対して，$\dfrac{\partial \mathcal{L}}{\partial x_i}=0$ とします．

G 消費者需要

需要の考え方

市場における消費者の行動を，ミクロ経済学では「需要」という概念で表現します．この節ではいよいよ消費者理論の核心部分である需要概念の説明に入ります．

需要ベクトル　消費者の最適な選択，つまり，予算制約を満たす範囲で効用を最大化する消費ベクトルを**需要ベクトル** demand vector とよびます．需要ベクトルを

$$x(p_1,p_2,w)=(x_1(p_1,p_2,w),x_2(p_1,p_2,w))$$

あるいは，$x(p,w)=(x_1(p,w),x_2(p,w))$ と書きます．需要ベクトル $x(p_1,p_2,w)$ のうち，$x_1(p_1,p_2,w)$ は**第 1 財の需要量** quantity demanded，$x_2(p_1,p_2,w)$ は**第 2 財の需要量**を表わします．需要ベクトル $x(p_1,p_2,w)$ は，財の市場価格が p_1,p_2，所得が w であるときに，消費者が「購入」（もしくは「消費」）したいと考える各財の数量の組み合わせを示しています[25]．

---

[25] もちろん，消費者が購入（もしくは消費）したいと考えるだけでなく，実際に購入し，消費することを前提としています

需要関数　　各財の需要量を示す需要ベクトル $x(p,w)$ は，一般に価格 p_1, p_2 や所得 w に依存して変化します．そこで，需要ベクトル $x(p,w)$ を価格 p_1, p_2 と所得 w の関数とみるとき，これを**需要関数** demand function あるいは簡単に**需要** demand とよびます．このように，「需要」というのは，「市場における価格の変化や消費者の所得の変化により，消費者の各財の購入量・消費量がどのように変化するか」を表わすのです．この意味で消費者の需要は，市場における個人の消費行動を表現しています．記号の乱用にはなりますが，需要関数も

$$x(p_1, p_2, w) = (x_1(p_1, p_2, w), x_2(p_1, p_2, w))$$
$$(\text{あるいは，}\quad x(p,w) = (x_1(p,w), x_2(p,w)))$$

と書くことにします．このとき，$x_1(p_1,p_2,w)$ は**第 1 財の需要関数**，$x_2(p_1,p_2,w)$ は**第 2 財の需要関数**です．

さて，需要関数は消費者の消費行動を表わしますから，消費行動の特徴をつかむためには，需要関数の性質を理解しなければなりません．これからさき，この章とつぎの章で需要関数の特徴を調べます．しかし，すぐにでも理解できる簡単な性質が 1 つあります．いま，各財の価格 p_1, p_2 と所得 w とが同一比率で変化し，同時に $t > 0$ 倍になったとします．このとき，消費ベクトル $x = (x_1, x_2)$ が価格 $p = (p_1, p_2)$ と所得 w の下で購入可能であれば，価格 $tp = (tp_1, tp_2)$ と所得 tw の下でも購入可能であり，逆も成り立ちます．つまり，

$$p \cdot x \leqq w \Longleftrightarrow tp \cdot x \leqq tw \quad (t > 0)$$

です（図 2.31）．したがって，消費者の購入可能な範囲は変化しません．効用最大化をする消費ベクトル—需要ベクトル—も変化しないことになります．この明白な性質を述べたのが需要関数についてのつぎの命題です．

> ───── **需要関数の 0 次同次性** ─────
>
> 需要関数 $x(p_1, p_2, w)$ は価格 (p_1, p_2)，所得 w，任意の $t > 0$ に対し
>
> $$x(tp_1, tp_2, tw) = x(p_1, p_2, w)$$
>
> を満足します．言い換えると，すべての財の価格と消費者の所得とが同時に同じ倍率で変化しても，消費者の購入する各財の数量は変化しません．

数学注　[$n\,(\geqq 0)$ 次同次関数]　関数 $f(x)$ が常に任意の $t > 0$ に対し $f(tx) = t^n f(x)$ を満たすとき，関数 f を n **次同次関数**といいます．経済学ではしばしば 0 次同次関数や 1 次同次関数が用いられます．

図 2.31

所得変化と需要量

財の価格や所得が変化するとき，それらが同じ割合で変化する場合を除いて消費者の予算制約は変化しますから，消費者の各財の消費量・需要量は変化します．まず，所得変化の影響から考えましょう．

所得消費曲線とエンゲル曲線　　財の価格は一定で，消費者の所得のみ変化したとき，各財の需要量の変化を示す軌跡を**所得消費曲線** Income Consumption Curve

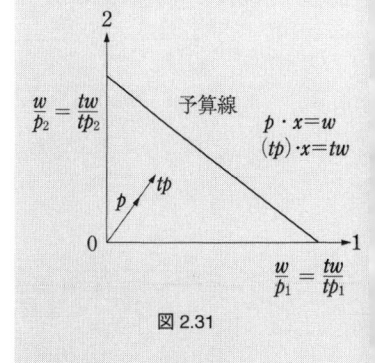

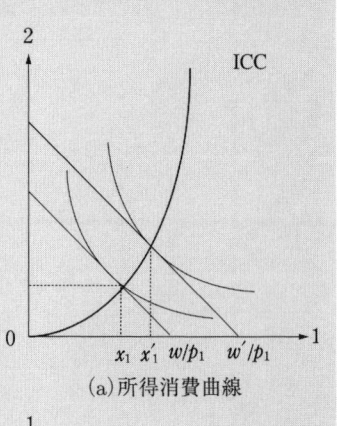

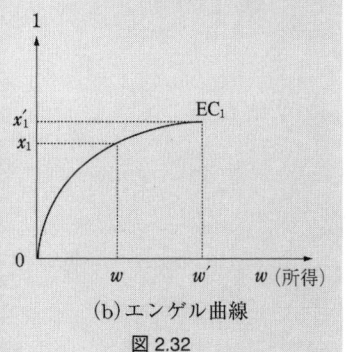

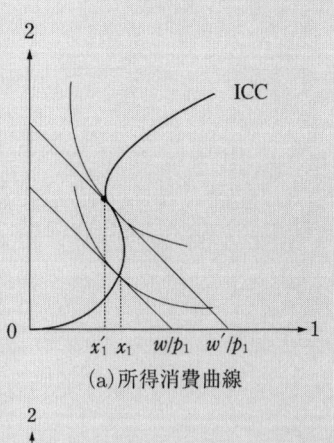

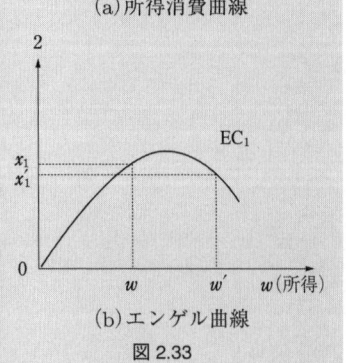

とよびます．また，1種類の財の需要量を所得のみの関数として表現したときのグラフを**エンゲル曲線** Engel Curve といいます．特定の財の需要量が所得の変化に応じて，どのように変化するかを表わした曲線です．正確には所得消費曲線 ICC とエンゲル曲線 EC とをつぎのように定めます．

$$\text{所得消費曲線} \quad ICC \equiv \{(x_1(p_1,p_2,w), x_2(p_1,p_2,w)) \mid w \geq 0\}$$

$$\text{第}i\text{財のエンゲル曲線} \quad EC_i \equiv \{(w, x_i(p_1,p_2,w)) \mid w \geq 0\}$$

図 2.32 と図 2.33 から，所得の変化による需要量の変化には，2つのパターンがあることを読みとれます．異なるパターンに応じてつぎのような呼称を用います[26]．

上級財 所得が増えればが需要量は増え，所得が減れば需要量も減少するとき，その財を上級財（あるいは**優等財**）superior goods とよびます．**通常財**（あるいは**正常財**）normal goods ともよびます．

下級財 所得が増えれば需要量は減少し，逆に所得が減れば需要量が増えるとき，その財を下級財（あるいは**劣等財**）inferior goods とよびます．

消費者の所得水準に依存して同じ財でも上級財になったり，下級財になったりすることがある点に注意してください．図 2.32 において第 1 財のエンゲル曲線は右上がりになっています．第 1 財は常に上級財です．しかし，図 2.33 では第 1 財のエンゲル曲線が途中から下降しています．所得水準によっては（例えば w' において）下級財になります．需要関数が所得 w において可微分のとき，上級財か下級財かは所得に関するその財の需要の偏微分の符号により区別できます．つまり，

$$\frac{\partial x_i}{\partial w}(p_1, p_2, w) > 0 \text{ であれば } i \text{ 財は上級財}$$

$$\frac{\partial x_i}{\partial w}(p_1, p_2, w) < 0 \text{ であれば } i \text{ 財は下級財}$$

となります．

価格変化と需要量

所得変化が財の消費量・需要量に与える影響を見ましたから，つぎに価格変化による影響を考えましょう．

価格消費曲線と需要曲線 1種類の財の価格のみが変化するときの各財の需要量の変化を示す軌跡を**価格消費曲線** Price Consumption Curve といいます．また，需要量をその財の価格のみの関数として表現するときのグラフを**需要曲線** Demand Curve とよびます．特定の財の需要量がその財の価格変化に応じて，どのように変化するかを表わした曲線です．正確には価格消費曲線 PCC と需要曲線 DC とをつぎのように定めます．各 $i = 1, 2$ に対し

---

[26] 括弧の中や同列に記載したのは同義語です．このように同義語が数種類もあり紛らわしいのですが，各テキストでは通常いずれか一種類の呼び名を採用しています．上級財には下級財，優等財には劣等財が対応しますが，通常財とか正常財とよぶときは，劣等財の呼び名が対応することが多いようです．

i 財価格の変化による価格消費曲線　PCC_i
$$\equiv \{(x_1(p_1,p_2,w),x_2(p_1,p_2,w)) \mid p_i \geqq 0\}$$
i 財の需要曲線　$\mathrm{DC}_i \equiv \{(x_i(p_1,p_2,w),p_i) \mid p_i \geqq 0\}$

図 2.34 と図 2.35 は価格変化による需要量の変化につぎの 2 種類のパターンがあることを示しています.

需要法則 [27] Law of Demand　価格の下落がその財の需要量を増加（非減少）させ，価格の上昇がその財の需要量を減少（非増加）させるとき，需要法則が成立するといいます．（図 2.34）

ギッフェン財 Giffen goods　価格の下落がその財の需要量を減少させ，価格の上昇が需要量を増加させる価格の範囲（領域）があるような財をギッフェン財とよびます．実際にギッフェン財を観察することはまれで，一般に需要法則が成立しています．しかし，第 3 章で検討するように，理論上はギッフェン財が存在することを排除できません．

注　所得消費曲線と価格消費曲線には多くの同義語があって，内外のいろいろなテキストで異なる用語が見られます．ここではそれらの異なる用語に惑わされないための説明を参考までにしておきます．「～消費曲線」consumption curve を表現する言葉としては「消費」consumption の代わりに「拡張」expansion,「曲線」curve の代わりに「経路」path とよぶことがあります．この 2 つの組み合わせだけで 4 種類の表現になります．さらに，第 3 章における留保需要の議論におけるように消費者の所得の代わりに財の初期保有量が与えられる場合には，価格消費曲線を**オファー曲線** offer curve とよぶこともあります（第 4 章参照）．

H　需要の弾力性

消費者の需要は，所得や市場における各種の財の価格に依存して，どの財をどれくらい消費するかを示しています．ところで，消費量・需要量は所得の変化や価格の変化に対し，果たして敏感に反応するものなのでしょうか？　この節では，この問いにかかわる主要な概念である弾力性について説明します．

弾力性の考え方

ある数量 b が他の数量 a に依存して変化するとき，b は a の変化にどれくらい敏感に反応するのかという「反応度の尺度」が必要になることがよくあります．たとえば，ビール会社がテレビ・コマーシャルへの広告経費の支出額を決定する場面で，広告支出の増額がどれくらいビールの売上額を増やす可能性があるかというデータは支出額を決定する上で重要な要素となるでしょう．このように反応度

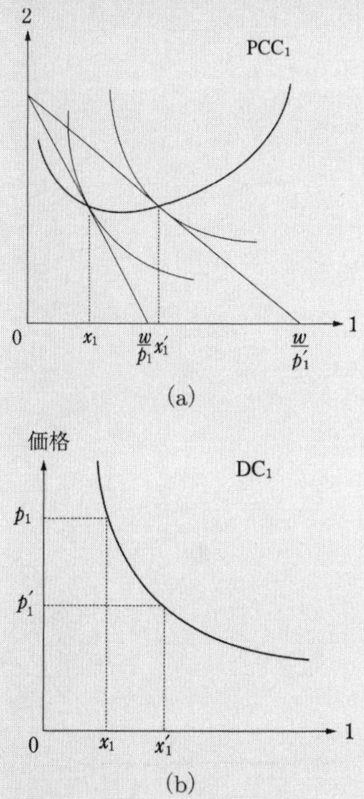

---

[27] 経済学において「法則」と言う場合，常に成立する性質を指すというより，むしろ，多くの状況のもとで成り立つ性質だという意味で使われる場合が多くあります．

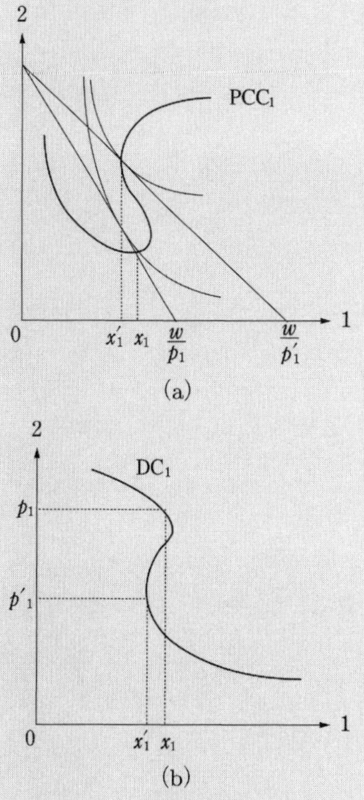

図 2.34

図 2.35

第2章 消費理論―パートI―

を示す尺度が実務上便利な役割を果たすことがしばしばあります.

反応度 responsiveness の尺度を導入しようと考える場合，恐らくすぐに思いつくのは，a が1単位変化するときに b が何単位変化するかという数値ではないでしょうか．つまり，b/a です．この数値がたとえば1.5ならば，「a が1単位変化すれば b は1.5単位変化する」ことを表わします．数値が大きければ大きいほど，b は a の変化に敏感に反応します．しかし，残念なことに，この尺度には重大な欠陥があります．それは尺度が a や b の単位に依存することです．たとえば，b の測定単位を2倍にすれば，それまでの b の1は1/2となりますから，反応度は1/2倍になります．全く種類の異なる財について，その需要の反応度を比較する場合，この欠陥は致命的です．このような欠点を取り除く最も簡単な方法は，分子と分母をそれぞれ同じ単位の数で割って置くことです．こうして誕生したのが「弾力性」の概念です．

b の a 弾力性 a-elasticity of b は

$$\frac{b \text{ の \% 変化}}{a \text{ の \% 変化}} \quad (= a \text{ が1\% 変化したときに } b \text{ が何\% 変化するかを示す数値})$$

として定義されます．変数 a と b の関係が関数 $b = h(a)$ で示され，関数 h が可微分のとき，b の a 弾力性はつぎのように定義されます．

弾力性の定義

$$b \text{ の } a \text{ 弾力性} \equiv \frac{dh}{da}(a)\frac{a}{b}$$

$$\left(= \lim_{t \to 0} \frac{\frac{h(a+t)-h(a)}{b}}{\frac{(a+t)-a}{a}}\right)$$

上のように定められた b の a 弾力性は，a の変化と b の変化をパーセント（%）で表わしているため，a や b の測定単位が変化しても弾力性の値は変化せず，測定単位から独立しています．その結果，異なる測定単位を持つ変数の間での弾力性の比較も意味を持つことになります．

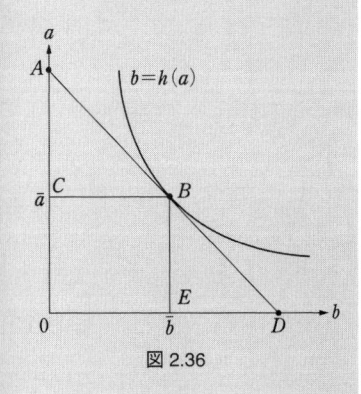

図を使った弾力性の計算

変数 a と b の関係を明示的に示す可微分な関数 $b = h(a)$ が与えられるときは，上のように弾力性の値を計算できますが，$b = h(a)$ のグラフだけが曲線で与えられる場合，図の上で弾力性をどのように計算すればよいか考えましょう．図 2.36 と図 2.37 を使って説明します．$\frac{dh}{da}(a)$ は曲線への接線の勾配ですから，b の a 弾力性 $\frac{dh}{da}(a)\frac{a}{b}$ は，図 2.36 と図 2.37 において，それぞれつぎのように計算できます．

図 2.36 の場合　$\bar{b} = h(\bar{a})$ における b の a 弾力性 $= \frac{dh}{da}(\bar{a})\frac{\bar{a}}{\bar{b}}$

$$= -\frac{\overline{BC}}{\overline{AC}}\frac{\overline{OC}}{\overline{OE}} = -\frac{\overline{OC}}{\overline{AC}} \quad \left(\text{あるいは} = -\frac{\overline{DE}}{\overline{BE}}\frac{\overline{OC}}{\overline{OE}} = -\frac{\overline{DE}}{\overline{OE}}\right)$$

図 2.37 の場合　$\bar{b} = h(\bar{a})$ における b の a 弾力性 $= \frac{dh}{da}(\bar{a})\frac{\bar{a}}{\bar{b}}$

$$= \frac{\overline{BC}}{\overline{AC}}\frac{\overline{OC}}{\overline{OD}} = \frac{\overline{OC}}{\overline{AC}}$$

図 2.36

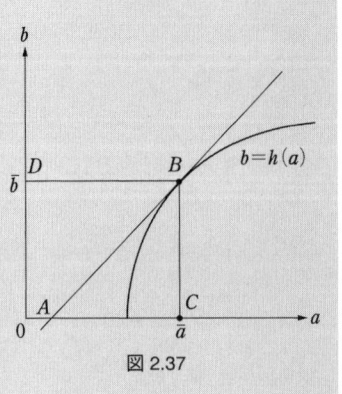

図 2.37

需要の所得弾力性

需要の所得弾力性 income elasticity of demand は，消費者の所得変化に対して消費量・需要量がどれくらい敏感に反応するかを示す概念です．上で考えた b の a 弾力性における b に当たるのが財の需要量，a にあたるのが消費者の所得になります．

需要の所得弾力性 η_w^i の定義

$$\eta_w^i \equiv \frac{\partial x_i}{\partial w}(p, w) \frac{w}{x_i}$$

$$\left(= \frac{\text{第 } i \text{ 財需要量の％変化}}{\text{所得の％変化}} \right)$$

この定義を言い換えれば，需要の所得弾力性は所得が 1％変化したときに i 財の需要量が何％増えるかを示す数値ということです．需要の所得弾力性はつぎのような性質を持ちます．

所得弾力性の等式

$r_i \equiv \dfrac{p_i x_i}{w}$ を第 i 財への支出額が所得に占める割合として，

$$r_1 \eta_w^1 + r_2 \eta_w^2 = 1$$

$$\left(\text{「平均所得弾力性」} = 1 \right)$$

が成立します．

説明 予算制約式 $p_1 x_1(p, w) + p_2 x_2(p, w) = w$ より

$$p_1 \frac{\partial x_1}{\partial w}(p, w) + p_2 \frac{\partial x_2}{\partial w}(p, w) = 1$$

（読み方：「所得が 1 円増えたときの第 1 財と第 2 財への支出額の増分は 1 円に等しい」）が成立します．したがって，

$$\left(\frac{p_1 x_1}{w} \right) \frac{\partial x_1}{\partial w}(p, w) \cdot \frac{w}{x_1} + \left(\frac{p_2 x_2}{w} \right) \frac{\partial x_2}{\partial w}(p, w) \cdot \frac{w}{x_2} = 1$$

となり，$\Sigma_{i=1,2} r_i \eta_w^i = 1$ を得ます． ∎

つぎに，需要の所得弾力性の大小によって規定される財の呼称を説明しましょう．

必需品対ぜいたく品（奢侈品） 上級財の場合，需要の所得弾力性が 1 を上回っているか，それとも下回っているかにより，ぜいたく品あるいは必需品とよばれます．

ぜいたく品（奢侈品） $\eta_w^i > 1$： $\eta_w^i = \dfrac{\partial x_i}{\partial w}(p, w) \cdot \dfrac{w}{x_i} > 1$ の場合，$\dfrac{\partial x_i}{\partial w}(p, w) >$

$\dfrac{x_i}{w}$ ですから，両辺に p_i を乗じて

$$p_i \frac{\partial x_i}{\partial w}(p,w) > \frac{p_i x_i}{w} \ (= r_i)$$

となります．ですから所得が増えることにより，それまでその財への支出額が所得に占めていた割合（r_i）を越えて，その財への支出額は増加します．このような財を**ぜいたく品** luxury goods とか**奢侈品**とよびます．

必需品　　$\eta_w^i < 1$：　需要の所得弾力性 η_w^i が 1 より小さい場合，上の不等号の向きが逆ですから，その財への支出額は，所得が増えてもそれまでの支出額が所得に占めていた割合未満でしか増加しません．このような財を必需品といいます．

例［エンゲルの法則］　日常生活において知られているように，家計支出に占める飲食費の割合を**エンゲル係数**とよびます．「エンゲルの法則」として知られているのは，所得の増加によりエンゲル係数が低下する傾向にあるということです．エンゲルの法則が支配しているならば，飲料・食料は合成財として必需品ということになるでしょう．

需要の価格弾力性

需要の価格弾力性 price elasticity of demand は，市場における財価格の変化に対し，消費量・需要量がどれくらい敏感に反応するかを示す概念です．一般的な定義の「b の a 弾力性」において，b が財の需要量，a が財の価格に当ります．

需要の価格得弾力性 η_p^i の定義

$$\eta_p^i \equiv \frac{\partial x_i}{\partial p_i}(p,w) \frac{p_i}{x_i}$$

$$\left(= \frac{\text{第 } i \text{ 財需要量の \% 変化}}{\text{第 } i \text{ 財価格の \% 変化}} \right)$$

言い換えると，ある財の価格が 1％上昇したとき，その財の需要量が何％増えるかを示すのが需要の価格弾力性です．財の需要が需要法則を満たしている通常の場合，価格の上昇は需要量の減少を招きますから，需要の価格弾力性の値は負になります[28]．

他財の価格変化に対する需要量の反応度も便利な指標となります．他財の価格が 1％上昇したとき，ある財の需要量が何％増えるかを示す数値を需要の交差弾力性 cross elasticity of demand とよびます．正確にはつぎのように定義されます．

---

[28]　テキストによっては，本書の価格弾力性の定義にマイナスの符号を付した値を需要の価格弾力性と定義するものもありますが，本書では一般的な弾力性の定義にしたがうことにします．

> **i 財需要の j 財価格に対する交差弾力性 $\eta_{p_j}^i$ の定義**
>
> $$\eta_{p_j}^i \equiv \frac{\partial x_i}{\partial p_j}(p,w)\frac{p_j}{x_i}$$
>
> $$\left(= \frac{\text{第 } j \text{ 財需要量の%変化}}{\text{第 } i \text{ 財価格の%変化}}\right)$$

消費者の所得が増加したとき，「平均所得弾力性」は1となることを説明しました．所得の増加分だけ各財への支出額の増加があるからです．これに対し価格下落による需要の価格弾力性と交差弾力性との平均は，その財への支出額が所得に占める割合と一致します．より正確にはつぎの等式が成り立ちます．

> **価格弾力性の等式**
>
> $r_i \equiv \dfrac{p_i x_i}{w}$ を第 i 財への支出額が所得に占める割合として，
>
> $$r_1 \eta_p^1 + r_2 \eta_{p_1}^2 = -r_1$$
> $$r_1 \eta_{p_2}^1 + r_2 \eta_p^2 = -r_2$$
>
> （「平均価格弾力性」< 0）
>
> が成立します．

説明 予算制約式 $p_1 x_2(p,w) + p_2 x_2(p,w) = w$ より，

$$x_1(p,w) + p_1 \frac{\partial x_1(p,w)}{\partial p_1} + p_2 \frac{\partial x_2(p,w)}{\partial p_1} = 0$$

が成立します（読み方：「第1財の価格が1円上昇したとき，支出額は第1財の購入量，第1財の購入量の変化による支出額の変化，第2財の購入量の変化による支出額の変化の総和に等しい金額だけ変化するが，所得は変化しないため，これらの総和はゼロに等しい」）．

したがって，

$$\left(\frac{p_1 x_1}{w}\right)\frac{\partial x_1(p,w)}{\partial p_1}\frac{p_1}{x_1} + \left(\frac{p_2 x_2}{w}\right)\frac{\partial x_2(p,w)}{\partial p_1}\frac{p_1}{x_2} = -\frac{p_1 x_1}{w}$$

です．つまり，$r_1 \eta_p^1 + r_2 \eta_{p_2}^2 = -r_1$ が成立します．2番目の等式も全く同様に導出できます． ∎

I 応用例

消費理論で使われる基本的な諸概念の説明を終えましたから，これらの基本的な考え方をよりよく理解するために，2，3の応用例を取り上げたいと思います．

ケース・スタディー
[効用関数と限界代替率の利用]

通勤の効用

効用関数は消費者選好を表現しますが，消費者が実際に行なう選択から，それらの選択を最も良く表現するような効用関数を推定することが考えられます．具体的な例として，T. Domenich と D. McFadden が行なった通勤手段についての効用関数の推定結果を紹介しましょう．

通勤時間，待ち時間，乗り心地，費用等幾種類かの特性 characteristics を用い，特性の組み合わせ $(x_1, x_2, ..., x_n)$ が，電車，マイカー，バス，地下鉄等の通勤手段を表わすものとします．

典型的な消費者（代表的個人 representative consumer）の効用関数を
$$u(x_1, x_2, ..., x_n) = a_1 x_1 + a_2 x_2 + ... + a_n x_n$$
とし，消費者が実際に行なった選択をもとに，係数 $a_i (i = 1, 2, ..., n)$ を統計的に推定することを試みました．その結果，つぎのような形の推定結果が得られました．
$$u(tw, tt, c, a/w, r, z) = -0.147tw - 0.0411tt - 2.24c + 3.78a/w - 2.91r - 2.36z$$
使用された変数の意味はつぎの通りです．

$$tw = 徒歩時間（分）$$
$$tt = 通勤時間（分）$$
$$c = 費用（\$）$$
$$a/w = 1世帯の通勤者1人当りの車の台数$$
$$r = 人種（黒人 = 0，白人 = 1）$$
$$z = 職種（ブルーカラー 0，ホワイトカラー 1）$$

この研究はマイカーとバスの選択に関する効用関数の推定として行なわれ，分析の対象サンプル中，93％の家計の行動を正しく表わしていることが確かめられました．

推定結果の解釈 上記の推定結果から，これらの研究者が分析した都市部の典型的な消費者について幾つかの有益な情報が得られます．その一例としてつぎのような限界代替率を計算し，その意味を考えてみましょう．

$$(1)\ \mathrm{MRS}_{tw,tt} = \frac{\mathrm{MU}_{tw}}{\mathrm{MU}_{tt}} = \frac{-0.147}{-0.0411} = 3.57...$$

$$(2)\ \mathrm{MRS}_{tt,c} = \frac{\mathrm{MU}_{tt}}{\mathrm{MU}_{c}} = \frac{-0.0411}{-2.24} = 0.0183...$$

(1)は「典型的な消費者は徒歩時間を1分短縮できるならば，通勤時間が3分30秒以上長くなってもよいと考えている」ことを示しています．(2)は「典型的な消費者は，通勤に要する1分が約0.0183ドルに相当すると考えている」ことを

示しています．参考までに，この研究のデータが取られた米国の 1967 年の平均給与は 1 時間当り 2 ドル 85 セントですが，1 分が 0.0183 ドルということは，1 時間約 1 ドル 10 セントということになります．典型的な住民の考え方についてのこのような情報は，合理的な都市交通政策を立案する上で，大変有益な手段を与えます．たとえば，電車の本数を増やす場合，何人の人が電車に乗るようになるのか．コスト・ベネフィットの観点から電車の本数を増やす方がベターか否かといったような政策当局の疑問に答えうるでしょう．また，当局による通勤時間の短縮を人々はどの程度評価するのか，MRS の計測により推計できるものと考えられます．

ケース・スタディー
[落語の落ちに見る市場価格対限界代替率]

千両みかん

ある大店（おおだな）の若だんなが寝込んでしまった．医者の見立ては「何か思っていることがある」．「いうと笑われるから」と渋るのを番頭がようやく聞き出すと，「柔らかな，ふっくらとした，肌のつやつやした…」「ご婦人ですか」「いや，みかんが食べたい」．「買ってきましょう」と番頭，安請け合いしたが，だんなに「土用の 8 月にみかんがあるのかい」といわれ，青くなる．だんなのいうには，「いちど喜ばせておいて，がっかりさせると，ショックでせがれは死ぬだろう．そうなったら，おまえを主殺しで訴える．主殺しは逆さはりつけだ．」真っ青になった番頭，八百屋を一軒一軒回って，「みかんはありませんか」．間違って飛び込んだ金物屋で逆さはりつけの目撃談を聞かされ，目を回す．「問屋へ行ってごらん」と教えられ，神田の多町へ．万惣という問屋で聞くと，倉に囲ってあるという．若い衆が総出で 50 箱のみかんを調べる．1 個だけ，腐らずにいたみかんが見つかった．
大喜びの番頭．値が千両と聞いて，また目を回す．ところがだんなは「せがれの命が千両で買えれば安いや」．思いがかなって若だんな，千両のみかんを食べる．10 袋あるので，1 袋 100 両の計算だ．7 袋食べた若だんな，残りの 3 袋は両親とおばあさんの分，と番頭に託す．3 袋のみかんをしみじみ見た番頭，「来年，年期が明けてのれんを分けてもらう時にいただける金がたかだか 50 両．このみかんが 300 両．長い浮世に短い命．えい，どうなるものか」と，3 袋のみかんを持って夜逃げをした．　（朝日新聞 1986 年（平成元年）8 月 20 日より）

　この新聞記事は，古典落語「千両みかん」についての記事の一部です．登場人物の「貨幣」によるみかんの限界代替率の大きさを推察し，それらの間の大小関係を議論してください．また，みかんの市場価格をどう捉えるか論議して下さい．この落語の「落ち」を消費者理論風に解釈するとすれば，番頭は何と何を勘違いしたことになるのか考えてみて下さい．

ケース・スタディー
[アンケート調査と市場価格]

炊事の自己評価

台所仕事の時給は 88,144 円. ——東海銀行が主婦を対象に行ったアンケート調査で台所仕事の価値を自己評価してもらったところ, こんな結果がでた. 今年 1 月に同銀行が各種データを基にはじき出した台所仕事の金銭価値に比べると, 今回の自己評価の方が 28,000 円近くも高い. 仕事を持つ主婦が増えて, 炊事にさく時間に余裕がなくなってきているうえに夫や子どもの手伝いが不十分なことも, 台所仕事の"価値高騰"の一因になっているようだ.

調査は, 東京, 名古屋, 大阪の 3 大都市に住む 20 代—50 代の主婦が対象. 今年 5 月に実施し, 980 人から回答を得た.

まず, 台所仕事の好き嫌いでは「好き」の割合が最も多いのはやはり「料理」で 22.8%, 「どちらかといえば好き」も 29.9% あり, 半分以上の人が楽しみとしてとらえている. これに対して「献立作り」は「好き」「どちらかといえば好き」合わせて 34.7% どまり.「後片づけ」にいたっては同 24.4% しかなく, 「どちらかといえば嫌い」「嫌い」の合計 (38.3%) を下回った.

仕事を持つ主婦が増えている中で, 夫の炊事への参加度を尋ねたところ, 「料理」「後片づけ」とも「まったく手伝わない」が約 6 割を占めた. 夫に代わって手伝っているのが子どもたちで, 「よく手伝う」「ときどき手伝う」を合わせた割合は, 料理が 37.1%, 「後片づけ」が 49.7% あった. しかし, 主婦の満足感はいまひとつ. 夫に対しては初めから期待していないためか「不満」は約 3 割どまりだが, 子どもに対しては 5 割近くに達している.

こうした現状を踏まえて, 1 か月の台所仕事を金額に換算してもらったところ, 平均は 88,144 円. アンケート調査用紙には換算の基準は出さず, 主婦が自由記入する形だ. 同銀行がパートタイマーや常用雇用者の時給などから算出した炊事の 1 ヶ月の金銭価値は 60,540 円で, これを大きく上回った.

ただ, この自己評価は年齢によってばらつきがあり, 最高の 40 代 (平均 93,604 円) と最低の 20 代 (同 68,475 円) との間には約 25,000 円の開きがあった. また, 専業主婦の平均 86,460 円に対して, 有職主婦は約 3,000 円高い平均 89,213 円.

キャリアや時間の余裕の有無が台所仕事の評価に影響しているのがみてとれる.　（朝日新聞 1989 年（平成元年）8 月 17 日（木）より）

　この新聞記事に見られる主婦の自己評価と台所仕事の「市場価格」について考えてみましょう. まず, 台所仕事の市場価格をどのように捉えればよいか議論してください. ついで, 上の新聞記事に見られるような自己評価によって示される評価は, 台所仕事の「市場価格」とどのように異なると考えられるか議論して下さい.

ケース・スタディー
[需要の計算]

需要関数と需要対応

消費者の選好が下記の効用関数で与えられる場合について，消費者の行動を表現する需要関数あるいは需要対応を求めましょう．

完全代替財　$u(x_1, x_2) = x_1 + x_2$

完全補完財　$u(x_1, x_2) = \max\{x_1, x_2\}$

コブ＝ダグラス選好　$u(x_1, x_2) = a \log x_1 + (1-a) \log x_2 \quad 0 < a < 1$

完全代替財の場合　図 2.38 に見られるように，いずれか価格の安い方の財のみを購入しますから，財の価格が等しい場合はどちらの財をどのような組み合わせで購入しても，予算制約をちょうど守っている限り効用水準は同じです．したがって，つぎのような需要対応となります．

$$x_1(p_1, p_2, w) = \begin{cases} \dfrac{w}{p_1} & p_1 < p_2 \\ [0, w/p_1] & p_1 = p_2 \\ 0 & p_1 > p_2 \end{cases}$$

$$x_2(p_1, p_2, w) = \begin{cases} 0 & p_1 < p_2 \\ [0, w/p_2] & p_1 = p_2 \\ \dfrac{w}{p_2} & p_1 > p_2 \end{cases}$$

完全補完財の場合　L–字型の無差別曲線ですから，図 2.39 におけるように，L–字型の無差別曲線のコーナーの点で効用が最大になります．したがって，需要関数はつぎのようになります．

$$x_1(p_1, p_2, w) = x_2(p_1, p_2, w) = \frac{w}{p_1 + p_2}$$

コブ＝ダグラス選好の場合　コブ＝ダグラス選好の場合は内点解になりますから，ラグランジュの方法を用いて，需要関数を求めることができます．

ステップ1：　効用最大化問題のラグランジュ関数を作ります．

$$\mathcal{L}(x_1, x_2, \lambda) \equiv a \log x_1 + (1-a) \log x_2 + \lambda(w - p_1 x_1 - p_2 x_2)$$

ステップ2：　最適解の条件を求めます．

$$\frac{\partial L}{\partial x_1}(x_1, x_2, \lambda) = \frac{a}{x_1} - \lambda p_1 = 0$$

$$\frac{\partial L}{\partial x_2}(x_1, x_2, \lambda) = \frac{1-a}{x_2} - \lambda p_2 = 0$$

$$p_1 x_1 + p_2 x_2 = w$$

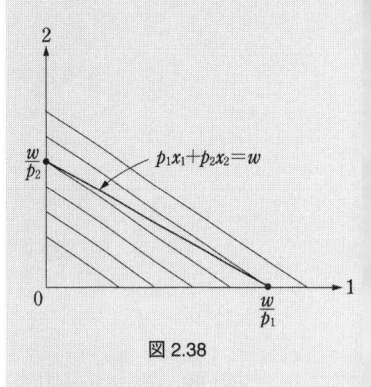

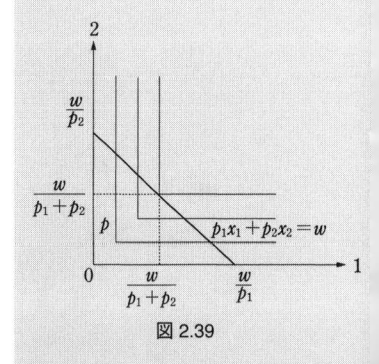

図 2.38

図 2.39

ステップ3: 上式より $\frac{p_1}{p_2} = \frac{a}{x_1} \frac{x_2}{1-a}$ を得ますから，$p_2 x_2 = \left(\frac{1-a}{a}\right) p_1 x_1$ となります．

ゆえに，予算制約式から $p_1 x_1 \left(1 + \frac{1-a}{a}\right) = w$ となり，

$$x_1(p_1, p_2, w) = \frac{aw}{p_1}$$

を得ます．同様に，

$$x_2(p_1, p_2, w) = \frac{(1-a)w}{p_2}$$

が得られます．

理解度チェック問題

1. あなたにとって好ましい食品（財）を考え，その消費量をどんどん増加させた場合のあなたの反応を考慮しながら無差別曲線を描いてみなさい．他財（第2財）は好ましい財とします．

2. 第1財は，ある消費量 q までは好ましい財ですが，その消費量を超えると嫌われる財となるとします．また，第2財は全域で好ましい財とします．このような嗜好を表現する無差別曲線を描きなさい．

3. 第1財，第2財ともに上の第1財のような特徴を持ち，ある消費量 $q_i, i = 1, 2$，までは好ましい財ですが，その消費量を超えると嫌われる財になるとします．このような2種類の財の組み合わせの間での無差別曲線を描きなさい．

4. つぎのような選好を持つ人の無差別曲線を描きなさい．ビールと牛乳からなる財ベクトルに対し，この人はまずビールの量を比較し，ビールの量が少しでも多い方の財ベクトルをより好ましいと考え，ビールを等量含む財ベクトルについては，牛乳をより多く含む方を好ましいと考えるような選好です．（この種の選好を辞書の中での単語の並べ方になぞらえ，**辞書式選好**といいます．）

5. 2財の場合を考え，横軸は第1財の数量を表わすものとする．予算線，価格ベクトル $p = (p_1, p_2)$ に関する以下の記述のうち，正しいものを選択せよ．
   (1) 価格ベクトル p は予算線と同一方向を向いている．
   (2) 相対価格 $\frac{p_1}{p_2}$ は，第2財1個が第1財何個分に相当するかを示している．
   (3) 同じ長さを持つ財ベクトルの中で，市場における評価が最も高くなる方向を，価格ベクトル p は示している．
   (4) 予算線の勾配は負の相対価格 $-\frac{p_2}{p_1}$ で与えられる．

6. 消費者選好に関する以下の記述のうち，正しくないものはどれか．
   (1) 消費者にとって無差別な2つの財ベクトル x,y をそれぞれ半分ずつ混合した財ベクトルが，x,y よりも好ましくない場合，消費者の選好は凸である．
   (2) 選好の完備性を前提するとき，無差別曲線が交差すれば，少なくとも，ある3つの財ベクトルの間で推移性が成立しなくなる．
   (3) 2つの財が完全代替財であれば，（第2財による第1財の）限界代替率は一定である．

(4) 効用関数から導かれる選好関係（無差別曲線）は，推移性の仮定を満たしている．

7． 効用関数，選好関係，限界代替率に関する以下の記述のうち，正しいものを選択せよ．
   (1) 効用関数が $u(x_1, x_2) = a \log x_1 + b \log x_2, (a > 0, b > 0)$ のとき，第2財による第1財の限界代替率は，$\mathrm{MRS}_{12} = \dfrac{ax_1}{bx_2}$ となる．
   (2) 辞書式選好の無差別曲線は1点のみからなるが，選好関係の合理性の仮定をすべて満たしている．
   (3) コブ＝ダグラス型選好の場合，ある領域では一方の財が中立財になっており，残る領域では他方の財が中立財になっている．
   (4) 効用関数が $u(x_1, x_2) = \min\{x_1, x_2\}$ であるとき，第1財と第2財とは完全代替財である．

8． 限界効用と限界代替率に関する以下の記述のうち，正しいものを選択せよ．
   (1) 消費ベクトル x における i 財の限界効用 $\mathrm{MU}_i(x)$ は，効用関数 $u(x_1, x_2)$ の x_i に関する偏微分 $\dfrac{\partial u}{\partial x_i}(x_1, x_2)$ として定義され，消費者の効用1単位の変化がもたらす財の消費量の変化を示す．
   (2) 財ベクトル $x = (x_1, x_2)$ を通る無差別曲線上で，第1財の消費量 x_1 が，x_2 の可微分な関数 $x_1 = x_1(x_2)$ によって表現されるとき，第2財による第1財の限界代替率 MRS_{12} は，$\mathrm{MRS}_{12}(x_1, x_2) \equiv -\dfrac{dx_1}{dx_2}(x_2)$ と定義される．
   (3) 第2財による第1財の限界代替率 $\mathrm{MRS}_{12}(x)$ は，x が内点解のときに限って第1財と第2財の限界効用の比 $\dfrac{\mathrm{MU}_1(x)}{\mathrm{MU}_2(x)}$ に等しい．
   (4) MRS_{12} は，追加的な1単位の第1財に対し，何単位の第2財を手放しても元の消費ベクトルと（近似的に）無差別であるかを示す数値である．

9． 効用最大化の条件に関する以下の記述のうち，正しいものを選択せよ．
   (1) 第1財の消費量がゼロならば，追加的所得1単位から得られる効用の増分について，第1財から得られる増分は第2財から得られる増分を上回らない．
   (2) 第1財の消費量が正（プラス）であれば，第2財による第1財の限界代替率は第1財と第2財の価格比に等しく $\mathrm{MRS}_{12} = p_1/p_2$ である．
   (3) 第2財の消費量がゼロならば，第2財による第1財の限界代替率は第1財と第2財の価格比を上回ること無く $\mathrm{MRS}_{12} \leqq p_1/p_2$ である．
   (4) 第1財の消費量がゼロならば，第2財による第1財の限界代替率は第1財と第2財の価格比を下回ること無く $\mathrm{MRS}_{12} \geqq p_1/p_2$ である．

10． 消費者の選好が効用関数 $u(x_1, x_2) = x_1^{1/2} x_2^{1/2}$ で与えられるとする．消費者の選好および需要に関する以下の記述のうち，正しくないものを選択せよ．
   (1) 選好は凸性を満たしていない．
   (2) ラグランジュ乗数法を用い，予算制約下の効用最大化問題の解として各財の需要量を求めることが出来る．
   (3) 第1財と第2財の価格が厳密に正ならば，需要ベクトルは一意的（1つのみ）である．
   (4) 価格消費曲線は連続である．

11． 需要関数の0次同次性に関する以下の記述のうち，正しいものを選択せよ．

(1) 価格と所得水準があるレベルに達すれば財の需要量はゼロになることを示している．
(2) 価格と所得が同時にゼロになると財の需要量は定まらないことを示す．
(3) 価格と所得が同時に一定の正数倍になっても各財の需要量は変化しないことを示す．
(4) 価格と所得が同時に変化しても消費者の購買力を変化させないならば，各財の需要量は変化しないことを示す．

12. 所得消費曲線・エンゲル曲線に関する以下の記述のうち，正しくないものを選択せよ．
(1) 横軸に所得水準を取るとき，エンゲル曲線が右上がりならば，その財は上級財である．
(2) 横軸に所得水準を取るとき，エンゲル曲線が左上がりならば，その財はギッフェン財である．
(3) 横軸は第1財の数量，縦軸は第2財の数量を表わすものとすると，所得消費曲線が左上がりになっている局面でも，第2財は上級財である．
(4) 横軸は第1財の数量，縦軸は第2財の数量を表わすものとすると，所得消費曲線が左上がりになっている局面では，第1財は下級財である．

13. 所得弾力性に関する以下の記述のうち，正しくないものを選択せよ．
(1) エンゲル曲線が原点を通る直線であるとき，その勾配が1.5ならば所得弾力性は1.5となる．
(2) 所得弾力性が1よりも大きい財を奢侈品とよぶ．
(3) 下級財ならば，所得弾力性はマイナスの値をとる．
(4) 所得の増加によりエンゲル係数（家計支出に占める飲食費の割合）が低下するならば，飲料・食料は合成財として必需品ということになる．

14. 価格消費曲線・需要曲線に関する以下の記述のうち，正しいものを選択せよ．
(1) 価格変化によりその財の消費量と価格がどのように変化するかを示すグラフを価格消費曲線という．
(2) 価格消費曲線が左上がりになっている局面で，横軸にその数量を示された財は上級財にはなり得ない．
(3) 需要曲線が右下がりになっている財はギッフェン財である．
(4) 需要曲線が直線になっているならば，価格弾力性は価格水準に依存せず，一定の値となる．

15. 需要の価格弾力性に関する以下の記述のうち，正しいものを選択せよ．
(1) 2つの財とも消費している場合，第1財需要の価格弾力性に第1財への支出額が所得に占める割合を掛け，第2財需要の第1財価格に対する交差弾力性に第2財への支出額が所得に占める割合を掛けて平均すると，第1財への支出額が所得に占める割合と等しくなる．
(2) 価格弾力性の値が-0.5ならば，10％の価格上昇による需要量の減少は10％以上である．
(3) 第1財需要の第2財価格に対する交差弾力性がプラスの値を取れば，第1財と第2財とは粗代替財である．
(4) 需要曲線が右下がりの直線になっているとき，需要曲線上の中点に当たる価格よりも高い価格水準では，価格弾力性の絶対値は1よりも小さくなる．

16. 各家計の主婦に「あなたの家事労働は 1 時間当たり何円の価値があるとお考えになりますか？」というアンケート調査をした結果，仮に，半数の主婦が 700 円，残りの半数が 1,000 円と答えたとしよう．このアンケート調査結果から推察される以下の記述の中から，正しいと考えられるものを選択せよ．ただし，主婦による家事労働は同質的であり（つまり，自分で家事労働をしてもまた他人を雇用しても質的にはまったく相違がない），家事労働に対する雇用市場は存在するものとする．

(1) 主婦による家事労働に対する市場の評価は，1 時間当たり 850 円である．

(2) 専業主婦達が全員他人に雇用されると専業主婦の賃金は時給 850 円となる．

(3) 家事労働に対する市場の需要曲線は主婦の個人的時給評価だけでは決まらないから，アンケートの結果のみでは，家事労働市場の均衡賃金は推察できない．

(4) 家事労働に対する時給を 1,000 円と考える主婦は，時給を 700 円と評価する専業主婦がいる以上，必ず他の専業主婦を雇用することになる．

第3章
消費理論　パートⅡ

A　価格と所得の効用

B　間接効用と双対的アプローチ

C　消費支出と双対的アプローチ

D　スルツキー方程式

E　財の売買と留保需要

F　消費と貯蓄

G　余暇と労働

H　応用例

　　ケース・スタディー

　　　[税制と消費者行動]

　　　[留保需要と不動産価格]

理解度チェック問題

第3章 消費理論―パートII―

パートIでは「予算制約を満たす範囲で効用を最大にするような選択をする」という視点から消費者行動の分析を進めました．消費理論のゴールは，消費者の消費行動を理解することです．伝統的な分析手法は，消費者が市場の価格変化にどのように反応するかを分析します．スルツキーは価格変化に対する消費者の反応を，相対価格の変化に対する反応と購買力の変化に対する反応に区分けして分析する方法を経済学に導入しました．

消費理論の目的は，理論的には需要関数の性質を調べることに帰着しますから，この章の目標は，スルツキーの分析手法に則って需要関数を分析するということになります．その準備として，効用最大化の視点とは異なる双対的アプローチによる消費行動の定式化から始めます．

一般に双対的アプローチでは，最大値問題に対してはそれと関連した最小値問題の視点からそれを眺めるというように，最適化の対象となる関数[1]の最大化問題と最小化問題を相互に入れ替えると同時に，変数と定数の役割を入れ替えるか，あるいは，目的関数と制約式を入れ替えて原問題を眺める方法とがあります[2]．言わば，物事を「下から」眺めたり，「上から」見下ろして，その実体を把握しようとするのです．原問題としての効用最大化問題に関しては，つぎの2通りの問題が考えられます．1つは，原問題における変数と定数の役割を入れ替えた問題で，いま1つは，目的関数と制約式とを入れ替えた問題です．以下ではつぎの順番で解説します．まず，A節からC節では2種類の双対的アプローチの解説．それに続き，D節では目標であるスルツキー分析の解説．E節では，標準的なスルツキー方程式を応用範囲の広い「留保需要」に関してのスルツキー方程式に拡張した上で，最後のF節とG節では，その応用例として「消費と貯蓄」および「余暇と労働」についての分析を説明します．

A 価格と所得の効用

最初の双対的アプローチとして，「効用最大化問題の定数と変数を入れ替える」という視点からの分析を取り上げましょう．各消費者への消費ベクトルの配分を与えられたもの（つまり，定数）とし，それを実現できるような価格ベクトルと所得の分配を変数と考えるのです．原問題は予算制約を満たす範囲で最大の効用水準を与える消費ベクトルの選択という問題でしたから，双対問題では価格ベクトルと所得とを選択する問題を考察することになります．原問題との密接な関係を維持するには，「価格と所得の効用」という考え方を導入するのが自然な道筋でしょう．

---

[1] これを**目的関数** objective function とよびます．

[2] 最初に与えられた問題を**原問題**（プライマル）primal，それと関連して別の視点から構成される問題を**双対問題**（デュアル）dual とよびます．

間接効用

> ### 間接効用（関数）の定義
> 価格ベクトル p，所得 w の下での効用最大化問題の最大値を $v(p,w)$ と書き，これを (p,w) の関数と見るとき，**間接効用関数** indirect utility function とよびます．関数値 $v(p,w)$ を (p,w) の**間接効用** indirect utility といいます．

間接効用 $v(p,w)$ は $p_1, p_2 > 0, w > 0$ に対して定義され，価格（ベクトル）p と所得 w の下で購入できる消費ベクトルから得られる最大の効用です．価格 p と所得 w とが直接に効用を与えるのではなく，その下で購入する消費ベクトルが効用を与えるのですから「間接」効用とよばれるのです．間接効用 $v(p,w)$ は需要ベクトル $x(p,w)$ の効用水準ですから，間接効用関数はつぎのように需要関数と効用関数との合成関数として定められます．効用関数 u，需要関数 $x(p,w)$ に対し，**間接効用関数** v を

$$v(p,w) \equiv u(x(p,w)) \quad (= u \circ x(p,w))$$

と定義します．

間接効用が定められるということは，財の価格や消費者の所得についてその好ましさの程度（＝効用水準）についての表現ができるということです．効用が定まれば，限界効用も定まります．

> ### 価格の限界効用の定義
> $$\mathrm{MU}_{p_i} \equiv \frac{\partial v}{\partial p_i}(p,w) < 0, \ i = 1, 2.$$
> 価格の限界効用は価格 1 円の上昇により，消費者が得られる最大効用が何単位変化するかを示します．

> ### 所得の限界効用（貨幣の限界効用）の定義
> $$\mathrm{MU}_w \equiv \frac{\partial v}{\partial w}(p,w) > 0.$$
> 所得の限界効用は所得が 1 円上昇することにより，消費者が得られる最大効用が何単位変化するかを示します．

間接効用関数の性質

価格と所得の効用の意味が間接効用関数によって明確になりましたから，間接効用関数の特徴を確認することから始めましょう．

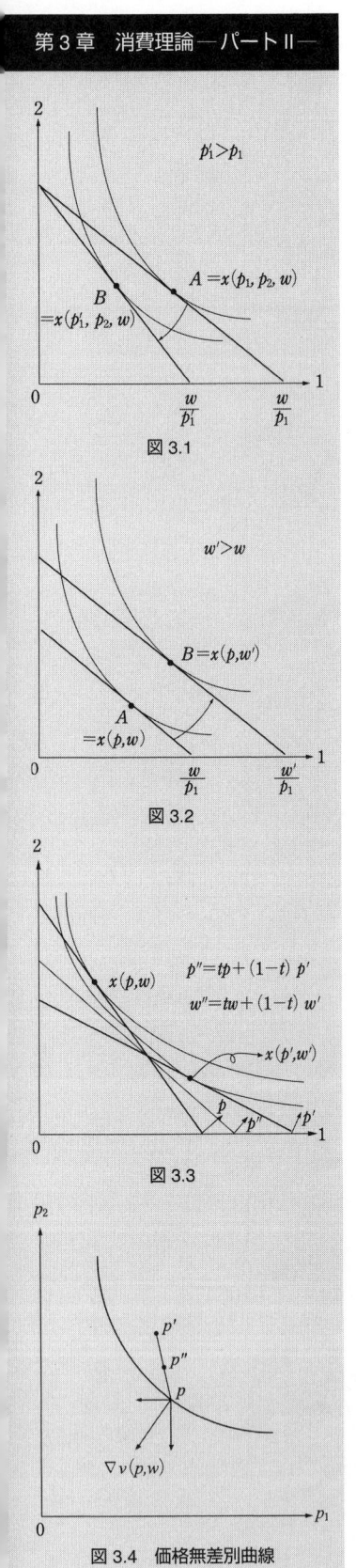

- **0 次同次性**　　$(\forall t > 0)\ v(tp, tw) = v(p, w)$ が成り立ちます．
  価格ベクトル p と所得 w とが同時に $t > 0$ 倍になっても予算制約は変化しませんから，達成できる最大効用も変化しません．数学的には，需要関数の 0 次同次性から

$$v(tp, tw) = u \circ x(tp, tw) = u \circ x(p, w) = v(p, w)$$

  が成立します．

- **p に関する単調減少性**　　価格が上昇すると間接効用は低下します．価格が上昇すると予算線が下方に移動しますから，（価格が上昇した財の需要量がゼロとなっているコーナー解の場合を除いて）価格変化以前の効用最大化ベクトル $x(p_1, p_2, w)$ を購入できなくなるからです．（図 3.1）

- **w に関する単調増加性**　　所得が上昇すると間接効用も増加します．所得が上昇すると予算線は上方に平行移動し，これまでよりも効用の高い消費ベクトル $x(p, w)$ を購入できるようになるからです．（図 3.2）

- **準凸性** [3] quasi-convexity　　同レベルの間接効用を持つ 2 種類の価格と所得の組み合わせをミックスすると，間接効用は低下します．より正確には

$$0 \leq t \leq 1, v(p', w') \leq v(p, w)\ であれば,$$
$$v(tp + (1-t)p', tw + (1-t)w') \leq v(p, w)$$

  が成立します．

  価格ベクトル $p'' = tp + (1-t)p'$，所得 $w'' = tw + (1-t)w'$ とすれば，p''，w'' で購入できる消費ベクトルは，必ず，価格ベクトル p, 所得 w の下で購入できるか，そうでなければ，価格ベクトル p', 所得 w' の下で購入できることに注意しましょう．それは $p'' \cdot x \leq w'' \Longleftrightarrow tp \cdot x + (1-t)p' \cdot x \leq tw + (1-t)w'$ ですから，$p'' \cdot x \leq w''$ であれば，必ず $p \cdot x \leq w$ を満たすか，$p' \cdot x \leq w'$ を満たさなければならないからです．その結果，予算制約 $p'' \cdot x \leq w''$ の下での最大効用は $v(p, w)$ を越えることはあり得ません．（図 3.3–図 3.5 参照）

間接限界代替率

間接効用関数から価格と所得の無差別曲線が定まります．間接効用水準を一定に保つような価格ベクトルと所得の組の集合を **間接無差別曲線** indirect indifference curve とよびます．「間接効用関数の山の等高線」であり，$v^{-1}(t), t \in \mathbb{R}$，が間接無差別曲線を与えます．場合によっては，**価格無差別曲線** とか **価格・所得無差別曲線** とよぶ方が自然な響きを持つこともあります．

間接効用関数の準凸性から，価格無差別曲線は図 3.4 のように原点に対して凸であり，また図 3.5 のように価格・所得無差別曲線は所得が上昇する方向に対し

図 3.1

図 3.2

図 3.3

図 3.4　価格無差別曲線

[3] 準凸性の意味は，間接効用の無差別曲線が「原点に対して凸」，つまり，等高線である無差別曲線から谷の地形を眺めたときに谷の部分が地図上で凸集合になっていることを意味します．

て凸となります．価格無差別曲線の図を見る場合，その形状は財の間の標準的な無差別曲線と類似していますが，原点に向かって間接効用が高くなる点に注意して下さい[4]．

財の間の無差別曲線の勾配は消費者の主観的な交換レートを表わし，1つの鍵となる概念としてこれを限界代替率とよびました．ここで間接無差別曲線の勾配に対応する概念として同様に間接限界代替率 indirect marginal rate of subsitution を規定することにします．

第2財価格による第1財価格の間接限界代替率 MRS_{p_1, p_2} の定義

価格ベクトル $\bar{p} = (\bar{p}_1, \bar{p}_2)$ を通る価格無差別曲線 $I_{\bar{p}}$ 上で (p_1, p_2) の関係が関数 h により $p_2 = h(p_1)$ と書けるとします．関数 h が $\bar{p}_1$ において可微分のとき

$$\mathrm{MRS}_{p_1, p_2}(\bar{p}) \equiv -\frac{dh}{dp_1}(\bar{p}_1) \quad \left(= -\frac{dp_2}{dp_1}(\bar{p}_1)\right)$$

と定義します．（図 3.6 参照）

$\mathrm{MRS}_{p_1 p_2}$ の理解の仕方 第2財価格による第1財価格の間接限界代替率 MRS_{p_1, p_2} に，つぎの3種類の同値な意味付けができます．

$\mathrm{MRS}_{p_1 p_2}$ $\iff$ 第1財の価格1円の上昇が消費者にとって第2財の価格何円の上昇に匹敵するかを示す数値

$\iff$ 第1財の価格が1円上昇（下落）したとき，第2財の価格が何円下落（上昇）すれば消費者の達成可能な最大効用が変化しないかを示す数値

$\iff$ 横軸に第1財の価格をとったときの価格無差別曲線への接線の勾配にマイナスを付した値

所得による第 i 財価格の間接限界代替率 $\mathrm{MRS}_{p_i w}$ の定義

$(\bar{p}_i, \bar{w})$ を通る価格・所得無差別曲線 $I_{\bar{p}_i \bar{w}}$ 上で (p_i, w) の関係が関数 k により $w = k(p_i)$ と書けるとします．関数 k が $(\bar{p}_i, \bar{w})$ において可微分のとき

$$\mathrm{MRS}_{p_i w}(\bar{p}_i, \bar{w}) \equiv \frac{dk}{dp_i}(\bar{p}_i) \quad \left(= \frac{dw}{dp_i}(\bar{p}_i)\right)$$

と定義します．（図 3.7 参照）

$\mathrm{MRS}_{p_i w}$ の理解の仕方 価格間の間接限界代替率と同様に，所得による価格の間接限界代替率についてもつぎの3種類の同値な意味付けができます．

$\mathrm{MRS}_{p_i w}$ $\iff$ i 財の価格1円の上昇（下落）が消費者にとって何円の所得の下落（上昇）に匹敵するかを示す数値

---

[4] 効用関数は準凹関数であり，間接効用関数は準凸関数だということから，このような類似点と相違点が生まれます．

A 価格と所得の効用

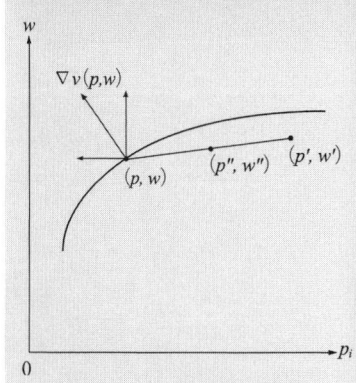

図 3.5 価格・所得無差別曲線

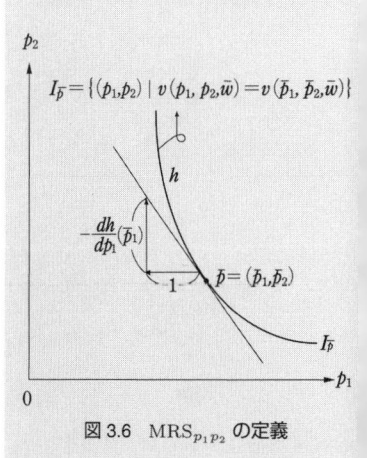

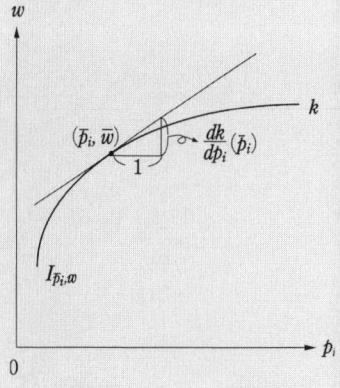

図 3.6 $\mathrm{MRS}_{p_1 p_2}$ の定義

図 3.7 $\mathrm{MRS}_{p_i w}$ の定義

⟺ i 財の価格が 1 円上昇（下落）したとき，所得が何円上昇（下落）すれば，消費者の達成可能な最大効用が変化しないかを示す数値

⟺ 横軸に i 財価格をとったときの価格・所得無差別曲線への接線の勾配の値

価格および所得の限界効用による間接限界代替率の表現　間接効用関数が与えられると，価格や所得の限界効用を用いて間接限界代替率を容易に求めることができます．

―― 間接限界代替率と価格の限界効用 ――

$$\mathrm{MRS}_{p_1 p_2} = \frac{\mathrm{MU}_{p_1}}{\mathrm{MU}_{p_2}} \quad \left(= \frac{\partial v/\partial p_1(p,w)}{\partial v/\partial p_2(p,w)} \right)$$

$$\frac{\text{第 2 財価格による第 1 財価格の}}{\text{間接限界代替率}} = \frac{\text{第 1 財価格の限界効用}}{\text{第 2 財価格の限界効用}}$$

―― 間接限界代替率と価格・所得の限界効用 ――

$$\mathrm{MRS}_{p_i w} = -\frac{\mathrm{MU}_{p_i}}{\mathrm{MU}_w} \quad \left(= -\frac{\partial v/\partial p_i(p,w)}{\partial v/\partial w(p,w)} \right)$$

$$\frac{\text{所得による第 } i \text{ 財価格の}}{\text{間接限界代替率}} = -\frac{\text{第 } i \text{ 財価格の限界効用}}{\text{所得の限界効用}}$$

上記の表現は第 2 章 D 節で説明した限界代替率と財の限界効用の間の関係と全く同様な形で導出できますから，読者の皆さんは各自，言葉による説明と陰関数の定理を用いた証明を試みて下さい．

B　間接効用と双対的アプローチ

価格ベクトルと所得の効用という考え方を紹介しました．これで効用最大化問題の定数と変数とを入れ替えて分析するという視点から，双対的アプローチを解説する準備が整いました．

間接効用最小化問題

双対的視点から「効用最大化問題の定数と変数を入れ替えて分析する」とはどういうことでしょうか？　まず，この点について考えてみましょう．効用最大化問題では価格と所得は，消費者個人が変えることのできない与えられた数値，つまり定数であり，消費ベクトル x は，それぞれが独自に一番好ましいと思う財の組み合わせを選択するという意味で変数でした．価格ベクトルと所得の効用を考えることによってこの役割を入れ替え，価格ベクトルと所得を変数とした問題を導入することができます．各財の消費量は予め決まっているものとし，そのような消費を可能とする価格と所得を選択範囲とします．具体的には，指定された消費

量を消費ベクトル $\bar{x} = (\bar{x}_1, \bar{x}_2)$ で表わすとき，それを購入出来るような価格ベクトル p と所得 w を考えます．したがって，$p_1\bar{x}_1 + p_2\bar{x}_2 (= p \cdot \bar{x}) = w$ を満たす価格 $p = (p_1, p_2)$ と所得 w とが選択範囲となります．（図 3.8 参照）

価格と所得を変数とする最小化問題として，つぎのような間接効用最小化問題を導入するのが自然でしょう．

間接効用最小化問題

$$\min \quad v(p_1, p_2, w)$$
$$\text{制約} \quad p_1\bar{x}_1 + p_2\bar{x}_2 = w$$

読み方　「消費財の組み合わせ $(\bar{x}_1, \bar{x}_2)$ を購入できるような価格 (p_1, p_2) と所得 w の組み合わせの中で，間接効用 $v(p_1, p_2, w)$ を最小にするものを見つけなさい．」

このような問題の定式化が自然だといったのは，あくまでも双対問題を導入するという視点からです．この問題の表現する状況が市場経済の中に存在しているということではありません．間接効用最小化問題の解釈をつぎのように試みることができます．この双対問題を言わば計画経済における中央政府の視点からの分析と捉え，政府が国民にとって望ましいと考える各財の消費水準を市場化経済で達成することを計画しているとしましょう．このとき，個々の人々がそうした消費水準を達成できるような価格体系と所得水準を求める問題と解釈することが可能かも知れません．[5]

効用最大化問題との密接な関係——双対性

---**双対性の命題 1**---

価格ベクトル $\bar{p}$ と所得 $\bar{w}$ の下で，$\bar{x}$ が効用を最大にしていれば（つまり，$\bar{x} = x(\bar{p}_1, \bar{p}_2, \bar{w})$ であれば），消費者が $\bar{x}$ を購入できる価格と所得の組み合わせの中で $\bar{p} = (\bar{p}_1, \bar{p}_2)$ と $\bar{w}$ は間接効用を最小にします．

言葉による説明　$\bar{x} = x(\bar{p}, \bar{w})$ とします．$p \cdot \bar{x} = w$ を満たす価格ベクトル p と所得 w の予算線上には必ず消費ベクトル $\bar{x}$ が在ります．これは p と w の予算線上の最大効用が $u(\bar{x})$ を下回らないことを意味します（図 3.9 のパネル (a)）．つまり，$v(p, w) \geqq u(\bar{x}) = u(x(\bar{p}_1, \bar{p}_2, \bar{w})) = v(\bar{p}, \bar{w})$ です．ですから $\bar{p}$ と $\bar{w}$ は $p \cdot \bar{x} = w$ を満たす (p, w) の中で間接効用を最小化していることになります．■

図による説明　$\bar{x}$ は $(\bar{p}, \bar{w})$ の予算線の下で効用を最大にしていますから，図 3.9 のパネル (a) に見られるように，$\bar{x}$ において $(\bar{p}, \bar{w})$ の予算線と $\bar{x}$ を通る無差別曲線が接しています．$\bar{x}$ をちょうど購入できる価格と所得の組み合わせ (p', w') は $\bar{x}$ を必ず通過しますが，パネル (a) から分かるように (p', w') の予算線の下で効用

B 間接効用と双対的アプローチ

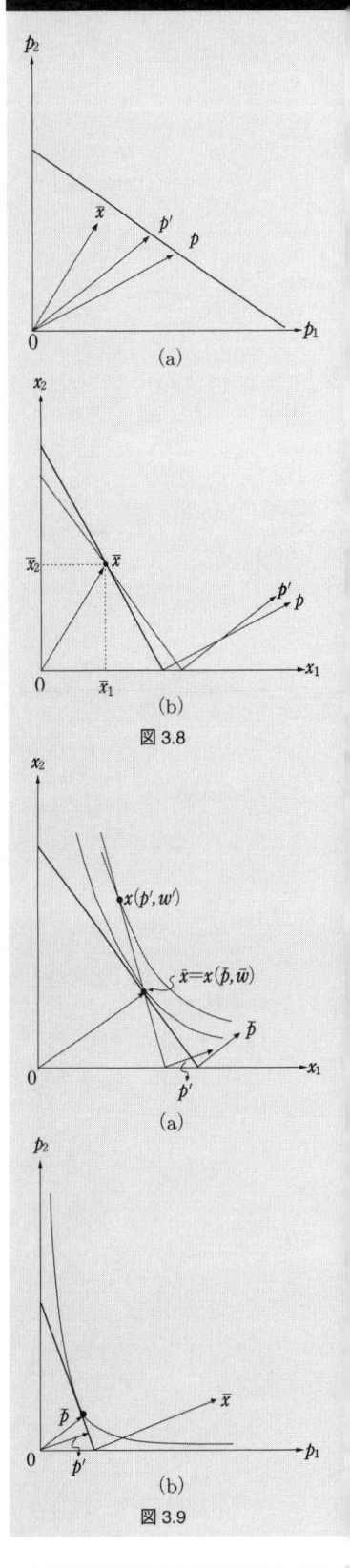

図 3.8

図 3.9

---

[5] ここで，なぜ政府は間接効用を最小化することが良いのでしょうか？ 一つの答えが，この問題の双対性命題で与えられると考えられます．

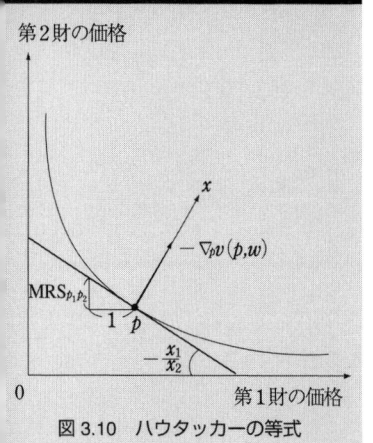

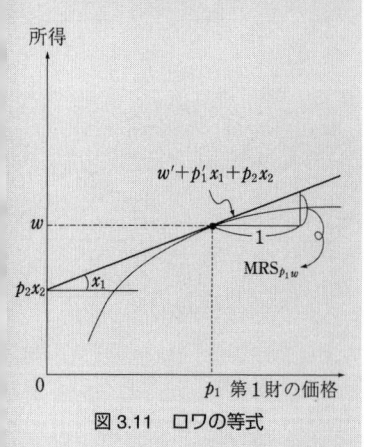

を最大にする需要ベクトル $x(p', w')$ の効用は，同じ予算線上にある $\bar{x}$ の効用を決して下回ることはありません．したがって，$(\bar{p}, \bar{w})$ において間接効用は最小になります．パネル(b)ではこの状況を価格無差別曲線を用いて描写しています．■

間接効用最小化の条件

需要ベクトル $x = x(p, w)$ が与えられるとき，双対性の命題により，p と w は x をちょうど購入できるような価格と所得の中で間接効用を最小化することが分かります．この事実から需要ベクトルの一つの性質を間接効用の最小化条件を通して導くことができます．この双対問題の解が内点解の場合に限定して説明しましょう．

図による理解 図 3.10 と図 3.11 は，それぞれ価格空間と価格所得空間における解の状況を表わしています．内点解ですから，いずれの場合も効用最大化問題の内点解の状況と類似していて，基本的には「予算線の傾きと無差別曲線の傾きが等しくなる」ということが理解できるでしょう．価格空間における間接効用最小化の条件を**ハウタッカー** Houthakker **の等式**，価格所得空間における間接効用最小化の条件を**ロワ** Roy **の等式**とよぶことにします．[6]

図 3.10 ハウタッカーの等式

図 3.11 ロワの等式

数学的導出 内点解ですから Lagrange の未定乗数法によって求めましょう．
ステップ 1: Lagrange 関数を定義します．
$$\mathcal{L}(p_1, p_2, w, \mu) \equiv v(p_1, p_2, w) + \mu(p_1 x_1 + p_2 x_2 - w)$$
ステップ 2: 最小値の必要条件を求めます．

$$\frac{\partial \mathcal{L}}{\partial p_1}(p_1, p_2, w, \mu) = \frac{\partial v}{\partial p_1}(p_1, p_2, w) + \mu x_1 = 0 \tag{3.1}$$

$$\frac{\partial \mathcal{L}}{\partial p_2}(p_1, p_2, w, \mu) = \frac{\partial v}{\partial p_2}(p_1, p_2, w) + \mu x_2 = 0 \tag{3.2}$$

$$\frac{\partial \mathcal{L}}{\partial w}(p_1, p_2, w, \mu) = \frac{\partial v}{\partial w}(p_1, p_2, w) - \mu = 0 \tag{3.3}$$

$$\frac{\partial \mathcal{L}}{\partial \mu}(p_1, p_2, w, \mu) = p_1 x_1 + p_2 x_2 - w = 0 \tag{3.4}$$

ステップ 3: 上の連立方程式を満たす p_1, p_2, w, μ の条件を求めます．
$\frac{\partial v}{\partial w}(p_1, p_2, w) > 0$ と (3.3) から

$$\mu = \frac{\partial v}{\partial w}(p_1, p_2, w) > 0 \tag{3.5}$$

となります．また，(3.1)，(3.2)，(3.5) より，$x_j \neq 0$ のとき

$$\mathrm{MRS}_{p_i p_j} = \frac{\frac{\partial v}{\partial p_i}(p_1, p_2, w)}{\frac{\partial v}{\partial p_j}(p_1, p_2, w)} = \frac{x_i}{x_j} \tag{3.6}$$

---

[6] ハウタッカーの等式は，教科書や需要理論の文献では余り紹介されておりません．また，ロワの等式は「ロワの恒等式」として説明されます．しかしロワの原論文では，最適解の条件の一つとして導出されていますし，間接効用の最小化条件として把握しておくと需要理論における双対問題を統一的に理解する助けになると考えられます．

であり，$x_j = 0$ ならば

$$\frac{\partial v}{\partial p_j}(p_1, p_2, w) = 0 \tag{3.7}$$

です．他方，(3.1)，(3.2)，(3.3) より

$$\mathrm{MRS}_{p_i w} = -\frac{\frac{\partial v}{\partial p_i}(p_1, p_2, w)}{\frac{\partial v}{\partial w}(p_1, p_2, w)} = x_i \tag{3.8}$$

が得られます．

以上の議論をまとめるとつぎのようになります．

需要量の性質（間接効用最小化条件）

市場価格が $p = (p_1, p_2)$，消費者の所得が w，間接効用関数が $v(p, w)$ で与えられ，可微分であれば，各財の需要量 $(x_1, x_2) = x(p, w)$ はつぎの等式を満足します．

(1) ロワの等式　　$x_i = -\dfrac{\frac{\partial v}{\partial p_i}(p, w)}{\frac{\partial v}{\partial w}(p, w)} \ (= \mathrm{MRS}_{p_i w}) \quad i = 1, 2$

(2) ハウタッカーの等式　$\dfrac{x_i}{x_j} = \dfrac{\frac{\partial v}{\partial p_i}(p, w)}{\frac{\partial v}{\partial p_j}(p, w)} \ (= \mathrm{MRS}_{p_i p_j})$

$\qquad\qquad\qquad\qquad\qquad\qquad\qquad i, j = 1, 2, x_j \neq 0$

等式の解釈　これらの等式の意味を考えてみましょう．どちらも右辺は間接限界代替率ですから，間接限界代替率の意味を思い出してください．左辺についてロワの等式は需要量そのものですから解釈は容易です．ハウタッカーの等式の左辺は需要量の比になっていますから多少解釈上の工夫が必要です．$x_j \neq 0$ のとき，$1 \times x_i = \left(\frac{x_i}{x_j}\right) \times x_j$ となるのは自明です．この両辺の第1項を価格の変化と見ると，「相対需要量」x_i/x_j は，消費者の支出額の面で第 i 財価格1円の上昇が第 j 財価格何円の上昇に匹敵するかを示していると理解できます．そこで上の各等式をつぎのように解釈することができます．

(1) ロワの等式：「財の需要量は，その財の価格が1円上昇したときに，消費者が達成できる最大効用を低下させないために必要となる所得の増分に等しい．」

(2) ハウタッカーの等式：「第 i 財の価格が1円上昇したとき消費者の支出額を変化させないために必要となる第 j 財価格の低下の幅は，消費者が達成可能な最大効用を変化させないために必要な第 j 財価格の下落幅と一致する．」

需要理論における Lagrange 乗数

間接効用最小化問題の Lagrange 乗数 μ は (3.5) より所得（貨幣）の限界効用に等しいことが分かります．では，効用最大化問題の Lagrange 乗数 λ（2章 F 節参照）の場合はどうでしょうか．

効用関数 u，需要関数 $x(p, w) = (x_1(p, w), x_2(p, w))$ ともに可微分だとすれば，

第3章 消費理論—パートⅡ—

$$\frac{\partial v}{\partial w}(p,w) = \frac{\partial u \circ x}{\partial w}(p,w)$$
$$= \frac{\partial u}{\partial x_1}(x(p,w))\frac{\partial x_1}{\partial w}(p,w) + \frac{\partial u}{\partial x_2}(x(p,w))\frac{\partial x_2}{\partial w}(p,w)$$
$$= \lambda p_1 \frac{\partial x_1}{\partial w}(p,w) + \lambda p_2 \frac{\partial x_2}{\partial w}(p,w)$$
$$= \lambda \left(p_1 \frac{\partial x_1}{\partial w}(p,w) + p_2 \frac{\partial x_2}{\partial w}(p,w) \right)$$
$$= \lambda$$

となります．上の3番目の等号は効用最大化の条件から導かれています．また，最後の等号が成立することは，予算制約の等式 $p_1 x_1(p,w) + p_2 x_2(p,w) = w$ から

$$p_1 \frac{\partial x_1}{\partial w}(p,w) + p_2 \frac{\partial x_2}{\partial w}(p,w) = 1$$

が成立する（つまり，所得が1円増えたときの支出総額は1円増える）ことから理解できるでしょう．

この議論をまとめればつぎのようになります．

需要理論における Lagrange 乗数

消費者の効用最大化問題の Lagrange 乗数を λ，間接効用最小化問題の Lagrange 乗数を μ，需要量を $(x_1, x_2) = x(p,w)$，$x_1 > 0, x_2 > 0$ とすれば，

$$\lambda = \mu = \frac{\partial v}{\partial w}(p,w),$$

つまり，効用最大化問題と間接効用最小化問題の Lagrange 乗数はともに所得の限界効用に等しくなります．

この命題と2章 E 節の効用最大化条件（2章 F 節の注参照）および間接効用最小化条件 (3.1)，(3.2)，(3.3) から，つぎの性質が導かれます．

古典的効用最大化条件の双対表現

需要量を $(x_1, x_2) = x(p,w)$ とし，$x_1 > 0$，$x_2 > 0$ とすれば，
$$\frac{\frac{\partial u}{\partial x_1}(x)}{p_1} = \frac{\frac{\partial u}{\partial x_2}(x)}{p_2} = -\frac{\frac{\partial v}{\partial p_1}(p,w)}{x_1} = -\frac{\frac{\partial v}{\partial p_2}(p,w)}{x_2} = \frac{\partial v}{\partial w}(p,w)$$
が成立します．

この等式表現の中で最初の2つの式は，効用最大化の条件として，追加的な1円の支出がどの財の購入に振り向けられるとしても，その1円から得られる追加的効用が所得の限界効用と一致していることを示しています．また，価格の限界効用にマイナスを付した値は価格1円の低下が達成可能な効用水準をどれだけ引き上げるかを表わし，財の需要量自体は価格1円の低下が所得何円分の増加に見合うかを表わしていると解釈できますから，上の後半の等式は，効用最大化条件を双対的に眺めた場合，財価格1円の下落に匹敵する所得の増加1円当たり，達成可能な効用水準がどれだけ増加するか，その増分が所得の限界効用と一致することを示しています．

C　消費支出と双対的アプローチ

効用最大化問題の定数と変数の役割を入れ替えて分析するという視点で最初の双対的アプローチを考察しました．この視点は言わば，第3者（例えば，中央政府）の立場から消費者の効用最大化問題を眺めるものだと考えることもできます．つぎに同一の消費者の立場から，消費についての異なった選択基準を考えるという視点から双対的アプローチを考察します．

消費支出最小化問題

消費者の選択について，つぎの2つの選択基準を考えることができます[7]．
　　効用最大化：支出額が同じ消費ならば，最も好ましい消費を選択する．
　　消費支出最小化：好ましさが同程度の消費ならば，支出額が最小となるものを選択する．

この第2の選択基準を考慮して双対問題を定式化したのが，**消費支出最小化問題**です．間接効用最小化問題は，効用最大化問題の変数と定数の役割を入れ替えることにより双対問題を導入するのですが，消費支出最小化問題は，効用最大化問題の目的関数と制約式の役割を入れ替えるものです．

消費支出最小化問題は具体的につぎのように定式化されます．

消費支出最小化問題

$$\min \quad p_1 x_1 + p_2 x_2$$
$$\text{制約} \quad u(x_1, x_2) = t$$

　　読み方　「同じ効用水準 t を与えるような消費 (x_1, x_2) の中で支出額 $p_1 x_1 + p_2 x_2$ を最小とするものを見つけなさい．」

消費支出最小化条件

消費支出最小化問題の解となるための条件を導出しましょう．まず結論から述べることにします．

消費支出最小化条件

一定の効用水準を与える消費ベクトルの中から，消費者が消費支出を最小化するベクトル $x = (x_1, x_2)$ を選択するとき，つぎの等式・不等式が成立します．

---

[7] 第1の基準を「関東風」，第2の基準を「関西風」とイメージすると感覚的に理解し易いかも知れません．合理的な選択行動を前提とすれば，この後の双対性命題2から，これらの異なる基準はある意味で同値な結果をもたらすことになります．

図 3.12 消費支出最小化と内点解

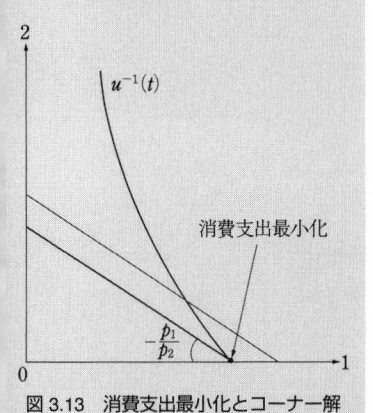

図 3.13 消費支出最小化とコーナー解

> (1) 内点解 ($x_i > 0$, $i = 1, 2$) の場合 　　$\mathrm{MRS}_{12}(x) = \dfrac{p_1}{p_2}$
>
> 　(図 3.12 参照)
>
> (2) コーナー解 ($x_1 = 0$ あるいは $x_2 = 0$) の場合　$\mathrm{MRS}_{12}(x) \leqq \dfrac{p_1}{p_2}$
>
> 　　　　　　　　　　　　　　　　　　　　　　　　　($x_1 = 0$ の場合)
>
> 　(図 3.13 参照)　　　　　　　　　　　　　　　　$\mathrm{MRS}_{12}(x) \geqq \dfrac{p_1}{p_2}$
>
> 　　　　　　　　　　　　　　　　　　　　　　　　　($x_2 = 0$ の場合)

言葉による説明　　まず，$x_i > 0, i \neq j$, のとき，

$$\mathrm{MRS}_{ij}(x) \geqq \frac{p_i}{p_j} \tag{3.9}$$

となることをを示します．

財	i	j
消費量	-1	$+\mathrm{MRS}_{ij}$
支出額の変化	$-p_i$	$+p_j \times \mathrm{MRS}_{ij}$

仮に，$\mathrm{MRS}_{ij}(x) < \dfrac{p_i}{p_j}$ だとします．$x_i > 0$ ですから，i 財の消費量を減らすことができます．減少する i 財の消費量 1 単位当たり，j 財の消費量を MRS_{ij} 単位増やすと効用水準は変わりません．しかし，このような消費量の変化により，支出額は

$$-p_i + p_j \times \mathrm{MRS}_{ij} = p_j \left(-\frac{p_i}{p_j} + \mathrm{MRS}_{ij} \right) < 0$$

だけ変化し，x が消費支出を最小化していることと矛盾します．

内点解の場合は，$i = 1, j = 2$ の場合と $i = 2, j = 1$ の場合に (3.9) をあてはめ，$\mathrm{MRS}_{21} = 1/\mathrm{MRS}_{12}$ を考慮すれば (1) が得られます．

コーナー解の場合は，$x_1 > 0$ もしくは $x_2 > 0$ ですから，$i = 1$ か $i = 2$ いずれか一方についてのみ (3.9) が成り立ちますから，(2) の不等式が得られます．　■

消費支出最小化条件の数学的導出方法（内点解のケース）

ステップ 1:　　Lagrange 関数を定義します．

$$\mathcal{L}(x_1, x_2, \eta) \equiv p_1 x_1 + p_2 x_2 + \eta \left(t - u(x_1, x_2) \right)$$

ステップ 2:　　最小値の必要条件を求めます．

$$\frac{\partial \mathcal{L}}{\partial x_1}(x_1, x_2, \eta) = p_1 - \eta \frac{\partial u}{\partial x_1}(x) = 0 \tag{3.10}$$

$$\frac{\partial \mathcal{L}}{\partial x_2}(x_1, x_2, \eta) = p_2 - \eta \frac{\partial u}{\partial x_2}(x) = 0 \tag{3.11}$$

$$\frac{\partial \mathcal{L}}{\partial \eta}(x_1, x_2, \eta) = t - u(x) = 0 \tag{3.12}$$

ステップ 3:　　上の連立方程式から，最小値が満たすべき条件を導きます．

(3.10),(3.11) より $\eta > 0$. (3.10)を(3.11)で割って

$$\frac{\frac{\partial u}{\partial x_1}(x)}{\frac{\partial u}{\partial x_2}(x)} = \frac{p_1}{p_2}$$

が得られます.

効用最大化問題との密接な関係 —— 双対性

消費支出最小化条件を，2 章 E 節で求めた効用最大化条件と比べると，全く同じ条件であることが分かります．このことから，価格ベクトル $p = (p_1, p_2)$ と所得 w の下での効用最大化問題の解を消費ベクトル $\bar{x}$（つまり，$\bar{x} = x(p, w)$）とし，効用水準を $t = u(\bar{x})$ とおいて，消費支出最小化問題の解を求めると $\bar{x}$ がその解となり，逆に，消費支出問題の解 $\bar{x}$ が与えられたとき，所得水準を $w = p_1 \bar{x}_1 + p_2 \bar{x}_2$ とおいて，効用最大化問題を解くと，$\bar{x}$ がその解になることが分かります．この 2 つの事実を簡潔に表現することによって，需要の分析を進める助けとします．そのため 2, 3 の概念を導入します．

ヒクシアン需要　　価格 p_1, p_2 と効用水準 t の下で消費支出を最小化する消費量の組み合わせを**ヒクシアン需要ベクトル** Hicksian demand vector とよび $h(p_1, p_2, t)$ と書くことにします．これを価格 p_1, p_2 と効用 t の関数と見るとき，**ヒクシアン需要**（関数）Hicksian demand function といいます．ヒクシアン需要は，消費者の効用が一定水準を保つように所得を調整したり，補償する場合の需要ですから，これを**補償需要**（関数）compensated demand function とよぶこともあります．

支出関数　　価格 p_1, p_2，効用 t の下での最小の支出額を $e(p_1, p_2, t)$ と書き，これを価格 p_1, p_2 と効用 t の関数と考えて**支出関数** expenditure function とよびます．**最小所得関数** minimum income function とよぶこともあります．

双対性—その 1—　　効用最大化問題の解の効用水準を t とおいて，消費支出最小化問題を解くと，その解は効用最大化問題の解となりますが，これは

$$h(p, v(p, w)) = x(p, w) \tag{3.13}$$

と表現されます．この式を「価格 p_1, p_2，所得 w の下で達成できる最大の効用水準」($= v(p, w)$) を「p の下で最小の支出水準で実現する財ベクトル」($= h(p, v(p, w))$) は，価格 p_1, p_2，所得 w の下で効用を最大にする財ベクトル ($= x(p, w)$) に等しい，と読むことができます．(3.13)の等式は効用最大化問題の解を出発点とした表現ですが，逆に消費支出最小化問題の解を出発点として表現しましょう．消費支出最小化問題の解の支出額を所得水準として効用最大化問題を解くと，その解は消費支出最小化問題の解となります．これを等式で

$$x(p, e(p, t)) = h(p, t) \tag{3.14}$$

と書けます．この式は「価格 p_1, p_2 の下で，効用水準 t を得るのに最小限必要な支出額 ($= e(p, t)$) を所得として最大の効用を実現する消費ベクトル ($= x(p, e(p, t))$) は，価格 p_1, p_2 の下で，効用水準 t を最小限の支出額で実現する消費ベクトル

($= h(p,t)$) に等しい」と読むことができます．等式(3.13)と(3.14)で示される密接な関係が効用最大化問題と消費支出最小化問題の双対性です．

双対性の命題2（その1）

(1) 価格 p_1, p_2，所得 w のときの需要ベクトルは，その効用水準を最小の消費支出で達成するヒクシアン需要ベクトルに等しい．
$$h(p, v(p,w)) = x(p,w)$$
(2) 価格 p_1, p_2 のときに効用 t を最小の支出額で実現するヒクシアン需要ベクトルは，その支出額を所得としたときの需要ベクトルに等しい．
$$x(p, e(p,t)) = h(p,t)$$

双対性—その2— 双対性を示す上の等式(3.13)と(3.14)はいずれも最適値を与えるベクトルを用いた表現ですが，同じ事実を最適値を用いた同値な等式により表現することができます．等式(3.13)は

$$e(p, v(p,w)) = w \qquad (3.15)$$

と表現できます．この場合の等式は，「価格 p_1，p_2，所得 w の下で達成できる最大の効用水準を p の下で実現できる最小の支出水準 ($= e(p,v(p,w))$) は，所得 w に等しい」と読むことができます．また，等式(3.14)は

$$v(p, e(p,t)) = t \qquad (3.16)$$

と表現できます．この式は「価格 p_1, p_2 の下で，効用水準 t を得るのに最小限必要な支出額を所得として実現できる最大の効用水準 ($= v(p,e(p,t))$) は t に等しい」と読むことができます．

したがって，上の双対性の命題2の別表現がつぎの双対性の命題です．

双対性の命題2（その2）

(1) 価格 p_1, p_2，所得 w の下での最大効用を実現するために必要な最小支出額は w に等しい．
$$e(p, v(p,w)) = w$$
(2) 価格 p_1, p_2 のときに，効用 t を達成しうる最小の支出額を所得とするときの最大効用は t に等しい．
$$v(p, e(p,t)) = t$$

マッケンジーの補題

マッケンジー McKenzie の補題はヒクシアン需要量と支出関数の偏微分との関係を明らかにするものです．価格 $\bar{p} = (\bar{p}_1, \bar{p}_2)$ のとき，効用 t をもたらすヒクシアン需要ベクトル $h(\bar{p},t) = (h_1(\bar{p},t), h_2(\bar{p},t))$ を考えます．$h(\bar{p},t)$ を $\bar{x}$ と書きましょう．$\bar{p}$ と異なる価格 $p = (p_1, p_2)$ で $\bar{x}$ を購入する場合，支出額 $p \cdot \bar{x}$ は価格が p の場合の最小消費支出 $e(p,t)$ を下回ることはあり得ませんから，$p \cdot \bar{x} - e(p,t) \geqq 0$ となります．ところが，$\bar{p} \cdot \bar{x} = e(\bar{p}, t)$ ですから，$p \cdot \bar{x} - e(p,t)$ は $p = (p_1, p_2)$ の

関数として $\bar{p} = (\bar{p}_1, \bar{p}_2)$ において最小値を取ります．したがって，$p = \bar{p}$ において，p_1, p_2 それぞれについて関数 $p \cdot \bar{x} - e(p,t)$ の偏微分は 0 となります．つまり，各 $i = 1, 2$ に対し

$$\frac{\partial}{\partial p_i}[\bar{p}_1\bar{x}_1 + \bar{p}_2\bar{x}_2 - e(\bar{p},t)] = \bar{x}_i - \frac{\partial e}{\partial p_i}(\bar{p},t) = 0$$

が成立します．この等式から支出関数を財の価格で偏微分することによってその財のヒクシアン需要量が得られるというマッケンジーの結果

$$\bar{x}_i = h_i(\bar{p},t) = \frac{\partial e}{\partial p_i}(\bar{p},t)$$

が導かれます．

―― マッケンジーの補題 ――
支出関数を価格について偏微分するとヒクシアン需要関数となります．つまり，
$$\frac{\partial e}{\partial p_i}(p,t) = h_i(p,t), \quad i = 1,2$$
が成立します．

図による理解 図 3.14 では関数 $p \cdot \bar{x} - e(p,t)$ の値を財空間で描写しており，それが $p = \bar{p}$ において最小値をとることを示しています．図 3.15 は効用水準が t のときの支出関数のグラフです．支出関数のグラフへの接線の傾きが接点における価格でのヒクシアン需要量を表わすことを補題は示しています．

マッケンジーの補題とロワの等式との関係

双対性の命題 2（その 2）により $e(p, v(p,w)) = w$，$v(p, e(p,t)) = t$ でしたから，価格が $p = (p_1, p_2)$ のとき間接効用が t になる所得が w になることと，効用 t をもたらす最小の支出額が w になることと同値になります．つまり，

$$v(p,w) = t \iff e(p,t) = w$$

が成立します．これは価格・所得無差別曲線が支出関数（のグラフ）になっていることを示しています．したがって，効用 t の間接無差別曲線 $v^{-1}(t)$ 上で $w = e(p,t)$ において

$$\frac{\partial e}{\partial p_i}(p,t) = \mathrm{MRS}_{p_iw}$$

が常に成り立っています．これにより，$i = 1, 2$ について，つぎのような表現が可能です．

―― マッケンジーの補題とロワの等式 ――
| マッケンジーの補題 | $h_i(p,t) = \mathrm{MRS}_{p_iw}(p, e(p,t))$ |
| ロワの等式 | $x_i(p,w) = \mathrm{MRS}_{p_iw}(p,w)$ |

双対性の命題 2 その 1 とその 2 で示された性質を考慮すると，マッケンジーの補題とロワの等式とは数学的には同値となる性質を述べたものですが，効用水

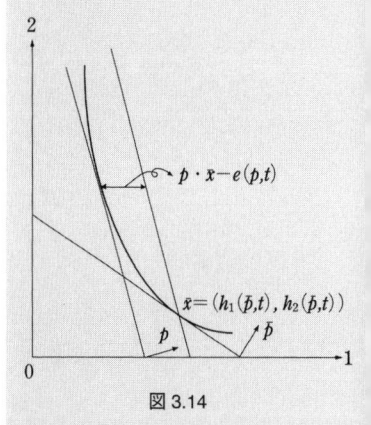

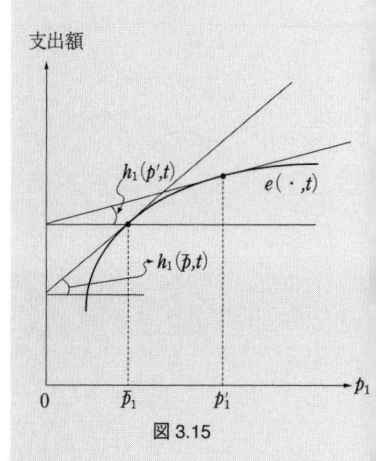

準を固定した場合のヒクシアン需要で表現するか（マッケンジーの補題），需要で表現するか（ロワの等式）の違いに帰着すると言えます．実際，双対性の性質 $x(p,w) = h(p,v(p,w))$ と $e(p,v(p,w)) = w$ から，マッケンジーの補題は

$$x_i(p,w) = h_i(p,v(p,w)) = \mathrm{MRS}_{p_i w}(p,e(p,v(p,w))) = \mathrm{MRS}_{p_i w}(p,w)$$

とロワの等式を与えます．また逆に，$h(p,t) = x(p,e(p,t))$ より，ロワの等式は

$$h_i(p,t) = x_i(p,e(p,t)) = \mathrm{MRS}_{p_i w}(p,e(p,t))$$

とマッケンジーの補題を与えます．

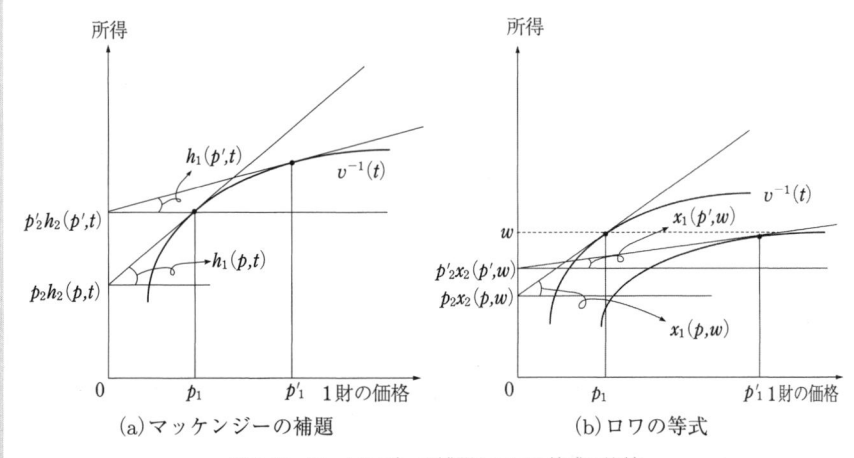

図 3.16　マッケンジーの補題とロワの等式の比較

図による理解　図 3.16 のパネル (a) では間接効用水準 t の価格・所得無差別曲線が描かれていますが，さきの説明からこれは支出関数のグラフと一致します．図 3.15 の場合と同様に価格・所得無差別曲線への接線の傾きが接点における価格でのヒクシアン需要量と一致するというのがマッケンジーの補題です．パネル (b) では 2 つの価格・所得無差別曲線が描かれています．ロワの等式ではマッケンジーの補題の場合のように同一の間接効用水準を持つ価格・所得の組み合わせを見ているのではなく，同一の消費ベクトルを購入できるような価格・所得の組み合わせを比較しているからです．しかし，その中で間接効用を最小化している価格・所得の組みにおいては，その点における価格・所得無差別曲線への接線の勾配が需要量と一致していることをロワの等式は示しています．双対性の命題からこの価格・所得の組みにおける需要量はヒクシアン需要量と一致しますから，マッケンジーの補題とロワの等式とは同じ現象を異なる角度から表現していると言えるでしょう．

D　スルツキー方程式

消費理論の目標は人々の消費行動を理解することです．消費者行動を理解するということは，理論的には需要関数の性質を理解することを意味します．伝統的な分析手法は，消費者が市場の価格変化にどのように反応するかを分析します．スルツキーは価格変化に対する消費者の反応を，相対価格の変化に対する反応と購

買力の変化に対する反応に区分けして分析する方法を経済学に導入しました．本節では双対的アプローチから古典的なスルツキー方程式を説明します[8]．

価格変化による需要量の変化

財の価格が変化すると需要量はどのように変化するか，その一般的な規則性を表わしているのが「需要法則」Law of Demand です．第1財の価格 p_1 が変化するとき，それは2種類のルートを通して需要量に影響を与えます．1つは市場における交換レート（相対価格 p_1/p_2）の変化によるもので，このルートによる需要量の変化を**代替効果** substitution effect とよびます．今1つは，「購買力」の変化によるもので，このルートによる需要量の変化を**所得効果** income effect とよびます．このように，ある財の価格変化による需要量の変化を「代替効果」と「所得効果」の2種類の効果に分解して表現する方程式を**スルツキー方程式** Slutsky equation とよびます．スルツキー方程式は言わば消費者行動の規則性を分析する道具なのです．しかし，「需要法則」とよばれる規則性が常に成立するとは限りません．つまり，ギッフェン財の存在は理論的には否定できません．その理由はスルツキー方程式を通して明らかになります．

価格 $p=(p_1,p_2)$，所得 w のとき消費者が達成できる最大の効用水準を t，つまり，$v(p,w)=t$ とします．双対性により
$$e(p,t)=e(p,v(p,w))=w$$
$$h(p,t)=x(p,e(p,t))=x(p,w)$$
が成立しますから，この事実を用いて j 財の価格変化による i 財ヒクシアン需要量の変化を調べると，需要関数，ヒクシアン需要関数ともに可微分であるとき，$i,j=1,2$ に対し，

$$\frac{\partial h_i}{\partial p_j}(p,t)=\frac{\partial x_i}{\partial p_j}(p,w)+\frac{\partial x_i}{\partial w}(p,w)\frac{\partial e}{\partial p_j}(p,t)$$
$$=\frac{\partial x_i}{\partial p_j}(p,w)+\frac{\partial x_i}{\partial w}(p,w)\cdot h_j(p,t)$$
$$=\frac{\partial x_i}{\partial p_j}(p,w)+\frac{\partial x_i}{\partial w}(p,w)\cdot x_j(p,w)$$

となります．この導出過程で1番目の等号が成立する理由は，$h_i(p,t)$ が $x_i(p,e(p,t))$ に等しく，価格 p_j の1円の上昇は，(1) p_j のみの変化による x_i の変化と，(2) p_j の1円の上昇がもたらす所得 $e(p,t)$ の変化によって生じる x_i の変化，これら2つの和になることです．2番目の等号はマッケンジーの補題によるものであり，3番目の等号は双対性によるものです．したがって，

$$\frac{\partial x_i}{\partial p_j}(p,w)=\frac{\partial h_i}{\partial p_j}(p,t)-\frac{\partial x_i}{\partial w}(p,w)\cdot x_j(p,w)$$

が成立します．

---

[8] これはマッケンジーによるスルツキー方程式の導出方法で，財空間の凸性や選好関係の凸性，さらには効用関数による選好関係の表現を前提としないアプローチです．

第3章 消費理論—パートⅡ—

> **スルツキー方程式**
>
> 価格を p_1, p_2，所得を w とし，需要量 $x_1(p,w), x_2(p,w)$ における消費者の効用水準を t とします．このとき，$i,j = 1,2$，について，
>
> $$\frac{\partial x_i}{\partial p_j}(p,w) = \frac{\partial h_i}{\partial p_j}(p,t) - \frac{\partial x_i}{\partial w}(p,w) \cdot x_j(p,w)$$
>
> が成立します．

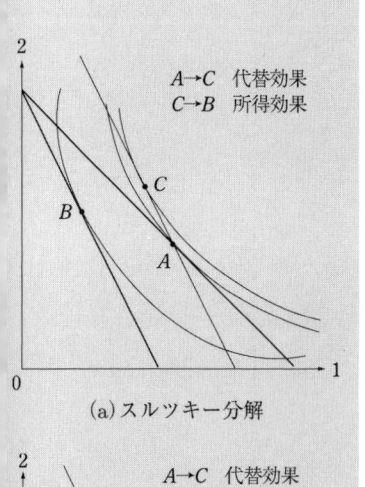

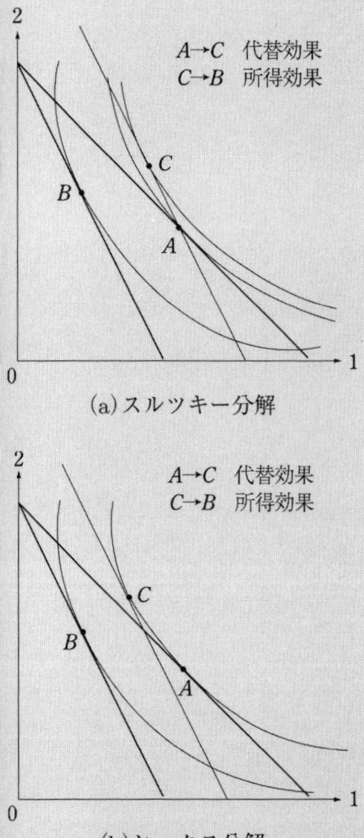

方程式の解釈 左辺は j 財の価格が1円上昇したときに，i 財の需要量が何単位変化するかを示しています．右辺は2つの項の和ですが，このうち第1項は，価格変化によって効用水準が変わらないように所得を調整する（「購買力」を一定に保つ）[9]とき，j 財価格1円の上昇が i 財の需要量を何単位変化させるかを示しています．右辺の第2項はつぎの2つの項から成ります．

(1) $\dfrac{\partial x_i}{\partial w}(p,w)$ は所得が1円変化したときに第 i 財の需要量が何単位変化するかを示しています．

(2) $-x_j(p,w)\,(=-h_j(p,t))$ には通常2通りの解釈が与えられます．
（スルツキーの解釈）j 財の価格が1円上昇したとき，変化以前に購入していた財ベクトルを購入するには何円所得が不足するかを示しています．
（ヒックスの解釈）j 財の価格が1円上昇したとき，変化以前の効用水準を保つには所得が何円不足するかを示しています．

したがって，右辺の第2項は j 財の価格が1円上昇したとき，購買力の変化が i 財の需要量を何単位変化させるかを示しています．

右辺の第1項が代替効果，第2項が所得効果を表わしています．結局，スルツキー方程式は価格変化による需要量の変化をつぎのように分解して考えるということになります[10]．

需要量の変化	=	代替効果	+	所得効果
		substitution effect		income effect
$\left(\dfrac{\partial x_i}{\partial p_j}(p,w)\right)$		$\left(\dfrac{\partial h_i}{\partial p_j}(p,t)\right)$		$\left(-\dfrac{\partial x_i}{\partial w}(p,w) \cdot x_j(p,w)\right)$

図による理解 図3.17は価格変化による代替効果と所得効果とを描写しています．A から C への変化が代替効果による需要量の変化を表わし，C から B への変化が所得効果による需要量の変化を表わしています．パネル(a)はスルツキーの考えによる代替効果と所得効果への分解を図示したもので，パネル(b)はヒックスの考えによる分解を図示しています．この図ではこの両者に多少の相違があり

図3.17 価格変化による代替効果と所得効果

(a) スルツキー分解
$A \to C$ 代替効果
$C \to B$ 所得効果

(b) ヒックス分解
$A \to C$ 代替効果
$C \to B$ 所得効果

---

[9] 購買力の概念を一般的に定義するには困難をともないます．そこで下記の(2)のスルツキーとヒックスの解釈に見られるように購買力が変化しない状態を明確に規定することによって購買力が変化することによる影響をあぶり出したのです．

[10] スルツキー方程式は「需要量の変化＝代替効果＋所得効果」を表現していると形式的に覚える場合，所得効果を表わす第2項を $\dfrac{\partial x_i}{\partial w}(p,w) \cdot x_j(p,w)$ と書いてしまい，マイナス符号を付けないミスを犯すことがありますから，要注意です．価格上昇による購買力の変化による効果であり，価格の上昇によって購買力は低下しますからマイナスの符号が付くのです．

ますが，微分で表現する線型近似の範囲内に収まり，スルツキー方程式として両者の分解は一致します．

代替行列とスルツキー行列

代替効果を行列を用いて表現すると

$$\begin{pmatrix} \dfrac{\partial h_1}{\partial p_1}(p,t) & \dfrac{\partial h_1}{\partial p_2}(p,t) \\ \dfrac{\partial h_2}{\partial p_1}(p,t) & \dfrac{\partial h_2}{\partial p_2}(p,t) \end{pmatrix}$$

となります．これを**代替行列** substitution matrix とよびます．

また，$i, j = 1, 2$ に対し

$$s_{ij}(p,w) \equiv \frac{\partial x_i}{\partial p_j}(p,w) + \frac{\partial x_i}{\partial w}(p,w) \cdot x_j(p,w)$$

と定め，行列 $S(p,w)$ を

$$S(p,w) \equiv \begin{pmatrix} s_{11}(p,w) & s_{12}(p,w) \\ s_{21}(p,w) & s_{22}(p,w) \end{pmatrix}$$

と定義するとき，$S(p,w)$ を**スルツキー行列** Slutsky matrix とよびます．スルツキー行列の要素 $s_{ij}(p,w)$ は**スルツキーの代替効果**とよばれるもので，図 3.17 パネル (a) の描写では A から C への動きに対応しています．$s_{ij}(p,w)$ は「j 財の価格が 1 円高くなったとき，消費者がそれまでの購入量を維持できるように所得の補償を行なうとして，i 財の需要量が何単位変化するか」を示します．スルツキー方程式から，$t = v(p,w)$ についてスルツキー行列と代替行列は等しくなります．

2 回連続偏微分可能な関数の 2 回の偏微分は微分の順序に依存しませんから，支出関数 e について $\left(\dfrac{\partial e}{\partial p_j \partial p_i}(p,t) = \dfrac{\partial e}{\partial p_i \partial p_j}(p,t) \right)$ が成立します．したがって，

$$\frac{\partial h_i}{\partial p_j}(p,t) = \frac{\partial h_j}{\partial p_i}(p,t)$$

が成り立ちます．言い換えれば，代替行列とスルツキー行列は対称行列です．

代替行列とスルツキー行列

(1) スルツキーの代替効果はヒックスの代替効果に等しい．
(2) 代替行列とスルツキー行列は対称行列になります．言い換えると，価格変化が生じるとき，消費者が価格変化以前に購入していたものを購入できるように所得を調整する場合の需要量の変化については，j 財価格 1 円の上昇による i 財需要量の変化と i 財価格 1 円の上昇による j 財需要量の変化とは一致します．

ここで明らかになっている代替効果の対称性は，連続偏微分可能な関数の数学的な性質であり，消費者としての視点から直感的に自明であると思えない性質の一

つではないでしょうか？　しかし，実は，この性質は消費者の選好関係が推移性の意味での合理性を持たなければ成立しないことが知られています．その意味で消費者選択の合理性のインプリケーションなのです[11]．

予算線とスルツキー行列　　需要量は予算制約を常に満たしていますから，$p_1 x_1(p,w) + p_2 x_2(p,w) = w$ です．これは価格の変化や所得の変化に際して

$$p_1 \frac{\partial x_1}{\partial p_1}(p,w) + p_2 \frac{\partial x_2}{\partial p_1}(p,w) + x_1(p,w) = 0$$

$$p_1 \frac{\partial x_1}{\partial p_2}(p,w) + p_2 \frac{\partial x_2}{\partial p_2}(p,w) + x_2(p,w) = 0$$

$$p_1 \frac{\partial x_1}{\partial w}(p,w) + p_2 \frac{\partial x_2}{\partial w}(p,w) = 1$$

が成立することを意味しています．（上の式の読み方の例：「第1財の価格が1円上昇するとき，各財の需要量の変化による支出総額の減少分は，第1財の購入量に等しい．」残る2つの式の読み方も各自試みてください．）

スルツキーの代替項 $s_{ij}(p,w)$ を用いて上の1番目の等式を書き直すと

$$p_1 \left(s_{11}(p,w) - \frac{\partial x_1}{\partial w}(p,w) \cdot x_1(p,w) \right)$$
$$+ p_2 \left(s_{21}(p,w) - \frac{\partial x_2}{\partial w}(p,w) \cdot x_1(p,w) \right) + x_1(p,w) = 0$$

ですから，第3式を勘案すれば

$$p_1 s_{11}(p,w) + p_2 s_{21}(p,w) = \left(p_1 \frac{\partial x_1}{\partial w}(p,w) + p_2 \frac{\partial x_2}{\partial w}(p,w) \right) x_1(p,w)$$
$$- x_1(p,w) = 0$$

となります．同様に第2式と第3式から，

$$p_1 s_{12}(p,w) + p_2 s_{22}(p,w) = 0$$

を得ます．スルツキーの解釈による代替効果の意味からも明白ですが，この結果をまとめればつぎのようになります．

代替効果と支出変化

ある財の価格が変化するとき，代替効果により支出総額は変化しません．言い換えれば，

$$p \cdot S(p,w) = 0$$

が成立します．

---

[11] 興味のある読者は，上級ミクロ経済学のテキスト，例えば，Mas-Collel 他著 *Microeconomic Theory*, Chapter 1, Section 3H, pp. 78 – 80, を参照してください．

ヒクシアン需要の一般的需要法則

代替効果 $s_{ij}(p,w) = \dfrac{\partial h_i}{\partial p_j}(p,t),\ t = v(p,w),$ に関し, $i=j$ のとき**自己代替効果** own substitution effect とよび, $i \neq j$ のとき**交差代替効果** cross substitution effect とよびます.

価格 (ベクトル) が p から p' に変わる状況を考えましょう. $h(p,t)$ は価格 p のとき, また $h(p',t)$ は価格 p' のときに消費支出を最小化していますから,

$$p \cdot h(p,t) \leqq p \cdot h(p',t),\ p' \cdot h(p',t) \leqq p' \cdot h(p,t)$$

の 2 つの不等式が成立します. これから $p' \cdot h(p',t) - p \cdot h(p',t) \leqq p' \cdot h(p,t) - p \cdot h(p,t)$ となり,

$$(p'-p) \cdot (h(p',t) - h(p,t)) \leqq 0$$

を得ます. 価格がベクトルとして p から p' に変化すると, その変化はベクトルとして $(p'-p)$ ですから, それにともなうヒクシアン需要ベクトルの変化 $h(p',t) - h(p,t)$ と反対方向[12]を向いていることを示しています. つまり, 価格変化の方向とそれによる需要ベクトルの変化の方向が反対の方向になるというヒクシアン需要に関する一般的な需要法則の成立を示しているのです. 特に, i 財の価格 ($i = 1, 2$) のみが変化するとき, $(p'_i - p_i)(h_i(p',t) - h_i(p,t)) \leqq 0$ が成立し, i 財のヒクシアン需要はそれ自身の価格 p_i の減少関数となっていることが分かります. つまり,

$$s_{ii}(p,w) = \dfrac{\partial h_i}{\partial p_i}(p,t) \leqq 0,\ t = v(p,w),\ i = 1, 2$$

です. さらに, すでに説明したように, ある財の価格が変化するとき, 代替効果による支出総額の変化はありませんから, 2 財のみのケースでは自己代替効果が非正であれば交差代替効果は非負ということになります. ($p_1 s_{11} + p_2 s_{21} = 0$ および $s_{11} \leqq 0 \Longrightarrow s_{21} \geqq 0,\ s_{12} \geqq 0$)

ヒクシアン需要の一般的需要法則

ヒクシアン需要はつぎのような一般的需要法則を満たします.

(1) **一般的需要法則** 価格 (ベクトル) p が $(p'-p)$ だけ変化し p' となるとき, それにともなうヒクシアン需要ベクトルの変化 $h(p',t) - h(p,t)$ は

$$(p'-p) \cdot (h(p',t) - h(p,t)) \leqq 0$$

を満たします. 言い換えると, 価格変化とヒクシアン需要ベクトルの変化の方向は逆方向にあるという意味で, ヒクシアン需要は一般的需要法則を満足します.

(2) **自己代替効果** 自己代替効果は非正であり

$$s_{ii}(p,w) = \dfrac{\partial h_i}{\partial p_i}(p,t) \leqq 0,\ t = v(p,w),\ i = 1, 2$$

が成立します. つまり, ヒクシアン需要量はその財の価格上昇にとも

---

[12] つまり, これら両者のベクトルの内積が非正であり, 両ベクトルの間の角度が 90 度以上になっています.

なって減少しても厳密に増加することはありません．
(3) **交差代替効果** 2財のみの場合，交差代替効果は常に非負となり，$i \neq j$ に対し，

$$s_{ij}(p,w) = \frac{\partial h_i}{\partial p_j}(p,t) \geqq 0, \ t = v(p,w), \ i,j = 1,2$$

が成立します．つまり，2財のみの場合，ヒクシアン需要量は他財の価格上昇にともない増加しても厳密に減少することはありません．

代替財と補完財

上級財，下級財，ギッフェン財はいずれも需要関数の性質によって定められる財の名称ですが，需要関数に対するスルツキー分析の特徴によって導入される財の名称があります．これをつぎに紹介します．

交差代替効果 $s_{ij}(p,w)$ が正の場合，j 財の相対的価格上昇が i 財の消費量を増やすので，i 財を j 財の**代替財** substitutes とよびます．これに対して，交差代替効果 $s_{ij}(p,w)$ が負の場合，j 財の価格が i 財と比べて相対的に低下すると i 財の（ヒクシアン）消費量を減少させますから，i 財を j 財の**補完財** complements とよびます．3財以上の多数財の場合，補完財は存在しますが，2財のみの場合は先の命題によって補完財は存在しません．

$\frac{\partial x_i}{\partial p_j}(p,w) > 0$ のとき，i 財を j 財の**粗代替財** gross substitutes とよびます．j 財の価格上昇により，所得効果を含めた意味で i 財の消費量が増加するからです．このとき i 財需要の j 財価格に対する交差弾力性は $n^i_{p_j} > 0$ となります．同様に $\frac{\partial x_i}{\partial p_j}(p,w) < 0$ のとき，i 財を j 財の**粗補完財** gross complements とよびます．j 財価格の上昇が所得効果を含め i 財の消費量を低下させるからです．このとき，交差弾力性は $n^i_{p_j} < 0$ となります．

需要法則とギッフェン財

消費行動についてスルツキーによる分析の方法を学びました．そこでスルツキー方程式を用いて，需要法則が成立する条件やギッフェン財となる状況がなぜ生じるかを考えてみましょう．スルツキー方程式は

$$\frac{\partial x_i}{\partial p_i}(p,w) = \frac{\partial h_i}{\partial p_i}(p,t) - \frac{\partial x_i}{\partial w}(p,w) \cdot x_i(p,w)$$

で与えられ，自己代替効果は非正で，$\frac{\partial h_i}{\partial p_i}(p,t) \leqq 0$，です．この2つの式からつぎのことが分かります．

(1) $\frac{\partial x_i}{\partial w}(p,w) > 0 \Longrightarrow \frac{\partial x_i}{\partial p_i}(p,w) < 0.$

上級財であれば需要法則が成立します．

(2) $\dfrac{\partial x_i}{\partial p_i}(p,w) > 0 \Longrightarrow \dfrac{\partial x_i}{\partial w}(p,w) < 0.$

ギッフェン財は下級財でなければなりません.

この 2 番目のケースでは逆は必ずしも成立しません.下級財の場合には代替効果と所得効果の方向が逆に作用しますから,その絶対額を比較しなければなりません.以上の議論をまとめましょう.

需要法則とギッフェン財

(1) 上級財ならば需要法則が成立します.つまり,

$$\dfrac{\partial x_i}{\partial w}(p,w) > 0 \Longrightarrow \dfrac{\partial x_i}{\partial p_i}(p,w) < 0$$

(2) ギッフェン財は下級財です.つまり,

$$\dfrac{\partial x_i}{\partial p_i}(p,w) > 0 \Longrightarrow \dfrac{\partial x_i}{\partial w}(p,w) < 0$$

(3) 下級財であっても代替効果が所得効果を上回れば需要法則が成立します.つまり,

$$\left|\dfrac{\partial h_i}{\partial p_i}(p,t)\right| > \left|\dfrac{\partial x_i}{\partial w}(p,w) \cdot x_i(p,w)\right| \Longrightarrow \dfrac{\partial x_i}{\partial p_i}(p,w) < 0$$

注意 上の命題の内容はあくまでも通常の需要を考える場合の消費行動の特徴です.つぎの節では「留保需要」を考察しますが,留保需要の場合はこの命題と異なる結論が導かれますから注意が必要です.「上級財ならば必ず価格の低下は財の需要量を増加させる」と一方的に覚えるのは危険です.

E 財の売買と留保需要

初期保有と財の売買

通常の消費者理論のバリエーションとして,あらかじめ財を保有している消費者の行動をこの節で取りあげることにします.この形で需要を考えると応用範囲がずいぶん広がります.さらに,機械的に前節のスルツキーによる分析の結果を覚えていると,それが適用される問題によってはまったく逆の結果と思えるような結論になる場合[13]もありますから注意を要します.

消費者が当初保有している財を**初期保有量** initial endowment とか**初期賦存量**とよびます.初期保有量を持つ消費者は,その内の 1 部を市場で売却し他財の購入費用にあてます.そこで $e = (e_1, e_2)$ を消費者の各財の初期保有量としましょう.今,消費者が消費計画として,財ベクトル $x = (x_1, x_2)$ だけの消費を考えているとすると,$x - e = (x_1 - e_1, x_2 - e_2)$ を市場で購入あるいは売却します.$x_i - e_i > 0$

---

[13] 例えば,G 節の「消費と貯蓄」では金利と貯蓄との関係を皆さんの生活実感と注意深く比較してみて下さい.

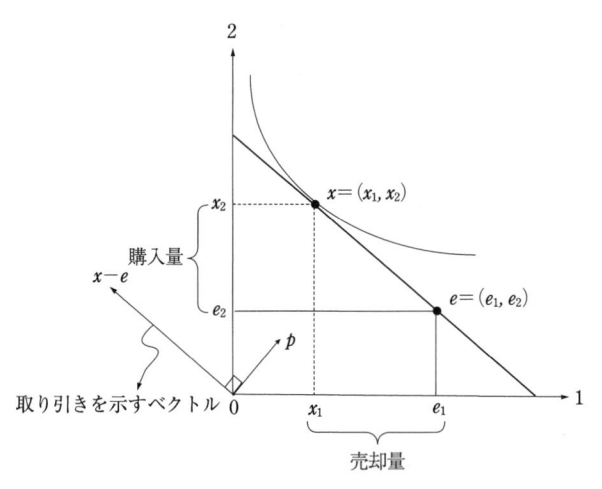

図 3.18　初期保有と財の売買

なら購入，$x_i - e_i < 0$ なら売却ということです．消費者の（貨幣）所得が無い場合，市場価格が $p = (p_1, p_2)$ であれば，実行可能な消費計画は予算制約として
$$p_1(x_1 - e_1) + p_2(x_2 - e_2) \leqq 0$$
を満たしていなければなりません．予算線は
$$p_1(x_1 - e_1) + p_2(x_2 - e_2) = 0$$
$$(p \cdot (x - e) = 0)$$
あるいは
$$p_1 x_1 + p_2 x_2 = p_1 e_1 + p_2 e_2$$
$$(p \cdot x = p \cdot e)$$
で与えられることになります．このような予算線は初期保有量を示すベクトル e を通ります．また，e から予算線上のベクトル x へのベクトル $x - e$ は，価格ベクトル p と直交します（図 3.18 参照）．予算線を示す式 $p_1 x_1 + p_2 x_2 = p_1 e_1 + p_2 e_2$ から，消費者の所得 w は価格 $p = (p_1, p_2)$ に依存し，$w(p) \equiv p_1 e_1 + p_2 e_2$ によって与えられることが分かります．前節までの議論では，所得 w が価格 p の影響とは独立でしたから，所得が価格に依存することの影響を明示的に把握することが，以下の議論を理解するキー・ポイントとなることに注意して下さい．

留保需要のスルツキー方程式

財をあらかじめ保有している消費者の需要を**留保需要** reservation demand といいます．「保有している財のうちどれくらいを自分で消費するために留保しておくか」を示すからです．留保需要のスルツキー方程式は通常のスルツキー方程式から簡単に求められます．需要関数を $x_i(p, w)$，$i = 1, 2$，とすると，初期保有量が $e = (e_1, e_2)$ のとき，留保需要関数は $x_i(p, \ p_1 e_1 + p_2 e_2)$，$i = 1, 2$，となります．消費者の**所得関数**を $w(p) \equiv p_1 e_1 + p_2 e_2$ と書きましょう．このとき j 財の価格変化に対する i 財の留保需要量の変化は
$$\frac{\partial x_i}{\partial p_j}(p, w(p)) = \frac{\partial x_i}{\partial p_j}(p, w) + \frac{\partial x_i}{\partial w}(p, w) \cdot \frac{\partial w}{\partial p_j}(p)$$

$$= \left[\frac{\partial h_i}{\partial p_j}(p,t) - \frac{\partial x_i}{\partial w}(p,w) \cdot x_j(p,w)\right] + \frac{\partial x_i}{\partial w}(p,w) \cdot e_j$$

$$= \frac{\partial h_i}{\partial p_j}(p,t) + (e_j - x_j(p,w))\frac{\partial x_i}{\partial w}(p,w)$$

$$w = w(p), \ t = v(p,w), \ i,j = 1,2$$

となります．ここで最初の等式の右辺は，第1項が j 財価格の変化が所得に与える影響を考慮しない場合の需要量の変化で通常のスルツキー方程式で表現される項と同じです．第2項は留保需要の特徴を表わしており，j 財価格の変化が所得に与える影響を考慮した上で，そうした所得変化が需要量をどのように変化させるかを表現しています．第2項中の j 財価格の変化が所得に与える影響は，具体的には j 財価格が1円上昇したときの所得の変化ですから，j 財の初期保有量 e_j で与えられます．例えば e_j を「実物資産」と考えると資産価値が単位当たり1円上昇したときの総資産価値の変化額に相当するものです．したがって，第2項全体は価格の上昇がもたらす総資産価値の上昇による需要量の変化をとらえる項なのです．そこで上の等式の読み方を簡単にまとめるとつぎのようになります．（図 3.19 参照）

「1円の価格上昇による留保需要量の変化」

　　= 「価格上昇による通常の需要量の変化（通常のスルツキー方程式）」

　　　　+ 「価格上昇によってもたらされた消費者所得（「資産価値」）

　　　　　　　　　　の変化による需要量の変化」

　　= 「代替効果」+「（資産価値の上昇による需要量の変化）

　　　　　　　　　　　− （購買力の低下による需要量の変化）」

したがって，留保需要の場合はつぎのスルツキー方程式となります．

留保需要のスルツキー方程式

価格を $p = (p_1, p_2)$，消費者の初期保有量を $e = (e_1, e_2)$ とするとき，留保需要関数についてつぎの式が成立します．

$$\frac{\partial x_i}{\partial p_j}(p, p_1e_1 + p_2e_2) = \frac{\partial h_i}{\partial p_j}(p,t) + (e_j - x_j(p,w))\frac{\partial x_i}{\partial w}(p,w), \quad i,j = 1,2$$

ここで，$w = p_1e_1 + p_2e_2, \ t = v(p,w)$ とします．

E 財の売買と留保需要

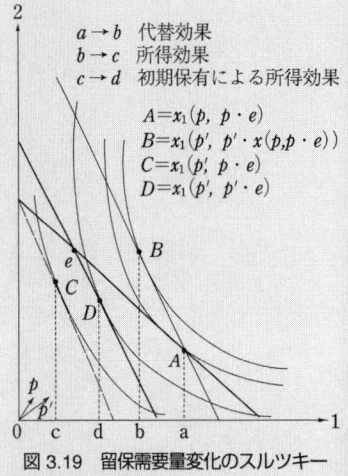

$a \to b$ 代替効果
$b \to c$ 所得効果
$c \to d$ 初期保有による所得効果

$A = x_1(p, \ p \cdot e)$
$B = x_1(p', \ p' \cdot x(p,p \cdot e))$
$C = x_1(p', \ p \cdot e)$
$D = x_1(p', \ p' \cdot e)$

図 3.19 留保需要量変化のスルツキー分解

価格変化による留保需要量の変化

上のスルツキー方程式により，それぞれの財 $i = 1, 2$，について

$$\frac{\partial x_i}{\partial p_i}(p, p \cdot e) = \frac{\partial h_i}{\partial p_i}(p,t) + (e_i - x_i(p,w))\frac{\partial x_i}{\partial w}(p,w) \quad t = v(p,w), \ w = p \cdot e$$

が成立します．通常の需要の場合と比較し，所得効果が異なる点に注意を要するでしょう．代替効果 $\frac{\partial h_i}{\partial p_i}(p,t) \leqq 0$ を考慮すると，

(1) 財の買い手（$e_i - x_i(p,w) < 0$）の場合

$$\frac{\partial x_i}{\partial w}(p,w) > 0 \Longrightarrow \frac{\partial x_i}{\partial p_i}(p, p \cdot e) < 0$$

(2) 財の売り手（$e_i - x_i(p,w) > 0$）の場合

$$\frac{\partial x_i}{\partial w}(p,w) < 0 \Longrightarrow \frac{\partial x_i}{\partial p_i}(p, p \cdot e) < 0$$

となります．そこで価格変化による留保需要量の変化についてはつぎのようにまとめることができるでしょう．

価格変化と留保需要

留保需要については，消費者がその財の買い手の場合，上級財のときに需要法則が成立しますが，その財の売り手である場合には，その財が下級財のときに需要法則が成立する点に注意を要します．したがって，上級財であっても売り手の場合や下級財であっても買い手の場合は，代替効果（絶対値）が初期保有量の価値変動による所得効果を含めた全体の所得効果の大きさ（絶対値）を上回れば需要法則は成立しますが，逆に，代替効果（絶対値）が全体の所得効果（絶対値）を下回ればギッフェン財となります．

価格変化と厚生の変化

一般に人々の生活を豊かにすることを**厚生**とよびますが，ミクロ経済学では人々の豊かさの水準，つまり，厚生水準を人々が「豊かに思う気持ち」ととらえ，人々の効用水準によって表現することができます．ところで，スルツキー方程式では価格変化により財の需要量がどのように変化するかを考えました．このような価格変化は結果として消費者の厚生にどのような影響を与えるのでしょうか？ 価格変化後の消費者の状態が変化以前の状態と比較して，より好ましい状態になったかどうか（つまり，厚生が向上したかどうか）をつぎに考えましょう．

　顕示選好の考え方　消費者の効用水準の変化を捉えようとしても消費者の満足感を抽象化した効用水準を把握するのは困難です．第3者にとって観察可能なデータではないからです．しかし，消費者が実際に購入した消費ベクトルは第3者にも観察可能だと考えてよいでしょう．P. サミュエルソン Samuelson は消費者が実際に購入する消費ベクトルのデータをもとに消費者の効用水準の変化を捉えることを考えました．これがサミュエルソンの導入した**顕示選好**（リビールド・プレファレンス revealed preference）の考え方です．消費者が実際に購入する消費ベクトルは需要ベクトルですから，需要ベクトルの性質から消費者厚生の変化を以下のように推察します．

　消費者が消費ベクトル x を実際に購入したときに x とは異なる消費ベクトル y も購入できる状況にあったとすると，その人は x の方を y よりも好ましいと考えていることが第3者にも明らかです．そこで，このことを「x は y より**顕示選好**

される revealed preferred」とよびます[14]．このように消費者が実際に購入する消費ベクトルから消費者の選好関係を推察するというのが顕示選好の基本的な考え方です．顕示選好というのは，消費者の行動から明らかになる（＝「顕示された」）選好という意味です．この考え方を利用して価格や所得の変化による厚生の変化を考察してみましょう．

価格の上昇と厚生の変化　　価格 $p = (p_1, p_2)$ が $p' = (p'_1, p_2)$ へ変化し，需要ベクトルが $x^* = x(p, p \cdot e)$ から $x' = x(p', p' \cdot e)$ へ変化したとします．第1財の価格が上昇する場合 $p_1 < p'_1$ となります．

(1) 第1財の売り手の場合：$x_1^* - e_1 < 0$　（図 3.20 参照）

売り手の場合価格変化後の支出額を変化前と比べると

$$p'_1(x_1^* - e_1) + p_2(x_2^* - e_2) < p_1(x_1^* - e_1) + p_2(x_2^* - e_2) = 0 \quad (3.17)$$

ですから，価格変化後も価格変化以前に購入していた x^* を購入できます．しかし，価格変化後は x^* ではなく，x' を購入するのですから，x' は x^* より顕示選好され $x' \succ x^*$ です．したがって売り手の厚生は向上します．

また，価格変化後の予算制約を満たす消費ベクトル $z = (z_1, z_2)$ の中で第1財の購入を意味する $z_1 - e_1 > 0$ を満たすものについて，

$$p_1(z_1 - e_1) + p_2(z_2 - e_2) < p'_1(z_1 - e_1) + p_2(z_2 - e_2) \leqq 0 \quad (3.18)$$

であり，価格変化以前にも購入できたことを意味します．したがって，x^* はそのような z よりも顕示選好され $x^* \succ z$ ですから，$x' \succ x^*$ を考慮すると選好の推移性により $x' \succ z$ となります．これは，第1財の売り手であった人が第1財の価格上昇後に，第1財の買い手に回ることはないことを意味しています．

(2) 第1財の買い手の場合：$x_1^* - e_1 > 0$

買い手の場合は可能性が2つあります．

1) 価格変化後も買い手にとどまる場合：$x'_1 - e_1 > 0$　（図 3.21 参照）

さきの (3.18) の不等式の場合と同様に，このような x' は価格変化以前にも購入できた消費ベクトルですから $x^* \succ x'$ であり，厚生は低下します．

2) 価格変化後売り手になる場合：$x'_1 - e_1 < 0$　（図 3.22 と図 3.23 参照）

価格が上昇する前に買い手だった人が価格変化後に売り手になると，

$$p'_1(x'_1 - e_1) + p_2(x'_2 - e_2) < p_1(x'_1 - e_1) + p_2(x'_2 - e_2) \quad (3.19)$$

ですから，価格変化後に購入する x' への支出額は同じ x' を価格変化以前に購入するとした場合の支出額よりも安く，x' は価格変化以前には購入できなかった消費ベクトルです．したがって，厚生の変化を一義的に明確に推察することはできません．事実，図 3.22 は厚生が向上し $x' \succ x^*$ となる場合を示し，逆に図 3.23 は厚生が低下し，$x^* \succ x'$ となる場合を描写しています．

価格が低下する場合の厚生の変化は，上の議論の中で価格 $p' = (p'_1, p_2)$ が $p = (p_1, p_2)$ へ変化し，需要ベクトルが $x' = x(p', p' \cdot e)$ から $x^* = x(p, p \cdot e)$ へ変

E　財の売買と留保需要

図 3.20　売り手

図 3.21　買い手にとどまる場合

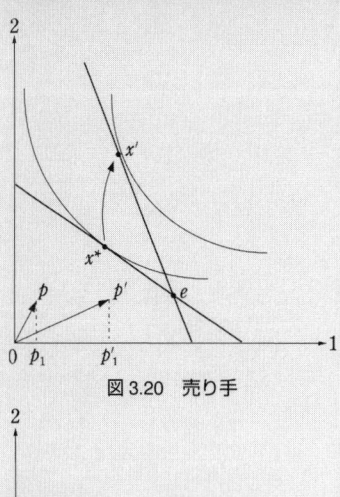

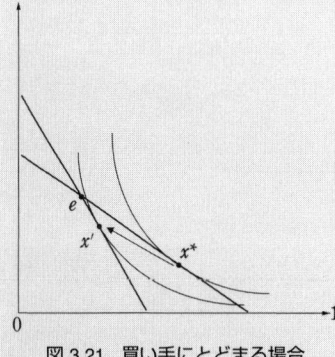

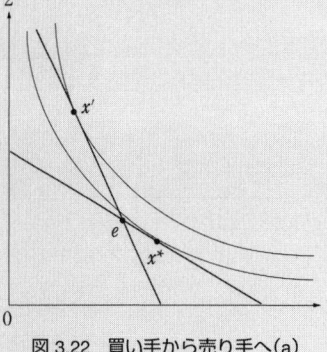

図 3.22　買い手から売り手へ(a)

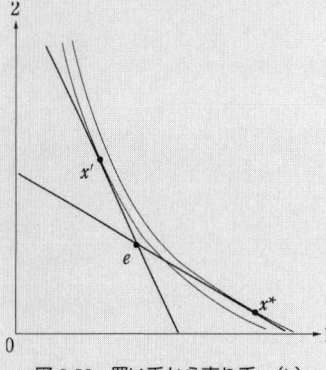

図 3.23　買い手から売り手へ(b)

---

14)　ここでは効用を最大化する消費ベクトルが一意的であることを前提としています．需要ベクトルが複数ある場合は顕示選好されるかあるいは無差別であるということになります．

化したと考えれば，価格が上昇する場合と比べ対称的な結果を得ることが分かります．

―――価格変化と厚生の変化：留保需要の場合―――
留保需要の場合，ある一財の価格が上昇すると消費者がその財の売り手か買い手かによって厚生の変化はつぎのように異なります．
(1) 売り手であった場合，価格上昇後もその財の売り手にとどまり，消費者の厚生は向上します．
(2) 買い手であった場合，価格上昇後も買い手にとどまれば，消費者の厚生は低下します．しかし，価格上昇後に買い手から売り手に変わるとき，消費者の厚生が向上する場合も，また逆に低下する場合もあります．

価格が低下する場合，上と対称的な結果になり，売り手を買い手，買い手を売り手と読み替え価格の上昇を低下と読み替えた帰結を得ます．

F 消費と貯蓄

前節ではスルツキーの分析を留保需要に適用し，ついで価格変化による厚生の変化を議論しました．この章の最後の2節では，応用範囲の豊かな留保需要の分析を使って，「消費と貯蓄」および「労働供給」の問題を分析することにしましょう．

問題の考え方 消費者が消費と貯蓄をどのように選択するかという問題をこの章までで学んだ消費者選択の問題として表現します．一般に消費と貯蓄というとき，**消費**は消費される財の金額であり，**貯蓄**はその期の所得のうち消費に回されない金額のことを指しています．そこで，消費と貯蓄を異なる時点における消費量の決定（選択）の問題と考え，各期における各種の財の消費量を消費額（つまり，合成財）として表現します．そして，これを2期間に渡る消費の問題としましょう．第1期の消費額を c_1，第2期の消費額を c_2 とします．また，各期に消費者が得る所得を初期保有量とみなし，初期保有量を示すベクトルを $e = (w_1, w_2)$ と書きます．ここで w_i は i 期の所得です．

予算制約と予算線 借り入れや貸し出しは予算制約を満たす範囲で自由に実行できて，借り入れと貸し出し金利（利子率）が等しい場合を考えます．r を金利とすると，消費者が直面する予算制約を下記のように書くことができます．

$$(1+r)(c_1 - w_1) + (c_2 - w_2) \leqq 0$$

上の予算制約の式を言葉による表現に換えると，つぎのように読むことができます．つまり，「第1期の消費が所得を上回る額を借り入れ，元利合計額を第2期に返却すると，第2期の消費はその分だけ2期の所得よりも少なくなる」，あるいは「第1期の消費が所得を下回る額を貸し出すと，その元利合計額の分だけ第2期の消費は所得を上回ることができる」ということです．この予算制約を示す予算線は

$$(1+r)(c_1 - w_1) + (c_2 - w_2) = 0$$

です．（図 3.24 参照）

消費と貯蓄の選択

予算線上で $c_2 = (1+r)(w_1 - c_1) + w_2$ であり，$w_1 - c_1$ は第 1 期の貯蓄ですから，第 1 期と 2 期の消費額 c_1 と c_2 の選択の問題は，第 1 期の消費と貯蓄の間での選択の問題ということになります．したがって，消費と貯蓄についての消費者選択の行動様式は，前節 E の留保需要の性質から直接に導かれます．価格変化と留保需要についての命題を第 1 期と 2 期の消費額 c_1 と c_2 の選択の問題に適用すると，消費と貯蓄に関するつぎの結果が得られます．プラスの貯蓄をする人を資金の貸し手，マイナスの貯蓄をする人を資金の借り手とすると，前節の留保需要の表現では売り手が貸し手，買い手が資金の借り手に相当し，1 期の消費の減少が貯蓄の増加ということになります．

―― 金利の変化と消費および貯蓄 ――

各期の消費を一般に上級財だと考えれば，金利の上昇は必ずしも貯蓄を増加させるとは限りません．金利上昇による資産価値の上昇を含めた所得効果が，金利上昇の代替効果を上回る場合金利の上昇により貯蓄は減少し，逆に代替効果を下回る場合貯蓄は増加します．

金利と消費および貯蓄に関するミクロ分析的帰結の中で，(1) 金利の上昇が必ずしも貯蓄の増加につながるとは限らないこと．さらに，(2) この帰結は例外的な状況ではなく，消費を上級財と見なした上での帰結である点に注意を喚起しておきます．

金利が変化した場合の厚生の変化についても，前節で得られた「価格変化と留保需要および厚生の変化」に関する結果を適用すれば，つぎの結論を得ます．

―― 金利の変化と厚生の変化 ――

資金の貸し手は，金利上昇後も貸し手にとどまり，その厚生は向上します．借り手の場合，金利上昇後も借り手にとどまれば厚生は低下します．しかし，金利上昇後借り手から貸し手に回る人については，厚生が向上する場合も低下する場合もあります．

G　余暇と労働

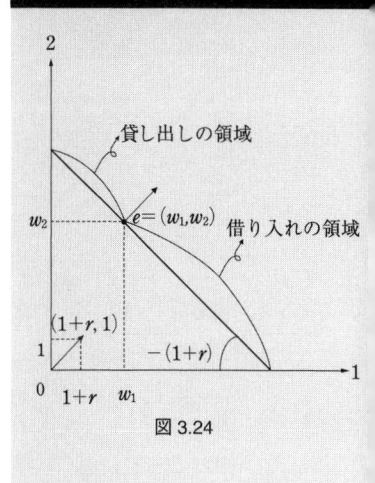

留保需要のスルツキー分析を適用した消費と貯蓄の議論につづき，消費者による労働供給量の決定問題に留保需要のスルツキー分析を応用することにします．

問題の考え方　消費者による労働供給量の決定問題をつぎのように考えます．消費者選択の問題は消費者が効用を持つ財の間での選択の問題として定式化されますから，消費者効用の対象として**余暇** leisure を考え，これを一方の財とします．余暇に振り向ける時間数で余暇の消費量を表わすとすれば，消費者が余暇を取ら

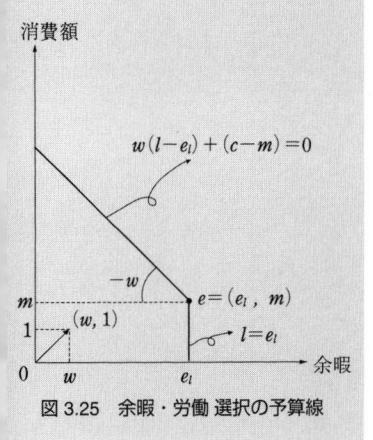

ない時間を労働に振り向けられた時間，つまり**労働の供給量**と解釈できます．もう一方の財としては，その他の財の消費量を合成財と考え消費額で表わします．消費者は余暇を取らず働くことにより労働所得を稼ぎ，それを消費に振り向けるという「余暇」と「消費」の選択の問題と考えて分析を進めます．そこで，余暇に振り向ける時間数を l，消費額を c で表わします．消費者の初期保有量は余暇が e_l（たとえば24時間）で，（非労働）所得を m 円とします．

予算制約と予算線　余暇の価格は余暇をとることのコスト[15]ですから，単位時間当りの労働賃金 w で余暇の価格を表わします．また，合成財としての消費額の価格は1です．余暇は通常の財と異なり，その初期保有量を越える消費はできません．これらの点を考慮すると余暇と消費の予算制約はつぎのようになります．

$$w(l-e_l)+(c-m) \leq 0,\ 0 \leq l \leq e_l$$

この予算制約式をつぎのように読みます．「（余暇を取らず）労働に振り向けた時間に稼得した（労働）所得を越えない範囲で，貨幣所得を上回る消費を行なうことができる．（当然のことながら）余暇時間は当該の初期保有時間数を超えることはできない．」

上の予算制約が与える予算線は，

$$\begin{cases} w(l-e_l)+(c-m)=0 \\ c \leq m \Longrightarrow l=e_l \end{cases}$$

となります．（図 3.25 参照）

労働供給量の選択

余暇を取らない時間数が労働時間数ですから，余暇 l と消費 c の間の選択が労働供給量の時間数を決定することになります．したがって，労働の供給に関する性質は E 節の留保需要の性質から導かれます．余暇の需要関数を $x_l(w, we_l+m)$ とおくと，留保需要のスルツキー方程式により

$$\frac{\partial x_l}{\partial w}(w, we_l+m) = \frac{\partial h_l}{\partial w}(w,t) + \left(e_l - x_l(w,M)\right)\frac{\partial x_l}{\partial M}(w,M)$$

となります．ここで，h_l は余暇のヒクシアン需要関数，v を間接効用関数とし $t=v(w,M)$，$M=we_l+m$ は労働所得に非労働所得を加えた消費者の総所得です．消費者にとって余暇は上級財だと考えるのが自然ですから，$\frac{\partial x_l}{\partial M}(w,M) > 0$ とします．働いている人を分析の対象とすると，余暇をすべては消費していないということですから，$e_l - x_l(w,M) > 0$ となります．代替項 $\left|\frac{\partial h_l}{\partial w}(w,t)\right|$ が，賃金の変化による購買力の変化の他に，賃金の変化による労働所得の変化を付加した所得効果 $\left|(e_l - x_l(w,M)) \times \frac{\partial x_l}{\partial M}(w,M)\right|$ 全体を上回れば，賃金 w の上昇は余

図 3.25　余暇・労働 選択の予算線

---

[15] 正式には「費用」と言いますが，その定義は 5 章生産理論の費用関数の節で行ないます．ここでの費用は余暇 1 単位を取らないでその時間を労働に従事していれば稼げたであろう金額で，こうした費用概念を**機会費用**とよびます．機会費用については 5 章の生産理論において再び説明します．

暇消費量 l を減らし労働供給量 $e_l - x_l(w, M)$ を増やしますから，労働の供給曲線は右上がりになります．しかし，逆に代替項が，購買力の変化に労働所得の変化を加えた所得効果全体を下回れば，賃金の上昇は余暇消費量を増やし労働供給量を減らしますから，労働の供給曲線は左上がりになります．したがって，労働供給量 $e_l - x_l(w, M)$ が大きければ大きい程，賃金 w の上昇は余暇消費量を増やし，労働供給量の減少をもたらす可能性が大きくなります．言い換えると，消費者個人の労働供給曲線は労働供給量が少ない局面では右上がりで，労働供給量がある限界を超えると左上がりになる傾向があることを示しています．このような労働供給曲線をその形状にちなんで**後方湾曲（バックワード・ベンディング）型労働供給曲線** a backward-bending labor supply curve とよんでいます．言うまでもありませんが，理論の上で労働供給曲線が後方湾曲型であるとしても，賃金の上昇が労働供給量の低下をもたらすような高水準に実際の賃金水準が達しているかどうかは別問題です．図 3.26 と図 3.27 は，労働供給曲線が後方湾曲型となる状況を描写しています．

―― 後方湾曲型労働供給曲線 ――
余暇に消費しない時間を労働時間と見なした場合，一般に，労働供給曲線は後方湾曲（バックワード・ベンディング）型となります．つまり，労働供給量が少ない曲面では賃金の上昇により労働供給量は増加し，労働供給量がある水準を超過すると，賃金の上昇は逆に労働供給量の減少をもたらします．

E 節の留保需要の分析から，賃金の変化による厚生の変化について，つぎのような明確な結論を得ます．（図 3.26 も参照のこと）

―― 賃金の変化と労働者の厚生 ――
賃金が変化する場合の労働供給量の増減いかんにかかわらず，賃金の上昇は消費者の厚生を向上し，賃金の下落は消費者の厚生を低下させます．

H 応用例

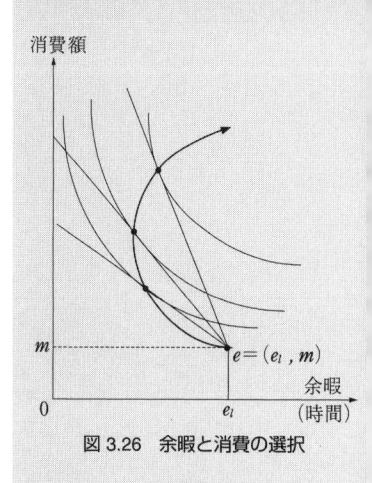

消費理論におけるミクロ経済学的な考え方を身近に感じられるように，2 章 I 節に続いて応用例を幾つか取り上げたいと思います．

ケース・スタディー
[税制と消費者行動]

―― 間接税対所得税 ――
税制における間接税と直接税の違いを消費者の最適な選択行動という視点から分析しましょう．**直接税**というのは人々から直接に徴収される税金のことで，代表的な直接税として人々の所得に対して課税される**所得税**があります．これに対し**間接税**というのは人々の経済活動を通して間接的に徴収される税

図 3.26 余暇と消費の選択

図 3.27 労働の供給

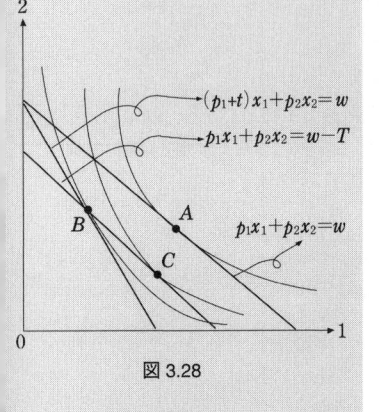

金のことで，数多くの間接税が私たちの身の回りにはありますが，ここでは人々が消費財を購入する際に課税される**消費税**を考え，さらにそれが従量税であるとします．税額が金額の単位当たり定められる**従価税**に対し，**従量税**は税額が数量の単位当たり定められます．消費者からの徴税額を T 円とするとき，これをある財（第 1 財）に対する間接税として徴収するか，あるいは所得税として徴収するか，いずれの方法が社会的に見て好ましいかを考えましょう．

一般に，政策の効果を消費者行動の分析の枠組みの中で考察するとき，政策による影響は消費者の選好かあるいは予算制約を通して現われることになります．この問題のケースでは，予算制約が影響を受けることになります．間接税と直接税がどのように消費者の予算制約を変化させ，その結果，消費者の効用を最大にする消費ベクトルがどのように変化するかを分析することがポイントとなります．

図 3.28

間接税の場合　間接税を従量税とします．税率を第 1 財 1 単位当り t 円とすると，予算線は間接税導入前の $p_1 x_1 + p_2 x_2 = w$ から，導入後の $(p_1 + t)x_1 + p_2 x_2 = w$ へと変わります．そこで，間接税導入前後の需要ベクトルをそれぞれ $A \equiv (x_1(p_1, p_2, w), x_2(p_1, p_2, w))$，$B \equiv (x_1(p_1 + t, p_2, w), x_2(p_1 + t, p_2, w))$ と書けば，間接税により需要ベクトルは A から B へ移行することになります．（図 3.28 参照）

所得税の場合　間接税による徴税額と同額の所得税 T 円を徴収するとします．このとき税額は $T = t \times x_1(p_1 + t, p_2, w)$ で，予算線は $p_1 x_1 + p_2 x_2 = w - T$ となります．図 3.28 に見られるようにこの予算線は B を通り，元の予算線と平行になります[16]．このような直接税により需要ベクトルは $C \equiv (x_1(p_1, p_2, w - T), x_2(p_1, p_2, w - T))$ へ移ります（図 3.28）．ここで，B と C を消費者の視点で比較すると，顕示選好の考え方から $C \succ B$ となります．B を購入できるのに B ではなく C を購入しているからです．このことは図からも分かりますが，B では

$$\mathrm{MRS}_{12}(B) = \frac{p_1 + t}{p_2} > \frac{p_1}{p_2}$$

となっていますから，B と C を比較したとき，B では第 1 財の消費量を多くする方を消費者がより好ましいと考えることからも理解できるでしょう．

以上の分析の結果，間接税より所得税の方が消費者にとっては好ましいと結論づけられます．ただし，実務上，このような形態の所得税の徴収は容易ではありません．個々の消費者が支払う間接税の額を，間接税の導入をすることなくあらかじめ予想し，それと同額の所得税の金額を個別に消費者に提示するのは至難のわざです．また，ここでの分析は，個人の所得収入が所得税に依存しないことを前提としている点にも注意する必要があるでしょう．

---

[16] 所得税 T を支払い，元の価格で B を購入すると，支出額は $w - T = p_1 x_1(p_1 + t, p_2, w) + p_2 x_2(p_1 + t, p_2, w)$ であり，B を間接税の下で購入する場合，支出額は $w = (p_1 + t)x_1(p_1 + t, p_2, w) + p_2 x_2(p_1 + t, p_2, w)$ ですから，所得税がちょうど $T = t \times x_1(p_1 + t, p_2, w)$ となる予算線になります．

ケース・スタディー
[留保需要と不動産価格]

不動産価格下落のパラドックス

大空華子さんは，最近，自分の貨幣所得の範囲内で土地付きの一戸建住宅を購入しましたが，購入後に不動産価格が下落しました．大空華子さんは「損をした」と感じ，これを友人の美久露大助君に話したところ，美久露君は「華子さんは不動産価格の下落により損をしていない」と主張しました．この2人の議論の根拠を考えてみましょう．

H 応用例

図 3.29

不動産を第1財として分析を進めます．不動産購入時の予算線は，$p_1 x_1 + p_2 x_2 = w$ です．このときの需要ベクトルを A と置けば，$A \equiv (x_1(p_1, p_2, w), x_2(p_1, p_2, x))$ となります（図 3.29）．つぎに不動産価格下落後の予算線を考えます．価格 p_1 は $p'_1 (< p_1)$ へ下落し，p_2 に変化は無かったとしましょう．新しい価格ベクトル (p'_1, p_2) によって需要ベクトル A を評価すれば，その価値額は $w' \equiv p'_1 x_1(p_1, p_2, w) + p_2 x_2(p_1, p_2, w)$ となるでしょう．その結果，不動産価格下落後の新しい予算線は $p'_1 x_1 + p_2 x_2 = w'$ で与えられます．美久露君の考えでは，需要ベクトル A が B に移り，効用が上がったということです．つまり，$B \succ A$ が美久露君の発言の根拠でしょう．この場合，図 3.29 から，$B \succ A$ を確認できますが，分析上このことをどのように確認したらよいでしょうか？　先の応用例と同様に方法は 2 通りあります．一つは局所的にみる方法で，A において

$$\mathrm{MRS}_{12}(A) = \frac{p_1}{p_2} > \frac{p'_1}{p_2}$$

であることから，A と B を通る予算線上で第1財を増やす方向に効用が上昇することが分かります．今一つの方法は，顕示選好の考え方による方法で B を選択した状況で A を選択可能であり，それにもかかわらず B を選択したのですから，$B \succ A$ だということです．

美久露君のこの正統な議論に対し，華子さんのフィーリングをどのように理解できるでしょうか？　もし華子さんが不動産価格の下落を待って不動産を購入していたとすると，華子さんは財ベクトル $C \equiv (x_1(p'_1, p_2, w), x_2(p_1, p_2, w))$ を得ることができたはずです．恐らく華子さんは，財ベクトル C と A とを比較しているのでしょう．上の議論同様もちろん $C \succ A$ です．不動産価格が下落した後に，不動産を購入すべきであったと後悔しているのでしょう．しかし，実際には不動産を購入してしまったのですから，それを後戻りのできない事実と受け止めれば，$B \succ A$ ですから，美久露君が言うように不動産価格の下落は華子さんにとって損だとは言えないでしょう．では，逆に不動産価格が上昇した場合，この議論はどのようになるのでしょうか？　考えてみて下さい．

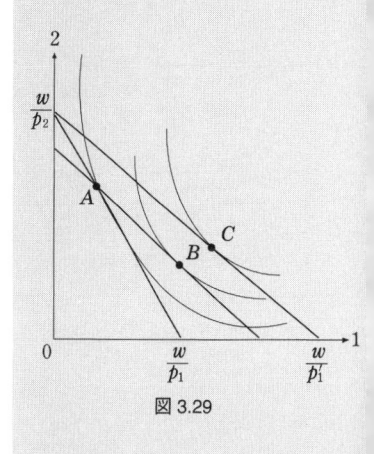

理解度チェック問題

1. D節において，需要ベクトルが予算線上にあることを用いて，つぎの3つの等式が導かれました．それぞれの等式を言葉で表現して下さい．

$$p_1 \frac{\partial x_1}{\partial p_1}(p,w) + p_2 \frac{\partial x_2}{\partial p_1}(p,w) + x_1(p,w) = 0$$

$$p_1 \frac{\partial x_1}{\partial p_2}(p,w) + p_2 \frac{\partial x_2}{\partial p_2}(p,w) + x_2(p,w) = 0$$

$$p_1 \frac{\partial x_1}{\partial w}(p,w) + p_2 \frac{\partial x_2}{\partial w}(p,w) = 1$$

2. E節における価格変化と消費者の厚生の変化に関する議論の中で，第1財の価格 p_1 が低下した場合の議論を各自試みて下さい．

3. F節の消費と貯蓄の問題において借入れ金利が r_b，貸出し金利が r_l で $r_b > r_l$ の場合，その予算線を求めなさい．また，どのような予算線になるか図を用いて確かめてください．

4. 留保需要のスルツキー方程式を使って，F節の「金利の変化と消費および貯蓄」の命題が成立することを示しなさい．

5. F節の消費および貯蓄に関する分析において金利が低下する場合の厚生の変化について調べなさい．

6. E節の留保需要の分析における議論を用いて，G節の賃金の変化と労働者の厚生についての命題が成立することを各自確認して下さい．

7. H節の応用例「不動産価格下落のパラドックス」において，華子さんが不動産を購入した後に不動産価格が上昇した場合，応用例における議論はどのようになるでしょうか？

8. 間接効用に関する以下の記述のうち，正しいものを選択せよ．
   (1) 第1財価格の限界効用を所得の限界効用で割った値は負になるが，これにマイナスを付した数値は，第1財価格が1円上昇したとき，達成可能な最大効用を変化させないためには所得が何円上昇すればよいと消費者が考えているかを示す数値である．
   (2) 価格ベクトルと所得の組，(p,w), (p',w')，の間接効用が同一水準にあるとき，$(\frac{1}{2}p+\frac{1}{2}p', \frac{1}{2}w+\frac{1}{2}w')$ の間接効用は，一般に (p,w) の間接効用を上回る．
   (3) すべての価格が同時に5倍に変化しても，間接効用水準は変わらない．
   (4) 2種類の財の価格の限界効用の比は，それらの財の限界効用の比に等しい．

9. 間接効用最小化問題と効用最大化問題の双対性に関する以下の記述のうち，正しいものを選択せよ．各財の需要量，価格および消費者の所得はすべて正（プラス）であるとする．
   (1) 2種類の財の需要量の比が，それらの財の価格の限界効用の比に等しいというハウタッカーの等式は，間接効用の最小化条件であるが，ロワの等式は間接効用の最小化条件ではない．
   (2) 所得の限界効用は，価格1円当たりの各財の限界効用に等しく，それはさらに各財に対する需要量1単位当たりの価格の限不効用（＝価格の限界効用にマ

イナスを付した値）に等しい．
- (3) 効用最大化問題のラグランジュ乗数は所得の限界効用と一致するが，間接効用最小化問題のラグランジュ乗数が所得の限界効用と一致するのは，上級財の場合に限定される．
- (4) i 財の価格が 1 円上昇したときに，(i 財の需要量)×1 円だけ消費者の所得を同時に増加させても，消費者の達成可能な効用水準は低下することもある．

10. 消費支出最小化問題と効用最大化問題の双対問題に関する以下の記述のうち，正しくないものを選択せよ．
    - (1) 消費支出を最小化する財ベクトルを価格と効用水準の関数としてヒクシアン需要関数あるいは補償需要関数とよぶ．
    - (2) 最小の支出額を価格と効用水準の関数として支出関数とよぶ．
    - (3) 消費支出最小化の条件は支出額と価格に関する条件であるが，効用最大化の条件は限界代替率と価格比に関する条件である．
    - (4) 需要関数，ヒクシアン需要関数，間接効用関数，価格ベクトル，所得，効用水準をそれぞれ $x(p,w)$, $h(p,t)$, $v(p,w)$, p, w, t とし，$t = v(p,w)$ とすると，$h(p,t) = x(p,w)$ となる．

11. 消費支出最小化問題と効用最大化問題の双対性に関する以下の記述のうち，正しいものを選択せよ．
    - (1) 需要ベクトルは，ヒクシアン需要ベクトルに等しい．
    - (2) ヒクシアン需要ベクトルは，その支出額を所得としたときの需要ベクトルに等しい．
    - (3) ヒクシアン需要ベクトルの支出額は，所得額に一致する．
    - (4) ある効用水準 t を達成するのに必要な最小の消費支出額だけを追加的所得として消費者に与えたときの最大効用は，効用水準 t に等しい．

12. スルツキー方程式に関する以下の記述のうち，正しくないものを選択せよ．スルツキー方程式は，
    - (1) 財の価格変化に対し消費者の行動がどのように変化するかを示している．
    - (2) スルツキーによる分解の場合，代替効果，所得効果ともに第 3 者がこのような効果を消費者行動から観察しうる．
    - (3) 需要関数の性質を示している．
    - (4) 財の価格変化による購買力の変化がないよう消費者の所得を補償した場合の需要量の変化と，価格変化に伴う購買力の変化による需要量の変化とに分けて示している．

13. スルツキー方程式に関する以下の記述のうち，正しくないものを選択せよ．$x_i(p,w)$, $h_i(p,t)$ は，それぞれ i 財の需要関数とヒクシアン需要関数を表わす．
    - (1) $\dfrac{\partial h_i}{\partial p_i}(p,t)$ は代替項で常に非正の値をとる．
    - (2) 所得効果は i 財が上級財であれば，正の値をとる．
    - (3) $\dfrac{\partial x_i}{\partial p_i}(p,w)$ は i 財価格 1 円の上昇による i 財需要量の変化を示すが，i 財が下級財ならば，正の値をとることもありうる．
    - (4) $-x_i(p,w)$ は i 財価格 1 円の上昇による購買力の変化を示し，$-\left[\dfrac{\partial x_i}{\partial w}(p,w)\right] x_i(p,w)$ は所得効果を示す項である．

理解度チェック問題

14. $\dfrac{\partial x_i}{\partial p_j}(p,w)$ は j 財価格 1 円の上昇による i 財需要量の変化を示すが，このスルツキー方程式に関する以下の記述のうち，正しくないものを選択せよ．$x_i(p,w)$, $h_i(p,t)$, $e(p,t)$, $v(p,w)$ は，それぞれ i 財の需要関数，ヒクシアン需要関数，支出関数，間接効用関数を表わし，$t = v(p,w)$ とする．

   (1) j 財の価格が 1 円上昇すると，ヒックスの意味で購買力を変化させないように消費者の所得を調整するには，所得を $\dfrac{\partial e}{\partial p_j}(p,t)$ だけ変化させなければならない．

   (2) j 財の価格が 1 円上昇すると，スルツキーの意味で購買力を変化させないように消費者の所得を調整するには，所得を x_j 円だけ変化させなければならない．

   (3) $\dfrac{\partial h_i}{\partial p_j}(p,t)$ は i 財のヒクシアン需要量が，j 財価格 1 円の上昇により何単位変化するかを示すから，スルツキーの意味で購買力を変化させないような価格変化に対する需要量の変化を示しているわけではない．

   (4) $\dfrac{\partial h_i}{\partial p_j}(p,t)$ は i 財のヒクシアン需要量が，j 財価格 1 円の上昇により何単位変化するかを示すから，ヒックスの意味で購買力を変化させないような価格変化に対する需要量の変化を示している．

15. 留保需要のスルツキー方程式に関する以下の記述のうち，正しくないものを選択せよ．$x_i(p,w)$, $h_i(p,t)$ は，それぞれ i 財の需要関数とヒクシアン需要関数を表わし，$e = (e_1, e_2)$ は初期保有ベクトルを表わす．

   (1) 代替効果は $\dfrac{\partial h_i}{\partial p_i}(p,t)$ で与えられる．

   (2) i 財価格 1 円の上昇による「資産（e_i）」価値の変化による所得効果は i 財が上級財であれば，正の値をとる．

   (3) 「資産（e_i）」が需要量 $x_i(p,w)$ を上回る場合，i 財が上級財ならば i 財の留保需要は需要法則を満たす．

   (4) $(e_i - x_i(p,w))\left[\dfrac{\partial x_i}{\partial w}(p,w)\right]$ は，i 財の価格変化に伴う「資産」価値と購買力の変化から生じる所得効果の総和である．

16. エリート・サラリーマンの福屋太郎氏は親から相続した $160m^2$ の広さの土地に家を建てることを考えている．土地の価格は $1m^2$ 当り 50 万円であったため，$160m^2$ のうち $80m^2$ を売却し，建築資金に充当することを考えていた．ところが，土地を売却する前に土地の価格は $1m^2$ 当り 25 万円に値下がりしてしまった．このため福屋太郎氏は考え直し，$80m^2$ の土地に自宅を建築するのではなく，逆に，隣接した土地を $40m^2$ 追加的に購入し，$200m^2$ の広さの土地に家を建てることにした．以下の記述の中から正しいものを選択せよ．

   (1) 土地価格の下落により福屋太郎氏の厚生は低下した．

   (2) 土地価格の下落により土地の需要量を増加させたのは，土地が福屋太郎氏にとって上級財だからである．

   (3) 土地価格は下落したが，福屋太郎氏は土地の需要量を増加させたので，彼の厚生は向上した．

   (4) 土地価格は下落したが，福屋太郎氏は土地の需要量を増加させたので，彼の厚生は向上した可能性がある．

17. 大学生の美久蕗美華さんと星空大君は，毎月，親からの仕送りのみでそれぞれ下

宿生活をし，勉学に専念している．仕送りの金額は，美華さんが 16 万円，大君が 13 万円である．2 人とも 3 カ月以上も先のことは計画しないおおらかな性格の持ち主であるが，その月の消費額は次の月の消費額も考慮し，合理的な意思決定を行なっている．

美華さんは，今月 13 万円を消費に回し，残りは来月の消費に当てるため貯蓄する予定だ．他方，大君は，今月の仕送りに限って 11 万円で，来月はその分を 13 万円に上乗せし，15 万円仕送りする旨の便りを両親から受け取った．大君はカードローンを使って，今月 2 万円借りることにした．ところが，美華さんと大君が上のような消費・貯蓄・ローン計画を立てた後で，最近（先月末）になって金利が引き上げられてしまった．美華さんの消費・貯蓄計画と大君の消費・ローン計画は，当初予定していた額からどのように変わることになるか？ また，金利が引き上げられなかった場合と較べ，美華さんと大君の厚生（効用水準）はどのように変化するか？ 美華さんと大君の問題を，2 期間に渡る消費額の選択の問題とし，各期の仕送り額をその期の初期保有量と考えた上で，以下の記述の中から正しくないものを選択せよ．ただし，ローン金利，貯蓄金利は互いに等しく，各期の消費は 2 人にとって上級財だとする．

(1) 美華さんの貯蓄額は，金利の上昇により，当初の予定額より増える．
(2) 金利の上昇にもかかわらず大君がカードローンを使うとすれば，彼の効用水準は 金利の上昇により低下する．
(3) 美華さんの効用水準は金利の上昇により向上する．
(4) 大君の今月の消費額は，金利の上昇により，当初の予定額よりも減少する．

18. 大学生の神田郁代さんは毎月親から 10 万円の仕送りを受けて生活しているが，アルバイトからの稼ぎも生活費に回している．郁代さんがアルバイトに回さない時間と郁代さんの厚生水準に関する以下の記述の中で正しいものを選択せよ．時給が千円のとき，郁代さんは 1 週間当たり 10 時間のアルバイトをしているものとする．

(1) 時給が 1,000 円から 1,500 円に上昇すれば，郁代さんの厚生水準は必ず向上する．
(2) 時給が 1,000 円から 900 円に低下しても，郁代さんの厚生水準が低下するとは限らない．
(3) アルバイトをしない時間，つまり余暇，を上級財と考えれば，1 週間当たりのアルバイト時間数が 10 時間であろうと 100 時間であろうと，時給が 1,000 円から 1,500 円に上昇すれば必ずアルバイト時間数は長くなる．
(4) 一般に郁代さんのアルバイト労働供給曲線は後方湾曲型になると考えられるが，それは時給が余りにも高い水準になると余暇が下級財とみなされるからである．

第4章
価格メカニズムと社会的厚生

A 交換経済
B 配　　分
C パレートの条件
D 箱図（ボックス・ダイアグラム）
E 市場取引とパレート最適性
理解度チェック問題

第 4 章 価格メカニズムと社会的厚生

いろいろな財の取引市場が存在するとき，人々は自分が希望する消費を実現するためにどのような選択をするのか，また，そうした人々の市場行動はどのような性質を持っているのか，こうした分析を 2 章と 3 章とで行ないました．多くの人々が市場での取り引きに参加しますが，市場取引の結果最終的に人々が手にする消費財の配分はどのような特徴を持つでしょうか？　本章では生産経済の分析に入る前に，主として消費財の取り引きが行なわれる市場の成果を理解することを目標に説明を進めます．

　生産物の分配が消費者間で行なわれると，分配された財は消費者の手元の初期保有量となります．各消費者が初期保有量をもとに市場取引を行なうとき，(1)市場における価格はどのような働きをし，(2)その結果，消費者間の最終的な財の「配分」はどのようなものとなるのでしょうか．(3)また，最終的に実現する配分は，社会的な厚生の観点から好ましい性質を満たすでしょうか．この章では，これら 3 つの疑問に答えることを目的としています．3 章では価格変化にともなって消費者個人の厚生がどのように変化するかを分析しましたが，本章で考えるのは社会全体の厚生という意味での**社会的厚生**です．もちろん，社会全体の厚生をどのように規定するかということも自明なことではありません．

A　交換経済

生産物の分配が終了した経済を**交換経済**（エクスチェンジ・エコノミー）exchange economies とよびます．ただし，交換経済と言っても大昔の物々交換の世界を想定していない点に注意してください．あくまでも生産物の分配による影響を排除し，生産物の分配が終了した段階での市場取引による価格決定に焦点をあてた分析の枠組みです．各経済主体がより好ましい財の分配を実現しようと市場取引が行なわれ，結果として財の交換（エクスチェンジ）が実現するのです．ここで「財の交換」は「物々交換」barter の取り引きを意味するのではありません．売買取引を支払いによって完了させることを**決済**とよびますが，現金通貨や預金通貨のような支払い手段が存在し[1]，さらにはコンピュータ・ネットワークによって整備された決済システムにより，市場取引がスムースに行なわれるような発達した経済システムを前提としています．

　一般に交換経済は 2 人以上の複数の消費者からなり，各消費者の特性は効用関数（あるいは選好関係）と初期保有量のベクトルによって表わされます．**消費者**（経済構成員 economic agent）を表わす指標を a とすれば，m 人の消費者からなる交換経済では，各消費者 $a = 1, ..., m$ の効用関数 u_a あるいは選好関係 $\succsim_a$ と初期保有量ベクトル e_a がデータとして与えられることになります．

　市場取引 market transactions 　それぞれの消費者 a は保有する各種の財 e_a を

---

[1]　中央銀行が発行する銀行券と政府が発行する貨幣（硬貨）を総称して**現金通貨**といい，金融機関が中央銀行に保有している当座預金や金融機関に私たちが預ける預金の一部を総称して**預金通貨**といいます．

もって市場取引に臨むことになります．消費者 a の需要関数を $x_a(p) \equiv x_a(p, p \cdot e_a)$ と書けば，i 財に関し a が売り手ならば $e_{ai} - x_{ai}(p)$ を市場で販売し，a が買い手ならば $x_{ai}(p) - e_{ai}$ を市場で購入します．

需要，供給，超過需要 a が i 財の売り手であれば，$e_{ai} - x_{ai}(p)$ が a による i 財の供給量，逆に i 財の買い手であれば，$x_{ai}(p) - e_{ai}$ が a による i 財の需要量を表わします．m 人の消費者の中で i 財の買い手からなる集合を D，売り手からなる集合を S とおくと，$\sum_{a \in D}(x_{ai}(p) - e_{ai})$ は市場における i 財の需要量，$\sum_{a \in S}(e_{ai} - x_{ai}(p))$ は市場における i 財の供給量を表わします．市場において，i 財の需要量と供給量とが一致するとき，$\sum_{a \in D}(x_{ai}(p) - e_{ai}) = \sum_{a \in S}(e_{ai} - x_{ai}(p))$ となりますが，これを通常 $\sum_a (x_{ai}(p) - e_{ai}) = 0$ あるいは $\sum_a x_{ai}(p) = \sum_a e_{ai}$ と表現します．$\sum_a (x_{ai}(p) - e_{ai})$ は第 i 財の**超過需要** excess demand とよばれます．需要量と供給量とが一致すれば超過需要（量）は 0 です．

記号注　「$\sum_{a \in D} t_a$」は「D に入っている a について t_a を足し合わせる」と読みます．また，「$\sum_a t_a$」は「t_a を足し合わせる」という意味であり，a をどの範囲からとるか前後関係により明らかな時に用いられる記号です． ∎

均衡価格　価格ベクトル $p = (p_1, p_2)$ が

$$\sum_a x_a(p) = \sum_a e_a$$

を満たすとき，p を**均衡価格** equilibrium prices とよびます．この均衡価格の条件式は，市場において財の需要量と供給量とが一致することを示す表現形式の一つでしたから，すべての財の需要量と供給量とが一致するような価格が均衡価格なのです．

均衡価格 p に対し，消費者 $a(=1,...,m)$ の市場における財の取引量は $e_a - x_a(p)$ です．$e_{ai} - x_{ai}(p) > 0$ となる財 i は市場に対して供給，$e_{ai} - x_{ai}(p) < 0$ となる財 i は市場において需要することを意味します．また，消費者が最終的に消費する各財の数量は消費ベクトル $x_a(p)$ で与えられます．p を均衡価格（ベクトル）とするとき，$(x_a(p))_{a=1,...,m}$ は市場で最終的に達成される各消費者 $a = 1,...,m$ への財の配分を示しています．

B　配　分

ミクロ経済学では，各経済主体が最終的にどのような財・サービスをどれだけ消費したり，生産することになるかということを問題にします．これを表現するのが「配分」の考え方です．交換経済では各消費者 $a = 1,...,m$ が最終的に消費する財ベクトルのリスト $(x_a)_{a=1,...,m}$ を経済の**配分** allocation とよびます．経済で実現する配分の性質を分析することや，どのような配分を実現することが望ましいかといったことをこの章では考えます．

経済において実現可能な配分は，それを実行する際に必要な財の数量が実在する財の数量と一致するような配分です．財（あるいは「**資源**」resources）の総量を

$\bar{e} = (\bar{e}_1, \bar{e}_2)$ で表現しましょう．交換経済では $\bar{e}_i \equiv \sum_a e_{ai}, i = 1,2,$ となります．配分 $(x_a)_{a=1,...,m}$ が $\sum_a x_{ai} = \bar{e}_i, \quad i = 1,2$ を満足するとき，**実行可能** fessible であるといいます．

ワルラス配分（均衡配分）

市場取引が行なわれるときに，最終的に実現する配分をワルラス配分（均衡配分）とよびます．

> **ワルラス配分の定義**
>
> 経済における実行可能な配分 $(x_a)_{a=1,...,m}$ が市場取引によって最終的に実現する配分であるとき，つまり，均衡価格ベクトル p が存在し，どの消費者 $a = 1,...,m$ にとっても $x_a = x_a(p)$ となるとき，配分 $(x_a)_{a=1,...,m}$ を**ワルラス配分** Walras allocation，もしくは**均衡配分** equilibrium allocation とよびます．

この定義の考え方　$x_a = x_a(p)$ というのは，価格 p において消費者の効用を最大にするような消費ベクトル（つまり，$x_a(p)$）が x_a に一致するということです．言い換えれば，「価格 p のときに各消費者が購入できる範囲で最も好ましいものとして市場で購入する消費ベクトル $x_a(p)$ と一致するような x_a が配分されている」ことになります．さらに，p が均衡価格であることは，各消費者の $x_a(p)$ が示す各財の需給がバランスしていることを意味しています．

パレート配分

ワルラス配分は市場経済において実現される配分を表現しています．そこでつぎに「社会的に見て好ましい配分」を表現する概念を導入しましょう．何が社会的観点から好ましい配分であるかは，社会的厚生をどのように測ればよいかという問題にもなりますが，多様な価値観があるような社会では，この点について一義的な回答を得ることは困難です．しかし，つぎに紹介するパレートの考え方は，ある意味で多様な価値観に横断的に当てはめうる最も基本的な考え方です．パレートの考えは以下のように表現されます．[2]

> **パレート配分の定義**
>
> ある配分 $(y_a)_{a=1,...,m}$ が他の配分 $(z_a)_{a=1,...,m}$ に対して
> $$u_a(y_a) \geqq u_a(z_a), a = 1,...,m$$
> を満たし，ある a については
> $$u_a(y_a) > u_a(z_a)$$

---

[2]　以下の定義の中でパレート最適という代わりに**パレート効率的** Pareto efficient という場合もよくあります．

であるとき，配分 $(y_a)_{a=1,\ldots,m}$ は配分 $(z_a)_{a=1,\ldots,m}$ を**パレート改善する** Pareto improve といいます．実行可能な配分が他のどのような実行可能な配分によってもパレート改善される余地の無いとき，**パレート最適** Pareto optimal であるとか，**パレート配分**であるといいます．

この定義の考え方　ここに表明されたパレートの考えで配分 $(z_a)_{a=1,\ldots,m}$ より配分 $(y_a)_{a=1,\ldots,m}$ の方が社会的厚生上好ましいというのは，これらの配分を個人レベルで比較したときに，配分 $(z_a)_{a=1,\ldots,m}$ の方を配分 $(y_a)_{a=1,\ldots,m}$ よりも好ましいという人は一人も存在しない上，一人以上の人が $(y_a)_{a=1,\ldots,m}$ の方を $(z_a)_{a=1,\ldots,m}$ よりも厳密に好んでいる状況を指しています．

C　パレートの条件

実行可能な配分の中で社会的にみてどのような配分を好ましいと判断するか，その基準の一つとしてパレートの考え方を説明しました．そこで，経済における配分がパレート配分であるとすれば，どのような性質を満たさなければならないのか，この点をつぎに考えてみましょう．

パレート最適性の条件

まず結論的に配分がパレート最適であるための条件を述べた上で，その後にその条件の解説と数学的導出方法について述べることにします．

---**パレート最適性の条件**---

交換経済における配分 $(x_a)_{a=1,\ldots,m}$ がパレート最適であれば，つぎの性質が成立します．
(1) 消費者 a への i 財の配分が正で $x_{ai} > 0$ であれば，j 財の配分が正で $x_{bj} > 0$ であるような他の消費者 $b \neq a$ と比較し
$$\mathrm{MRS}^a_{ij} \geqq \mathrm{MRS}^b_{ij}$$
が成立します．
(2) i 財，j 財の配分が共に正であるような任意の 2 人の消費者 a, b 間では
$$\mathrm{MRS}^a_{ij} = \mathrm{MRS}^b_{ij}$$
が成立します．

限界代替率 MRS_{ij} の意味を思い出してみましょう．最初の不等式が述べているのは「i 財の配分を受けている人は（i 財の配分を受けていないかも知れない）他の人々と比較し，i 財の消費に対する個人的な評価は決して低くない」ということです．このように不等式の意味を理解すれば，(2) の等式が示すように i 財の配分を受けている人々の間で i 財の消費に対する個人的な評価が等しくなるのは当然です．それではなぜ最初の不等式が成立していなければならないのでしょう

か？　もし i 財の配分を受けている人の i 財に対する評価が i 財以外の他財の配分を受けている他の人の評価を下回っていたとすれば，i 財の消費を高く評価するその人に i 財の消費を一部譲り，自分の効用を向上させるだけの他財の数量を対価として受け取れば，両者とも効用が向上することになり，元の配分をパレート改善してしまうからです．これが直観的な説明です．以下では，より詳細な言葉による説明と等式の数学的な導出方法を説明します．

言葉による説明　　消費者 a への i 財の配分を $x_{ai} > 0$ とします．仮に a 以外の消費者 b で $\mathrm{MRS}_{ij}^a < \mathrm{MRS}_{ij}^b$ であり，j 財の配分を受けていて $x_{bj} > 0$ となる消費者が存在したとします．このとき，$v \equiv \dfrac{\mathrm{MRS}_{ij}^b - \mathrm{MRS}_{ij}^a}{2} > 0$ と置くと，もちろん $\mathrm{MRS}_{ij}^a + v = \mathrm{MRS}_{ij}^b - v$ となります．

消費者	a	b
i 財の量	-1	$+1$
j 財の量	$+\mathrm{MRS}_{ij}^a + v$	$-(\mathrm{MRS}_{ij}^b - v)$
効用の変化	$+$	$+$

そこで，配分 $(x_{a'})_{a'=1,\ldots,m}$ を上の表のように $a' = a, b$ についてのみ変えることを考えます．つまり，a が b に i 財 1 単位を渡し，交換に b は a に j 財を $\mathrm{MRS}_{ij}^b - v \, (= \mathrm{MRS}_{ij}^a + v)$ 単位渡すことにします．このような配分は実行可能であり，a, b の効用はともに増大します．a は手放した i 財 1 単位当たり j 財を追加的に MRS_{ij}^a だけ消費できれば効用を低下させずに済みますが，それ以上の j 財を消費でき，b は i 財 1 単位を追加的に消費できるとき j 財を MRS_{ij}^b 単位手放しても効用は低下しませんが，それ以下の j 財しか手放さないからです．a, b 以外の消費者の効用は当然変化しませんから，これは当初の配分 $(x_{a'})_{a'=1,\ldots,m}$ がパレート最適であったことと矛盾します．この議論から，j 財の配分を受けているどのような消費者 b に対しても $\mathrm{MRS}_{ij}^a < \mathrm{MRS}_{ij}^b$ の不等式は成り立ちません．これで上の命題の (1) が示されました．[3]

(2) の場合はまず (1) の不等式が成立すると同時に，b と a を入れ替えれば (1) 式の b と a を入れ替えた式が成立します．ですから，a と b，2 人の MRS_{ij} は一致することになります．

数学的導出方法

つぎに，パレート最適性の条件を Lagrange の方法を用いて導出しましょう．議論を簡単にするためコーナー解を考慮せず，すべての個人へのすべての財の配分が正である状況のみに限定して考察します．最初のステップは，パレート配分が最適値問題の解となるように問題を設定することです．

---

[3]　この (1) の議論で，$0 < x_{ai} < 1$ の場合や，$x_{bj} < \mathrm{MRS}_{ij}^b - v$ の場合は a が b に渡す i 財の数量を x_{ai} と x_{bj} の大きさに応じて適宜変え，この議論で示した比率と同じ比率で b から a に手渡す j 財の量を変えればよいことに注意してください．

C パレートの条件

最適値問題によるパレート配分の表現　一般に m 人の消費者からなる経済のパレート配分を最適値問題の解として表現することができます．しかし，基本的な表現形式は変わりませんから，ここでは制約式の数を少なくする目的から a, b, 2 人の消費者からなる経済のパレート配分についての表現を考えてみましょう．結論的にはつぎのような最適値問題としての表現が可能です．

───── パレート配分と最適値問題 ─────

経済の配分 (x_a, x_b) がパレート配分であれば下記の 2 つの最大値の問題の解となります．
逆に，(x_a, x_b) がこれら 2 つの最大値問題の解であれば，(x_a, x_b) はパレート配分となります．

$$\begin{aligned}
\text{(a)} \quad & \max \quad u_a(z_a) \\
& \text{制約式} \quad u_b(z_b) \geqq u_b(x_b) \\
& \qquad\qquad\; z_{ai} + z_{bi} = \bar{e}_i,\ i=1,2 \\
\text{(b)} \quad & \max \quad u_b(z_b) \\
& \text{制約式} \quad u_a(z_a) \geqq u_a(x_a) \\
& \qquad\qquad\; z_{ai} + z_{bi} = \bar{e}_i,\ i=1,2
\end{aligned}$$

上の命題の説明　(1) (x_a, x_b) をパレート配分としましょう．仮に，(x_a, x_b) が最大値問題 (a) あるいは (b) の解ではないとすると，$u_a(z_a^*) \geqq u_a(x_a)$，$u_b(z_b^*) \geqq u_b(x_b)$，$z_{ai}^* + z_{bi}^* = \bar{e}_i$, $i=1,2$，を満たし，a か b の効用に関する不等式のどちらかが強い不等号で成立するような配分 (z_a^*, z_b^*) が存在することになります．これは配分 (z_a^*, z_b^*) が配分 (x_a, x_b) をパレート改善することを意味し，(x_a, x_b) がパレート配分であることと矛盾します．

(2) 逆に，(x_a, x_b) を最大値問題 (a) と (b) の解とします．このとき，もし (x_a, x_b) がパレート最適でないとすると，他の実行可能な配分 (y_a, y_b) で (x_a, x_b) をパレート改善するものが存在することになります．実行可能なことから $y_{ai} + y_{bi} = \bar{e}_i$, $i=1,2$ です．また，(y_a, y_b) が (x_a, x_b) をパレート改善することから，$u_a(y_a) \geqq u_a(x_a)$, $u_b(y_b) \geqq u_b(x_b)$ であり，この不等式の内少なくとも 1 つは強い不等号で成立します．もし $u_a(y_a) > u_a(x_a)$ であれば (x_a, x_b) が (a) の解であることに反し，もし $u_b(y_b) > u_b(x_b)$ であれば，(x_a, x_b) が (b) の解であることに反します．よって，(x_a, x_b) はパレート最適でなければなりません．∎

Lagrange 乗数法を使ったパレート最適性の条件の証明　(x_a, x_b) をパレート配分とすれば，上の命題から (x_a, x_b) は最大値問題 (a) と (b) の解となります．（この内 (a) の解であるという事実を使って以下の議論を進めます．）

ステップ 1：　Lagrange 関数を定めます．

$$\mathcal{L}(z_{a1}, z_{a2}, z_{b1}, z_{b2}, \tau, \pi_1, \pi_2) \equiv u_a(z_{a1}, z_{a2}) + \tau(u_b(z_{b1}, z_{b2}) - u_b(x_{b1}, x_{b2}))$$
$$+ \pi_1(\bar{e}_1 - z_{a1} - z_{b1}) + \pi_2(\bar{e}_2 - z_{a2} - z_{b2})$$

ステップ2: Lagrange 関数 $\mathcal{L}$ を用いて最大値の必要条件を求めます．

$$\frac{\partial \mathcal{L}}{\partial z_{a1}}(x_a, x_b, \tau, \pi_1, \pi_2) = \frac{\partial u_a}{\partial z_{a1}}(x_a) - \pi_1 = 0$$

$$\frac{\partial \mathcal{L}}{\partial z_{a2}}(x_a, x_b, \tau, \pi_1, \pi_2) = \frac{\partial u_a}{\partial z_{a2}}(x_a) - \pi_2 = 0$$

$$\frac{\partial \mathcal{L}}{\partial z_{b1}}(x_a, x_b, \tau, \pi_1, \pi_2) = \tau \frac{\partial u_b}{\partial z_{b1}}(x_b) - \pi_1 = 0$$

$$\frac{\partial \mathcal{L}}{\partial z_{b2}}(x_a, x_b, \tau, \pi_1, \pi_2) = \tau \frac{\partial u_b}{\partial z_{b2}}(x_b) - \pi_2 = 0$$

（乗数 τ, π_1, π_2 についての偏微分は省略します．）

ステップ3: これらの条件を整理します．

限界効用がゼロにはならないことを前提としてますから，最初の2式から $\pi_1, \pi_2 \neq 0$．さらに，第3，第4式から $\tau \neq 0$．これらの4つの式から

$$\frac{\frac{\partial u_a}{\partial z_{ai}}(x_a)}{\frac{\partial u_a}{\partial z_{aj}}(x_a)} = \frac{\pi_i}{\pi_j} = \frac{\frac{\partial u_b}{\partial z_{bi}}(x_b)}{\frac{\partial u_b}{\partial z_{bj}}(x_b)}$$

となります．ゆえに，$\mathrm{MRS}^a_{ij} = \mathrm{MRS}^b_{ij}$，$i,j = 1, 2$，を得ます． ∎

D　箱図（ボックス・ダイアグラム）

エッジワース・パレートの箱図 ―― 概略

旧約聖書に出てくる「ノアの箱舟 the Noah's Ark」は長さ 300 キュービット，巾 50 キュービット，高さ 30 キュービットからなる箱形の船で[4]，人間世界の1つの縮図を神が造ったものであると言われてますが，エッジワース・パレート Edgeworth-Pareto の箱図は経済の簡単な縮図を描こうとするものです．箱図の対象となるのは，2人，2財からなる経済です．

描き方　まず，箱図の描き方から説明しましょう．つぎのステップにしたがって箱図を描きます．

ステップ1：箱図の大きさ―$\bar{e} = (\bar{e}_1, \bar{e}_2)$―　横の長さ＝第1財の総初期保有量 $(\bar{e}_1)$，縦の長さ＝第2財の総初期保有量 $(\bar{e}_2)$ で与えられる長方形を描きます．これが箱図の外枠です．

ステップ2：座標の設定―O_a, O_b―　2人の経済主体を a, b とすると，左下の角に原点 O_a を取り，右上の角に原点 O_b を設定します．原点 O_a に対応する経済主体の消費量は，第1財が右方向，第2財が上方向に増加します．原点 O_b に対応する経済主体の消費量は，第1財が左方向，第2財が下方向に増加します．（図 4.1）

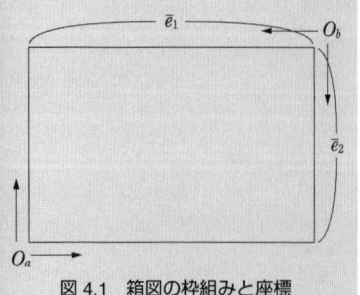

図 4.1　箱図の枠組みと座標

---

[4]　キュービットは中指の先端からひじまでの腕の長さを尺度とした古代の尺度で，通常1キュービットは 43 から 53cm とされます．

ステップ3：消費者選好の記入　2人の経済主体の無差別曲線をそれぞれの座標軸に合わせて記入します．（図4.2）

ステップ4：初期保有量分布の記入　各経済主体の初期保有量ベクトルをそれぞれの座標軸に合わせて記入すると，1つの点で示されます．（図4.2では点 e です．）

以上のステップから得られる典型的なエッジワース・パレートの箱図の例が図4.2で示されています．

箱図の中の配分

箱図で表現される経済の実行可能な配分を考えます．配分 (x_a, x_b) が実行可能であれば $x_{ai} + x_{bi} = \bar{e}_i$, $i = 1, 2$, ですから, $x_{ai} = \bar{e}_i - x_{bi}$, $i = 1, 2$, です．箱図の一辺の長さは $\bar{e}_i$ $(i = 1, 2)$ ですから, 箱図の中の任意の点（ベクトル）がこの条件を満たし，箱図の中ではどの点でも実行可能な配分を表現しています．

パレート配分　C節のパレート最適性の条件から $x_{ai} > 0$, $x_{bj} > 0$ ならば $\mathrm{MRS}^a_{ij} \gtreqless \mathrm{MRS}^b_{ij}$, 加えて $x_{aj} > 0$, $x_{bi} > 0$ ならば $\mathrm{MRS}^a_{ij} = \mathrm{MRS}^b_{ij}$ でしたから，エッジワース・パレートの箱図の内側（内点）では，2人の経済主体の無差別曲線が接するような点がパレート最適な配分です．箱図の枠の上の点, 例えば図4.3の z のような点では, $z_{a1} > 0$, $z_{b2} > 0$ で $z_{b1} = 0$ ですから, $\mathrm{MRS}^a_{12} \geqq \mathrm{MRS}^b_{12}$ であり, $\mathrm{MRS}^a_{12} > \mathrm{MRS}^b_{12}$ となる可能性があります．図4.4では両端の原点を除いてすべてのパレート配分が箱図の内点になっている場合の例を示しています．エッジワース・パレートの箱図におけるパレート配分の集合を**契約曲線**とかコントラクト・カーブ Contract Curve ともよびます．

初期保有量を持つ消費者の価格消費曲線—オファー曲線—　初期保有量が $e_a = (e_{a1}, e_{a2})$ で与えられる消費者 a の予算線は $p_1 x_{a1} + p_2 x_{a2} = p_1 e_{a1} + p_2 e_{a2}$ $(p \cdot x = p \cdot e_a)$ で, 常に e_a を通り, 価格ベクトル p と直交する直線ですから, 価格が変化すれば,「e_a を中心に回転」することになります．したがって, この場合の価格消費曲線（特に, **オファー曲線**とよぶことが多い[5]）は典型的に図4.5のようになります．

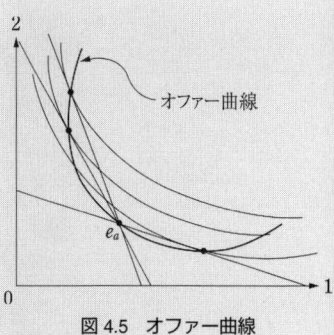

オファー曲線の描き方　オファー曲線はつぎの手順で描くことが出来ます．

ステップ1：　初期保有量ベクトル e_a を通る無差別曲線を描きます．（オファー曲線はこの無差別曲線の下に来ることはありません．）

ステップ2：　e_a を通る予算線を描き，各予算線上で無差別曲線と接する点を図の上に示します．

ステップ3：　これらの点を結んで得られた軌跡がオファー曲線です．

ワルラス（均衡）配分　ワルラス（均衡）配分は，(1)実行可能な配分であり，(2)各財の需要量と供給量とが一致する価格が存在するような配分です．(1)の条

---

[5]　エッジワース・パレートの箱図におけるように2者間の取引や2国間の貿易取引を想定する場合，取引相手に申し出る（オファーする）取引を表わす財ベクトルを表現するとも解釈できるからです．

D　箱図（ボックス・ダイアグラム）

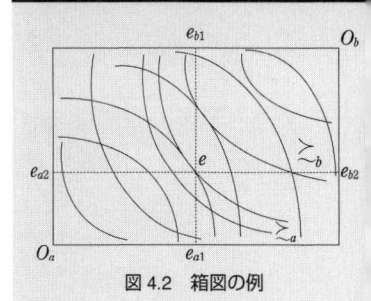

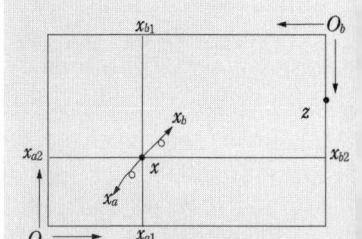

図4.2　箱図の例

図4.3　箱図の中の点＝実行可能な配分

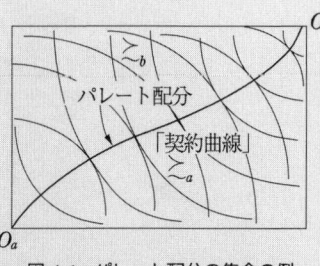

図4.4　パレート配分の集合の例

図4.5　オファー曲線

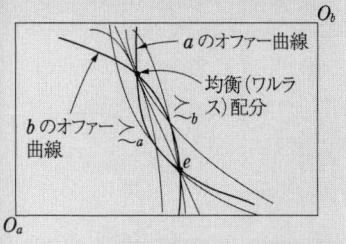

図 4.6 均衡（ワルラス）配分

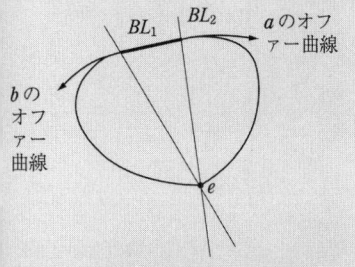

図 4.7 均衡配分が無数にある例

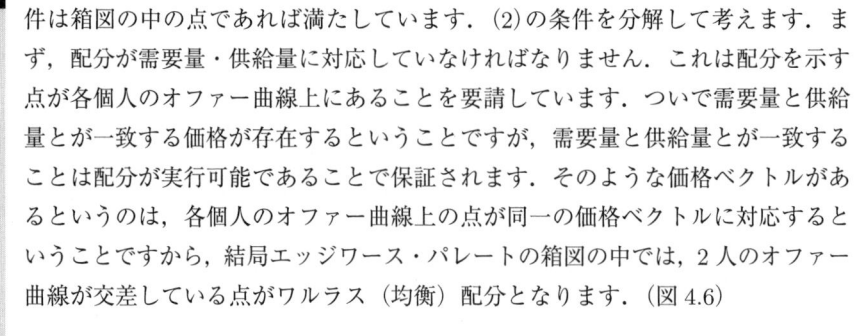

件は箱図の中の点であれば満たしています．(2) の条件を分解して考えます．まず，配分が需要量・供給量に対応していなければなりません．これは配分を示す点が各個人のオファー曲線上にあることを要請しています．ついで需要量と供給量とが一致する価格が存在するということですが，需要量と供給量とが一致することは配分が実行可能であることで保証されます．そのような価格ベクトルがあるというのは，各個人のオファー曲線上の点が同一の価格ベクトルに対応するということですから，結局エッジワース・パレートの箱図の中では，2人のオファー曲線が交差している点がワルラス（均衡）配分となります．（図 4.6）

例［均衡配分が無数にあるケース］ 図 4.7 では予算線 BL_1 と BL_2 の間を通る予算線にはいずれも a, b 双方のオファー曲線の交点がありますから，これらの配分はすべて均衡配分であり，無限個の均衡配分が存在します．初期保有 e が少しでも変化すると，この図から均衡配分の数が有限個になることがうかがえます．■

E 市場取引とパレート最適性

市場取引によって実現する配分と配分の最適性の基準について説明しました．この節では市場取引により実現する配分の性質をパレート基準との関連で考察します．マーケット・メカニズム（市場経済の機能）の本質にかかわる基本的な命題の説明です．

「見えざる手の定理」——第 1 の基本命題

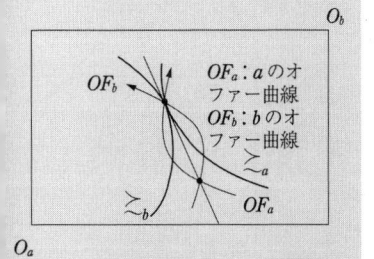

図 4.8 均衡配分のパレート最適性

市場取引が行なわれる結果，最終的に実現する配分を均衡配分（ワルラス配分）とよびましたが，前節のエッジワース・パレートの箱図では，均衡配分が 2 人の経済主体のオファー曲線の交点で与えられることが分かりました．ところが，オファー曲線が交差するということは，勾配が同じ予算線にそれぞれの無差別曲線が接していることを意味しますから，結局 2 人の無差別曲線は互いに接していることになります．その結果，配分はパレート最適になっていることが分かります．（図 4.8 参照）

市場取引によって到達する配分がパレートの意味で改善し得ないような最適な配分になっているという事実は，エッジワース・パレートの箱図で表現される経済にとどまらず，より一般的な経済において成立します．市場取引というのは，個々の経済主体が他人のことを一切考慮せず「好き勝手に」（つまり，自己の効用を最大にすることのみを考えて）行動する結果実現する配分です．それにもかかわらず「最適な」配分であるということは，日常感覚からすれば驚嘆に値することでしょう．A. スミスはこのような状況を，あたかも神の「見えざる手」が混乱した市場経済を「最適な」状態へと導いているかのごとくであると表現しました．現在ではこの**「見えざる手の定理」** Invisible Hand Theorem を厚生経済学の第 1 の基本命題とよんでいます．

> **厚生経済学の第1の基本命題**
>
> 市場取引により最終的に実現する均衡配分はパレート最適です．

説明 $(x_a)_{a=1,\ldots,m}$ を均衡配分とし，$p = (p_1, p_2)$ を均衡価格とします．各消費者 $a = 1, \ldots, m$ にとって x_a は予算制約の範囲内で効用を最大化していますから，

$$\mathrm{MRS}^a_{ij} \leq \frac{p_i}{p_j} \ (x_{ai} > 0 \text{ ならば等号}), \ i, j = 1, 2, \ a = 1, \ldots, m$$

が成立します．したがって，$x_{ai} > 0$ の場合，他のどのような経済主体 b に対しても

$$\mathrm{MRS}^a_{ij} \left(= \frac{p_i}{p_j}\right) \geq \mathrm{MRS}^b_{ij} \tag{4.1}$$

であり，$x_{bi} > 0$ であれば

$$\mathrm{MRS}^a_{ij} \left(= \frac{p_i}{p_j}\right) = \mathrm{MRS}^b_{ij} \tag{4.2}$$

となります．式 (4.1) と (4.2) は配分 $(x_a)_{a=1,\ldots,m}$ のパレート最適性の条件が，市場価格を通じて自動的に成立することを示しています．∎

パレート配分を実現するような市場価格 —— 第2の基本命題

市場経済において実現する配分が，市場価格の機能を通してパレート最適になることは理解できたでしょう．ただし，この事実を理解する上で1点だけ注意を要することがあります．それは配分がパレート最適だからといって，私達一人一人にとって公平な配分であるとは限らない点です．例えば，エッジワース・パレートの箱図において一方の経済主体がすべての財を独占的に保有している配分がパレート最適になることを考えれば理解できるでしょう．

そこで政策的観点からつぎのような疑問が生じます．「パレート最適な配分の中で公平あるいは社会的に見て好ましい配分が望まれるとき，市場経済を通してそれを実現できるだろうか？」という疑問です．この疑問に肯定的に答えるのが「厚生経済学の第2の基本命題」とよばれる下記の命題です．実際には，どのようなパレート最適な配分であろうと市場経済を通してそれを実現できるという内容になっています．

> **厚生経済学の第2の基本命題**
>
> パレート配分 $(x_a)_{a=1,\ldots,m}$ が与えられたとき，それを均衡配分として市場で実現するような市場価格と所得分配が存在します．

説明 ここではパレート配分 $(x_a)_{a=1,\ldots,m}$ が各個人 a にとって内点解 $x_{ai} > 0$, $i = 1, 2$ になっている場合について，Lagrange の乗数法を使って説明します．

Lagrange 乗数法を使った C 節のパレート最適性の条件の導出ステップ 3 より

$$\mathrm{MRS}^a_{ij} = \frac{\pi_i}{\pi_j} = \mathrm{MRS}^b_{ij}, \ i,j = 1,2, \ a,b = 1,2,\ldots,m \qquad (4.3)$$

が成立します．$\pi_i, \ i=1,2,$ は i 財の資源制約に関する Lagrange 乗数です．消費者の各財に対する限界効用が正であるという前提の下で $\pi_i > 0$ となります（C 節の導出過程参照）．そこで，$p_i = \pi_i, \ i=1,2, \ p = (p_1,p_2)$ とおき，各消費者 a に価格 p の下で x_a をちょうど購入できるだけの所得 $w_a (\equiv p \cdot x_a)$ を与えると，上の (4.3) 式から，x_a は a の予算制約の範囲で a の効用を最大化します．よって，配分 $(x_a)_{a=1,\ldots,m}$ は価格 p と所得分配 $(w_a)_{a=1,\ldots,m}$ の下で均衡配分となります[6]．

基本命題の意味　第 2 の基本命題は，何らかの社会的な価値判断から，ある特定の配分を社会的に実現することが望まれるとき，それがパレート配分であれば，巧く社会の所得分配を調整することにより市場経済において実現可能であることを主張しています．価格メカニズムの巧みな機能を指摘する点で，第 1 の基本命題と類似しています．また，特定の市場経済に関しその現状を正当化するものではありません．この点はこれらの基本命題に共通です．それには 2 つの理由があります．第 1 は，どのようなパレート配分が社会的に望ましいかについて何も言及していないこと．第 2 は，現状における所得分配を肯定するものではなく，ある特定のパレート配分を市場経済において実現するために，価格メカニズムを通して決定される所得分配の再調整の必要性を指摘していることです．

注　パレート配分を市場経済における均衡配分として実現できるような価格と所得分配が存在することを配分が内点解である場合に限定して説明しましたが，上記の命題がより一般的に成立することは，図 4.9 のエッジワース・パレートの箱図から理解できるでしょう．ただし，本書では一般的ケースの数学的な説明は省略します．

社会的厚生関数とパレート配分

パレート配分は一般に無数に存在しますから，厚生経済学の第 2 の基本命題の立場は，ある意味で，社会的に好ましい状態とは何かを政策当局が判断し，それを市場経済において実現することを狙うものだと考えられます．こうした「社会的価値判断」は，経済構成員間の公平性についての判断をも含むものでしょう．バーグソン Bergson やサミュエルソン Samuelson は，このような社会的価値判断を表現する 1 つの方法として，社会的厚生関数による表現を考察しました．

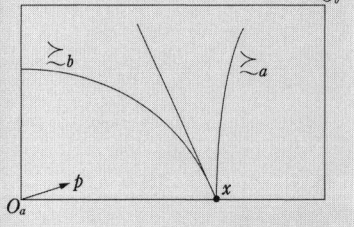

図 4.9　パレート配分を実現する市場価格

---

[6]　初期保有量分布が与えられた交換経済においてのみ均衡配分を定義しましたが，上の命題でいう所得分配 $(w_a)_{a=1,\ldots,m}$ の下での均衡配分とは，経済の総初期保有量 $\bar{e} = (\bar{e}_1, \bar{e}_2)$ に対し実行可能な配分 $(x_a)_{a=1,\ldots,m}$ で，各消費者の受け取る財ベクトル x_a が，所得 w_a の下で需要ベクトルとなるような価格ベクトル p の存在する配分を指します．

社会的厚生関数の定義

各消費者 $a = 1, \ldots, m$ の効用水準 $(t_1, \ldots, t_m)$ に対し，それが社会的にどれ位好ましいかを示す数値 $W(t_1, \ldots, t_m)$ を与える関数 W を**社会的厚生関数** social welfare function とよびます．

社会的厚生の最大化問題 社会的厚生関数 W が存在する場合，政策当局者の目標は，当然，社会的観点から最も好ましい配分を実現することでしょう．数学的に定式化すると，つぎの最大値問題の解となる配分を求め，それを実現することになります．

社会的厚生の最大化問題

$$\max \quad W(u_1(x_1), \ldots, u_m(x_m))$$
$$\text{制約式} \quad \sum_a x_{ai} = \bar{e}_i, \ i = 1, 2$$

この最大化問題を言葉によって表現すれば「実行可能な配分の中でそれによる各消費者への効用配分が社会的に最も好ましいものを求めなさい」ということです．

ところで，社会的厚生関数は社会的価値判断を表現する概念ですから，経済社会における社会的価値判断として満たすべき性質がいくつか考えられます．ここではその中の単調性という最も基本的な性質の1つを取り上げましょう．各消費者の効用水準 t_a, $a = 1, \ldots, m$, と t'_a, $a = 1, \ldots, m$, とを比較したとき，すべての消費者 a について $t_a \geqq t'_a$ であり，少なくとも何人かの消費者 b について $t_b > t'_b$ であれば，$W(t_1, \ldots, t_m) > W(t'_1, \ldots, t'_m)$ が成り立つという性質を**社会的厚生関数の単調性**とよびます．社会的な価値判断が持つべき1つの自然な性質だと考えられます．社会的厚生関数の単調性を前提とすると，社会的価値判断から最も好ましい配分はパレート配分になることが分かります．

社会的厚生関数とパレート配分

実行可能な配分の中で社会的厚生関数を最大化する配分はパレート最適です．

説明 実行可能な配分 $(x_a)_{a=1,\ldots,m}$ が社会的厚生を最大化しているものとしましょう．仮に配分 $(x_a)_a$ がパレート最適ではなかったとすると，他の実行可能な配分 $(y_a)_{a=1,\ldots,m}$ で $(x_a)_a$ をパレート改善するものが存在します．したがって，各 $a = 1, \ldots, m$ に対し $u_a(y_a) \geqq u_a(x_a)$ で，少なくともある b について，$u_b(y_b) > u_b(x_b)$ が成立しますが，これは

$$W(u_1(y_1), \ldots, u_m(y_m)) > W(u_1(x_1), \ldots, u_m(x_m))$$

を意味し，$(x_a)_{a=1,\ldots,m}$ が W の最大値を与えていたことと矛盾します．よって，$(x_a)_a$ はパレート配分でなければなりません．∎

パレート配分と社会的厚生の最大化 社会的厚生最大化問題の Lagrange 関

数は
$$\mathcal{L}(x_1,\ldots,x_m,\pi_1,\pi_2) \equiv W(u_1(x_1),\ldots,u_m(x_m))$$
$$+ \pi_1(\bar{e}_1 - \sum_a x_{a1}) + \pi_2(\bar{e}_2 - \sum_a x_{a2})$$

ですから，配分 $(x_a)_{a=1,\ldots,m}$ が最大化問題の解となるには，各 $a=1,\ldots,m$ に対し

$$\frac{\partial \mathcal{L}}{\partial x_{a1}}(x_1,\ldots,x_m,\pi_1,\pi_2) = \frac{\partial W}{\partial t_a}\frac{\partial u_a}{\partial x_{a1}}(x_a) - \pi_1 = 0$$

$$\frac{\partial \mathcal{L}}{\partial x_{a2}}(x_1,\ldots,x_m,\pi_1,\pi_2) = \frac{\partial W}{\partial t_a}\frac{\partial u_a}{\partial x_{a2}}(x_a) - \pi_2 = 0$$

を満足しなければなりません．したがって，

$$\frac{\partial u_a}{\partial x_{ai}}(x_a) = \left(\frac{1}{\partial W/\partial t_a}\right)\pi_i, \quad i=1,2,\ a=1,\ldots,m \tag{4.4}$$

が成立することになります．この式からどのような 2 人の消費者 a,b の間でも

$$\mathrm{MRS}_{ij}^a = \mathrm{MRS}_{ij}^b \left(= \frac{\pi_i}{\pi_j}\right), \quad i,j=1,2 \tag{4.5}$$

が成立しますから，この事実からも $(x_a)_a$ がパレート配分になっていることが分かります．さらに，π_1,π_2 がこのパレート配分を市場で実現する場合の価格になっていることも理解できるでしょう．

しかし，パレート配分 $(x_a)_{a=1,\ldots,m}$ を勝手に選べば，それが与えられた特定の社会的厚生関数 W を最大化する保証はありません．それは，すべての財を 1 人の消費者に与えてしまうという不平等極まりない配分ですら一般的にはパレート配分だということからも理解できるでしょう．そこで，「ある特定のパレート配分 $(x_a)_{a=1,\ldots,m}$ が与えられたとして，一体どのような社会的厚生関数であれば，そのパレート配分を最も好ましい配分だと考えるのだろうか？ そもそもそのような社会的厚生関数は存在するのだろうか？」という疑問が生まれるのではないでしょうか．$(x_a)_a$ はパレート配分ですから，厚生経済学の第 2 の基本命題により，それを実現する市場価格 $\pi=(\pi_1,\pi_2)$ が存在します．個人 a の所得を $w_a \equiv \pi \cdot x_a$ とすれば，価格ベクトル π と所得 w_a の下で消費者 a は x_a を選択します．このとき消費者 a の効用最大化問題において，予算制約に係わる Lagrange 乗数を λ_a とすれば，λ_a は所得の限界効用 $\frac{\partial v_a}{\partial w}(\pi,w_a)$ に一致し，$\frac{\partial u_a}{\partial x_{ai}}(x_a) = \lambda_a \pi_i,\ i=1,2,$ が成立します．

これらの事実から，先の（4.4）式において

$$\frac{\partial W}{\partial t_a} = \frac{1}{\lambda_a}\left(= \frac{1}{\frac{\partial v_a}{\partial w}(\pi,w_a)}\right)$$

が成立していれば，与えられたパレート配分は社会的厚生を最大化することになります．言葉で表現すれば，個人の効用を 1 単位増加することによる社会的厚生の増分が個人の効用 1 単位の増加をその人が所得何円に評価するか，その評価値

と一致するという状況です．このような条件を満たす社会的厚生関数の1つとして，各消費者の効用水準を所得の限界効用の逆数で加重した和として定義される社会的厚生関数

$$W(t_1, \ldots, t_m) \equiv \frac{1}{\lambda_1} t_1 + \cdots + \frac{1}{\lambda_m} t_m$$

$$\lambda_a \equiv \frac{\partial v_a}{\partial w}(\pi, w_a),\ a = 1, \ldots, m$$

があります．

パレート配分と社会的厚生の最大化

パレート配分 $(x_a)_{a=1,\ldots,m}$ が各個人にとって内点解だったとします．この配分を市場均衡として実現する価格を $p = (p_1, p_2)$，所得分配を $w_a \equiv p \cdot x_a$, $a = 1, \ldots, m$, とすると，配分 $(x_a)_a$ は社会的厚生関数

$$W(t_1, \ldots, t_m) \equiv \sum_a \frac{1}{\lambda_a} t_a,\ \lambda_a \equiv \frac{\partial v_a}{\partial w}(p, w_a)$$

を最大化します．言い換えると，各消費者の効用水準を所得の限界効用の逆数で加重した和によって定義される社会的厚生を最大化します．

A．ピグー Pigou に始まる古典的な厚生経済学では，

$$W(t_1, \ldots, t_m) \equiv \sum_a t_a$$

という形の「功利主義的」な社会的厚生関数を想定していました．金持ちより貧乏人の所得の限界効用の方が大きいとしますと，この厚生関数の下では金持ちから貧乏人への所得移転は社会的厚生を高めることになります．功利主義的な社会的厚生関数と比較してみれば，貧富の格差があるようなパレート配分を社会的に見て好ましいとするような社会的厚生関数が，所得の限界効用の逆数で個人の効用和を加重している理由も明白でしょう[7]．

理解度チェック問題

1. $(x_a)_{a=1,\ldots,m}$, $(y_a)_{a=1,\ldots,m}$ を2つの異なる実行可能な配分とします．$(x_a)_{a=1,\ldots,m}$ がパレート最適であり，しかも，ある a について $u_a(y_a) > u_a(x_a)$ であったとすると，かならず $a' \neq a$ で $u'_a(x'_a) > u'_a(y'_a)$ となる消費者 a' が存在することを示しなさい．

2. D節図4.4の契約曲線とは異なり，原点 O_a, O_b 以外の箱図の枠の点を結ぶ契約曲線となる場合の例を，枠の上の点における2人のMRSの大きさに注意して描きなさい．

3. 2人にとって2財とも完全代替財の場合の契約曲線の例を2種類示しなさい．また，それぞれの例についてワルラス均衡配分を箱図の中に見つけなさい．

---

[7] もちろん，このような社会的厚生関数を支持するわけではありません．

4. 2人にとって2財とも完全補完材の場合の契約曲線の例を2種類示しなさい．また，それぞれの例についてワルラス均衡配分を箱図の中に見つけなさい．

5. 厚生経済学の第1の基本命題が成立する理由として誤っているものを選択しなさい．消費量はすべて正として考えなさい．
   (1) パレート最適な配分は市場価格メカニズムを通してのみ実現可能だからである．
   (2) 市場経済では各消費者が同一の市場価格を与えられたものとして行動するからである．
   (3) 消費者が効用を最大にするような消費ベクトルを選ぶと財の間の限界代替率が相対価格と等しくなるからである．
   (4) 消費者間で財の間の限界代替率が等しくなることが，パレート最適となる条件だからである．

6. 東プラザ君は2月にみかん70個とりんご0個，3月にはみかん40個とりんご20個を消費する予定である．他方，西幸代さんは2月にも3月にもみかん30個とりんご30個を消費する予定である．以下の記述の中から誤っているものを選択しなさい．プラザ君と幸代さんの「みかんによるりんごの限界代替率」をそれぞれ MRS_{ao}^H と MRS_{ao}^S で表わす．
   (1) $\mathrm{MRS}_{ao}^H = 5$, $\mathrm{MRS}_{ao}^S = 10$ のとき，プラザ君と幸代さんの間でみかんとりんごの3月の消費量をりんごとみかんの交換によって変えてもパレート改善できない．
   (2) $\mathrm{MRS}_{ao}^H = 5$, $\mathrm{MRS}_{ao}^S = 10$ のとき，プラザ君と幸代さんの間でみかんとりんごの2月の消費量をりんごとみかんの交換によって変えてもパレート改善できない．
   (3) $\mathrm{MRS}_{ao}^H = 20$, $\mathrm{MRS}_{ao}^S = 10$ のとき，プラザ君と幸代さんの間でみかんとりんごの2月の消費量をりんごとみかんの交換によって変えることによりパレート改善できる．
   (4) $\mathrm{MRS}_{ao}^H = 20$, $\mathrm{MRS}_{ao}^S = 10$ のとき，プラザ君と幸代さんの間でみかんとりんごの3月の消費量をりんごとみかんの交換によって変えることによりパレート改善できる．

7. 生産物の分配が終了した交換経済を表現する2人，2財の場合のエッジワース＝パレートの箱図を考える．実行可能な配分に関する以下の記述のうち，正しくないものを選択せよ．
   (1) オファー曲線は異なる価格ベクトルに対応した消費者の需要ベクトルの軌跡（＝集合）を表わしている．
   (2) 2人のオファー曲線の交点に対応する配分は均衡配分である．
   (3) オファー曲線の交点が複数ある場合，2人のオファー曲線が接している配分はパレート最適であるが，2人のオファー曲線が接していない配分はパレート最適で無い．
   (4) 2人のオファー曲線の交点が複数ある場合，複数の均衡価格（ベクトル）があることを意味している．

8. 2人からなる経済のパレート配分に関する以下の記述のうち，正しいものを選択せよ．配分 $x = (x_a, x_b)$，配分 $y = (y_a, y_b)$ はともに実行可能であり，消費者 a と b の効用関数は，それぞれ $u_a(x_a)$, $u_b(x_b)$ とする．
   (1) x, y ともにパレート配分であるとき，$u_a(x_a) > u_a(y_a)$ ならば，$u_b(y_b) >$

$u_b(x_b)$ でなければならない．

(2) x はパレート配分，y はパレート配分で無いとすれば，a, b ともに配分 x の方を配分 y よりも好む．つまり，$u_a(x_a) > u_a(y_a)$, $u_b(x_b) > u_b(y_b)$ である．

(3) x はパレート配分で y をパレート改善するならば，$\mathrm{MRS}_{ij}^a(x_a) \geqq \mathrm{MRS}_{ij}^a(y_a)$, $\mathrm{MRS}_{ij}^b(x_b) \geqq \mathrm{MRS}_{ij}^b(y_b)$ で，この内少なくとも1つの不等号は厳密に成立する．

(4) x はパレート配分で $x_{ai} > 0$, $x_{bi} = 0$ ならば，$\mathrm{MRS}_{ij}^a(x_a) > \mathrm{MRS}_{ij}^b(x_b)$ が成立する．

9．社会的厚生関数に関する以下の記述のうち正しいものを選択しなさい．社会的厚生関数は単調性を満たすものとする．また，消費者全体の効用の総和として表現される社会的厚生関数を「功利主義的」社会的厚生関数という．

(1) 功利主義的社会的厚生関数の下では，金持ち・貧乏人を問わず，所得の限界効用の小さい人々から大きい人々への所得移転は，常に社会的厚生を高める．

(2) 実行可能な配分がパレート最適ならば，社会的厚生を最大化する．

(3) 金持ちから貧乏人への所得移転は常に社会的厚生を高める．

(4) パレート配分であれば，任意の価格ベクトルに対し，各消費者の効用水準を所得の限界効用で加重した和によって定義される社会的厚生を最大化する．

第5章
生産理論

A 生　　産
B 変形関数と生産関数
C 生産と限界概念
D 生産技術の性質
E 生産者の最適な選択行動—利潤最大化行動
F 企業の需要と供給
G 費用関数
H 短期と長期
I 企業と産業の供給曲線
理解度チェック問題

第 5 章　生産理論

前章では，すべての生産物が各消費者に分配された状態の下で，市場取引が最終的にどのような財の配分を実現するか，また，そのような配分の厚生経済学上の性質は何かについて解説しました．本章では，第 2 章と 3 章の消費者理論に続き，市場経済における生産者（企業）の生産活動を分析します．そして続く 6 章では，4 章の議論を生産経済に発展させ，生産経済における価格メカニズムの厚生経済学的性質を解説します．

A　生　産

生産における意思決定の単位

私たちの社会生活において財・サービスの生産にかかわる意思決定は，一般に，いくつかの異なる主体によって行なわれています．具体的には，(1)市場経済における企業，(2)産業に参入する可能性のある潜在的な企業，(3)家計や消費者個人，(4)計画経済において生産の意思決定を担う生産組織，などです．生産を考慮した本書の分析の中で，このうちの(1)と(2)について考慮します．

では，生産（における意思決定）単位を理論上どのように表現すればよいでしょうか？　生産組織の特徴は，生産組織のオーナー（所有者）や経営者，組織形態や組織の経営方式，生産の可能性や生産技術などによって表現されます．ミクロ経済学の現段階では，このうち「生産技術」のみに着目し，これを「生産の可能性」として表現し分析を進めます．生産組織形態や経営方式が重要な役割を担わないという意味ではありません．生産を考慮した分析を遂行する上で，最低限必要な枠組みを提供するためなのです．というわけで「企業」を「生産技術を持つ意思決定単位」と解釈して分析の枠組みを用意します．言い換えれば，企業や生産者を生産技術として表現するのです．これは第 2 章で消費者を効用関数と所得によって表現したことに対応します．

生産技術

企業や生産者を生産技術として表現するとしても，**生産技術**（プロダクション・テクノロジー production technology）をどのように表現すればよいでしょうか？　生産技術は基本的には「生産工程において何が可能か」つまり，技術的制約によって表現することになります．消費理論では，財空間を使って種々の基本的な概念を表現してきましたから，生産理論でも各種の財の組み合わせを用いて技術制約を表わします．そこで生産過程において各種の財が果たす役割により，つぎの財概念を導入します．

　生産工程において消費される財を**インプット** input とよびます．**投入物**とか**生産要素** factor of production あるいは略して**要素** factor ともよびます．これらはすべて同義語です．また，生産工程において製造される財を**アウトプット** output とよびます．**産出物**，**生産物**，**製品**という語もすべて同義語として用いられます．

消費理論では 2 種類の財のみに限定して分析しましたが，生産の理論では原則として 2 種類の投入物と 2 種類の産出物を考慮しながら解説を進めることにします．

技術的制約の表現　さて，私たちは技術的制約 technological constraints を表わすことを問題にしていました．これは「どのような投入物を用いればどのような産出物を製造できるか」を示すことによって表わすことができます．そこで，2 種類の産出物を $y_1, y_2 \geqq 0$ とし，2 種類の投入物を $z_1, z_2 \geqq 0$ とします．投入物を負の値で表わし，産出物を正の値で表わせば，財ベクトルとして $(y_1, y_2, -z_1, -z_2) \in \mathbb{R}^4$ と書けます．このように投入物と産出物を負と正の値で区別した財ベクトルを**生産ベクトル** a production vector とか**投入・産出ベクトル** an input-output vector とよびます．一般に生産ベクトル $y = (y_1, y_2, y_3, y_4) \in \mathbb{R}^4$ が与えられるとき，第 1，第 2 座標は 2 種類の産出物，第 3，第 4 座標は 2 種類の投入物を表現しているとすれば，$y_1, y_2 \geqq 0, y_3, y_4 \leqq 0$ です．もちろん，この生産ベクトル y を $y = (y_1, y_2, -z_1, -z_2)$ と書けば，y_1, y_2 は 2 種類の製品の生産量，z_1, z_2 は 2 種類の投入物の投入量を示しています．

生産集合の定義

生産者の技術的制約を表わす集合 Y を**生産集合**（プロダクション・セット）a production set とよびます．生産集合 Y が表現する生産技術を持つ生産者は，$y \in Y$ という技術的制約条件を満たす生産ベクトル y を生産工程で実行できます．また $y \in Y$ のとき，生産ベクトル y の座標が正ならばその座標に対応する財は産出物，負ならば投入物となります．

B　変形関数と生産関数

生産セクターにおける意思決定主体の生産者や企業を，生産集合を用いて生産技術上の制約として表現することを説明しました．生産集合は生産技術の制約を表わす方法として，理論的な一般性を持ちますが，より特殊な古典的な表現方法では関数を用いて技術制約を表わします．特に，実証分析では関数形を用いた表現が広く使われています．この節では関数形を使った技術制約の表現方法を説明しましょう．

変形関数

技術的に可能な生産ベクトル $y \in Y$ の中には，投入物を不必要に無駄に使っている場合もあれば，投入物の量の割には十分な産出量を得ていないようなベクトルもあります．生産ベクトル $y \in Y$ に対し，$y'_j \geqq y_j, j = 1, 2, 3, 4$ を満たす生産ベクトル $y' \in Y, y' \neq y$, が存在しないとき，y は**生産技術上効率的**であるといいます．生産技術上効率的な生産ベクトル y については，同量の産出物をより少ない

投入量で製造したり，あるいは投入量を変更せずにより多くの産出量を実現することはできません．

生産における技術的制約を最も簡単に，しかも一般的に表現するのが生産集合ですが，古典的なアプローチでは，生産ベクトルが生産技術上効率的であるか否かを示す実数値関数によって技術的制約を表現します．このような関数を変形関数とよびます．標準的には数値の 0 を基準に，非負ならば技術的に可能，正ならば技術的に実行不可能とし，つぎのように定めます．

変形関数の定義

生産集合 Y が与えられたとき，財ベクトルに対して定義される実数値関数 F が

(1) $y \in Y$ は生産技術上効率的 $\iff F(y) = 0$

(2) $y \in Y$ $\iff F(y) \leqq 0$

の 2 つの性質を持つとき，関数 F を**変形関数**（トランスフォーメーション・ファンクション）transformation function とよびます．**転型関数，陰関数表示の生産関数**などとよぶこともあります．

生産関数

実数値関数によって技術的制約を表現する場合，製造過程で複数の産出物が生産されるときは変形関数を用いますが，生産物が 1 種類だけの場合は実証分析でよく用いられる生産関数という表現形式があります．変形関数は陰関数表示で生産量を表現しますが，生産量を陽表的に投入量の関数として表現するのが生産関数です．

生産関数の定義

変形関数 $F(y) = 0$ は，生産技術上効率的な投入物と産出物の関係を陰関数の形で表わしています．その結果，生産物が 1 種類だけのときは，陰関数の定理が成立すれば，投入量に対し，それから得られる最大限の産出量を示す関数が存在することになります．この関数を**生産関数**（プロダクション・ファンクション）production function とよびます．

---

2 種類の投入物から 2 種類の産出物が得られる可能性を考えていますから，第 1 財と第 2 財を産出物，第 3 財と第 4 財を投入物とすれば，生産関数によって表現できる状況には 2 種類の場合があります．生産関数による表現では通常投入量・産出量ともに非負の数値で示しますから，財ベクトル $y = (y_1, y_2, y_3, y_4)$ を生産ベクトルとすれば，(y_1, y_2) は 2 種類の産出物の量を示すベクトルで，$z = (z_1, z_2) = (-y_3, -y_4)$ は 2 種類の投入物の量を示すベクトルです．

第1財だけが生産される場合：
$$F(y_1, 0, y_3, y_4) = y_1 - f(-y_3, -y_4)$$

技術的制約　　$y_1 \leqq f(z_1, z_2)$

最大産出量　　$y_1 = f(z_1, z_2)$

f が第1財の生産関数です．

第2財だけが生産される場合：
$$F(0, y_2, y_3, y_4) = y_2 - g(-y_3, -y_4)$$

技術的制約　　$y_2 \leqq g(z_1, z_2)$

最大産出量　　$y_2 = g(z_1, z_2)$

g が第2財の生産関数です．

図による理解　　図5.1は生産集合 Y と変形関数 $F(y)$ を描写し，図5.2は図5.1の生産集合 Y と変形関数 $F(y)$ に対応する生産関数を図示しています．縦軸が生産量を表わしますが，図5.2の生産関数のグラフは図5.1で変形関数 $F(y)$ の値が0となる投入量と非負の産出量の組み合わせの軌跡を縦軸に関して対称に折り返したものです．

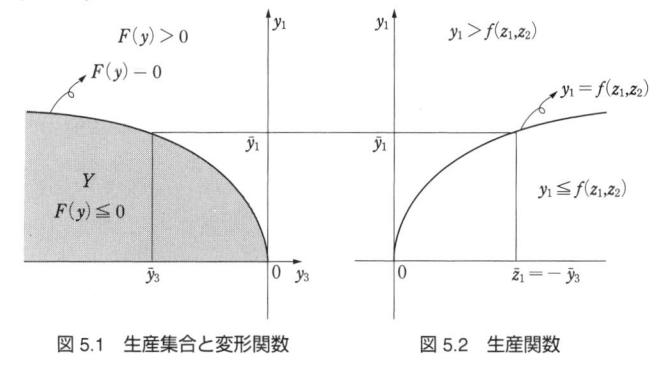

図 5.1　生産集合と変形関数

図 5.2　生産関数

変形曲線と等産出量曲線

同時に2種類の生産物を製造可能であるような生産技術を考えます．生産要素 z_1, z_2 の投入量を変化させないで，生産可能な生産物 y_1 と y_2 の組み合わせを示す曲線を**変形曲線** transformation curve といいます．F を変形関数とすれば

$$変形曲線 \equiv \left\{ (y_1, y_2) \,\middle|\, F(y_1, y_2, -z_1, -z_2) = 0 \right\}$$

で与えられます（図5.3参照）．**トランスフォーメーション・フロンティア** transformation frontier とよぶこともあります．

生産物が1種類のとき，一定量の生産を維持するのに必要な投入物・生産要素の組み合わせを示す曲線のことを**等産出量曲線**（アイソクオント）isoquant (iso = equal, quant = quantity) といいます．f を生産関数とすれば

$$等産出量曲線 \equiv f^{-1}(y_1) \ \left(= \left\{ (z_1, z_2) \,\middle|\, f(z_1, z_2) = y_1 \right\} \right)$$

で与えられます（図5.4参照）．変形曲線が要素投入量を一定に維持するときの生

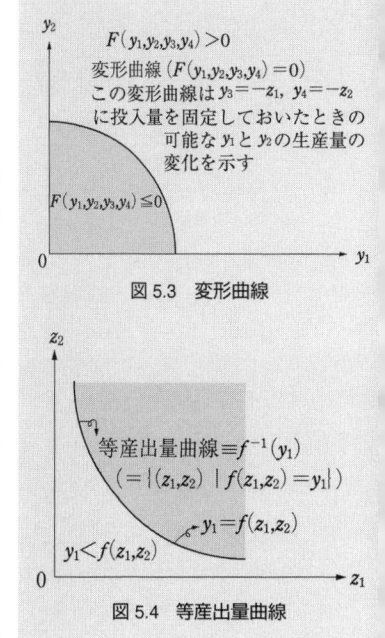

図 5.3　変形曲線

図 5.4　等産出量曲線

産物間の代替の可能性を表現するのに対し，等産出量曲線は産出量を一定に維持するときの要素間代替の可能性を表現します．

生産技術の例

理論的な説明を進める前に，具体的なイメージを得る一助として3種類の生産技術の例を取り上げます．生産セクターの実証分析でよく用いられる生産技術の表現です．それぞれの例について，生産関数，変形関数，生産集合による表現を示します．

(1) レオンチェフ Leontief 型生産技術（固定係数型）　（図 5.5 参照）
生産関数　$f(z_1, z_2) \equiv \min\{az_1, bz_2\}, \ a, b > 0$
変形関数　$F(y_1, y_2, y_3) \equiv y_1 - \min\{-ay_2, -by_3\}$
生産集合　$Y \equiv \{y_1, y_2, y_3 \in \mathbb{R}^3 \mid y_1 \leqq \min\{-ay_2, -by_3\}\}$

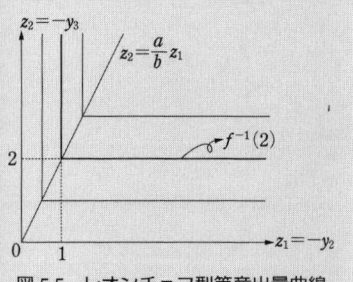

図 5.5　レオンチェフ型等産出量曲線の例

(2) コブ＝ダグラス Cobb-Douglas 型生産技術　（図 5.6 参照）
生産関数　$f(z_1, z_2) \equiv A z_1^a z_2^b, \quad A, a, b > 0$　（$A = 1, a + b = 1$ のケースを考える場合が多い．）
変形関数　$F(y_1, y_2, y_3) \equiv y_1 - A(-y_2)^a (-y_3)^b$
生産集合　$Y \equiv \{(y_1, y_2, y_3) \in \mathbb{R}^3 \mid y_1 \leqq A(-y_2)^a (-y_3)^b\}$

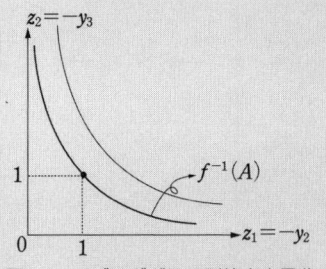

図 5.6　コブ＝ダグラス型等産出量曲線の例

(3) 生産要素が完全代替財 perfect substitutes となる生産技術（図 5.7 参照）
生産関数　$f(z_1, z_2) \equiv az_1 + bz_2, \ a, b > 0$
変形関数　$F(y_1, y_2, y_3) \equiv y_1 + ay_2 + by_3$
生産集合　$Y \equiv \{(y_1, y_2, y_3) \in \mathbb{R}^3 \mid y_1 \leqq -ay_2 - by_3\}$

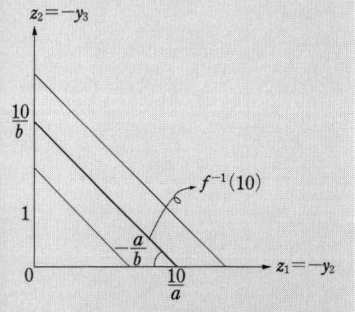

図 5.7　完全代替財の等産出量曲線の例

C　生産と限界概念

生産関数や変形関数により生産技術を表現するとき，いくつかの限界量の概念が導入されます．消費理論においてすでに経験したように，経済主体の最適な選択という視点から経済の原理を探る場合，古典的なアプローチでは限界量が鍵となる概念を提供します．

限界生産物（限界生産性）　MP

生産関数 $y = f(z_1, z_2)$ が可微分であるとき，各生産要素の**限界生産物** marginal products（**限界生産性** marginal productivity ともいいます）をつぎのように定義します．

限界生産物の定義

要素 1 の限界生産物　$\mathrm{MP}_1(\bar{z})$

$$\mathrm{MP}_1(\bar{z}) \equiv \lim_{t \to 0} \frac{f(\bar{z}_1 + t, \bar{z}_2) - f(\bar{z}_1, \bar{z}_2)}{t} \equiv \frac{\partial f}{\partial z_1}(\bar{z}_1, \bar{z}_2) \left(= D_1 f(\bar{z}_1, \bar{z}_2) \right)$$

要素 2 の限界生産物　$\mathrm{MP}_2(\bar{z})$

$$\mathrm{MP}_2(\bar{z}) \equiv \lim_{t \to 0} \frac{f(\bar{z}_1, \bar{z}_2 + t) - f(\bar{z}_1, \bar{z}_2)}{t} \equiv \frac{\partial f}{\partial z_2}(\bar{z}_1, \bar{z}_2) \left(= D_2 f(\bar{z}_1, \bar{z}_2) \right)$$

例　一般に経済学のテキストの中でよく見かける限界生産物の概念として「労働の限界生産物」や「資本の限界生産物」があります．　■

生産要素 i の限界生産物 MP_i は，生産要素 i の投入量 1 単位の増加がもたらす産出量の変化を示しています．生産要素の限界生産物が厳密に正となるような範囲でのみ生産要素の投入を考える意味がありますから，本書では各要素 i の限界生産物 $\mathrm{MP}_i > 0$ として議論を進めます．限界生産物に関して，限界生産物の逓減とか逓増という表現が用いられる場合があります．同一の生産設備において，一種類の生産要素の投入量のみ変化させて他の要素投入量を変えないとき，要素投入量の増加にともなう生産性の低下は**限界生産物の逓減（減少）** diminishing marginal product，生産性の上昇は**限界生産物の逓増（増加）** increasing marginal product によって示されます．一般的には一種類の生産要素の投入量のみを増加させても生産性は低下しますが，これを「**限界生産物逓減の法則**」Law of Diminishing Marginal Products とよびます．

限界技術代替率 MRTS

等産出量曲線の勾配は投入物に対する技術的交換レートを表わしています．このことを理解するために，図 5.8 のように要素投入ベクトル $\bar{z} = (\bar{z}_1, \bar{z}_2)$ を通る等産出量曲線を $I_{\bar{z}}$ とし，$\bar{z}$ における $I_{\bar{z}}$ への接線を $I'_{\bar{z}}$ としましょう．このとき，生産者が要素 1 の投入量を 1 単位追加すれば，要素 2 の投入量を 3 単位減らしても生産量は近似的に変化しません．この意味で接線の勾配の大きさは，横軸にとった投入物 1 単位の生産技術上の価値を縦軸にとる投入物の単位で近似的に表現しています[1]．

図 5.9 において要素投入ベクトル $\bar{z} = (\bar{z}_1, \bar{z}_2)$ を通る等産出量曲線を $I_{\bar{z}}$ とします．$\mathrm{MP}_2(\bar{z}) \neq 0$ であれば，陰関数の定理（第 2 章 F 節）より，$I_{\bar{z}}$ をある関数 $z_2 = g(z_1)$ のグラフとして $\bar{z}$ の近傍で表現できます．$\bar{z}$ を通りますから $\bar{z}_2 = g(\bar{z}_1)$ です．新たな関数記号 g を省略するときは，簡単に $z_2(z_1)$ と書いてこのような陰関数 g を表わします[2]．

---

[1]　この説明は第 2 章 D 節で消費者の限界代替率が主観的交換レートを表わしているという説明と同様です．

[2]　テキストによっては $-\dfrac{dz_2}{dz_1}\bigg|_{f(z_1, z_2) = 一定}$ あるいは $-\dfrac{dz_2}{dz_1}\bigg|_{I_{\bar{z}}}$ などと書いて「MRTS_{12} を定義する」としますが，その明確な意味が z_2 をこのように陰関数と解釈するということです．

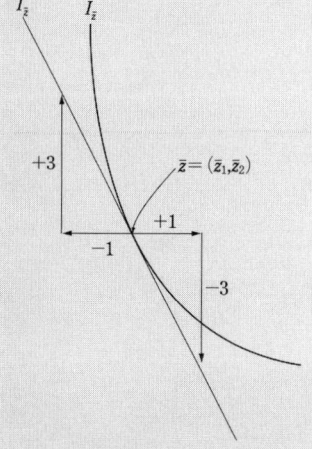

図 5.8　等産出量曲線への接続の勾配

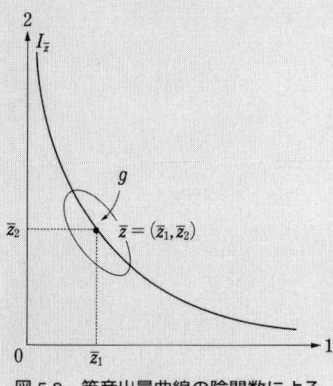

図 5.9　等産出量曲線の陰関数による表現

第5章 生産理論

図5.10 MRTS$_{12}$ の定義の図示

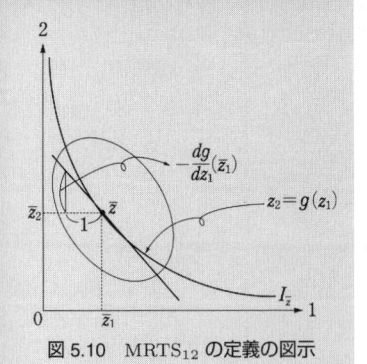

要素2による要素1の限界技術代替率 MRTS$_{12}$ の定義

$\bar{z}$ を通る等産出量曲線 $I_{\bar{z}}$ を $\bar{z}$ の近傍で表現する陰関数 $z_2 = g(z_1)$ が $\bar{z}_1$ で可微分であるとき，要素2による要素1の限界技術代替率 the marginal rate of technical substitution of factor 2 for factor 1 を記号で MRTS$_{12}$ と書き，

$$\text{MRTS}_{12}(\bar{z}) \equiv -\frac{dg}{dz_1}(\bar{z}_1) \left(= -\frac{dz_2}{dz_1}(\bar{z}_1)\right)$$

によって定めます．（図5.10 参照）

MRTS$_{12}$ の理解の仕方　　限界技術代替率 MRTS$_{12}$ の考え方は，各財に対する消費者の主観的な評価を表わす限界代替率 MRS$_{12}$ の考え方とまったく同じであり，消費者の主観的な評価の代わりに生産技術上の投入物の評価を表現しています．つぎのいくつかの同値な見方を理解しておくと有益です．

- MRTS$_{12}$ ⟺ 生産者が生産量を一定の水準に維持するとき，要素1の投入量1単位の増加（または減少）が，要素2の投入量何単位の減少（または増加）につながるかを示す数値
- ⟺ 生産工程において最後に投入した（つまり限界的）要素1の1単位が，要素2の何単位分に相当するか，その生産技術上の価値を要素2の単位数で示した数値
- ⟺ 生産工程において最後に投入した（つまり限界的）要素1の1単位と要素2の間の生産技術上の交換レート
- ⟺ 横軸に要素1の投入量をとったときの等産出量曲線への接線の勾配にマイナスを付した値

要素2による要素1の限界技術代替率 MRTS$_{12}$ という表現も限界代替率 MRS$_{12}$ の場合と同様に，生産技術上の価値を評価される生産要素（要素1）とその評価に使われる生産要素（要素2）を明示した表現ですから，多数財の場合でもその意味は明瞭です．前後関係から評価に使われる生産要素が明らかなときは，単に，要素1の限界技術代替率とか要素2の限界技術代替率という表現を使う場合もあります．

限界生産物による限界技術代替率の表現　　消費者の限界代替率が限界効用の比で表わせたのと同様に，限界技術代替率を限界生産物の比として表現できます．

限界技術代替率と限界生産物

限界技術代替率はつぎのように限界生産物によって表わされます．

$$\text{MRT}_{12} = \frac{\text{MP}_1}{\text{MP}_2}$$

要素2による要素1の限界技術代替率 ＝ 要素1の限界生産物／要素2の限界生産物

数学的説明　　$\bar{z} = (\bar{z}_1, \bar{z}_2)$ を通る等産出量曲線 $I_{\bar{z}}$ 上で産出量は一定であり，その値は $f(\bar{z}_1, \bar{z}_2)$ で与えられます．したがって，$I_{\bar{z}}$ 上の $z = (z_1, z_2)$ は $f(z_1, z_2) = f(\bar{z}_1, \bar{z}_2)$ (右辺は定数) を満たします．$\bar{z}$ の近傍で $I_{\bar{z}}$ を表現する陰関数を $z_2(z_1)$

とすれば，$f(z_1, z_2(z_1)) = f(\bar{z}_1, \bar{z}_2)$ であり，常に一定の値を取ります．よって，

$$\frac{df}{dz_1}(\bar{z}_1, z_2(\bar{z}_1)) = \frac{\partial f}{\partial z_1}(\bar{z}_1, \bar{z}_2) + \frac{\partial f}{\partial z_2}(\bar{z}_1, \bar{z}_2)\frac{dz_2}{dz_1}(\bar{z}_1) = 0$$

が成り立ちます．これより，

$$-\frac{dz_2}{dz_1}(\bar{z}_1) = \frac{\dfrac{\partial f}{\partial z_1}(\bar{z}_1, \bar{z}_2)}{\dfrac{\partial f}{\partial z_2}(\bar{z}_1, \bar{z}_2)}$$

です．限界技術代替率の定義からこの式の左辺が MRTS_{12} ですから

$$\mathrm{MRTS}_{12}(\bar{z}) = \frac{\mathrm{MP}_1(\bar{z})}{\mathrm{MP}_2(\bar{z})}$$

を得ます．

言葉による説明 第 2 章 D 節の議論を参考に，下記の表を用いて各自説明を試みてください．

要素	1	2
投入量	$+1$	$-?$
産出量	$+\mathrm{MP}_1$	$-\mathrm{MP}_1$

この表の「？」の部分が限界技術代替率 MRTS_{12} ですから，表から「？」の部分を求めて，それが $\mathrm{MP}_1/\mathrm{MP}_2$ に一致することを確認すればよいのです．

限界変形率 MRT

等産出量曲線の勾配は投入物に対する技術的交換レートを表わしていました．変形曲線の場合その勾配は産出物に対する技術的交換レートを表わします．要素投入量を変えない状況の下で，産出物を追加的に 1 単位生産することの生産技術上の価値を他の産出物を何単位犠牲にすれば可能かという尺度で計測するのです．

投入・産出ベクトル $\bar{y} = (\bar{y}_1, \bar{y}_2, \bar{y}_3, \bar{y}_4)$ のうち 1, 2 財は産出物，3, 4 財は生産要素とします．2 種類の要素投入量 z_1, z_2 を $z_1 = -\bar{y}_3, z_2 = -\bar{y}_4$ の水準から変化させないときの変形曲線を $T_{\bar{y}}$ とし，$(\bar{y}_1, \bar{y}_2)$ における $T_{\bar{y}}$ への接線を $T'_{\bar{y}}$ とします．このとき，図 5.11 において第 2 財の産出量を 3 単位減少させれば，要素投入量を変化させることなくさらに 1 単位の第 1 財を生産することが近似的に可能です．この意味で接線の勾配の大きさは，横軸にとった生産物 1 単位の生産技術上の価値を縦軸にとった生産物の単位で近似的に表現しているのです．要素投入量を $z_1 = -\bar{y}_3, z_2 = -\bar{y}_4$ の水準で固定するとき，産出ベクトル $(\bar{y}_1, \bar{y}_2)$ を通る変形曲線 $T_{\bar{y}}$ 上の産出ベクトル (y_1, y_2) は，$F(y_1, y_2, \bar{y}_3, \bar{y}_4) = 0$ を満たしています．ここで $\dfrac{\partial F}{\partial y_2}(\bar{y}_1, \bar{y}_2, \bar{y}_3, \bar{y}_4) \neq 0$ であれば，陰関数の定理により $T_{\bar{y}}$ を，ある関数 $y_2 = g(y_1)$ のグラフとして $(\bar{y}_1, \bar{y}_2)$ の近傍で表現できます．$(\bar{y}_1, \bar{y}_2)$ を通ることから $\bar{y}_2 = g(\bar{y}_1)$ です．このような陰関数を略して $y_2(y_1)$ とも書きます[3]．

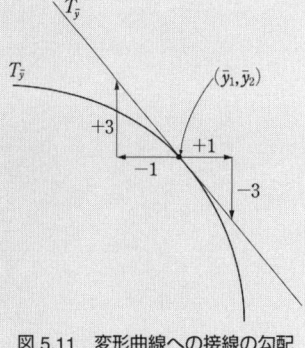

図 5.11 変形曲線への接線の勾配

---

[3] $\left.-\dfrac{dy_2}{dy_1}\right|_{T(\bar{y})}$ と書いて MRT_{12} を定義するというテキストもあります．

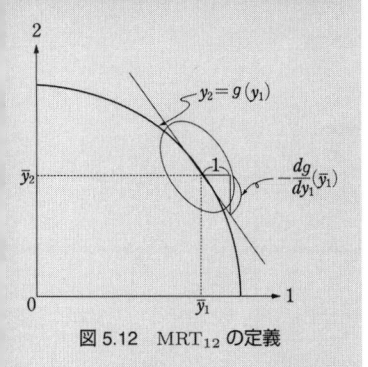

第5章 生産理論

図5.12 MRT$_{12}$ の定義

> **第1財の第2財への限界変形率 MRT$_{12}$ の定義**
>
> $(\bar{y}_1, \bar{y}_2)$ を通る変形曲線 $T_{\bar{y}}$ を $(\bar{y}_1, \bar{y}_2)$ の近傍で表現する陰関数 $y_2 = g(y_1)$ が $\bar{y}_1$ で可微分であるとき，第1財の第2財への限界変形率 the marginal rate of transformation of commodity 1 into commodity 2 を記号で MRT$_{12}$ と書き
>
> $$\mathrm{MRT}_{12}(\bar{y}_1, \bar{y}_2) \equiv \frac{dg}{dy_1}(\bar{y}_1) \quad \left(= -\frac{dy_2}{dy_1}(\bar{y}_1)\right)$$
>
> と定めます．（図 5.12 参照）

MRT$_{12}$ の理解の仕方　　限界変形率 MRT$_{12}$ の考え方は，生産物を製造するときの生産技術上の価値あるいはコストを，犠牲になる他の生産物の単位で評価するというものです．

MRT$_{12}$ 　$\Longleftrightarrow$ 　生産者がある一定水準の要素投入量を維持するとき，要素1の産出量1単位の増加（または減少）が，要素2の産出量何単位の減少（または増加）につながるかを示す数値

　　　　$\Longleftrightarrow$ 　各要素挿入量を変化させないで考えるとき，第1財の追加的1単位の生産が，第2財何単位の生産に相当するか，その生産技術上の価値あるいはコストを表わしたもの

　　　　$\Longleftrightarrow$ 　生産工程における追加的1単位の第1財と第2財の間の生産技術上の交換レート

　　　　$\Longleftrightarrow$ 　横軸に第1財の生産量をとったときの変形曲線への接線の勾配にマイナスを付した値

変形関数の偏微係数

生産の限界概念と生産関数の偏微係数とは直接的な対応関係があって理解し易いのですが，変形関数の偏微係数については対応関係がやや間接的になり，テキストによっては解説されない場合も多々見かけられます．そこで生産の限界概念と変形関数の偏微係数との関係について触れておきます．

限界変形率と変形関数の偏微係数の比　　$\bar{y} = (\bar{y}_1, \bar{y}_2, \bar{y}_3, \bar{y}_4)$ とし，産出ベクトル $(\bar{y}_1, \bar{y}_2)$ の近傍で変形曲線 $T_{\bar{y}}$ を表現する陰関数を $y_2(y_1)$ とします．このとき $G(y_1) \equiv F(y_1, y_2(y_1), \bar{y}_3, \bar{y}_4)$ を定めると，$G(y_1) = F(\bar{y}) = 0$ ですから，

$$\frac{dG}{dy_1}(\bar{y}_1) = \frac{\partial F}{\partial y_1}(\bar{y}) + \frac{\partial F}{\partial y_2}(\bar{y})\frac{dy_2}{dy_1}(\bar{y}_1) = 0$$

となります．これより

$$-\frac{dy_2}{dy_1}(\bar{y}_1) = \frac{\dfrac{\partial F}{\partial y_1}(\bar{y})}{\dfrac{\partial F}{\partial y_2}(\bar{y})}$$

を得ます．限界変形率の定義から左辺は MRT_{12} ですから

$$\mathrm{MRT}_{12}(\bar{y}_1, \bar{y}_2) = \frac{\dfrac{\partial F}{\partial y_1}(\bar{y})}{\dfrac{\partial F}{\partial y_2}(\bar{y})}$$

となります．

変形関数の偏微係数と限界生産物 複数の生産物があるとき，異なる生産物に関する変形関数の偏微係数の比は限界変形率を与えることを上の式は示しています．生産物が1種類のみのとき，変形関数の偏微係数と限界生産物の関係を考えてみましょう．1種類の生産物を第1財とし，変形関数 F が生産関数 f によって $F(y_1, 0, y_3, y_4) = y_1 - f(-y_3, -y_4)$ と表現できるとします．このとき F の第3財に関する偏微係数を求めると

$$\frac{\partial F}{\partial y_3}(y) = -\frac{\partial f}{\partial (-y_3)}(-y_3, -y_4) \times \frac{d(-y_3)}{dy_3}$$
$$= \frac{\partial f}{\partial (-y_3)}(-y_3, -y_4)$$

です．そこで，投入ベクトルを $(z_1, z_2) = (-y_3, -y_4)$ と書き，要素1（第3財）の限界生産物を求めれば

$$\frac{\partial f}{\partial z_1}(z_1, z_2) = \frac{\partial f}{\partial (-y_3)}(-y_3, -y_4)$$
$$= \frac{\partial F}{\partial y_3}(y)$$

が得られます．同様に，$\dfrac{\partial f}{\partial z_2}(z_1, z_2) = \dfrac{\partial F}{\partial y_4}(y)$ です．さらに，この両者から

$$\mathrm{MRTS}_{12}(z_1, z_2) = \frac{\dfrac{\partial F}{\partial y_3}(y)}{\dfrac{\partial F}{\partial y_4}(y)}$$

となります．

生産関数の偏微係数と異なり，変形関数の偏微係数は一見解釈しづらいように思えますから，ここでこれまでの議論をまとめておきましょう．

変形関数の偏微係数と生産の限界概念

変形関数の偏微係数についてつぎの諸性質が成り立ちます．
(1) 第1財の第2財への限界変形率は変形関数の第1財に関する偏微係数と第2財に関する偏微係数の比に等しくなります．
(2) 産出物が1種類のみの場合，変形関数の生産要素に関する偏微係数は，その限界生産物に等しくなります．
(3) 産出物が1種類のみの場合，変形関数の要素1に関する偏微係数と要素2に関する偏微係数の比は，要素2による要素1の限界技術代替率に等しくなります．

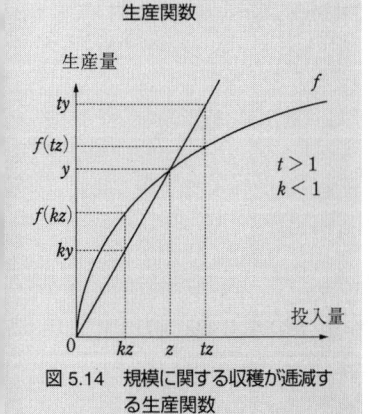

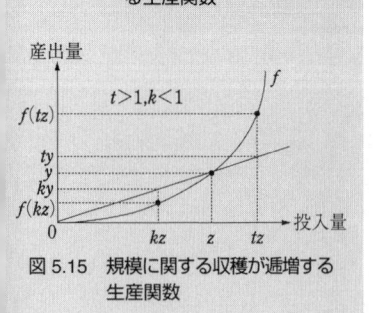

D 生産技術の性質

生産技術の表現の仕方や生産技術に関連した基本的な諸概念の説明を終えましたが，つぎに生産技術の性質を表わすいくつかの概念の説明をして生産技術に関する説明を終えます．

生産要素の投入量が増えれば増える程生産量が増大するという性質を**単調性** monotonicity とよびます．単調性の性質を生産関数により表現するとつぎのようになります．

$$z = (z_1, z_2) \geqq z' = (z'_1, z'_2), z \neq z' \Longrightarrow f(z) > f(z')$$

単調性が満たされる場合，どの生産要素についても限界生産物はプラスの値を取ります．実際に投入される範囲内で単調性を満たさないような投入物が生産工程で使用されることはないでしょう．

規模に関する収穫

使用する生産要素すべてについて，その投入量を一定の割合で同時に変化させるときの生産量の変化を**規模に関する収穫** returns to scale とよびます．規模に関する収穫を示す性質としてつぎの 3 種類の性質が考えられます．

規模に関する収穫不変（一定） constant returns to scale 「すべての投入物の量を $t > 0$ 倍すると生産量もちょうど t 倍になる」という性質で，

$$(\forall t > 0)\ f(tz_1, tz_2) = tf(z_1, z_2)$$

と表現されます．数学的に表現すれば，生産関数 f は 1 次同次の関数ということです．（図 5.13 参照）

規模に関する収穫逓減（減少） decreasing returns to scale 「投入物の量を同時にすべて $t > 1$ 倍しても生産量は t 倍も増えない」という性質で，

$$(\forall t > 1)\ f(tz_1, tz_2) < tf(z_1, z_2)$$

と表現されます．$k = 1/t, z' = (1/t)z$ とおくと，

$$f(kz) = f(z') > \frac{1}{t}f(tz') = kf(z)$$

ですから，これは規模を縮小した場合の表現として

$$(\forall 0 \leqq k < 1)\ f(kz_1, kz_2) > kf(z_1, z_2)$$

とも表わせます．（図 5.14 参照）

規模に関する収穫逓増（増加） increasing returns to scale 「投入物の量を同時にすべて $t > 1$ 倍すると生産量は t 倍を上回って増加する」という性質で，

$$(\forall t > 1)\ f(tz_1, tz_2) > tf(z_1, z_2)$$

と表現されます．さきほどと同様に規模を縮小した場合の表現として

$$(\forall 0 \leqq k < 1) f(kz_1, kz_2) < kf(z_1, z_2)$$

と表わすこともできます．（図 5.15 参照）

図 5.13 規模に関する収穫が一定の生産関数

図 5.14 規模に関する収穫が逓減する生産関数

図 5.15 規模に関する収穫が逓増する生産関数

規模に関する収穫が減少していないと限界生産物は減少しないと思いがちですが，限界生産物が減少していても規模に関する収穫は不変であったり，逓増的であることも可能です．限界生産物は1要素以外のすべての要素投入量を一定の投入量にした上で，1要素投入量の増加にともなう生産量の変化を見ているからに過ぎないからです．例として図 5.16 を参照して下さい．

規模に関する収穫の性質を生産関数を用いて表現しましたが，これを生産集合の性質として記述すると以下のようになります[4]．

規模に関する収穫不変　$y \in Y \Rightarrow (\forall t > 0) ty \in Y$
規模に関する収穫逓減　$y \in Y \Rightarrow (\forall 0 < t < 1) ty \in Y$
規模に関する収穫逓増　$y \in Y \Rightarrow (\forall t > 1) ty \in Y$

生産技術に関する凸性

生産技術に関する**凸性** convexity の性質は，技術的に可能な2種類の投入・産出ベクトルをミックスしたものも技術的に可能であるという性質を表わします．生産物が1種類の場合，2種類の投入ベクトルをミックスすることによって得られる産出量は，それぞれの投入ベクトルから得られる産出量のミックスを下回らないことを意味します．生産技術に関する凸性の性質を，生産関数や生産集合により表現すると以下のようになります．（図 5.17 および図 5.18 参照）

生産関数 f による表現　（「関数 f は凹関数」という条件）
$$0 \leqq t \leqq 1, z, z' に対し f(tz + (1-t)z') \geqq tf(z) + (1-t)f(z')$$
生産集合 Y による表現　（「集合 Y は凸集合」という条件）
$$0 \leqq t \leqq 1, y, y' \in Y ならば ty + (1-t)y' \in Y$$

このような生産技術に関する凸性の性質は，規模に関する収穫に関してつぎのような明白なインプリケーションを持っています．

---**凸性と規模に関する収穫**---

生産技術が凸性を満たすと，規模に関する収穫は非逓増的（不変または逓減的）となります．ただし，$0 \in Y$ とします．

説明　生産技術が凸性を満たすとします．$0 \in Y$ ですから $y \in Y$ ならば，凸性により $0 \leqq t \leqq 1$ に対し $ty = ty + (1-t)0 \in Y$ です．$t > 1$ に対しても $ty \in Y$

D　生産技術の性質

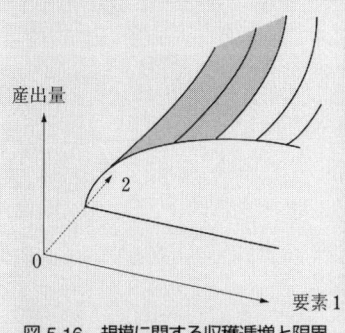

図 5.16　規模に関する収穫逓増と限界生産物の逓減

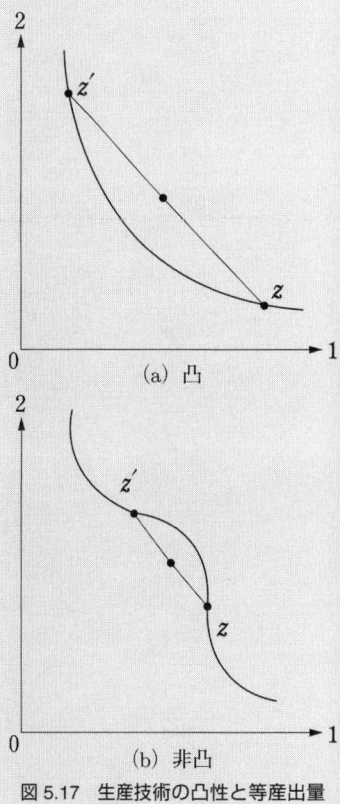

図 5.17　生産技術の凸性と等産出量曲線
(a) 凸
(b) 非凸

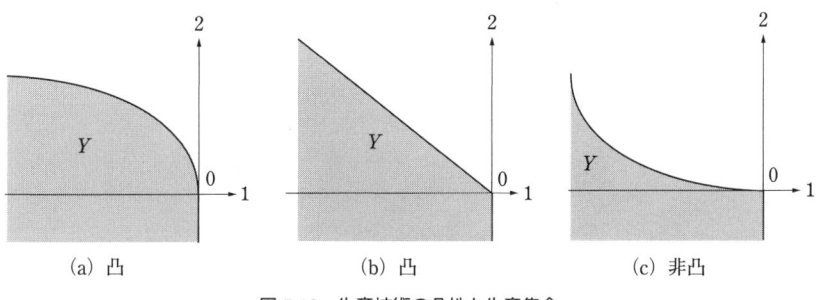

図 5.18　生産技術の凸性と生産集合
(a) 凸
(b) 凸
(c) 非凸

---
[4]　厳密に言えば，下記の表現はさきの定義と同値ではありません．

がすべての $y \in Y$ について成立すれば収穫は不変となりますが，そうでなければいずれにしても $(\forall 0 < t < 1) ty \in Y$ は常に成立しますから収穫は逓減的です．■

E 生産者の最適な選択行動
——利潤最大化行動

企業の目的と利潤

ミクロ経済学の標準的な理論では，利潤最大化を**企業の目的**と考えて分析を進めます．しかし，経営学的な視点からは，この他にもいくつかの企業目的が考えられています．たとえば，(1)企業価値（株価）の最大化，(2)市場シェアーの最大化，(3)売上高の最大化，(4)経営者の経営哲学に合致した企業行動，などが挙げられます．実際，テレビや新聞による経済に関する報道では，デパートや小売業界における売上高のランキング，ビール業界のマーケット・シェア争いなどを目にする機会がよくあります．また，日本経済の戦後の発展の中で活躍した著名な経営者達の「経営哲学」の書も多々出版されていますが，その中で最大の利益をあげることを企業の目的などと主張することは皆無です．さらに，日本においても新興企業を含む株式市場の整備と開放化にともなって株式公開買い付け（TOB テークオファー・ビッド）等による企業買収の可能性の高まりと共に，経営目標として企業価値を高めることの重要性も認識されて来ています．

しかし，経済学では現在のところ，少なくともつぎの2つの理由から**利潤最大化** profit maxmization を企業の目的と見なして分析を進めています．1つには，利潤最大化以外の目的を企業行動の目的と見なして実際の企業行動を説明しようとしても，実証分析の上で統計的に，より説明力の高い分析結果が得られていないことがあります．さらに今1つは，市場における企業間競争が激しければ激しいほど，利潤追求を目標と考えていない企業は市場からの撤退を余儀なくされるという事実があります．

そこで，企業行動を利潤最大化の観点から分析します．経済学上，利潤はどのように計算されるのでしょうか？ その計算の仕方についての説明から始めます．**利潤** profits はつぎのように計算されます．

$$\text{利潤 Profits} \equiv \text{総収入 Total Revenue} - \text{総費用 Total Costs}$$
$$\Pi \equiv (p_1 y_1 + p_2 y_2) - (w_1 z_1 + w_2 z_2) \quad (= p \cdot y - w \cdot z)$$

この計算式で $y = (y_1, y_2)$ は産出ベクトル，$z = (z_1, z_2)$ は投入ベクトル，$p = (p_1, p_2)$ は生産物価格ベクトル，$w = (w_1, w_2)$ は要素価格ベクトルを表わします．計算方法は私たちが日常行なう計算方法と特に相違していないように見えますが，$w_1 z_1 + w_2 z_2$ の部分，つまり費用計算の上で注意を要します．z_1 や z_2 は企業が生産工程で実際に使用した生産要素を表わしていますが，その費用を $w_1 z_1$ と $w_2 z_2$ として計算します．この部分の費用計算は実際の支払いを伴うことを前提にしていません．会計上の費用計算では，通常，実際に支出した費用をもとに計算します

が，経済学上の費用計算では，支出を伴うか否かによらず，実際に投入した要素の費用を計算します．このような考え方で計算された費用を**機会費用** opportunity costs とよびます[5]．

例　自営業者の場合，業者自身の労働や自己資本に対する金利は支払いを伴う費用ではないため，費用として通常計上されませんが，経済学上は生産過程で用いられた生産要素に対する報酬として費用計算されます．　∎

企業の利潤最大化行動（図による理解）

企業が利潤を最大にするような生産の意思決定を行なうとどのような生産活動をすることになるのでしょうか？　利潤最大化をもたらす生産を行なうことが，投入物と産出物の関係や投入物相互間の関係，さらには産出物相互間の関係において，どのような意思決定がなされることを意味するのでしょうか？　これを図の上で理解することから始めましょう．

投入物と産出物の関係——生産関数と等利潤線を用いての理解——　生産物が1種類，要素が2種類の場合を考えましょう．生産物の価格を p とし，要素価格を w_1, w_2 とします．一定の利潤 π をもたらすような産出量 y と要素投入量 z_1, z_2 の組からなる直線

$$\{(y, z_1, z_2) \mid py - w_1 z_1 - w_2 z_2 = \pi\}$$

を**等利潤線** isoprofit line とよびます．等利潤線を定める直線の式を

$$y = \frac{w_1}{p} z_1 + \frac{w_2}{p} z_2 + \frac{\pi}{p}$$

と書き直すこともできます．図 5.19 で横軸に要素投入量 z_1 をとれば，生産関数 f への接線の勾配は要素1の限界生産物 MP_1，等利潤線の勾配は w_1/p ですから，

$$\mathrm{MP}_1 = \frac{w_1}{p} \quad (z_1 > 0 \text{ の場合}), \quad \mathrm{MP}_1 \leq \frac{w_1}{p} \quad (z_1 = 0 \text{ の場合})$$

という関係が限界生産物と要素価格および生産物価格の間で一般に成立しなければなりません．

投入物（生産要素）相互間の関係——等産出量曲線と等費用線——　利潤を最大にすることが投入物と産出物の間で，どのような関係を維持することになるのかを見ました．生産要素相互間では，どのような関係が成立していなければならないでしょうか？　ある産出量の下で利潤が最大だということは，その生産に要する総費用が最小だということを意味しています．2種類の要素を考え，この事実を利用して生産要素相互間の関係を考えます．

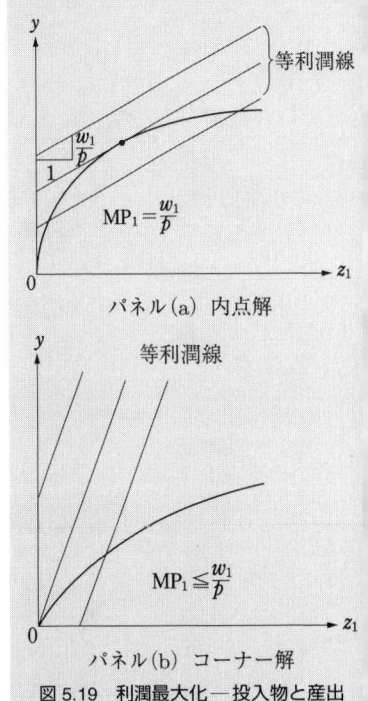

---

[5]　生産要素の代替的用途が複数ある場合，生産要素を特定の用途に使用すれば，それを別の用途に使用できなくなることから，テキストによっては，「生産要素を異なる用途に使用するときに得られるであろう最大の金額」を機会費用と定義します．機会費用は生産要素をある特定の用途に使用するときの遺失利益を表わしています．標準的なミクロ経済学のテキストでは，生産要素の市場価格はそれがどのような用途に使用されようと同一価格ですから，機会費用は生産要素の市場価格を使って計算されることになります．

図 5.19　利潤最大化—投入物と産出物の関係

パネル(a)　内点解

パネル(b)　コーナー解

第 5 章　生産理論

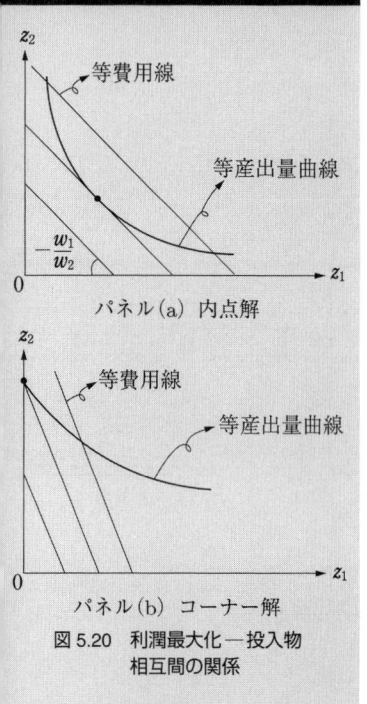

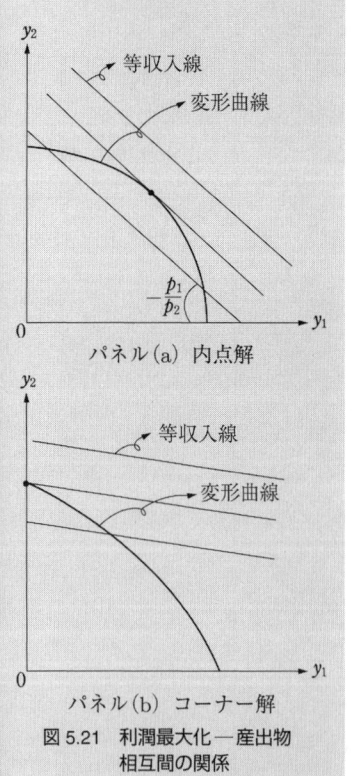

図 5.20　利潤最大化—投入物相互間の関係
パネル(a)　内点解
パネル(b)　コーナー解

図 5.21　利潤最大化—産出物相互間の関係
パネル(a)　内点解
パネル(b)　コーナー解

ちょうど c 円の費用がかかるような要素投入量の組み合わせは図の上で直線になりますが，それは $\{(z_1, z_2) \mid w_1 z_1 + w_2 z_2 = c\}$ であり，**等費用線** isocost line とよばれます．図 5.20 の横軸は要素 1 の数量 z_1，縦軸は要素 2 の数量 z_2 を表わします．等産量曲線への接線の匂配にマイナスを付した値は限界技術代替率 MRTS_{12}，等費用線の匂配にマイナスを付した値は相対要素価格 w_1/w_2 です．したがって，図 5.20 から

$$\mathrm{MRTS}_{12} = \frac{w_1}{w_2} \quad (z_1 > 0 \text{ の場合}), \quad \mathrm{MRTS}_{12} \leq \frac{w_1}{w_2} \quad (z_1 = 0 \text{ の場合})$$

という関係が各生産要素と要素価格の間で成立しなければなりません．

産出物相互間の関係——変形曲線と等収入線—— 利潤を最大にすることは産出物相互間でどのような関係を意味するでしょうか？　図の上で考えます．ある要素投入量の下で利潤が最大だということは，そのような要素投入を前提とするときに実現可能な生産物の組み合わせの中で，総収入が最大となるような産出物の組み合わせを実現していることを意味します．2 種類の生産物を考え，利潤最大化と産出物相互の関係を図 5.21 から読みとります．生産物価格ベクトルを $p = (p_1, p_2)$ とすると，総収入が r となるような産出量 y_1, y_2 の組み合わせは，直線 $\{(y_1, y_2) \mid p_1 y_1 + p_2 y_2 = r\}$ であり，これを**等収入線** isorevenue line とよびます．図 5.21 では横軸は第 1 財の産出量 y_1，縦軸は第 2 財の産出量 y_2 です．この図の変形曲線への接線の匂配にマイナスを付した値は限界変形率 MRT_{12}，等収入線の匂配にマイナスを付した値は相対価格 p_1/p_2 です．したがって，図 5.21 から

$$\mathrm{MRT}_{12} = \frac{p_1}{p_2} \quad (y_1 > 0 \text{ の場合}), \quad \mathrm{MRT}_{12} \geq \frac{p_1}{p_2} \quad (y_1 = 0 \text{ の場合})$$

という関係が各生産物の産出量と価格の間で成立しなければなりません．

利潤最大化の条件

生産者が利潤を最大にするような生産活動を行なっているときに成立する条件を図から読み取りましたから，まず，これらの諸条件を下記にまとめてみましょう．

―――――利潤最大化の条件―――――

生産者が利潤を最大にするような要素投入量と産出量を選ぶとき，以下の等式・不等式が成立します．2 種類の生産物の産出量を y_1, y_2，価格を p_1, p_2 とし，2 種類の生産要素の投入量を z_1, z_2，価格を w_1, w_2 とします．ただし，生産物が 1 種類の場合は産出量を y，価格を p と書きます．

(1) **要素投入量と生産量の関係**　—1 種類の生産物と 2 種類の生産要素のケース—

$$\mathrm{MP}_i \leq \frac{w_i}{p}, \ i = 1, 2, \quad (y > 0, z_i > 0 \text{ ならば等号})$$

言い換えれば，各生産要素の限界生産物は要素価格の生産物価格に対する比を越えません．そして，産出量と要素投入量がともに正であれ

ばこれらは一致します.
(2) 要素相互間の関係 ($z_2 > 0$) —2種類の生産要素のケース—

$$\text{MRTS}_{12} \leqq \frac{w_1}{w_2} \quad (z_1 > 0 \text{ ならば等号})$$

言い換えれば，要素2による要素1の限界技術代替率は要素1の価格の要素2の価格に対する比を越えません．そして，要素投入量がともに正であればこれらは一致します．

(3) 生産物相互間の関係 ($y_2 > 0$) —2種類の生産物のケース—

$$\text{MRT}_{12} \geqq \frac{p_1}{p_2} \quad (y_1 > 0 \text{ ならば等号})$$

言い換えれば，第1財の第2財への限界変形率は第1財価格の第2財価格に対する比を下回りません．そして，産出量がともに正ならば，これらは一致します．

理解の仕方 上の利潤最大化の条件を理解するには，それぞれの条件式の左辺と右辺の意味を考えればよいのです．

(1) $\quad \text{MP}_i \leqq \frac{w_i}{p}$

   左辺 = 最後に投入した要素1単位が生産物何単位をもたらすかを示す数値

   右辺 = 市場における要素1単位の購入は，生産物何単位分に相当するかを示す数値

(2) $\text{MRTS}_{12} \leqq \frac{w_1}{w_2}$

   左辺 = 要素1を追加的にもう1単位使用すると要素2の投入量を何単位減らしても産出量は減少しないかを示す数値

   右辺 = 市場における要素1単位の購入は，要素2の購入何単位分に相当するかを示す数値

(3) $\quad \text{MRT}_{12} \geqq \frac{p_1}{p_2}$

   左辺 = 第2財の生産量を何単位減せば第1財の生産量を1単位増せるかを示す数値

   右辺 = 市場における第1財1単位の販売は，第2財何単位分の収入をもたらすかを示す数値

言葉による説明 このような利潤最大化の諸条件が成立する理由を言葉で説明し，その後に内点解の場合について数学的に導出することにしましょう．

(1) 仮に，$\text{MP}_i > w_i/p$ だとします．要素 i の投入量を1単位増やすことにより，総収入は $p\text{MP}_i$ 増え，総費用は w_i 増えますが，$p\text{MP}_i - w_i > 0$ ですから，利潤はさらに増え，利潤を最大化していたことと矛盾します．よって，$\text{MP}_i \leqq w_i/p$ でなければなりません．

つぎに，$y > 0, z_i > 0$ とします．もし，$\text{MP}_i < w_i/p$ であれば，要素 i の投入量を1単位減らし，産出量を MP_i 減らせば（$z_i < 1$ あるいは $y < \text{MP}_i$ のとき

は，i の投入量の減少を調節して，投入量と産出量の減少が z_i, y を越えないようにします），総収入は $p\mathrm{MP}_i$ 減少しますが，総費用も同時に w_i 減少します．このとき，$-p\mathrm{MP}_i - (-w_i) > 0$ ですから，総費用は総収入を上回って減少する結果利潤は増え，利潤を最大化していたことと矛盾します．よって，$y > 0$, $z_i > 0$ ならば，$\mathrm{MP}_i = w_i/p$ が成立します．

(2) 仮に，$\mathrm{MRTS}_{12} > w_1/w_2$ だとします．要素 1 の投入量を増やすとき，$z_2 > 0$ ですから要素 2 の投入量を減らすことが可能であり，要素 1 の増加分 1 単位当たり要素 2 の投入量を MRTS_{12} 単位減少させても生産量は変化せず，総収入も変化しません．このとき，総費用は要素 1 の単位当たり $w_1 \times 1 - w_2 \times \mathrm{MRTS}_{12} < 0$ だけ変化するため，利潤は増加することになり矛盾が生じます．よって，$\mathrm{MRTS}_{12} \leqq w_1/w_2$ でなければなりません．

つぎに，$z_1 > 0$ としましょう．もし，$\mathrm{MRTS}_{12} < w_1/w_2$ だとすると，上と同様に生産量を変えずに要素 1 の投入量を減らし要素 2 の投入で補うことにより，総費用は減らす要素 1 の単位当たり $-w_1 + w_2 \times \mathrm{MRTS}_{12} < 0$ 変化し，利潤最大化に矛盾します．よって，$\mathrm{MRTS}_{12} = w_1/w_2$ となります．

(3) $\mathrm{MRT}_{12} < p_1/p_2$ だとします．$y_2 > 0$ で第 2 財の産出量を減らすことができますから，第 1 財の産出量を増やし，その増加分 1 単位当たり MRT_{12} 単位の第 2 財を減少させれば，総費用は変化しません．しかし，総収入は第 1 財の増加分 1 単位当たり $p_1 \times 1 - p_2 \times \mathrm{MRT}_{12} > 0$ 変化し，利潤が増大しますから，利潤を最大化していたことと矛盾します．よって，$\mathrm{MRT}_{12} \geqq p_1/p_2$ が成立しなければなりません．

つぎに，$y_1 > 0$ とします．仮に，$\mathrm{MRT}_{12} > p_1/p_2$ だとすると，総費用を変化させることなく第 1 財の産出量を減らし第 2 財の産出量を増やすことにより，総収入を第 1 財の減少分 1 単位当たり $-p_1 \times 1 + p_2 \times \mathrm{MRT}_{12} > 0$ だけ変化させることが可能になり，利潤を最大化していたことと矛盾します．よって，$\mathrm{MRT}_{12} = p_1/p_2$ が成立していなければなりません． ■

利潤最大化条件の数学的導出

利潤最大化の条件が成立する理由を説明しましたから，これらを数学的に導出しましょう．内点解の場合の利潤最大化条件を Lagrange の乗数法により導出します．$y_1, y_2 > 0$ を産出量，$z_1, z_2 > 0$ を要素投入量とし，F を変形関数とします．また，$p_1, p_2 > 0$ を生産物価格，$w_1, w_2 > 0$ を要素価格とします．利潤最大化問題はつぎのように表現できます．

利潤最大化問題

$$\max \quad (p_1 y_1 + p_2 y_2) - (w_1 z_1 + w_2 z_2)$$
$$\text{制約式} \quad F(y_1, y_2, -z_1, -z_2) = 0$$

ステップ 1： Lagrange 関数を定義します．
$$\mathcal{L}(y_1, y_2, -z_1, -z_2, \pi) \equiv (p_1 y_1 + p_2 y_2 - w_1 z_1 - w_2 z_2) - \pi F(y_1, y_2, -z_1, -z_2)$$

ステップ2: 最大値の必要条件を Lagrange 関数から求めます．

$$\frac{\partial \mathcal{L}}{\partial y_i}(y_1, y_2, -z_1, -z_2, \pi) = p_i - \pi \frac{\partial F}{\partial y_i} = 0, \quad i = 1, 2$$

$$\frac{\partial \mathcal{L}}{\partial z_j}(y_1, y_2, -z_1, -z_2, \pi) = -w_j + \pi \frac{\partial F}{\partial z_j} = 0, \quad j = 1, 2$$

$$\frac{\partial \mathcal{L}}{\partial \pi}(y_1, y_2, -z_1, -z_2, \pi) = -F(y_1, y_2, -z_1, -z_2, \pi) = 0$$

ステップ3: $p_1, p_2 > 0, w_1, w_2 > 0$ ですから上の連立方程式において $\pi \neq 0$ です．したがって，

$$\frac{\frac{\partial F}{\partial y_i}}{\frac{\partial F}{\partial y_{i'}}} = \frac{p_i}{p'_i} \quad i, i' = 1, 2; \qquad \frac{\frac{\partial F}{\partial z_j}}{\frac{\partial F}{\partial z_{j'}}} = \frac{w_i}{w'_i} \quad j, j' = 1, 2;$$

$$\frac{\frac{\partial F}{\partial z_j}}{\frac{\partial F}{\partial y_i}} = \frac{w_i}{p_i} \quad i, j = 1, 2$$

となります．上の最初の式より利潤最大化条件の(3)，2番目の式から(2)が得られます．また，生産物が1種類の場合は上式において F が (y_1, z_1, z_2) の変数のみに依存し，$F = (y_1, 0, -z_1, -z_2) = y_1 - f(z_1, z_2)$ と書けるとして，上の最後の式より利潤最大化条件の(1)を得ます．∎

内点解の場合の利潤最大化の条件を再度，言葉で簡潔にまとめると以下のようになります．

利潤最大化の条件（内点解）

企業が利潤を最大にするような産出量と投入量を実現するとき，産出量，投入量ともども正であれば，
(1) 要素1単位の購入に要する費用（＝要素価格）はそれによって得られる追加的生産物の販売から得られる収入に等しい．
(2) 限界技術代替率は要素価格比に等しい．
(3) 2種類の生産物が生産されているときの限界変形率は生産物の価格比に等しい．

F 企業の需要と供給

多数の市場参加者による市場競争が行き着いた状況が**完全競争市場** perfectly competitive market ですが，完全競争市場では，どの企業も個別的には市場における価格形成に影響を持ち得ません．企業は市場価格にしたがって売買取引を行なうことになります．製品の販売価格や生産要素の購入価格を企業にとって与えられたものと見なして市場取り引きを行なうのです．こうした企業の行動を**プライス・テーキング・ビヘービア** price-taking behavior といいます．完全競争市場では企業はプライス・テイカーとして行動するのです．

第5章 生産理論

前節で考察した企業の利潤最大化条件は，製品市場，生産要素市場がともに完全競争市場であり，企業は生産物価格および要素価格についてプライス・テイカーであることを前提に導出したものです．企業がプライス・テーキング・ビヘービアにしたがうとき，企業の生産行動を生産物の供給関数と生産要素に対する需要関数によって表現することができます．

生産物の供給と要素需要

生産理論では，個々の企業や産業全体の生産行動を理解することが目標です．企業の生産行動を生産物の供給関数や生産要素に対する需要関数によって表現し，その性質を明らかにすることにより分析を進めます．市場における生産物価格を $p=(p_1,p_2)$，生産要素価格を $w=(w_1,w_2)$ とします．このとき，企業は価格 p,w の下で利潤を最大にするような生産上の意思決定を行なうことになるでしょう．その結果，各生産物の生産量とそれに必要な生産要素の投入量（需要量）が決定されます．前節の利潤最大化条件から明らかですが，利潤を最大にするような生産量と要素投入量は価格 p,w に依存します．この依存関係を明示的に示せば，生産物（製品）については，$y_i = y_i(p,w)$, $i=1,2$, 生産要素については，$z_j = z_j(p,w)$, $j=1,2$, $p=(p_1,p_2), w=(w_1,w_2)$，と書くことができます．これらを p,w の関数と見なすとき，$y_i(p,w)$ を i 財の**供給関数** supply function もしくは**供給** supply とよび，$z_j(p,w)$ を要素 j の**要素需要関数** factor demand function もしくは**要素需要** factor demand といいます．また，これらを (p,w) における関数の値と見るときには，$y_i(p,w)$ を i 財の**供給量** quantity supplied, $z_j(p,w)$ を要素 j の**要素需要量** quantity of factor demanded とよびます．企業の供給理論に関する主要部分は，供給関数および要素需要関数の性質を明らかにすることによって，企業行動の特徴を理解することです．

生産物価格 $p=(p_1,p_2)$ と要素価格 $w=(w_1,w_2)$ が同時に同一比率 $t>0$ で変化しても，利潤を最大にする生産ベクトルは変わりません．利潤最大化条件は相対価格の影響のみ受けるからです．したがって，生産物の供給量も要素需要も，相対価格の変化をともなわない価格変化の影響を受けません．（図 5.22）

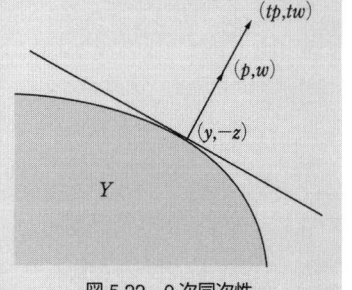

図 5.22 0次同次性

---**供給関数と要素需要関数の0次同次性**---

生産物価格と要素価格が同時に同一比率で変化しても生産物の供給量や要素需要量は変わりません．つまり，$t>0$ に対し
$$y_i(tp,tw) = y_i(p,w), \quad i=1,2$$
$$z_j(tp,tw) = z_j(p,w), \quad j=1,2$$
が成立します．

0次同時性が成立する理由を言葉を換えて説明すれば，価格ベクトル (p,w) のときに投入・産出ベクトル $(y,-z)$ が利潤を最大化するならば，価格ベクトルが (tp,tw), $t>0$, のときも同じ投入・産出ベクトル $(y,-z)$ が利潤を最大にするということです．

つぎに相対価格も変化する場合の供給量と要素需要量の変化を考えましょう．価

格 (p, w) のとき投入・産出ベクトル $(y(p, w), -z(p, w))$ は利潤を最大化し，(p', w') のとき $(y(p', w'), -z(p', w'))$ は利潤を最大にしますから
$$p \cdot y(p, w) - w \cdot z(p, w) \geqq p \cdot y(p', w') - w \cdot z(p', w')$$
$$p' \cdot y(p', w') - w' \cdot z(p', w') \geqq p' \cdot y(p, w) - w' \cdot z(p, w)$$
です．これらの不等式を加えて整理すれば
$$(p - p') \cdot (y(p, w) - y(p', w')) - (w - w') \cdot (z(p, w) - z(p', w')) \geqq 0$$
を得ます．この式より，$p \leqq p'$, $w = w'$ ならば $y(p, w) \leqq y(p', w')$ です．同様に，$p = p'$, $w \leqq w'$ ならば $z(p, w) \geqq z(p', w')$ となります．これらの不等式はベクトルの間の不等式である点に留意してください．まとめるとつぎの命題を得ます．

---供給と要素需要の法則---

生産物価格が上昇するとき，その供給量は減少しません．要素価格が上昇するとき，その需要量は増加しません．換言すれば，供給関数は生産物価格の増加関数であり，要素需要関数は要素価格の減少関数です．

供給・要素需要と利潤関数の性質

価格ベクトル (p, w) に対し関数 $F_{(p,w)}(\cdot)$ を $F_{(p,w)}(p', w') \equiv p \cdot y(p', w') - w \cdot z(p', w')$ と定めれば，$F_{(p,w)}(\cdot)$ は価格 (p', w') のとき企業利潤を最大にする投入・産出ベクトル $(y(p', w'), -z(p', w'))$ が価格 (p, w) のときにもたらす利潤を示しています．もちろん，
$$p \cdot y(p, w) - w \cdot z(p, w) \geqq p \cdot y(p', w') - w \cdot z(p', w')$$
ですから，関数 $F_{(p,w)}(\cdot)$ の値は $F_{(p,w)}(p, w)$ で最大となります．このことから

$$\frac{\partial F_{(p,w)}}{\partial p_i}(p, w) = p_1 \frac{\partial y_1}{\partial p_i}(p, w) + p_2 \frac{\partial y_2}{\partial p_i}(p, w) - \left(w_1 \frac{\partial z_1}{\partial p_i}(p, w) + w_2 \frac{\partial z_2}{\partial p_i}(p, w)\right)$$
$$= (p_1, p_2, w_1, w_2)$$
$$\cdot \left(\frac{\partial y_1}{\partial p_i}(p, w), \frac{\partial y_2}{\partial p_i}(p, w), -\frac{\partial z_1}{\partial p_i}(p, w), -\frac{\partial z_2}{\partial p_i}(p, w)\right)$$
$$= 0, \quad i = 1, 2$$

$$\frac{\partial F_{(p,w)}}{\partial w_j}(p, w) = p_1 \frac{\partial y_1}{\partial w_j}(p, w) + p_2 \frac{\partial y_2}{\partial w_j}(p, w) - \left(w_1 \frac{\partial z_1}{\partial w_j}(p, w) + w_2 \frac{\partial z_2}{\partial w_j}(p, w)\right)$$
$$= (p_1, p_2, w_1, w_2)$$
$$\cdot \left(\frac{\partial y_1}{\partial w_j}(p, w), \frac{\partial y_2}{\partial w_j}(p, w), -\frac{\partial z_1}{\partial w_j}(p, w), -\frac{\partial z_2}{\partial w_j}(p, w)\right)$$
$$= 0, \quad j = 1, 2$$

が成立します[6]．以上をまとめて下記の命題になります．（図 5.23 参照）

---
[6] ここで $p \cdot y(\cdot) - w \cdot z(\cdot)$ の (p, w) は定数からなるベクトルとして扱われていることに注意してください．

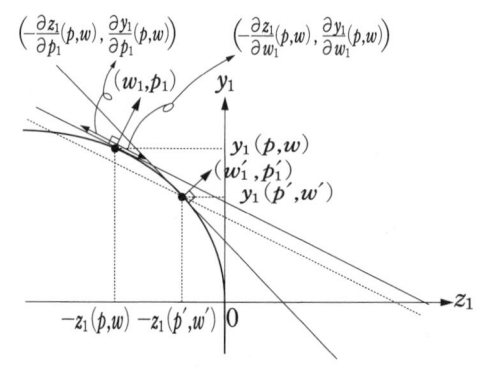

図 5.23 供給・要素需要量の変化

――――価格変化による供給・要素需要変化の方向――――
1種類の生産物価格あるいは要素価格変動による各財の供給量と要素需要量の変化の方向は，生産物価格・要素価格ベクトルに対して直角の方向になります．つまり，

$$p_1 \frac{\partial y_1}{\partial p_i}(p,w) + p_2 \frac{\partial y_2}{\partial p_i}(p,w) - w_1 \frac{\partial z_1}{\partial p_i}(p,w) - w_2 \frac{\partial z_2}{\partial p_i}(p,w) = 0, \quad i=1,2,$$

$$\left((p,w) \cdot \left(\frac{\partial y_1}{\partial p_i}(p,w), \frac{\partial y_2}{\partial p_i}(p,w), -\frac{\partial z_1}{\partial p_i}(p,w), -\frac{\partial z_2}{\partial p_i}(p,w)\right) = 0\right)$$

$$p_1 \frac{\partial y_1}{\partial w_j}(p,w) + p_2 \frac{\partial y_2}{\partial w_j}(p,w) - w_1 \frac{\partial z_1}{\partial w_j}(p,w) - w_2 \frac{\partial z_2}{\partial w_j}(p,w) = 0, \quad j=1,2$$

$$\left((p,w) \cdot \left(\frac{\partial y_1}{\partial w_j}(p,w), \frac{\partial y_2}{\partial w_j}(p,w), -\frac{\partial z_1}{\partial w_j}(p,w), -\frac{\partial z_2}{\partial w_j}(p,w)\right) = 0\right)$$

が成立します．

企業が生産している製品の価格あるいはその製造工程で使われている投入物の価格が1円変化したとしましょう．このとき，上の命題が表現しているのは，そのような価格変化に対応して企業は製品の供給量や投入物に対する需要量を調整しますが，そのような調整が企業利潤に与える影響は無い（0である）ということです．ただし，このことはそうした価格変化が企業利潤に影響がないことを主張するものではありません．実際，つぎに示すホテリングの補題はこうした価格変化が企業利潤に与える影響を製品の供給量や要素需要量によって表現しています．

各価格ベクトル (p,w) に対し，その下で達成できる最大の利潤を示す関数を**利潤関数** profit function とよびます．利潤関数を π で表わすと，

$$\pi(p,w) \equiv p \cdot y(p,w) - w \cdot z(p,w)$$

$$(= p_1 y_1(p,w) + p_2 y_2(p,w) - w_1 z_1(p,w) - w_2 z_2(p,w))$$

です．生産物や要素の価格が変化したときの利潤の変化を調べてみましょう．

$$\frac{\partial \pi}{\partial p_i}(p,w) = y_i(p,w)$$

$$+ \left\{ p_1 \frac{\partial y_1}{\partial p_i}(p,w) + p_2 \frac{\partial y_2}{\partial p_i}(p,w) - w_1 \frac{\partial z_1}{\partial p_i}(p,w) - w_2 \frac{\partial z_2}{\partial p_i}(p,w) \right\}$$

$$= y_i(p,w) \qquad (\text{上の命題より} \{\cdot\} \text{内は} 0) \qquad i=1,2$$

$$\frac{\partial \pi}{\partial w_j}(p,w) = -z_j(p,w)$$
$$+ \left\{ p_1 \frac{\partial y_1}{\partial w_j}(p,w) + p_2 \frac{\partial y_2}{\partial w_j}(p,w) - w_1 \frac{\partial z_1}{\partial w_j}(p,w) - w_2 \frac{\partial z_2}{\partial w_j}(p,w) \right\}$$
$$= -z_j(p,w) \quad (\text{上の命題より } \{\cdot\} \text{内は} 0) \quad j=1,2$$

この結果は需要理論におけるマッケンジーの補題に対応する生産者理論における結果であり，ホテリング Hotelling の補題とよばれています．

ホテリングの補題

(1) 利潤関数の生産物価格についての偏微係数はその生産物の供給量に等しくなります．
$$\frac{\partial \pi}{\partial p_i}(p,w) = y_i(p,w), \quad i=1,2$$

(2) 利潤関数の要素価格についての偏微係数にマイナスを付した値はその要素の需要量に等しくなります．
$$-\frac{\partial \pi}{\partial w_j}(p,w) = z_j(p,w), \quad j=1,2$$

注 $\dfrac{\partial \pi}{\partial (-w_j)}(p,w) = -\dfrac{\partial \pi}{\partial w_j}(p,w)$ ですから，$-\dfrac{\partial \pi}{\partial w_j}(p,w)$ を要素価格 w_j が 1 円下落したときの利潤の増加額と解釈できます．■

ホテリングの補題の内容を言葉で表わしてみましょう．まず(1)の等式は，「生産物の価格が 1 円上昇したことによる利潤の増加は，ちょうどその製品の供給量と等しい」ことを示しています．また(2)の等式は，「要素価格が 1 円低下したときの利潤の増加は，ちょうどその要素に対するその企業の需要量と等しい」ことを示しています．

価格変化が供給量や要素需要量に与える効果を**代替効果** substitution effect といいます．それ自身の価格変化による代替効果を**自己代替効果** own substitution effect, 他財の価格変化による代替効果を**交差代替効果** cross substitution effect とよびます．利潤関数が 2 回連続可微分のとき，2 階の偏微係数は微分の順序に依存しませんから

$$\frac{\partial^2 \pi}{\partial q_j \partial q_i}(p,w) = \frac{\partial^2 \pi}{\partial q_i \partial q_j}(p,w), \quad q_i, q_j = p_1, p_2, w_1, w_2,$$

です．したがって，ホテリングの補題により，交差代替効果は対称であることが分かります．

交差代替効果の対称性

供給関数と要素需要関数の交差代替効果は対称となります．つまり，
$$\frac{\partial y_i}{\partial p_{i'}}(p,w) = \frac{\partial y_{i'}}{\partial p_i}(p,w), \quad i \neq i', \ i,i' = 1,2$$
$$\frac{\partial z_j}{\partial w_{j'}}(p,w) = \frac{\partial z_{j'}}{\partial w_j}(p,w), \quad j \neq j', \ j,j' = 1,2$$
が成立します．

さきに導出した「供給と要素需要の法則」により，供給関数は生産物価格の増加関数，要素需要関数は要素価格の減少関数でしたから，自己代替効果についてつぎの帰結が得られます．

自己代替効果

(1) 供給関数の自己代替効果は非負となります．
$$\frac{\partial y_i}{\partial p_i}(p,w) \geqq 0, \quad i=1,2$$

(2) 要素需要関数の自己代替効果は非正となります．
$$\frac{\partial z_j}{\partial w_j}(p,w) \leqq 0, \quad j=1,2$$

以上で企業の供給理論に関する主要部分の説明は終わりですが，残る3節で費用関数の考え方を用いたより古典的なアプローチによる供給曲線の導出方法を解説します．

G　費用関数

生産技術と費用

生産者理論の古典的アプローチでは，費用曲線の考え方を用いて生産者行動を分析します．分析が簡単になるからです．言わば生産技術を直接に表現せず，生産量とその実現に要する費用の関係から技術制約を表わすのです[7]．

この節では費用曲線を用いた古典的アプローチを解説しましょう．まず，ある生産物を特定の数量生産するときの**費用** cost とは，その生産の実現に必要なすべての生産要素の貨幣価値ですが，この貨幣価値のとらえ方について，注意すべき点が2点あります．1つは経済学上の利潤計算のところで説明したように，生産要素に対して実際に支払われるか否かを問わず，使用する生産要素の機会費用として，その生産の実現に必要なすべての生産要素投入量の市場価値額を計算するということです．さらに，注意すべき第2点は，ある意味で無駄な投入物の使用を許さず，特定の生産量の実現に必要な最小の金額を計算するということです[8]．

複数の生産要素を使用して1種類の生産物を製造する技術を考えます．生産量を y，2種類の生産要素の投入量を z_1, z_2 とし，生産要素の価格を w_1, w_2 とします．生産量 y に対して，生産に最小限必要な要素購入の支出額を示す関数を**費用**

---
[7]　ただし，基本的な欠陥もあります．費用を計算するには投入物の価格が定まってなければなりませんから，生産技術の表現でありながら市場経済における生産者の技術の場合に限定しなければその表現が明確になりません．

[8]　この点でも経済学上の費用計算と会計上の費用計算とは異なります．例えば，仮に勤務時間中に労働者が仕事をサボってスーパー銭湯に入りに行ったとして，その間の給与は会計上の費用計算から差し引かれませんが，経済学上の費用としては計上できません．

関数 cost function あるいは**総費用関数** total cost function といい，関数の値を**総費用** total cost (TC) とか単に**費用**とよびます．

生産技術が生産関数 $y = f(z_1, z_2)$ で与えられているとき，それから費用関数がどのように導かれるかを考えましょう．そのために数量 y を生産する費用を求めたいのですが，y の生産に生産要素を z_1, z_2 投入すると，その機会費用として計算した要素購入の支出額は $w_1 z_1 + w_2 z_2$ となります．したがって，y を生産できるような要素 z_1, z_2 の投入の仕方の中で，要素購入の支出額 $w_1 z_1 + w_2 z_2$ が最小となる値が y を生産する費用となります．ということは，つぎの最適化問題を解くことにより，y を生産する費用が求められます．

費用最小化問題 Cost Minimization Problem

$$\min \quad w_1 z_1 + w_2 z_2$$
$$\text{制約} \quad f(z_1, z_2) = y$$

この費用最小化問題を言葉で表現すると「生産量 y を実現するような要素投入量の中で，要素購入の支出額が最小になるような投入量の組み合わせを求めなさい」ということです．

そこで費用最小化問題の解となる条件を見てみましょう．すでに詳しく考察した利潤最大化条件の中の要素相互間の条件の場合と全く同様に，つぎの条件が得られますから，説明は省略します．

費用最小化条件

生産者がある一定水準の生産量を実現する要素投入ベクトルの中から，要素購入の支出額を最小にするような投入ベクトル $z = (z_1, z_2)$ を選択するとき，つぎの等式・不等式が成立します．

(1) 内点解の場合 $z_j > 0,\ j = 1, 2$

$$\text{MRTS}_{12}(z) = \frac{w_1}{w_2}$$

(2) コーナー解の場合 $(z_1 = 0, z_2 > 0)$ または $(z_1 > 0, z_2 = 0)$

$$\text{MRTS}_{12}(z) \leqq \frac{w_1}{w_2} \quad (z_1 = 0 \text{ の場合})$$
$$\text{MRTS}_{12}(z) \geqq \frac{w_1}{w_2} \quad (z_2 = 0 \text{ の場合})$$

費用最小化条件の数学的導出方法（内点解のケース）　これまでと同様に内点解の場合に限って上記の条件を数学的に導出しましょう．

ステップ 1：　Lagrange 関数を定義します．
$$\mathcal{L}(z_1, z_2, \eta) \equiv w_1 z_1 + w_2 z_2 + \eta (y - f(z_1, z_2))$$
ステップ 2：　最小値の必要条件を計算します．
$$\frac{\partial \mathcal{L}}{\partial z_1}(z_1, z_2, \eta) = w_1 - \eta \frac{\partial f}{\partial z_1}(z_1, z_2) = 0$$

$$\frac{\partial \mathcal{L}}{\partial z_2}(z_1, z_2, \eta) = w_2 - \eta \frac{\partial f}{\partial z_2}(z_1, z_2) = 0$$

$$\frac{\partial \mathcal{L}}{\partial \eta}(z_1, z_2, \eta) = y - f(z_1, z_2) = 0$$

ステップ3: 上の連立方程式を解きます.

最初の 2 式より,$w_j > 0$,$\frac{\partial f}{\partial z_j}(z_1, z_2) > 0$,$j = 1, 2$,として,$\eta > 0$ であり,$w_j = \eta \frac{\partial f}{\partial z_j}(z)$ となります.したがって,

$$\mathrm{MRTS}_{12}(z) = \frac{\partial f(z)/\partial z_1}{\partial f(z)/\partial z_2} = \frac{w_1}{w_2}$$

を得ます. ∎

要素価格が $w = (w_1, w_2)$ のとき,費用最小化問題の最小値を生産量 y の関数として表現し,これを**費用関数**あるいは**総費用関数**とよびます.費用関数を $\mathrm{C}(y)$,$\mathrm{C}_w(y)$ あるいは $\mathrm{TC}(y)$,$\mathrm{TC}_w(y)$ で表わすことにします [9].本書では費用関数はすべて可微分だとして議論を進めます.$\mathrm{C}(y)$ や $\mathrm{TC}(y)$ を関数の値と見るときは,関数値を生産量 y の**総費用** total cost といいます.費用関数 $\mathrm{C}(y)$ に対し,関数 $\mathrm{AC}(y) \equiv \frac{\mathrm{C}(y)}{y}$ を**平均費用関数**とよび,関数 $\mathrm{MC}(y) \equiv \frac{d\mathrm{C}}{dy}(y)$ を**限界費用関数**とよびます.また,$\mathrm{AC}(y)$ と $\mathrm{MC}(y)$ を関数の値と見るときは,これらをそれぞれ,生産量 y の**平均費用** average cost および**限界費用** marginal cost といいます.

費用最小化問題の解を与える要素投入ベクトルを要素価格 $w = (w_1, w_2)$ と生産量 y の関数,$z_j(w, y)$,$j = 1, 2$,として表現するとき,これを**条件付き要素需要関数** conditional factor demand function もしくは**条件付き要素需要**といいます.条件付き要素需要関数と費用関数の関係が,

$$\mathrm{C}_w(y) = w_1 z_1(w, y) + w_2 z_2(w, y)$$

であることは容易に理解できるでしょう.

費用最小化問題の Lagrange 乗数 生産量 y と条件付き要素需要 $z_j(w, y)$,$j = 1, 2$,との間には生産関数を通して $y = f(z_1(w, y), z_2(w, y))$ という関係があります.したがって,f, z_j $(j = 1, 2)$ がともに可微分のとき,この関係式の右辺を (w_1, w_2, y) の関数と見て $G(w_1, w_2, y) \equiv f(z_1(w_1, w_2, y), z_2(w_1, w_2, y))$ と定めれば,

$$\frac{\partial G}{\partial y}(w, y) = \frac{\partial f}{\partial z_1}(z_1(w, y), z_2(w, y)) \frac{\partial z_1}{\partial y}(w, y)$$
$$+ \frac{\partial f}{\partial z_2}(z_1(w, y), z_2(w, y)) \frac{\partial z_2}{\partial y}(w, y) = 1$$

となります.ここで最後の等号が成立する理由は,$G(w, y) = y$ だからです.よって,

---

[9] $\mathrm{C}_w(y)$ や $\mathrm{TC}_w(y)$ と下付の w を付ける場合は,要素価格 $w = (w_1, w_2)$ を明示する必要があるときです.

$$\frac{\partial f}{\partial z_1}(z_1(w,y), z_2(w,y))\frac{\partial z_1}{\partial y}(w,y)$$
$$+ \frac{\partial f}{\partial z_2}(z_1(w,y), z_2(w,y))\frac{\partial z_2}{\partial y}(w,y) = 1 \quad (5.1)$$

が成立します．そこで費用最小化の条件 $w_j = \eta \frac{\partial f}{\partial z_j}(z_1(w,y), z_2(w,y))$, $j = 1, 2$, を用いて限界費用を求めると，

$$\frac{dC_w}{dy}(y) = \frac{\partial}{\partial y}\{w_1 z_1(w,y) + w_2 z_2(w,y)\}$$
$$= w_1 \frac{\partial z_1}{\partial y}(w,y) + w_2 \frac{\partial z_2}{\partial y}(w,y)$$
$$= \eta \left(\frac{\partial f}{\partial z_1}(z_1(w,y), z_2(w,y))\frac{\partial z_1}{\partial y}(w,y)\right.$$
$$\left. + \frac{\partial f}{\partial z_2}(z_1(w,y), z_2(w,y))\frac{\partial z_2}{\partial y}(w,y)\right)$$
$$= \eta$$

となり，$\frac{dC_w}{dy}(y) = \eta$ が成立します．

――――費用最小化問題の Lagrange 乗数――――

費用最小化問題の解が内点解であるとき，費用最小化問題の生産量制約式の Lagrange 乗数は限界費用に等しくなります．

費用曲線

費用関数のグラフを**費用曲線** cost curve とよびます．費用関数の種類に応じて，**総費用曲線(TC)** total cost curve, **平均費用曲線(AC)** average cost curve, **限界費用曲線(MC)** marginal cost curve の 3 種類があります．伝統的なミクロ分析では，U 字型の平均費用曲線を前提として分析が進められることが多くあります．**U 字型** U-shaped の平均費用曲線は生産量の少ない段階では生産量の拡大とともに製品 1 個当たりの費用が減少して生産性が向上し，生産量がある限度を越えると製品 1 個当たりの費用が増加に転じて生産性が低下することを生産技術の性質として想定したものです．図 5.25 の典型的な U 字型平均費用曲線と限界費用曲線を持つ総費用曲線を図 5.24 は描いています．

費用曲線の性質を理解する上で，限界費用と平均費用の一般的な関係を理解しておくことが肝要です．この両者の関係はつぎのようになります．

――――平均費用と限界費用との関係――――

平均費用関数，限界費用関数はともに可微分であるとします．
(1) 平均費用が減少しているとき限界費用は平均費用を下回り，平均費用が増加しているとき限界費用は平均費用を上回ります．
(2) 平均費用が最小になるとき，限界費用と平均費用とは一致します．
(3) 生産量 y が 0 に減少して行くときの平均費用は，生産量 y が 0 に減少して行くときの限界費用に一致します．

図 5.24 総費用曲線の図

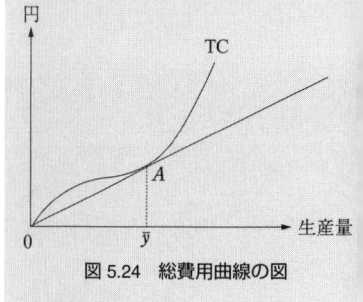

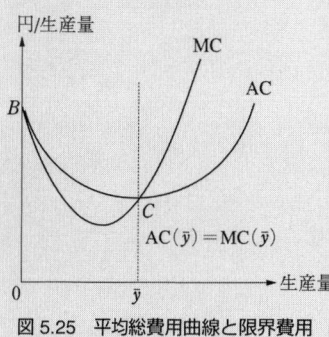

図 5.25 平均総費用曲線と限界費用曲線の図

説明 (1)と(2)は平均費用が生産量 y の減少関数になっているか増加関数になっているかを調べることにより確認できます．

$$\frac{d\text{AC}}{dy}(y) = \frac{d}{dy}\left(\frac{\text{TC}(y)}{y}\right) = \frac{\left(\frac{d\text{TC}}{dy}(y)\right)y - \text{TC}(y)}{y^2}$$
$$= \frac{1}{y}\Big(\text{MC}(y) - \text{AC}(y)\Big)$$

ですから，

$$\frac{d\text{AC}}{dy}(y) \gtreqless 0 \Longleftrightarrow \text{MC}(y) \gtreqless \text{AC}(y)$$

が成立し，よって(1)と(2)の結論を得ます．

(3) ロピタルの公式 l'Hôpital's rule（注を参照）により [10]

$$\lim_{y \to 0} \frac{\text{TC}(y)}{y} = \lim_{y \to 0} \frac{\frac{d\text{TC}}{dy}(y)}{\frac{dy}{dy}} = \lim_{y \to 0} \text{MC}(y)$$

であり，したがって

$$\lim_{y \to 0} \text{AC}(y) = \lim_{y \to 0} \text{MC}(y)$$

を得ます．

数学注 ［ロピタルの公式］ f, g を実数空間の，ある開区間で定義された可微分な実数値関数とし，g と g' はともに 0 の値を取らないとします．このとき，

$$\lim_{x \to a} \frac{f(x)}{g(x)} = \lim_{x \to a} \frac{f'(x)}{g'(x)}$$

が成立します [11]．

費用関数と利潤最大化

費用関数を用いて企業の利潤最大化問題を表現するとつぎのようになります．

利潤最大化問題

$$\max \quad py - \text{TC}(y)$$

---

[10] (3)において要素投入量はすべて可変的です．つぎの節で説明するように，これは「長期」平均費用と限界費用との関係と考えなければなりません．ロピタルの公式を適用するには $\lim_{y \to 0} \text{TC}(y) = \lim_{y \to 0} y = 0$ でなければならないからです．短期の場合は，総費用の代わりに可変費用を用いればこの関係が成立しますから，(3)は短期では平均費用ではなく，平均可変費用と限界費用との関係を示していると考えて下さい．

[11] 微積分の数学のテキストでは通常練習問題として扱われています．

この場合，生産技術上の制約は総費用関数 $\mathrm{TC}(y)$ によって表現されています．利潤最大化の条件を費用関数を用いて表わすとつぎのようになります．

費用関数による利潤最大化条件の表現

企業が生産量 y において利潤を最大化しているとき，製品の価格 p は限界費用 $\mathrm{MC}(y)$ を上回りません．このとき，企業が実際に製品を生産しており，$y > 0$ であれば，製品の価格と限界費用とは一致します．つまり，一般に $p \leqq \mathrm{MC}(y)$ であり，$y > 0$ であれば $p = \mathrm{MC}(y)$ が成立します．

説明 内点解で $y > 0$ の場合の説明をしましょう．$y = 0$ のコーナー解を含めた場合の言葉による説明は練習問題とします．最大値の条件から $\dfrac{d}{dy}(py - \mathrm{TC}(y)) = 0$ です．したがって，$p - \dfrac{d\mathrm{TC}}{dy}(y) = 0$．つまり，$p = \mathrm{MC}(y)$ となります． ∎

一般的な利潤最大化条件との関係 上の条件と先に見た一般的な利潤最大化の条件を内点解の場合で比較しましょう．

(1) 要素価格との関係で $\mathrm{MRTS}_{12} = \dfrac{w_1}{w_2}$ が成立するという利潤最大化の条件は，費用関数を用いることで間接的に表現されています．間接的にというのは，費用関数を用いることで費用最小化の条件は満たされており，要素価格との関係を示すこの条件は費用最小化の条件だからです．

(2) 要素価格と生産物価格との関係では，$p = \dfrac{w_1}{\mathrm{MP}_1} = \dfrac{w_2}{\mathrm{MP}_2}$ の成立が利潤最大化の条件ですが，Lagrange 乗数法を用いた費用最小化条件の導出過程（ステップ 3）で $w_j = \eta \mathrm{MP}_j(y)$，$j = 1, 2$，が成立していることを確認し，さらに Lagrange 乗数 η は限界費用 $\mathrm{MC}(y)$ に等しいことを確認しました．ですから

$$\frac{w_1}{\mathrm{MP}_1} = \frac{w_2}{\mathrm{MP}_2} = \eta = \mathrm{MC}(y) \tag{5.2}$$

が成立しています．まとめると，利潤最大化条件をいずれの形で表現しようと

$$p = \frac{w_1}{\mathrm{MP}_1} = \frac{w_2}{\mathrm{MP}_2} = \mathrm{MC}(y)$$

が成り立つことになります．費用最小化行動で (5.2) 式は成立しますが，利潤を最大にしなければ (5.2) 式の各項（つまり，限界費用）が価格 p に等しくなるとは限りません．

供給関数と費用関数 1 種類の産出物のみを生産している企業の供給関数を $y(p, w)$ とします．p はその製品価格，w は要素価格ベクトルです．企業の供給量が正であるとき，利潤最大化の条件によって $p = \dfrac{d\mathrm{C}_w}{dy}(y)$ ですから，限界費用関数にも要素価格ベクトルを明示して書くと $p = \mathrm{MC}_w(y)$ です．この式から供給量 y を製品の価格 p と要素価格ベクトル w の陽表的な関数として表現したのが供給関数 $y(p, w)$ です．費用曲線の図を用いると図 5.26 のように限界費用曲線の右上りの部分が示す価格 p と生産量 y との関係が供給曲線となります．ただし，$p < \mathrm{AC}(y)$ の場合は $y = 0$ となります．

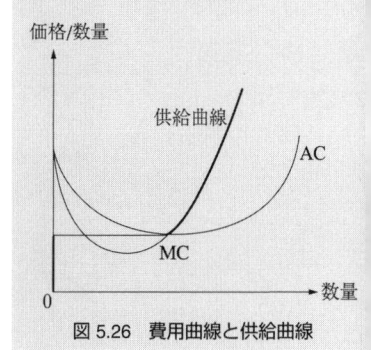

図 5.26 費用曲線と供給曲線

このように費用曲線を用いると限界費用曲線から簡単に供給曲線を導出できるというのが，古典的なミクロ経済学において生産技術を費用曲線によって表現した理由なのでしょう．

複数の工場がある場合の限界費用 —— 応用

企業は多くの場合複数の工場を所有しています．通常，各工場における技術条件は異なっていますから，このことは1つの企業が複数の費用曲線に直面していることを意味します．そこでこれまでの議論の応用として，複数の費用曲線に直面した企業の費用計算の問題を，以下のように考えてみましょう．

まず，「複数の工場＝複数の費用曲線」と考え，工場1の費用関数を $C_1(y_1)$，工場2の費用関数を $C_2(y_2)$，各工場の生産量を y_i, $i=1,2$，とします．そうすると問題は「1企業として全体で y 単位生産するときの総費用や限界費用をどのように計算すればよいだろうか？」ということです．この疑問に対しては「y を生産する費用とは，y の生産に必要な最小の要素費用だから，y を生産する費用最小化問題を考える」ことになります．このように問題を整理すると，複数の工場がある場合の費用計算の問題はつぎの費用最小化問題を考えることに帰着します．

複数の工場を持つ企業の費用最小化問題

全体で y 生産するとき，最小の費用でこれを実現する生産方法を求めなさい．

$$\min \quad C_1(y_1) + C_2(y_2)$$
$$\text{制約} \quad y_1 + y_2 = y$$

内点解の場合の必要条件　　$y_1 > 0, y_2 > 0$ がこの問題の解となる場合の必要条件を求めましょう．

ステップ1：　Lagrange 関数を定めます．

$$\mathcal{L}(y_1, y_2, \eta) \equiv C_1(y_1) + C_2(y_2) + \eta(y - y_1 - y_2)$$

ステップ2：　解であるための必要条件を求めます．

$$\frac{\partial \mathcal{L}}{\partial y_1}(y_1, y_2, \eta) = \frac{dC_1}{dy_1}(y_1) - \eta = 0$$

$$\frac{\partial \mathcal{L}}{\partial y_2}(y_1, y_2, \eta) = \frac{dC_2}{dy_2}(y_2) - \eta = 0$$

$$y = y_1 + y_2$$

ステップ3：　最初の2式から

$$\frac{dC_1}{dy_1}(y_1) = \frac{dC_2}{dy_2}(y_2) = \eta$$

を得ます．また，Lagrange 乗数 η を解釈するために，$C(y) \equiv \min\{C_1(y_1) + C_2(y_2) \mid y = y_1 + y_2\}$ と定め，この最小化問題の解を $y_i(y)$, $i = 1, 2$，と置きましょう．

各 $y_i(y)$ は可微分であるとします．そうすると $C(y) = C_1(y_1(y)) + C_2(y_2(y))$ であり，$y_1(y) + y_2(y) = y$ から $\frac{dy_1}{dy}(y) + \frac{dy_2}{dy}(y) = 1$ です．よって，

$$\begin{aligned}\frac{dC}{dy}(y) &= \frac{dC_1}{dy}(y_1(y)) + \frac{dC_2}{dy}(y_2(y)) \\ &= \frac{dC_1}{dy_1}(y_1(y))\frac{dy_1}{dy}(y) + \frac{dC_2}{dy_2}(y_2(y))\frac{dy_2}{dy}(y) \\ &= \eta\left(\frac{dy_1}{dy}(y) + \frac{dy_2}{dy}(y)\right) \\ &= \eta\end{aligned}$$

となります．したがって，$\eta = \frac{dC}{dy}(y)$ となります．

以上をまとめるとつぎの結果を得ます．（図 5.27 参照）

複数の費用関数と限界費用

複数の工場を持ち，したがって，複数の費用関数に直面する企業が製品を y 単位生産するときの限界費用は，各工場における限界費用が等しくなるように y の生産を各工場に分割したときの，各工場における限界費用に等しい．

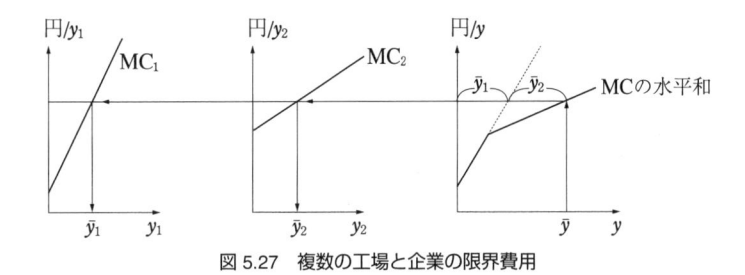

図 5.27 複数の工場と企業の限界費用

H 短期と長期

利潤最大化行動の一環として企業の費用最小化行動を考えました．企業は生産量に応じて費用が最小となるような投入量を実現しようとします．この企業行動を描写したのが費用最小化問題です．このような企業の費用最小化行動に注目するとき，生産要素の投入量に関して制約のある場合が考えられます．例えば，労働の雇用量については短期間で調整が可能ですが，企業の設備投資による資本設備の変更には数年単位の期間が必要だと考えられます．こうした生産要素投入量の変更に必要な期間の相違という視点から，A. マーシャルは「短期」および「長期」という便利な考え方を導入しました．生産上の意思決定に関し，投入量の変更を出来ない生産要素が存在するような期間を**短期** Short Run とよびます．企業は既存の資本設備の下での製造工程においてどのような投入物を使うかについて意思決定を行なうことになります．すべての生産要素の投入量を変更しうるような十分に長い生産期間を**長期** Long Run とよびます．企業は製造工程において投入す

第5章 生産理論

る生産要素についての意思決定にとどまらず，資本設備の大きさ・種類についても意思決定を行なうことになります．

マーシャルによるこうした短期と長期の区別からすれば，前節で見た費用関数は長期の費用関数ということになります．そこで，つぎに短期の費用関数を導入し，その後に短期の費用関数と長期の費用関数の関係を考えることにしましょう．

短期の費用関数

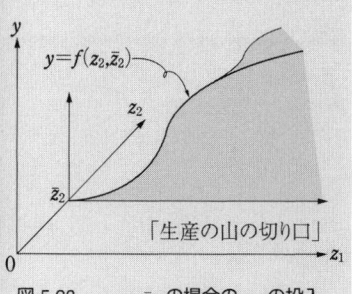

投入量の変更ができなく固定的な生産要素が存在する場合の費用関数を**短期の費用関数** short-run cost function と言います．生産要素が 2 種類のとき，そのうちの 1 つが投入量の固定的な要素で，他の 1 つが投入量の可変的な要素だと考えます．そこで生産関数 $y = f(z_1, z_2)$ について，y は 1 種類の生産物の数量，z_1 は可変的要素投入量（例えば，労働），z_2 は固定的要素投入量（例えば，資本）とします．要素 2 の投入量 z_2 が一定水準で固定しているとき，生産関数 f は可変的要素投入量 z_1 の関数として生産量を表現します（図 5.28）．可変的要素投入量 z_1 と生産量 y の関数関係の逆関数を g と書くと，

$$z_1 = g(y_1, z_2) \quad (\Longleftrightarrow y = f(z_1, z_2))$$

です（図 5.28 と図 5.29 を見比べて下さい）．このとき，短期の費用関数 $c_w(y, z_2)$ を

$$c_w(y, z_2) \equiv w_1 g(y, z_2) + w_2 z_2$$

によって定義します．右辺は短期の費用項目を示していますが，$w_1 g(y, z_2)$ は生産量 y の大きさに依存して変化しますから**可変費用** variable costs, $w_2 z_2$ は生産量の大きさに依存せず常に固定額の支払いを要する費用ですから**固定費用** fixed costs とよびます．短期費用関数の費用項目に関連して，つぎの 6 種類の費用の考え方と名称が用いられます．

短期総費用 SRTC, short-run total costs　　短期費用の全体のことで，$\mathrm{SRTC}(y, z_2) \equiv c_w(y, z_2)$ と定めます．括弧書きの部分 (y, z_2) は，短期総費用が生産量 y と固定要素投入量 z_2 に依存することを示しています．

可変費用 VC, variable costs　　短期総費用のうちの可変部分です．要素 1 を投入量が可変的な要素と考えていますから，$\mathrm{VC}(y, z_2) \equiv w_1 g(y, z_2)$ と定められます．

固定費用 FC, fixed costs　　短期総費用のうちの固定部分で，要素 2 を投入量が固定的な要素と考えていますから，$\mathrm{FC}(z_2) \equiv w_2 z_2$ と定められます．

平均可変費用 AVC, average variable costs　　可変費用についての平均概念で，生産量 1 単位当たりの可変費用です．

$$\mathrm{AVC}(y, z_2) \equiv \frac{w_1 g(y, z_2)}{y}$$

と定義されます．

短期平均費用 SRAC, short-run average costs　　短期総費用についての平均概念で，生産量 1 単位当たりの短期総費用です．

$$\mathrm{SRAC}(y, z_2) \equiv \frac{c_w(y, z_2)}{y}$$

図 5.28　$z_2 = \bar{z}_2$ の場合の z_1 の投入量と生産量 y

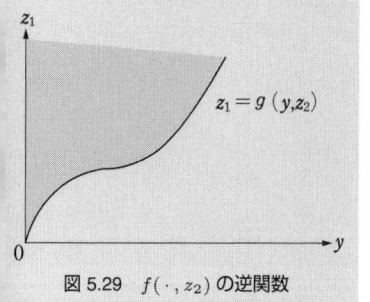

図 5.29　$f(\cdot, z_2)$ の逆関数

と定義されます.

短期限界費用 SRMC, short-run marginal costs　短期総費用についての限界概念で

$$\mathrm{SRMC}(y, z_2) \equiv \frac{\partial c_w}{\partial y}(y, z_2) = \frac{\partial}{\partial y}(w_1 g(y, z_2))$$

と定義されます.

短期限界費用は短期総費用の限界量（微分）であると同時に可変費用の限界量であるため[12]，さきに見た平均費用と限界費用についての(1)と(2)の性質がこれらのケースについても成立します．また(3)の性質は，先の注で触れたように，平均可変費用と短期限界費用に関して成立します．

───── 短期費用曲線の性質 ─────

短期費用関数が可微分であるとします．
(1)　短期平均費用が減少しているとき短期限界費用は短期平均費用を下回り，逆に，短期平均費用が増加しているとき短期限界費用は短期平均費用を上回ります．この関係は，平均可変費用と短期限界費用の間でも成立します．
(2)　短期平均費用が最小となるとき，短期限界費用と短期平均費用は一致します．この関係は可変費用と短期限界費用についても成立します．
(3)　生産量 y が 0 に減少して行くときの平均可変費用は，生産量 y が 0 に減少して行くときの短期限界費用と一致します．

短期と長期の費用曲線

前節で導入した費用関数 $C_w(y)$ は，すべての生産要素投入量を可変的と見ていますから**長期費用関数** long-run cost function です．これからは長期と短期とを明瞭に区別する意味から，長期を表わす LR を頭に付け，$\mathrm{LRTC}(y), \mathrm{LRAC}(y), \mathrm{LRMC}(y)$ によって長期の総費用，平均費用，限界費用を表わします．

費用関数について短期と長期の関係を理解する上で，費用最小化問題を再度考えます．前節の費用最小化問題を可変的要素投入量と固定要素投入量とを区別して書き直すと，

$$\mathrm{LRTC}(y) \equiv C_w(y) \equiv \min\{w_1 g(y, z_2) + w_2 z_2 \mid z_2 \geqq 0\}$$
$$= \min\{c_w(y, z_2) \mid z_2 \geqq 0\}$$

となります．この最小値問題の解の（必要）条件は，

$$\frac{\partial c_w}{\partial z_2}(y, z_2) = w_1 \frac{\partial g}{\partial z_2}(y, z_2) + w_2 = 0$$

---

[12]　生産量が1単位増えたときに，費用が何円増えるかが，費用についての限界量ですが，固定費用の部分は変化しませんから，生産量の増加による総費用の増分と可変費用の増分とは一致します．

第5章 生産理論

ですから,

$$-\frac{\partial g}{\partial z_2}(y, z_2) = \frac{w_2}{w_1} \tag{5.3}$$

を得ます．ところが，関数 $g(y, \cdot)$ は「生産の山」の高さが y となるような「山の等高線」上で z_1 を z_2 の関数として表現していますから，$-\frac{\partial g}{\partial z_2}(y, z_2) = \mathrm{MRTS}_{21}$ です．したがって，(5.3) 式は前節で導出した費用最小化条件と一致することを確認できます．

上の最小化問題の解を $z_2 = k(y)$ と書くことにしましょう．このとき,

$$\mathrm{C}_w(y) = w_1 g(y, k(y)) + w_2 k(y) = c_w(y, k(y))$$

となります．これは $\mathrm{LRTC}(y) = \mathrm{SRTC}(y, k(y))$ ということですから，固定要素投入量 $z_2 = k(y)$ の水準をつぎのように解釈できます．つまり，$k(y)$ は生産量が y であるときに，費用を最小にするという意味で最適な固定要素投入量（例えば，資本設備）の規模を表わしています．この意味で $k(y)$ を y を生産するときの**企業の最適規模**とよびます．

総費用に関し短期と長期の関係はつぎのようにまとめられます．

短期と長期：総費用

固定要素投入量を $z_2 = k$ とします．このとき,
(1) 長期総費用 $\mathrm{LRTC}(y)$ は短期総費用を越えることはなく，$\mathrm{LRTC}(y) \leqq \mathrm{SRTC}(y, k)$ となります．
(2) 企業規模が最適で $k = k(y)$ ならば，長期総費用と短期総費用とは等しくなります．つまり，$\mathrm{LRTC}(y) = \mathrm{SRTC}(y, k(y))$ です．
(3) 以上により，長期総費用曲線は異なる固定要素投入規模 k に対応する短期総費用曲線群の下方からの包絡線となります．（図 5.30 参照）

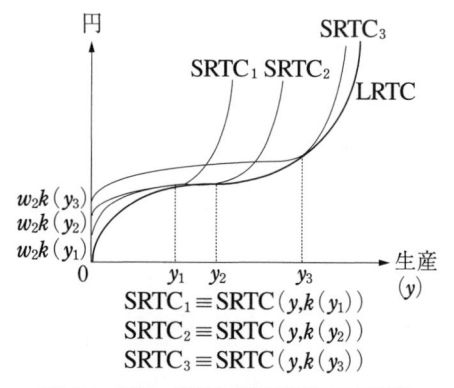

図 5.30 長期・短期の総費用曲線と最適規模

平均費用は製品1個当たりの費用で総費用を生産量 y で割った値ですから，長期と短期の平均費用の関係も総費用の場合と全く同様です．

短期と長期：平均費用

固定要素投入量を $z_2 = k$ とします．このとき,
(1) 長期平均費用は短期平均費用を越えることはなく，$\mathrm{LRAC}(y) \leqq$

SRAC(y,k) が成立します．
(2) 企業規模が最適で $k = k(y)$ ならば，長期平均費用と短期平均費用とは等しくなり，LRAC$(y) = $ SRAC$(y, k(y))$ が成立します．
(3) (1), (2) により，長期平均費用曲線は異なる固定要素投入規模 k に対応する短期平均費用曲線群の下方からの包絡線となります．（図 5.31 参照）

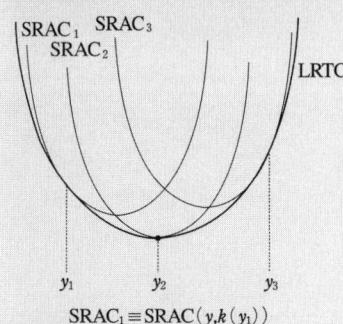

図 5.31　長期・短期の平均費用曲線と最適規模

　限界費用に関する長期と短期の関係は，総費用や平均費用の場合とは異なり，一方が他方の包絡線になっているということはありません．この点については注意する必要があるでしょう．生産量 y の長期限界費用 LRMC(y) と，y を生産するときの最適規模 $k(y)$ の固定要素投入量での短期の限界費用 SRMC$(y, k(y))$ とを比べてみましょう．固定要素投入量が最適規模ですから，短期総費用曲線は y において長期総費用曲線に接しています．それぞれの曲線への接線の傾きが限界費用ですから，短期と長期の限界費用はこの場合等しくなることが分かります．この事実を数学的に示してみましょう．要素価格ベクトルを示す下付の w を省略して書くと，C$(y) = \min\{c(y,k) \mid k \geqq 0\} = c(y, k(y))$ ですから，

$$\frac{dC}{dy}(y) = \frac{dc}{dy}(y, k(y)) \text{（合成関数として } y \text{ のみの関数と見ます）}$$

$$= \frac{\partial c}{\partial y}(y, k^*) + \frac{\partial c}{\partial k}(y, k^*)\frac{dk}{dy}(y)$$

（ここで，$k^* = k(y)$ とし，c$(\cdot, \cdot)$ を y と k の関数と見ます）

です．ところが，$k^* = k(y)$ は最適規模だから c$(y, k^*) = \min\{c(y,k)|k \geqq 0\}$ で，$\frac{\partial c}{\partial k}(y, k^*) = 0$ となります．その結果，$\frac{dC}{dy}(y) = \frac{\partial c}{\partial k}(y, k^*)$ が成立します．言い換えれば，LRMC$(y) = $ SRMC$(y, k(y))$ です．（図 5.32 参照）

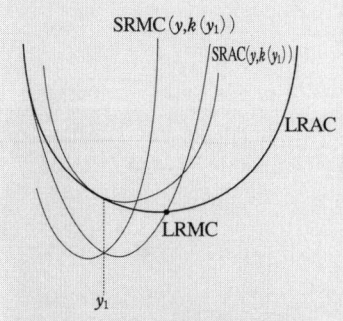

図 5.32　長期・短期の限界費用曲線と最適規模

───── 短期と長期：限界費用 ─────
企業が最適規模の固定要素投入量をもって生産を行なうとき，短期限界費用は長期限界費用に一致し，LRMC$(y) = $ SRMC$(y, k(y))$ が成立します．

過剰設備と過少設備

　固定要素投入量を資本設備と考えましょう．企業の資本設備が過剰設備 excess capacity かどうか，どのように考えればよいでしょうか？　費用曲線を用いた分析では，製品 1 単位当たりの生産コストが最小となるような生産量を**資本設備の能力** capacity を表わすものと解釈できます．言い換えれば，短期平均費用が最小となるような生産量を資本設備の能力と考えるのです．このとき，生産量が資本設備の能力以下であるか否かによって**過剰設備**であるか，**過少設備**であるかを判断することになるでしょう．

　かつて，シカゴ大学の著名な経済学者であった J. バイナー Viner は短期平均費用曲線の最小の値が長期平均費用曲線上にあると考えました．つまり，y を生産す

るときに，長期的に最も安い費用で生産できるような最適規模の資本設備を持っていれば，当然短期的には過剰設備にも過少設備にもなっていないと考えたのです[13]．

図5.31の短期と長期の平均費用曲線の関係から理解できるように，yを生産するのに最適規模$k(y)$の資本設備で生産を行なうと過剰設備にもなりうるし，逆に過少設備になる場合もあり得ます．今，生産量yを実現するために，最適規模$k(y)$の資本設備を考えるとしましょう．このとき，短期と長期の限界費用は一致しますから，長期平均費用が最小になっている場合であれば，短期の限界費用は短期の平均費用と等しくなり，したがって，過剰設備も過少設備も発生しないでしょう．しかし，長期平均費用が減少（あるいは増加）している局面では，限界費用が平均費用を下回る（もしくは上回る）状況になり，短期の平均費用は減少（もしくは増加）しますから，過剰（もしくは過少）設備となるでしょう．

さきほどのバイナーの考えは誤っていることになります．しかし，一見すると，彼の考えは正しいようにも思えるのです．では，この現象をどのように説明できるでしょうか？ つぎのような直感的な説明が可能だと考えられます．長期の平均費用が生産量の増加により減少するような局面では，資本設備の拡大がより高い生産性（＝より低い平均費用）をもたらすため，資本設備を多少大きく維持する方が生産コストが安くつき，逆に，長期の平均費用が増加するような局面では，資本設備の拡大が生産性を低下させるため，資本設備を多少小さく維持する方が生産コストが安くつくということになりましょう．

---企業の最適規模と過剰・過少設備---
最適規模の資本設備で生産を行なっている企業は，長期平均費用が低下している局面では過剰設備となり，逆に，長期平均費用が上昇している局面では過少設備となります．

I 企業と産業の供給曲線

古典的な生産理論では，企業の費用曲線から始めて企業の供給曲線を導き，それを基に産業の供給曲線を導出します．費用曲線を用いると供給曲線を比較的簡単に導くことができます．完全競争市場における個々の企業や産業全体の行動を理解するということは，供給関数や供給曲線を導出し，その性質を理解するということに帰着します．以下では，まず個別企業の短期と長期の供給曲線の説明から入り，ついで同一製品を生産する企業全体（つまり，産業）の短期の供給曲線と産業の均衡を説明して，最後に長期の供給曲線と産業の長期均衡の説明をします．

---

[13] Jacob Viner, Cost Curves and Supply Curves, Zeitschrift für Nationalökonomie 3, 1931, 23-46. Reprinted in: G.J. Stigler and K.E. Boulding, eds., *Readings in Price Theory*, R.D. Irwin, Inc.; Chicago, 1952, 198-232. 論文中のChart IV 参照．リプリント版のReadings中のバージョンには付録としてこの論文中の誤りの訂正があります．

企業の供給曲線

前節では，個々の企業の供給関数が利潤最大化条件から導かれることを理解しました．利潤最大化条件から得られる価格と供給量との関係を表わす曲線が個別企業の供給曲線です．長期と短期の利潤最大化条件はつぎのように与えられました．

長期の利潤最大化条件　　$p = \text{LRMC}(y) = \text{SRMC}(y, k(y))$　　長期では資本設備（固定要素）を常に最適規模 $k(y)$ になるように調整しながら，市場価格と限界費用が等しくなるような数量を生産し，販売します．

短期の利潤最大化条件　　$p = \text{SRMC}(y, k)$　　短期では既存の資本設備 k を前提として，限界費用が市場価格と等しくなるような数量を生産し，販売します．

この2つの条件は内点解の場合ですから，企業の供給量がプラスであること，つまり，実際に生産が行なわれることを前提としています．そこで，供給量が実際にプラスになるような条件を求めてみましょう．供給量がプラス，$y > 0$，となるような状況も短期と長期とでは異なります．それは短期と長期とで企業が何を調整出来るかに依存するからです．

長期供給量プラスの条件　　$p \geq \text{LRAC}(y)$　　価格 p が長期平均費用を下回れば，企業は長期的赤字を回避するため生産を中止し，$y = 0$ となります．

短期供給量プラスの条件　　$p \geq \text{AVC}(y, k)$　　短期では価格 p が短期平均費用 $\text{SRAC}(y, k)$ を下回り赤字が発生しても，生産を中止するとは限りません．生産を中止しても固定費用 $\text{FC}(k)$ の分だけ赤字が発生するからです．生産を中止するのは，生産を続けた場合に固定費用を上回る赤字が発生するときです．ですから，

$$py - (\text{VC}(y,k) + \text{FC}(k)) < -\text{FC}(k) \quad \left(\iff p < \text{AVC}(y,k) \right)$$

の場合に生産をストップし，$y = 0$ となります．上の最初の不等式の左辺は赤字にもかかわらず生産を続ける場合の利潤（負の赤字）の大きさを示し，右辺は生産を止めた場合の利潤の大きさを示しています．短期では赤字が生じても，価格が平均可変費用を下回らない限り，生産を続ける方が生産を停止し固定費用に等しい赤字を被るより企業にとってベターだということです．

図 5.33 は企業の短期の供給曲線を限界費用曲線の一部と供給量がゼロになる部分として表わしています．図 5.34 は短期と長期の費用曲線の相互関係から短期と長期の供給曲線の関係を捉えています．短期では価格変化に対し生産量のみ調整が行なわれますが，長期では価格変化に対し生産量と企業規模の双方が調整されますから，一般に長期の供給の方が短期の供給よりも価格弾力的になります[14]．

図 5.33　企業の短期供給曲線

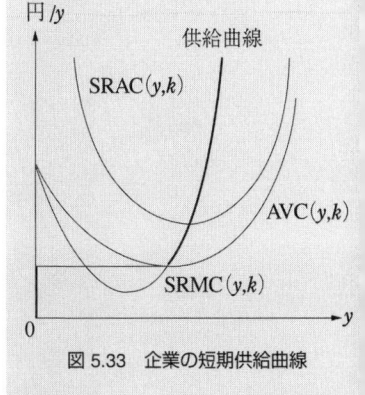

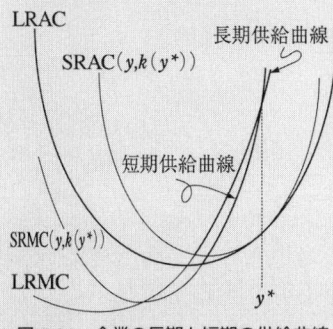

図 5.34　企業の長期と短期の供給曲線

---**企業の供給：短期と長期**---

完全競争市場における個々の企業の供給行動はそれぞれの限界費用曲線の右上りの部分の一部として表現できます．
(1)　資本設備の大きさが固定され，生産量のみ調整される短期においては，製品の価格が平均可変費用を下回らない範囲で非負の供給量が生じ，

---

[14]　**供給の価格弾力性**は1％の価格変化に対して供給量が何％変化するかを示す数値として定められます．厳密な定義の仕方については第2章H節の弾力性概念の説明を参照してください．

短期限界費用曲線のうち平均可変費用曲線の上方にある部分がその供給曲線となります．
(2) 生産量とともに資本設備も調整される長期においては，製品の価格が長期平均費用を下回らない範囲で非負の供給量が生じ，長期限界費用曲線のうち平均費用曲線の上方にある部分がその供給曲線となります．
(3) 長期と短期の供給を比較した場合，長期においては資本設備の調整も行なわれる分だけ，供給はより価格弾力的となります．

短期の産業供給と均衡

完全競争企業の個別の供給曲線を上で導出しました．完全競争市場は多数の企業から成り立っていますから，つぎに産業（＝同一製品を生産する企業全体）の供給曲線を導出しましょう．

産業の供給曲線＝市場供給曲線 産業に属する企業を $j=1,\ldots,n$ とします．製品の価格を p とし，その他の財の価格は変化しないものと考えます[15]．価格 p のとき j 企業の供給量を $s_j(p)$ とします．（$s_j(p)$ を価格 p の関数と見ると，$s_j(p)$ は先に企業の i 財の供給関数を $y_i(p,w)$ と表現したものに等しいと考えて下さい．ここでは，それを簡略化して $s_j(p)$ と表現しています．）このとき，価格 p における産業の供給量 $S(p)$ は

$$S(p) \equiv s_1(p) + \cdots + s_n(p) = \sum_{j=1}^{n} s_j(p)$$

となります．言い換えると，各企業の供給曲線を水平に足し合わせた和として，産業の供給曲線が得られます．（図 5.35 参照）

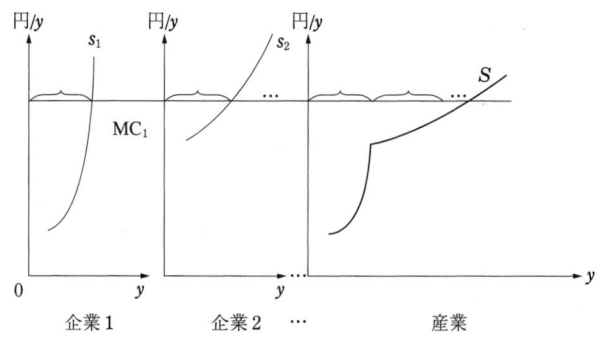

図 5.35 産業の短期供給曲線の導出

注 産業の供給量の大きさが個々の企業の限界費用の大きさに影響を与えるというような「要素価格効果」が存在すると，産業の供給曲線は個々の企業の供給曲線の単純な水平和とは異なってくることに注意してください．

---

15) 本書では p を一般に価格ベクトルとしていますが，この節では一製品の価格のみ変化し，他の財の価格が変化しない状況を想定し，簡略的に p を製品の価格としています．

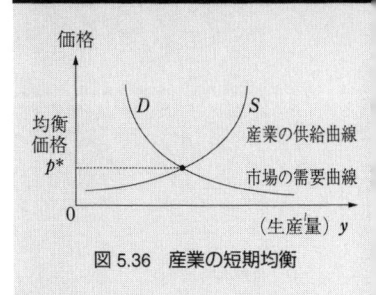

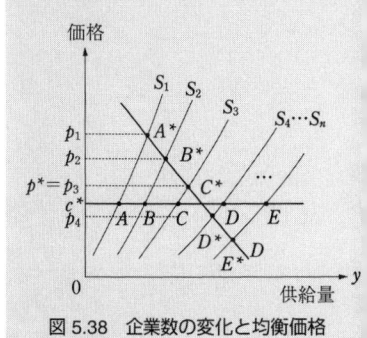

産業の供給曲線と市場の需要曲線とから，市場におけるその財の均衡価格 p^* が決定されることになります．これが**産業の短期均衡**を表わしています．図 5.36 を参照して下さい．産業の短期均衡において，個々の企業はどのような状況にあると考えられるでしょうか？ 短期均衡では，一般に企業をつぎの 3 種類の企業に分類できます．(a)ゼロ利潤の企業，(b)黒字企業，(c)赤字企業，の 3 種類です．これらの典型的な状況が図 5.37 に示されています．

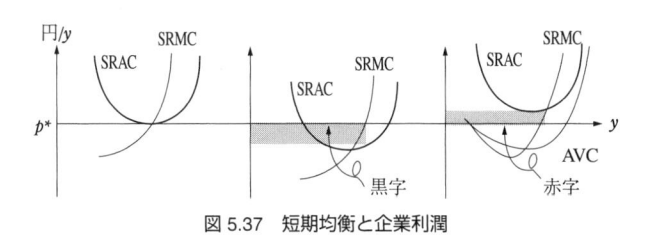

図 5.37 短期均衡と企業利潤

図 5.36 産業の短期均衡

長期の産業供給と均衡

以上のような短期の産業均衡の性質の幾つかは長期では異なった様相を呈してきます．この点については十分に留意する必要があります．それは基本的に長期における生産量の調整の在り方に起因します．長期の場合，産業における生産量の調整は，(1)各企業の生産量（短期），(2)企業規模（長期），(3)企業数（長期），を通して行なわれます．つまり，個々の企業による生産量や企業規模の調整に加えて，企業数全体が調整されます．企業規模の調整は個々の企業の長期の供給曲線にも現われますから，産業の長期の供給曲線の特徴は，主として 3 番目の企業数の変化に起因するものと言えるでしょう．既存企業の産業からの退出と新しい企業の参入について，**自由参入** free entry と**自由退出** free exit を想定して議論を進めます．つまり，産業への参入や退出には費用がかからないことを前提として議論を進めます．議論を簡単にするための想定です．

企業数の変化による供給の変化 完全競争市場においてすべての企業が共通の技術を持つ場合を分析します．c^* を長期平均費用の最小値とし，p^* を長期の産業均衡価格（企業数の変動が生じないような均衡価格）とします．このとき，$p^* > c^*$ であれば正の利潤が生じますから，他産業の標準的な利潤と比較し，格別の利潤が得られることを意味します．その結果新たな企業の参入が起こり，企業数が増大します．逆に，$p^* < c^*$ の場合は利潤が負となり，赤字企業の産業からの退出が起こり，企業数が減少します．長期的に企業の利潤が負となる限り企業の退出が続きますから，均衡価格 p^* について $p^* \geqq c^*$ が成立しなければなりません．図 5.38 において，DD 曲線は市場の需要曲線で，S_n, $n = 1, \ldots, n$, は企業数 $= n$ の場合の個々の企業の長期供給曲線を水平に足し合わせた和です．この図の産業の場合は企業数 $n = 3$ で参入がストップし，$p^* > c^*$ です．企業数が 4 未満であれば既存企業の利潤は正（プラス）ですから企業の参入が続きますが，企業数が 4 に増えると価格は p_4 に低下し，c^* よりも安くなるため参入企業は赤字に陥ってしまいます．ですから，企業の数は 3 で参入がストップすることにな

図 5.38 企業数の変化と均衡価格

第5章 生産理論

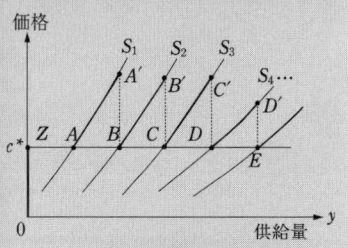

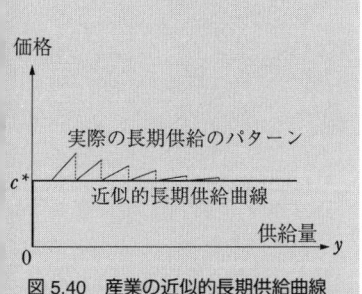

ります．このとき産業の長期均衡価格は p_3 になります．

産業の長期供給のパターンと近似的長期供給曲線　図5.38の分析から産業における長期供給のパターンは，図5.39のように長期平均費用の最小値を下回らない価格に対し，企業数の変化の無い限り個々の企業の長期供給曲線の水平和によって示され，新たな企業の参入とともに，それらの長期供給曲線を水平和に加えた形でジグザクな曲線によって表わされます．しかし，このジグザクな曲線は産業の長期供給のパターンを示すものの，長期供給曲線とは言えません．価格に対し，ある一定の供給量を示すような曲線になっていないからです．

それでは産業の長期供給曲線はどのようになっているのでしょうか？　産業の長期供給のパターンを基に長期供給曲線を近似的に導出することができます．まず，以下の2点に注意しましょう．

(1) 企業数 n が増加すると，それにともなって曲線 S_n の勾配は小さくなり，より水平に近くなります．実際，Δp の価格変化に対し，各企業が Δy だけ産出量を変化させると，Δp の変化に対し S_n は全体で $n\Delta y$ 変化することになります．

(2) 図5.39において $\overline{ZA} = \overline{AB} = \ldots = \overline{DE} = \ldots$ ですが，この長さが短くなればなるほど $AA', BB', \ldots, DD' \ldots$ の部分が短くなります．

長期平均費用を最小にする生産量 y_* を**最小効率規模** the minimum efficiency scale とよびますが，$\overline{ZA}, \overline{AB}, \ldots$ 等の長さは最小効率規模 y_* に等しい長さです．産業に属する企業が多ければ多い程，産業全体の生産量に対する最小効率規模の相対的大きさは小さくなりますから，産業全体の生産量に対して $\overline{ZA}, \overline{AB}, \ldots$ 等の相対的間隔は小さくなって0に近づいて行きます．それにともない $AA', BB' \ldots$ 等の部分が産業全体の供給量を考える上で相対的重要度を失い無視できるようになることを意味します．

以上の(1)および(2)により，近似的に産業の長期供給曲線は $p = c^*$（長期平均費用の最小値）となる水平線によって与えられることが分かります．（図5.40）

産業の長期均衡とゼロ利潤　このように産業の近似的長期供給曲線が長期平均費用の最小値で水平になっているということは，すべての企業が長期均衡ではゼロ利潤になっていることを意味します．ところで，ゼロ利潤＝平均的産業における企業の利潤，であることに注意してください．これは経済学における費用計算のところで説明したように，私たちが日常的に利潤と考える部分には，実は経営者の労力以外にも経営能力といったような生産要素に帰属するものがあり，生産における総費用の中に織り込み済みだからです．経済学で利潤がゼロだというのは，私たちの生活感覚からすれば単に他の平均的な企業と同レベルの利潤を得ているということに過ぎないのです．

以上の議論をまとめると産業の供給についてつぎのような結論を得ます．

――――**産業の供給：短期と長期**――――

完全競争市場において多数の企業が存在するものとします．
(1) 資本設備の大きさが固定され，企業数の変化が生じないような短期においては，個々の企業の短期供給量の和によって産業の供給量が与え

られます．したがって，産業の供給曲線は個々の企業の短期供給曲線を水平に足し合わせることによって得られます．ただし，産業の供給量の増減が個々の費用曲線に影響を与えるような外部性は存在しないものとします．

(2) 個々の企業による生産量および資本設備の調整の他，産業における企業数の変化が生じるような長期を考えます．すべての企業が同一技術へのアクセスを有し，産業からの退出や産業への参入が自由（コストを伴わない）ものとしましょう．このとき，産業の長期供給曲線は，企業の最小効率規模が産業の全生産量と比較して相対的に小さければ小さいほど，近似的に，長期平均費用（の最小値）と一致する価格水準において水平の曲線となります．言い換えれば，供給の価格弾力性は無限大に近くなります．

理解度チェック問題

1. E節の等利潤線を定める直線の式
$$y = \frac{w_1}{p}z_1 + \frac{w_2}{p}z_2 + \frac{\pi}{p}$$
において，w_1/p, w_2/p, π/p の経済学的な意味を考え，等利潤線を定める上の直線の式の解釈を与えなさい．

2. 内点解の場合，利潤最大化条件の (1) $\mathrm{MP}_i = w_i/p$, $i = 1, 2$, より
$$p = \frac{w_1}{\mathrm{MP}_1} = \frac{w_2}{\mathrm{MP}_2}$$
となります．この等式の経済学的な解釈を与えなさい．同様に，
$$\frac{1}{p} = \frac{\mathrm{MP}_1}{w_1} = \frac{\mathrm{MP}_2}{w_2}$$
の解釈も与えなさい．

3. G節(5.1)の等式の意味を説明しなさい．

4. つぎの3つの生産関数についてその費用関数を求めなさい．
   (1) $f(z_1, z_2) \equiv \min\{z_1, z_2\}$
   (2) $f(z_1, z_2) \equiv z_1 + z_2$
   (3) $f(z_1, z_2) \equiv A z_1^a z_2^b \quad (A, a, b > 0)$

5. 費用関数を用いた利潤最大化条件の表現が $p \leqq \mathrm{MC}(y)$ となる理由を言葉で説明しなさい．特に，$y = 0$ のとき $p < \mathrm{MC}(y)$ を排除できないことに留意しながら説明すること．

6. 生産技術の性質の中で「規模に関する収穫」についての以下の記述のうち正しいものを選択しなさい．
   (1) 規模に関する収穫が逓増するとき，すべての投入物の量を同時に $\frac{1}{2}$ 倍にすると，生産量は $\frac{1}{2}$ 倍未満に減少してしまう．

(2) 規模に関する収穫が逓増するとき，各生産要素の限界生産物は逓減しない．

(3) 規模に関する収穫が逓減するとき，すべての投入物の量を同時に $\frac{1}{2}$ 倍に減少すると，生産量は $\frac{1}{2}$ 倍以下に減少する．

(4) 規模に関する収穫が逓減するとき，すべての投入物の量を同時に $t>1$ 倍に増加すると，生産量は t 倍以上に増加する．

7. 限界生産物，限界転形率，限界技術代替率に関する以下の記述のうち，正しくないものを選択せよ．

(1) 1 財から 2 財への限界転形率は，追加的な 1 単位の第 1 財の生産が要素投入量の変化を伴わずに行なわれるならば，何単位の第 2 財の減少をもたらすかを示している．

(2) ある生産要素の投入量を増やして追加的な 1 単位の生産物を製造するとき，他の生産要素の投入量を増やさないとすれば，その限界生産物の逆数だけ投入量を増やす必要がある．

(3) 限界生産物が逓減していれば，すべての要素投入を 2 倍にしても，生産量は 2 倍未満の増加しか示さない．

(4) 要素 3 による要素 4 の限界技術代替率が 5 のとき，生産量を変化させずに要素 4 の投入量を 1 単位減らすためには，要素 3 の投入量を 5 単位増加しなければならない．

8. ミクロ経済学における「総費用」の計算についての以下の記述の中から正しいものを選択しなさい．

(1) 企業が生産のために実際に支出した額の総和として計算する．

(2) 企業が生産のために実際に使用した生産要素への支払額の総和として計算する．

(3) 企業が生産のために実際に使用した生産要素への最小の支払額として計算する．

(4) 企業が生産のために必要とする生産要素の最小の市場価値額として計算する．

9. ある企業の限界技術代替率 MRTS_{12} と限界変形率 MRT_{12} に関する以下の記述のうち，正しくないものを選択せよ．企業の 2 つの工場 a と b における代替率や変形率を上付きの a, b で識別する．

(1) MRT_{12}^a が MRT_{12}^b より大きい場合，工場 a の生産物 2 の産出量を減らして生産物 1 をより多く生産し，工場 b では逆に生産物 1 の産出量を減らして生産物 2 の産出量を増加すれば，企業の利潤は増加する．

(2) MRT_{12}^a と MRT_{12}^b が等しい場合，工場 a と工場 b の各生産物の産出量を変化させても，企業の利潤は増加しない．

(3) MRTS_{12}^a が MRTS_{12}^b より大きい場合，工場 a の要素 2 の投入量を減らして要素 1 をより多く投入し，工場 b では逆に要素 1 の投入量を減らして要素 2 をより多く投入すれば，企業の総費用は減少する．

(4) MRTS_{12}^a と MRTS_{12}^b が等しい場合，工場 a と工場 b の各要素投入量を変化させても，総費用は減少しない．

10. 完全競争企業の利潤最大化条件に関する以下の記述のうち誤っているものを選択しなさい．ただし，「過剰生産」「過剰投入」の表現は，利潤最大化条件を満たす生産量・要素投入量と比較し，「過剰」であることを意味する．

(1) 2 種類の製品を生産している場合，製品 1 から製品 2 への限界変形率 MRT_{12} が製品 1 の製品 2 に対する相対価格を上回るならば，製品 1 は過剰生産である．

(2) 要素2による要素1の限界技術代替率 $MRTS_{12}$ が，要素1の要素2に対する相対価格を上回るならば，要素2は過剰投入である．

(3) 要素価格が生産物価格の $\frac{1}{2}$ の時，限界生産物が $\frac{1}{3}$ ならば，過剰投入である．

(4) 要素購入に振り向ける追加的な1円から得られる生産物が，生産物価格の逆数を上回るならば，過剰投入である．

11. 2種類の生産要素（要素1と要素2）を使ってある製品を生産・販売している完全競争企業を考える．この企業が長期の利潤を最大化しているとき，要素1と2の限界生産物はそれぞれ 2,000 と 1,000 である．要素1の市場価格は1単位当たり 100,000 円だとする．以下の記述のうち正しいものを選択しなさい．

(1) 製品の価格は1個 100 円である．

(2) 製品の価格は1個 500 円である．

(3) 要素2の価格は1単位当たり 100,000 円である．

(4) 要素2の価格は1単位当たり 50,000 円である．

12. 企業が生産しているある製品の価格が1円上昇したとする．この時，以下の記述の中から正しいものを選択しなさい．

(1) 価格が上昇した製品の供給量は，それに要する要素投入量と等しい量だけ増加する．

(2) 価格が上昇した製品の供給量は，増加することはあっても，減少はしない．

(3) 総収入の変化額は，総費用の変化額に等しい．

(4) 総収入の変化額は，可変費用の変化額より大きい．

13. 完全競争企業の利潤関数，供給関数，要素需要関数に関する以下の記述のうち，正しくないものを選択せよ．これらの関数はいずれも連続可微分であるとする．

(1) 要素価格の上昇は，それに対する需要量を増加させない．

(2) 鉄とプラスチックを製品として生産している場合，鉄の価格が1円上昇するときのプラスチックの生産量の減少分は，プラスチックの価格が1円上昇するときの鉄生産量の減少分と一致する保障は無い．

(3) 製品価格が1円上昇したときに利潤が何円増加するかを示す数値は，製品の供給量に等しい．

(4) 要素価格が1円下落したときに利潤が何円増加するかを示す数値は，企業の要素需要量と一致する．

14. 長期費用曲線と短期費用曲線群に関する以下の記述のうち，誤っているものを選択しなさい．

(1) 固定要素投入量1単位の変化による短期総費用の変化はゼロだから，短期と長期の限界費用は等しい．

(2) 長期総費用曲線は短期総費用曲線群の包絡線である．

(3) 長期限界費用曲線は短期限界費用曲線群の包絡線ではない．

(4) 長期平均費用曲線は短期平均費用曲線群の包絡線である．

15. 長期平均費用と短期平均費用に関する以下の記述の中から正しいものを選択しなさい．ただし，短期費用曲線に関し，短期平均費用が最小となる生産量を資本設備の能力とし，生産量が資本設備の能力以下であるか否かによって過剰設備であるか，過少設備であるかを判断するものとする．

(1) 最適規模の資本設備を持つ企業は，長期の平均費用が最小となっている局面においてのみ，過剰な資本設備も，また過少な資本設備も抱えていない．

(2) 最適規模の資本設備を持つ企業は，過剰な資本設備も，また過少な資本設備も抱えていない．

(3) 長期平均費用が生産量の増加により減少する局面では，資本設備の拡大が長期の生産性を向上させるため，最適規模の資本設備を持つ企業は過少な資本設備を抱えることとなる．

(4) 長期平均費用が生産量の増加により増加する局面では，資本設備の拡大が生産性を低下させるため，最適規模の資本設備を持つ企業は過剰な資本設備を抱えることとなる．

16. 1種類の製品を2種類の投入物を用いて生産している完全競争企業を考える．製品の価格を p，要素価格を $w = (w_1, w_2)$ とするとき，要素需要関数を $z_i(p, w)$, $i = 1, 2$，条件付き要素需要関数を $z_i(w, y)$, $i = 1, 2$, y は生産量，製品の供給関数を $y(p, w)$ とする．$\mathrm{MC}_w(y)$ は限界費用を表わす．以下の記述のうち，正しくないものを選択せよ．

    (1) $p = \mathrm{MC}_w(y)$ ならば，$z_i(w, y) = z_i(p, w)$, $i = 1, 2$
    (2) $\mathrm{C}_w(y) = w_1 z_1(p, w) + w_2 z_2(p, w)$
    (3) $\mathrm{C}_w(y(p, w)) = w_1 z_1(p, w) + w_2 z_2(p, w)$
    (4) $\mathrm{C}_w(y) = w_1 z_1(w, y) + w_2 z_2(w, y)$

17. 2つの工場を持つ企業がある．工場1と2の費用関数はそれぞれ $C_1(q_1) = 10q_1^2 + 200$, $C_2(q_2) = 20q_2^2 + 100$ である．企業として1200単位の製品を生産する場合，費用最小化を考える企業は，工場1の生産量と工場2の生産量をどのような水準に選ぶか．

    (1) $q_1 = 600$, $q_2 = 600$, (2) $q_1 = 700$, $q_2 = 500$, (3) $q_1 = 800$, $q_2 = 400$,
    (4) $q_1 = 900$, $q_2 = 300$

18. 単一の製品を2つの工場において製造している企業がある．要素価格はすべて一定水準にあり，工場1と2の費用関数はそれぞれ $C_1(q_1) = 10q_1^2 + 200$, $C_2(q_2) = 20q_2^2 + 100$ である．製品の価格を p, $q = q_1 + q_2$ とするとき，この企業が生産する製品の供給関数 $y(p)$ を求めよ．

    (1) $y(p) = \frac{3}{40}p$, (2) $y(p) = \frac{1}{60}p$, (3) $y(p) = 60p$, (4) $y(p) = 60q$

19. 完全競争企業および産業の短期と長期の供給に関する以下の記述のうち，誤っているものを選択しなさい．

    (1) 企業の短期の供給曲線は，短期の限界費用曲線の一部である．
    (2) 企業の長期の供給曲線は，長期の限界費用曲線の一部である．
    (3) 産業の短期の供給曲線は，産業の供給量の大きさが個々の企業の限界費用に影響を与えるという外部効果が存在しなければ，企業の短期の供給量の総和を求めることによって得られる．
    (4) 産業の長期の供給曲線は，産業の供給量の大きさが個々の企業の限界費用に影響を与えるという外部効果が存在しなければ，各企業の長期の供給曲線の総和を求めることによって得られる．

20. 完全競争企業および産業の短期と長期の供給に関する以下の記述のうち，正しくないものを選択せよ．

    (1) 製品の価格が（短期の）平均可変費用以上にならない限り，企業の短期の供給量は正にはならない．
    (2) 製品の価格が長期の平均費用以上にならない限り，企業の長期の供給量は正に

はならない．

(3) 産業の生産技術に関するノウハウを持つ潜在的企業が多数存在し，自由に参入したり，退出することが可能であるとき，産業の長期の供給曲線が長期平均費用の最小値の値で近似的に水平になるということは，市場における製品価格の下落により，ほとんどの企業がその産業から退出せざるを得ないことを意味する．

(4) 産業の長期の供給は短期の供給と比較し，資本設備の調整や産業への企業の参入・退出がなされる分，より価格弾力的になる．

第6章
生産経済と社会的厚生

A　生産経済と配分
B　生産経済と厚生経済学の基本命題
C　マーシャルの厚生基準
D　外部性
E　公共財

理解度チェック問題

第6章 生産経済と社会的厚生

第4章では生産物の分配が消費者間で終了した後に市場取引が行なわれるとして，交換経済の枠組みにおいて，市場メカニズムによる配分の社会厚生的な性質を議論しました．5章の生産セクターの導入につづき，本章では生産活動を明示的に取り入れた枠組みの中で社会的厚生の問題を再び考えます．

A 生産経済と配分

生産経済の描写

m 人の消費者 $a = 1, \ldots, m$ と n 社の企業 $j = 1, \ldots, n$ からなる**生産経済** production economy を考えます．各消費者 a の効用関数 u_a (または選好関数 $\succsim_a$) と各企業 j の生産技術を示す変形関数 F_j (または生産集合 Y_j あるいは生産関数 f_j) がデータとして与えられ，さらに，財（資源）の総量を示すベクトル $\bar{e} = (\bar{e}_1, \bar{e}_2, \bar{e}_3, \bar{e}_4)$，価格ベクトル $p = (p_1, \ldots, p_4)$ に依存する所得分配関数 $w_a(p)$, $a = 1, \ldots, m$, が与えられるとします．

注 本書では所得分配関数をデータとして与えますが，より基本的には**私的所有経済** private ownership economy を考えます．各個人の財の初期保有ベクトルを $e_a, a = 1, \ldots, m$, とし，個人 a が保有する j 企業の株式保有比率を $\theta_{aj}, j = 1, \ldots, n, a = 1, \ldots, m$, とすれば，個人 a への所得分配額は，所有財産の額に株式保有比率 θ_{aj} に基づく企業の利潤分配額をプラスした額によって決まり，

$$w_a(p) = p \cdot e_a + \sum_{j=1}^{n} \theta_{aj} \pi_j(p)$$

の形の所得分配関数が得られます．ここで $\pi_j(p)$ は企業 j の利潤です． ∎

生産経済の配分と均衡

生産経済においては，各消費者 $a = 1, \ldots, m$ が最終的に消費する財ベクトルと各企業 $j = 1, \ldots, n$ の生産ベクトルをリストアップした (x, y), $x = (x_a)_{a=1,\ldots,n}, y = (y_j)_{j=1,\ldots,n}$, を**生産経済の配分**とよびます．生産経済の場合，実行可能な配分とは，すでに存在している各種の財を用いて生産を実行し，その結果得られる各財の総量を消費者に分配するような配分のことですから，具体的にはつぎの条件により与えられます．

生産経済の配分 (x, y), $x = (x_a)_{a=1,\ldots,m}, y = (y_j)_{j=1,\ldots,n}$, が条件

$$\sum_a x_{ai} = \bar{e}_i + \sum_j y_{ji}, \quad i = 1, 2, 3, 4$$

$\bigl($(消費者に分配した i 財の総量) = (生産前の i 財の総量)

$\qquad$ + (企業によって生産された i 財の総量)$\bigr)$

を満足するとき，配分 (x, y) は**実行可能** feasible であるといいます．

生産物価格と要素価格の区別をせずに価格ベクトルを p と書きましょう．$x_a(p) \equiv x_a(p, w_a(p))$ を価格ベクトル p と所得 $w_a(p)$ の下で消費者 a の効用を最大にする需要ベクトルを表わす a の需要関数とし，$\pi_j(p)$ を企業 j の最大利潤を表わす利潤関数とします．交換経済においては $\sum_a x_{ai}(p) = \bar{e}_i$ （4章B節参照）が，i 財の需要量＝i 財の供給量，を表わしましたが，生産経済では

$$\sum_a x_{ai}(p) = \bar{e}_i + \sum_j y_{ji}$$

が i 財の需給一致を表わします．

ワルラス均衡の定義

生産経済の配分 (x, y) が価格ベクトル p に対し，以下の各条件を満たしているとき，(x, y) を**ワルラス配分**または**均衡配分**，価格ベクトル p を**均衡価格（ベクトル）**とよびます．

(1) 各消費者 a は自分の所得による予算制約の範囲内で効用を最大化している．

$$x_{ai} = x_{ai}(p),\ i = 1, \ldots, 4,\ a = 1, \ldots, m$$

(2) 各企業 j は利潤を最大化している．

$$\pi_j(p) = p \cdot y_j,\ j = 1, \ldots, n$$

(3) 需要量＝供給量

$$\sum_{ai} x_{ai} = \bar{e}_i + \sum_j y_{ji},\ i = 1, \ldots, 4$$

(4) 所得分配の整合性

$$\sum_a w_a(p) = p \cdot \bar{e} + \sum_j \pi_j(p)$$

生産経済のパレート配分　　生産経済におけるパレート配分も交換経済の場合と全く同様に定義されます（4章B節）．つまり，生産経済における実行可能な配分 (x, y) がパレート配分であるとは，(x, y) をパレート改善するような実行可能な配分が存在しないということです．実行可能性の定義のみ交換経済と生産経済で異なっている点に注意してください．

B　生産経済と厚生経済学の基本命題

4章では，消費者があらかじめ保有する財や，消費者の手元に分配された生産物を対象に市場取引が行なわれる場合，実現する最終的な配分の性質をパレート最適性の観点から分析しました．ここではさらに生産活動をも含め，市場による財

配分の性質をパレートの基準により考察します．

生産経済におけるパレート配分の条件

交換経済におけるパレート最適性の条件は，4章C節で考察しました．本節ではまず結論的に，生産経済の配分 (x, y), $x = (x_a)_{a=1,\ldots,m}$, $y = (y_j)_{j=1,\ldots,n}$ がパレート最適であるための条件を述べ，その後にそうした条件が成立する理由を考えることにします．内点解の場合について簡明に記述しますから，コーナー解の場合には条件中の等号をどちら向きの不等号に修正するのか読者自身で考えてみてください．

パレート最適性の条件

生産経済の配分 (x, y) がパレート最適であるとします．このときつぎの性質が成立します．ただし，(x, y) は各経済主体にとって内点解であるとします．

(1) **消費者間の関係** 任意の2人の消費者 a, b, 任意の2財 i, i' の間で，$\mathrm{MRS}^a_{ii'} = \mathrm{MRS}^b_{ii'}$ が成立します．

(2) **生産者間の関係**

a) **要素と生産物の関係** 単一の同じ生産物を生産し，同一の要素 i を用いる任意の2企業 j, j' の間で，$\mathrm{MP}^j_i = \mathrm{MP}^{j'}_i$ が成立します．

b) **要素間の関係** 2種類 i, i' の要素を用いる任意の2企業 j, j' の間で，$\mathrm{MRTS}^j_{ii'} = \mathrm{MRTS}^{j'}_{ii'}$ が成立します．

c) **生産物間の関係** 2種類の財 i, i' を生産する任意の2企業の間で，$\mathrm{MRT}^j_{ii'} = \mathrm{MRT}^{j'}_{ii'}$ が成立します．

(3) **消費者と生産者の間の関係** 2種類の財 i, i' を消費する任意の消費者 a と i, i' を生産するか，あるいは投入物として使っている企業 j の間で，$\mathrm{MRS}^a_{ii'} = \sigma^j_{ii'}$ が成立します．ここで，$\sigma^j_{ii'}$ は財 i, i' が企業 j の生産物か投入物かにより，限界生産物やその逆数，限界技術代替率，限界変形率を表わします．具体的には

$$\sigma^j_{ii'} = \begin{cases} \mathrm{MP}^j_i & (i \text{ が投入物で } i' \text{ が生産物}) \\ \dfrac{1}{\mathrm{MP}^j_{i'}} & (i' \text{ が投入物で } i \text{ が生産物}) \\ \mathrm{MRTS}^j_{ii'} & (i, i' \text{ ともに投入物}) \\ \mathrm{MRT}^j_{ii'} & (i, i' \text{ ともに生産物}) \end{cases}$$

です．

言葉による説明 (1)の説明は交換経済における説明（4章C節）と全く同様です．(2), (3)の説明も，i, i' が生産物であろうと投入物であろうと $\sigma^j_{ii'}$ が i 財1単位と i' 財との生産技術上の交換レートになっている点に注意すれば，(1)の場合と同様な説明を与えることができます．5章C節「生産と限界概念」を復習し，説明を試みて下さい．

数学的導出方法　　消費者 2 人 a, b, 企業 2 社 j, k の場合について Lagrange 乗数法を用いて上の命題を説明しましょう．（消費者の数と企業数とを増やすと制約式の数が多くなるのみで，基本的には同じような導出過程になります．各自試みてください．）

4 章 C 節の交換経済におけるパレート最適性の条件の導出の場合と同様に，まずパレート配分を最適値問題の解として表現します．配分 $(x, y) = ((x_a, x_b), (y_j, y_k))$ をパレート配分とし，下記の最大値問題を考えると，4 章 C 節の説明のように (x, y) はこの問題の解となっています．

パレート最適性条件導出の最大値問題
$$\max \quad u_a(x'_a)$$

制約式　　$u_b(x'_b) = u_b(x_b)$

$$F_j(y'_j) = 0$$

$$F_k(y'_k) = 0$$

$$x'_{ai} + x'_{bi} = \bar{e}_i + y'_{ji} + y'_{ki}, \quad i = 1, \ldots, 4$$

パレート最適な配分 (x, y) はこの問題の内点解であることから，Lagrange 乗数法を用いて，(x, y) が解であることの必要条件を求めます．

ステップ 1:　　Lagrange 関数を求めます．

$$\mathcal{L}(x'_a, x'_b, y'_j, y'_k, \mu, \delta_j, \delta_k, \rho_1, \rho_2, \rho_3, \rho_4) \equiv u_a(x'_a) + \mu\left(u_b(x'_b) - u_b(x_b)\right)$$

$$+ \delta_j\left(-F_j(y'_j)\right) + \delta_k\left(-F_k(y'_k)\right) + \sum_i \rho_i(\bar{e}_i + y'_{ji} + y'_{ki} - x'_{ai} - x'_{bi})$$

ステップ 2:　　最大値の必要条件を求めます．Lagrange 関数 $\mathcal{L}$ は $x'_a = x_a, x'_b = x_b, y'_j = y_j, y'_k = y_k$ において，以下の諸等式を満たします．

$$\frac{\partial \mathcal{L}}{\partial x_{ai}} = \frac{\partial u_a}{\partial x_{ai}}(x_a) - \rho_i = 0, \quad i = 1, \ldots, 4 \tag{6.1}$$

$$\frac{\partial \mathcal{L}}{\partial x_{bi}} = \mu \frac{\partial u_b}{\partial x_{bi}}(x_b) - \rho_i = 0, \quad i = 1, \ldots, 4 \tag{6.2}$$

$$\frac{\partial \mathcal{L}}{\partial y_{ji}} = -\delta_j \frac{\partial F_j}{\partial y_{ji}}(y_j) + \rho_i = 0, \quad i = 1, \ldots, 4 \tag{6.3}$$

$$\frac{\partial \mathcal{L}}{\partial y_{ki}} = -\delta_k \frac{\partial F_k}{\partial y_{ki}}(y_k) + \rho_i = 0, \quad i = 1, \ldots, 4 \tag{6.4}$$

ここで，乗数 $\mu, \delta_j, \delta_k, \rho_1, \ldots, \rho_4$ についての偏微分は省略しています．

ステップ 3:　　これらの条件を整理します．限界効用はゼロにならないことを前提としていますから，(6.1) より $\rho_i \neq 0$, $i = 1, \cdots, 4$. したがって，(6.2) より $\mu \neq 0$. 同様に，$\frac{\partial F_j}{\partial y_{ji}}(y_j) \neq 0$, $\frac{\partial F_k}{\partial y_{ki}}(y_k) \neq 0$ を前提として，(6.3), (6.4) より $\delta_j \neq 0, \delta_k \neq 0$ となります．よって，(6.1), (6.2) より任意の i, i' について

$$\frac{\frac{\partial u_a}{\partial x_{ai}}(x_a)}{\frac{\partial u_a}{\partial x_{ai'}}(x_a)} = \frac{\rho_i}{\rho_{i'}} = \frac{\frac{\partial u_b}{\partial x_{bi}}(x_b)}{\frac{\partial u_b}{\partial x_{bi'}}(x_b)}, \quad i, i' = 1, \ldots, 4 \tag{6.5}$$

を得ます．つまり，
$$\mathrm{MRS}^a_{ii'} = \mathrm{MRS}^b_{ii'}, \quad i, i' = 1, \ldots, 4$$
が成立します．（命題の性質(1)）

同様に，(6.3)と(6.4)より任意の i, i' について

$$\frac{\frac{\partial F_j}{\partial y_{ji}}(y_j)}{\frac{\partial F_j}{\partial y_{ji'}}(y_j)} = \frac{\rho_i}{\rho_{i'}} = \frac{\frac{\partial F_k}{\partial y_{ki}}(y_k)}{\frac{\partial F_k}{\partial y_{ki'}}(y_k)}, \quad i, i' = 1, \ldots, 4 \tag{6.6}$$

が成立します．(6.6)式の真中の項 $\rho_i/\rho_{i'}$ を除き，(6.6)の左辺を $\sigma^j_{ii'}$，右辺を $\sigma^k_{ii'}$ と書けば，5章 D 節の変形関数の偏微係数についての議論から，

$$\sigma^j_{ii'} = \begin{cases} \mathrm{MP}^j_i & (i \text{ が投入物で } i' \text{ が生産物}) \\ \dfrac{1}{\mathrm{MP}^j_{i'}} & (i' \text{ が投入物で } i \text{ が生産物}) \\ \mathrm{MRTS}^j_{ii'} & (i, i' \text{ ともに投入物}) \\ \mathrm{MRT}^j_{ii'} & (i, i' \text{ ともに生産物}) \end{cases}$$

であることが分かります．したがって，(6.6)より命題中の(2)の a)，b)，c) が得られます．また，(6.5)，(6.6)から命題中の(3)の等式を得ます．

厚生経済学の基本命題

交換経済において成立した厚生経済学の基本命題は2つありました．第1の基本命題は生産経済においても成立します．実際，生産経済の配分 (x, y) が価格ベクトル p の下で均衡配分になっているとしましょう．(x, y) は各経済主体にとって内点解だとし，均衡配分 (x, y) が上の命題中のパレート最適性の条件(1)〜(3)を満たすことを確認することにします[1]．命題中の諸条件の中で(1)は効用最大化の条件から導かれることを4章 E 節で確認しました．

5章 E 節の利潤最大化の条件から，任意の i, i' について $\sigma^j_{ii'} = \dfrac{p_i}{p_{i'}} = \sigma^j_{ii'}$ が成立します．これにより，パレート最適性の条件中の(2)が確認でき，これと消費者の効用最大化の条件 $\mathrm{MRS}^a_{ii'} = p_i/p_{i'} = \mathrm{MRS}^b_{ii'}$ とにより，条件(3)を得ます．

よって，均衡配分 (x, y) はパレート最適性の条件をすべて満たしていることを確認できました．これから (x, y) がパレート配分となることを理解できます．

生産経済における厚生経済学の第1の基本命題

完全競争性が満たされる生産経済において，市場取引を通して実現する均衡配分は，パレート最適です．

生産経済における厚生経済学の第2の基本命題についても考え方は交換経済の場合と同様です．いま，実行可能な配分 (x, y) がパレート配分で，各経済主体にとっ

---
[1] 厳密に言えば，この手続きは配分がパレート最適であるための必要条件を満たしていることの確認であり，十分条件を確認するものではありません．しかし，この手続きの方が分かり易く，市場メカニズムの理解を深める上で役に立つと思います．

て内点解を与えているものとしましょう．さきのパレート最適性の条件の導出過程において，

$$\mathrm{MRTS}_{ii'}^a = \mathrm{MRS}_{ii'}^b = \sigma_{ii'}^j = \sigma_{ii'}^k = \frac{\rho_i}{\rho_{i'}},\ i,i' = 1,\ldots,4 \qquad (6.7)$$

を満たす $\rho_i \neq 0, i=1,\ldots,4$，が存在しました．消費者の各財に対する限界効用は正という前提の下で，$\rho_i > 0, i=1,\ldots,4$，となります．そこで，価格ベクトル $p=(p_1,\ldots,p_4)$ を $p_i = \rho_i, i=1,\ldots,4$，と定め，各消費者 a に価格 p の下で x_a をちょうど購入できるだけの所得 $w_a(p) = p \cdot x_a$ を与えれば，上の(6.7)式から，各消費者の効用最大化と各企業の利潤最大化の条件が満たされます．また，(x,y) の実行可能性により各財の需給一致および所得分配関数の整合性が保証されることになります．

生産経済における厚生経済学の第2の基本命題

完全競争性が満たされる生産経済の配分 (x,y)，$x=(x_a)_{a=1,\ldots,n}$，$y=(y_j)_{j=1,\ldots,n}$，がパレート配分であれば，それを生産経済の均衡配分として実現するような市場価格と所得分配が存在します．

生産経済の箱図と基本命題

4章D節で導入したエッジワース・パレートの箱図に生産を組み込み，生産経済における厚生経済学の基本命題を図により理解してみましょう．交換経済の箱図では2財，2消費者の場合を描きましたから，生産経済の場合はそれに1企業を加え，2財，2消費者，1企業からなる経済の縮図を描きます．生産集合を Y とすると，箱図の大きさは総初期保有量 $\bar{e}=(\bar{e}_1,\bar{e}_2)$ と生産ベクトル $y \in Y$ によって決まります．生産ベクトル y の選択による箱図の大きさの変化が，生産経済と交換経済の箱図の相違点です．（図6.1参照）

ステップ1：箱図の大きさ——$\bar{e}+y=(\bar{e}_1+y_1,\bar{e}_2+y_2)$——縦横の長さがつぎの長方形を描きます．（$y_i$ が投入物として使われる場合「生産量」y_i は負の値です．）

横の長さ＝第1財の総初期保有量 $(\bar{e}_1)$ ＋第1財の生産量 (y_1)
縦の長さ＝第2財の総初期保有量 $(\bar{e}_2)$ ＋第2財の生産量 (y_2)

ステップ2：座標の設定——O_a, O_b——交換経済の場合と同じです．2人の消費者がいますから左下の角に原点 O_a を取り，右上の角に原点 O_b を設定します．（図6.2参照）

ステップ3：消費者選好の記入　交換経済の場合と同じです．2人の経済主体の無差別曲線をそれぞれの座標軸に合わせて記入します．

ステップ4：実行可能な配分　生産ベクトル $y \in Y$ に対し，箱図の中の一点が実行可能な各消費者への財の配分を表わします．

図6.1において，生産ベクトルが y の場合の箱図は □$OABC$，生産ベクトルが y' の場合の箱図は □$OA'B'C'$ となります．

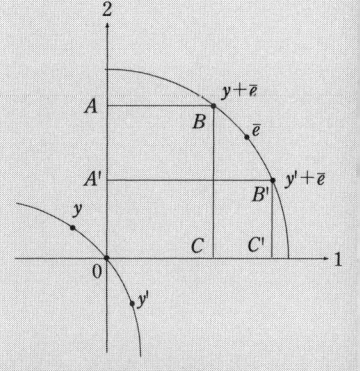

図6.1　生産経済のエッジワース・パレートの箱図

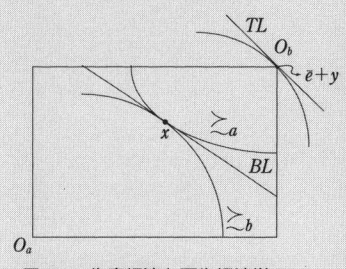

図6.2　生産経済と厚生経済学の基本命題

基本命題の箱図による理解

図 6.2 の BL は消費者の予算線，TL は生産ベクトル y が企業の利潤を最大化していることを示す等利潤線です．第 1 と第 2 の基本命題が成立する理由を，図 6.2 の箱図ではつぎのように理解できます．

第 1 の基本命題 (x, y) を均衡配分とします．予算線 BL の傾きは $-p_1/p_2$ であり，消費者 a と b の無差別曲線が効用最大化の条件により共に x において BL に接していますから，$\mathrm{MRS}_{12}^a = \dfrac{p_1}{p_2} = \mathrm{MRS}_{12}^b$ となります．また，企業の利潤最大化条件により，傾きが $-p_1/p_2$ の等利潤線 TL は，変形曲線を総初期保有量を原点として描いた曲線に O_b で接し，$\mathrm{MRT}_{12} = \dfrac{p_1}{p_2}$ が成立します．これより，$\mathrm{MRS}_{12}^a = \mathrm{MRS}_{12}^b = \mathrm{MRT}_{12}$ が成立し，(x, y) がパレート配分である条件を満たしていることが分かります．

第 2 の基本命題 (x, y) をパレート配分とします．パレート最適性の条件から，$\mathrm{MRS}_{12}^a = \mathrm{MRS}_{12}^b = \mathrm{MRT}_{12} (= t)$ が成立します．したがって，図 6.2 において消費者 a と b の無差別曲線は x において共通の接線を持ちますから，それを BL とします．また，変形曲線を総初期保有量を原点として描いた曲線の O_b における接線 TL の傾きも BL の傾きと一致し，共に $-t$ となります．ここで $p_1/p_2 = t$ を満たすベクトル p を価格ベクトルとし，消費者 a, b への所得配分を適切にとって BL がそれぞれの予算線となるように $w_a(p), w_b(p)$ を決定すれば，(x, y) は均衡配分となる条件を満たすことが理解できます．

C　マーシャルの厚生基準

経済主体の厚生を測る基準として 4 章と本章の B 節でパレートの基準を考えましたが，本節ではマーシャル A.Marshall が導入した「消費者余剰」と「生産者余剰」による厚生基準を説明します．A. マーシャルの考えは，需要曲線と供給曲線を用いて消費者と生産者の厚生を計算しようというもので，これらの曲線はいずれも実際に市場で観察できる [2] ものであることから，経済計算の実務的な観点からは大変魅力のあるアプローチです．マーシャルの基本的なアイデアは，需要曲線は市場における需要量に応じて消費者の財の価値評価がどのように変化するかを表わしており，供給曲線は財を市場に供給する際の生産者の価値（コスト）評価が，供給量の変化に応じてどのように変化するかを表わしていると考え，実際に取り引きされた価格とこれらの価値評価やコスト評価の差が消費者や生産者の余剰を生んでいるととらえる点にあります．

このようなマーシャルの考えは，実務的に魅力的な反面，ミクロ経済理論の立場からは，計算された「余剰」が正確な指標であるか否かという疑問を生みます．本節の目標は，余剰概念がどの程度正確な指標であるかを理解することにあります．生産者の場合，供給曲線が限界費用曲線の一部として導出されることから，供給曲線を用いた生産者のコスト評価の推計には正確さを期待できるでしょう．し

---

[2] もちろん，字句通り目に見えるという意味ではなく，市場で得られるデータから推計できるという意味です．

かし，消費者の場合，限界効用による財の価値評価と需要曲線上の価格の間には，所得の限界効用が介在していますから，所得の限界効用が一定でなければ，需要曲線を使用した消費者厚生の推計に影響を与えることが予想されます．

消費者余剰

「需要曲線下」の面積と消費者余剰　各種の公共政策を評価する場合，消費者の厚生の変化を考慮する必要があります．価格（ベクトル）と消費者の所得が (p^a, w^a) であったところ，ある政策の導入により (p^b, w^b) に変化すれば，この間の消費者厚生の変化は間接効用関数によって正確に表現され，$v(p^b, w^b) - v(p^a, w^a)$ となります．今，第1財の価格のみが，p_1^a から p_1^b に変化するとすれば，

$$v(p_1^b, p_2, w) - v(p_1^a, p_2, w)$$
$$= \int_{p_1^a}^{p_1^b} \frac{\partial v}{\partial p_1}(p, w) dp_1 = -\int_{p_1^a}^{p_1^b} \frac{\partial v}{\partial w}(p, w) x_1(p, w) dp_1 \tag{6.8}$$

となります．最初の等号は第1財の価格が p_1^a から p_1^b に変化したときの効用の差が，第1財価格の変化による効用の変化（価格の限界効用）を p_1^a から p_1^b への価格変化に沿って「総和」をとった値に等しいことを示しています[3]．また，2番目の等号はロワの等式から，第1財価格の上昇による効用の低下が所得の限界効用にその財の需要量 $x_1(p, w)$ を乗じた値に等しく，$\frac{\partial v}{\partial p_1}(p, w) = -\frac{\partial v}{\partial w}(p, w) x_1(p, w)$ となることによります．したがって，所得の限界効用が常に一定値ならば[4]，消費者の厚生の変化は $-\int_{p_1^a}^{p_1^b} x_1(p, w) dp_1$ に一定値を掛けた値で示され，需要曲線の左側の面積が消費者の厚生水準の変化を表わすことになります．（図6.3参照）

マーシャルは消費者の厚生を測定する基準として「需要曲線下」（左側）の面積を用いることを考案し，これを**消費者余剰** consumer's surplus（略して，CS）とよびました．図6.4において p_1^a における消費者余剰は斜線部分（需要曲線の左側で p_1^a よりも上の部分）の面積で与えられます．

消費者余剰の意味　マーシャルは消費者余剰の概念をつぎのように説明します．（図6.4参照）

> 価格 p_1^a で x_1^a 単位消費するときの消費者余剰 CS とは，消費者が x_1^a 単位の消費を行なうに際し「それなしで済ますよりもそれだけの消費を行なうに当たって支払ってもよいと考えている金額が実際に支払った金額を上回る額」のことである．

マーシャルによる消費者余剰の意味付けは，「**支払い意欲**」willingness to pay による説明とよばれます．この説明を理解するために，第2財を合成財[5]（その他

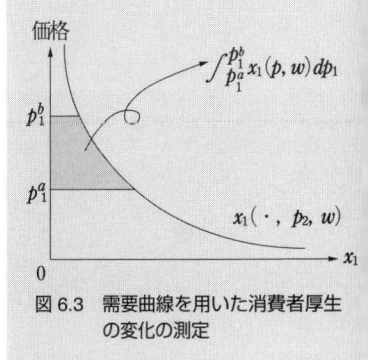

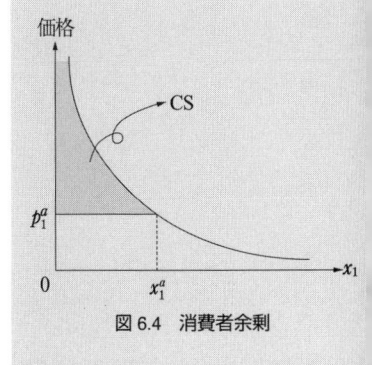

---

[3]　数学的には「微分積分の基本定理」とよばれている結果です．
[4]　(6.8)式では「所得の限界効用が常に1ならば」ということになりますが，効用関数は序数的ですから，効用水準に一定値を掛けても選考関係は変化しません．
[5]　合成財については1章B節を参照してください．

C　マーシャルの厚生基準

図6.3　需要曲線を用いた消費者厚生の変化の測定

図6.4　消費者余剰

すべての財への支出額) と考えましょう．第 2 財を合成財とすれば $p_2 = 1$ です．以下，上付の添え字 a を省略して書きます．所得の限界効用 $(\partial v(p, w)/\partial w) = $ 一定値 $(\bar{\lambda})$ とします．このとき，効用最大化の条件から

$$\frac{\partial u}{\partial x_1}(x_1, x_2) = \bar{\lambda} p_1$$

$$\frac{\partial u}{\partial x_2}(x_1, x_2) = \bar{\lambda} p_2 = \bar{\lambda} = \frac{\partial v}{\partial w}(p, w)$$

です．需要曲線上で消費量が x_1 のとき，$p_1(z_1)$ を逆需要関数とすれば消費者余剰 CS は

$$\int_0^{x_1} p_1(z_1) dz_1 - p_1 x_1 \tag{6.9}$$

です (図 6.4)．(6.9)は，需要曲線の左側の面積を消費量 x_1 の価格水準 $p_1 = p_1(x_1)$ の位置まで計測した値を表わしています．

他方，さきの支払い意欲による表現によると，消費者余剰 CS は，「それなしで済ますよりもそれだけの消費を行なうに当たって，支払ってもよいと考えている金額が実際に支払った金額を上回っている額」です．このかぎ括弧の部分を「それなしで済ますよりも，対価を支払って消費を行なうときの効用の増分が何円の価値を持つか，その評価額」と解釈すれば，支払い意欲はつぎのように表現されるでしょう．

$$\frac{1}{\bar{\lambda}}\big[u(x_1, w - p_1 x_1) - u(0, w)\big]$$

$$= \frac{1}{\bar{\lambda}}\big[u(x_1, w - p_1 x_1) - u(0, w - p_1 x_1)\big] - \frac{1}{\bar{\lambda}}\big[u(0, w) - u(0, w - p_1 x_1)\big]$$

$$= \int_0^{x_1} \frac{1}{\bar{\lambda}} \frac{\partial u}{\partial z_1}(z_1, w - p_1 x_1) dz_1 - \int_{w - p_1 x_1}^{w} \frac{1}{\bar{\lambda}} \frac{\partial u}{\partial z_2}(0, z_2) dz_2$$

$$= \int_0^{x_1} p_1(z_1) dz_1 - p_1 x_1 \tag{6.10}$$

ここで，(6.10)式の左辺は，「それなしで済ます $(u(0, w))$ よりも，対価を支払って消費を行なうときの効用 $(u(x_1, w - p_1 x_1))$ の増分」に所得の限界効用 $\bar{\lambda}$ の逆数 (つまり，効用 1 単位の増加が何円に相当すると消費者は考えるか，その評価額) を掛けて，消費者の評価額を計算しています．その値がちょうど(6.9)に合致していることを(6.10)式は示しているのです[6]．

以上のように，効用関数 u が常に所得の限界効用を一定にするようなものであり，$\partial u(x)/\partial x_2 = \partial v(p, w)/\partial w = $ (一定値) を満たすならば，CS は消費者の厚生を正確に表わします．このような性質を満たす効用関数の種類に，g を第 1 財の消費量のみに依存する実数値関数として

$$u(x_1, x_2) = g(x_1) + x_2$$

の形で表現される準線形 quasi-linear 効用関数があります．この準線形効用関数は $\partial u(x)/\partial x_2 = \partial v(p, x)/\partial w = 1$ を満たし，無差別曲線は第 2 財の座標軸の方向に相互に平行移動した形になっています．

---

[6] この 2 番目の等号はさきほどと同様に微分積分の基本定理によります．また，3 番目の等号が成立するのは，限界効用の変化を需要曲線上で計測しているからであり，その結果，1 財の限界効用は $\bar{\lambda} p_1(z_1)$ に，2 財の限界効用は $\bar{\lambda}$ にそれぞれが等しいことによります．

> **―消費者余剰―**
>
> ある価格水準で，ある数量の需要量を実現した消費者の消費者余剰 CS とは，その消費者の需要曲線の左側の面積をその価格水準の位置まで計測した値として定義されます．
>
> 消費者の所得の限界効用の値が常に一定であれば，消費者余剰 CS は，それなしで済ますよりもそれだけの消費を対価を支払って行なうことにより得られる効用の増分の評価額に一致します．その意味で消費者余剰は，「そのような消費に対して消費者が支払ってもよいと考えている金額が，実際に支払った金額を上回っている額」に一致します．

ヒックスの厚生基準と消費者余剰

所得の限界効用が常に一定値であれば，消費者余剰は的確に消費者の厚生水準を表わしていることを確認しました．所得の限界効用がこのような特殊な性質を持たないとき，消費者余剰はどの程度正確に消費者の厚生水準を反映するのでしょうか？ 消費者余剰が非常に便利な概念であるとしても，厚生の指標として不正確ならば，それを使用して議論することは避けなければなりません．ヒックスが導入した「補償変分」および「等価変分」という厚生基準を用いて，この問題を考えることにしましょう．

価格変化により消費者の厚生水準が影響を受けるとき，それを支出関数を用いて表現することができます．価格変化前後の価格ベクトルと効用水準をつぎのように表わしましょう．

項目	変化前	変化後
価格ベクトル	$p^a = (p_1^a, p_2^a)$	$p^b = (p_1^b, p_2^b)$
効用水準	t^a	t^b

このとき，ヒックスの厚生基準である補償変分と等価変分は，下記のにように定められます[7]．

> **補償変分と等価変分の定義**
>
> **補償変分** compensating variation を CV で表わし，
> $$CV \equiv e(p^a, t^a) - e(p^b, t^a)$$
> によって定義します．また**等価変分** equivalent variation を EV で表わし，
> $$EV \equiv e(p^a, t^b) - e(p^b, t^b)$$
> と定義します．

言葉による説明 この補償変分と等価変分の考え方を身近な概念と感じられ

---

[7] ヒックスの元々の定義では，CV は「価格変化後に変化前と同じ効用水準を達成するために最小限支払わねばならない補償額」となっています．この場合 CV は $e(p^b, t^a) - e(p^a, t^a)$ となります．EV についても同様に $e(p^b, t^b) - e(p^a, t^b)$ となります．

るように，上の定義の左辺と右辺を言葉で表わしてみましょう．つぎのように書けます．

(補償変分) ＝ (価格変化前の所得) − (価格変化後に変化前と同じ効用水準を達成するために必要な所得)

＝ 価格変化前を基準とした実質所得の増分

(等価変分) ＝ (価格変化前に変化後と同じ効用水準を達成するために必要な所得) − (変化後の所得)

＝ 価格変化後を基準とした実質所得の増分

ヒクシアン需要を用いた消費者余剰　　需要曲線の代わりにヒクシアン需要曲線を用いてその左側の面積を求めると，価格変化前の効用水準であれば補償変分，価格変化後の効用水準であれば等価変分になります．第1財の価格だけが上昇するケースを考えてみましょう．補償変分と等価変分はそれぞれつぎのようにヒクシアン需要曲線の左側の面積として表わされます．

$$CV = e(p^a, t^a) - e(p^b, t^a) = -\int_{p_1^a}^{p_1^b} \frac{\partial e}{\partial p_1}\left((p_1, p_2^a), t^a\right) dp_1$$

$$= -\int_{p_1^a}^{p_1^b} h_1\left((p_1, p_2^a), t^a\right) dp_1$$

$$EV = e(p^a, t^b) - e(p^b, t^b) = -\int_{p_1^a}^{p_1^b} \frac{\partial e}{\partial p_1}\left((p_1, p_2^a), t^b\right) dp_1$$

$$= -\int_{p_1^a}^{p_1^b} h_1\left((p_1, p_2^a), t^b\right) dp_1$$

上の等式では，CV，EV いずれの場合も2番目の等号は微分積分の基本定理，3番目の等号はマッケンジーの補題によります．所得効果がゼロのときは代替効果のみですから，価格ベクトルが p^a から p^b に変化しても消費者が達成できる最大効用水準に変化はなく，ヒクシアン需要曲線 $h_1(p, t^a)$ と $h_1(p, t^b)$ は一致します．その結果，補償変分 CV と等価変分 EV とは一致します．

　上の事実を用いて消費者余剰とヒクシアン需要との関係を調べましょう．支出関数 $e(p, t)$ は価格ベクトル p の増加関数であり，価格の上昇が「実質所得」を低下させる点に注意して議論を進めます．価格 $p \in [p^a, p^b]$ の全区間にわたり第1財は上級財か下級財のいずれかだとし，価格変化による所得水準の変化によって上級財から下級財に変わることも，下級財から上級財に変わることもないとします．また，価格変化前後の効用水準 t^a, t^b は消費者の所得水準 w に対応しており，$w = e(p^a, t^a) = e(p^b, t^b)$ だとします．このとき，上級財ならば以下の等・不等式（下級財の場合は括弧内の等・不等式）が任意の $p \in [p^a, p^b]$ に対して成り立ちます[8]．

---

[8]　つぎの(6.11)，(6.12)の両式において，1番目の等号はヒクシアン需要の定義，また2番目の等・不等号は財が上級財（下級財）であることから成立します．

$$h_1(p,t^a) = x_1\left(p, e(p,t^a)\right) \geqq (\leqq) \, x_1\left(p, e(p^a, t^a)\right) = x_1(p,w) \quad (6.11)$$

$$h_1(p,t^b) = x_1\left(p, e(p,t^b)\right) \leqq (\geqq) \, x_1\left(p, e(p^b, t^b)\right) = x_1(p,w). \quad (6.12)$$

したがって，すべての $p \in [p^a, p^b]$ について

$$\min\left\{h_1(p,t^a), h_1(p,t^b)\right\} \leqq x_1(p,w) \leqq \max\left\{h_1(p,t^a), h_1(p,t^b)\right\}$$

が成立します．区間 $[p^a, p^b]$ 全域にわたって上級財あるいは下級財のいずれかでしたから，これは不等式

$$\int_{p_1^a}^{p_1^b} x_1(p,w) dp_1 \;\geqq\; \min\left\{\int_{p_1^a}^{p_1^b} h_1(p,t^a) dp_1, \int_{p_1^a}^{p_1^b} h_1(p,t^b) dp_1\right\}$$

$$\int_{p_1^a}^{p_1^b} x_1(p,w) dp_1 \;\leqq\; \max\left\{\int_{p_1^a}^{p_1^b} h_1(p,t^a) dp_1, \int_{p_1^a}^{p_1^b} h_1(p,t^b) dp_1\right\}$$

が成り立つことを意味しています．

$$\Delta\mathrm{CS} \equiv \int_{p_1^b}^{\infty} x_1(p,w) dp_1 - \int_{p_1^a}^{\infty} x_1(p,w) dp_1 = -\int_{p_1^a}^{p_1^b} x_1(p,w) dp_1$$

と書くと，

$$\min\{\mathrm{CV}, \mathrm{EV}\} \leqq \Delta\mathrm{CS} \leqq \max\{\mathrm{CV}, \mathrm{EV}\}$$

が得られます．

──消費者余剰と補償変分・等価変分──

第 1 財の価格のみ p_1^a から p_1^b に上昇するとし，効用水準を $t^a = v(p^a, w), t^b = v(p^b, w)$ とします．

(1) 補償変分は価格変化前の効用水準 t^a におけるヒクシアン需要曲線の左側の面積を p_1^a から p_1^b の間で測った値にマイナスを付した値に等しい．

(2) 等価変分は価格変化後の効用水準 t^b におけるヒクシアン需要曲線の左側の面積を p_1^a から p_1^b の間で測った値にマイナスを付した値に等しい．

(3) 価格変化の全区間 $[p^a, p^b]$ において第 1 財が上級財であるかあるいは下級財であれば，この間の消費者余剰の変化は補償変分と等価変分の近似値となります．より正確に言えば，消費者余剰の変化は補償変分と等価変分の双方を同時に上回ることも下回ることもなく，その中間の値となります．所得効果がゼロの場合，消費者余剰の変化，補償変分，等価変分の値はすべて一致します．

図による理解　　図 6.5 と図 6.6 は上級財と下級財，それぞれについて消費者余剰の変化と補償変分および等価変分の関係を図によって示したものです．いずれの場合も消費者余剰の変化は補償変分と等価変分の大きさの中間にあることが図から明瞭に理解できるでしょう．

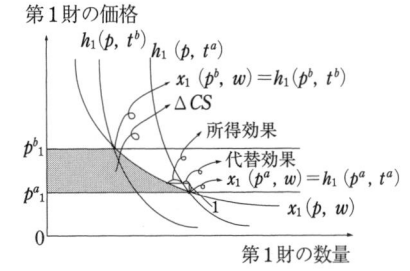

図 6.5 消費者余剰の変化と補償および等価変分（上級財の場合）

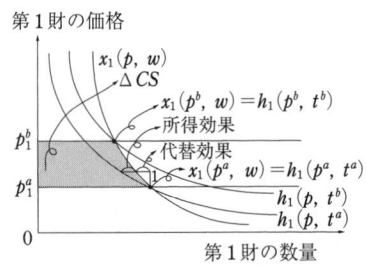

図 6.6 消費者余剰の変化と補償および等価変分（下級財の場合）

生産者余剰

需要曲線の左側の面積を用いて消費者の厚生水準を表現したのが消費者余剰の概念でした．これに対し，供給曲線の左側の面積によって生産者の厚生水準を表現するのが生産者余剰の概念です．今，財の価格ベクトルを $p = (p_1, p_2)$ とし，第1財の供給関数を $y_1(p)$ とします．このとき，供給曲線の左側の面積を価格が $p_1 = 0$ から $p_1 = p_1^a$ の水準まで計算すると

$$\int_0^{p_1^a} y_1(p) dp_1 = \int_0^{p_1^a} \frac{\partial \pi}{\partial p_1}(p) dp_1 = \pi(p^a) - \pi(p^0)$$

となります（図 6.7 参照）．π は利潤関数です．p^a, p^0 は第1財の価格のみが違い，それぞれ $p_1 = p_1^a, p_1 = p_1^0 = 0$ のときの価格ベクトルです．上の式の最初の等号はホテリングの補題によります．$y_1(p^0) = 0$ ですから，特に1財だけ生産が行なわれているときは

$$\pi(p^a) - \pi(p^0) = (p_1^a y_1(p^a) - \mathrm{TC}(y_1(p^a))) - (0 - \mathrm{TC}(y_1(p^0)))$$
$$= p_1^a y_1(p^a) - \mathrm{VC}(y_1(p^a))$$

となり，製品の価格が p_1^a のとき生産を行なわない場合に比べ，生産を行なうときに得られる利益の増分を表わしています．マーシャルはこれを**生産者余剰** producer's surplus（略して，PS）と名付けました．

図 6.7 生産者余剰

生産者余剰

ある価格水準で，ある数量の供給量を実現している企業を考えます．生産者余剰 PS というのは，その企業の供給曲線の左側の面積をその価格水準の位置まで計測した値として定義されます．このように定義された生産者余剰 PS は，ある特定の供給量を実現するために生産者に最低限支払わねばならない金額（＝可変費用）が，実際に支払われた金額（＝総収入）を下回る額に一致します．

市場の需要・供給と余剰

ここまでの消費者余剰・生産者余剰についての議論は，個々の消費者や企業の需要曲線と供給曲線を用いたものですが，市場全体の需要曲線や供給曲線を用いて

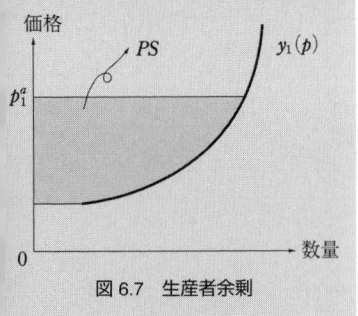

全体の消費者余剰と生産者余剰を求めることができます.

$G(p) = \sum_j g_j(p)$ を市場全体の需要あるいは供給,$g_j(p)$ を経済構成員の需要あるいは供給とし,$\Delta CS_j, \Delta PS_j$ を構成員 j の余剰とすれば,

$$\Delta CS \quad \text{あるいは} \quad \Delta PS = -\int_{p_1^a}^{p_1^b} G(p) dp_1 = -\sum_j \int_{p_1^a}^{p_1^b} g_j(p) dp_1$$

$$= \sum_j \Delta CS_j \left(\text{あるいは} \sum_j \Delta PS_j\right)$$

となります[9].

市場の消費者余剰と生産者余剰

市場全体の需要量や供給量が各構成員の需要や供給に対して影響を及ぼさないとき,市場の需要曲線を用いて計算した消費者余剰は,個々の消費者の消費者余剰の総和になっており,同様に,産業の供給曲線を用いて計算した生産者余剰は個々の企業の生産者余剰の総和になっています.

ケース・スタディー
[消費者余剰]

消費者余剰の計算例

第1財の需要曲線が
$$x_1(p) = 80,000 - 1,000\, p_1$$
だとします.第1財の価格が1単位50円から51円に高騰するとき,消費者余剰の変化は何円になるでしょうか.

価格が $p_1 = 50$ 円/単位から $p_1 = 51$ 円/単位へ変化しましたから,需要曲線 $x_1(p_1, p_2) = 80,000 - 1,000 p_1$ の左側の面積のうち,この価格変化に対応する部分は,

$$\Delta CS = (50 - 51) \times \frac{(30,000 + 29,000)}{2}$$
$$= -29,500 \text{ 円}$$

と計算されます(図 6.8 参照).ですから,このような価格の上昇により,29,500円相当の消費者余剰が減少したことになります.

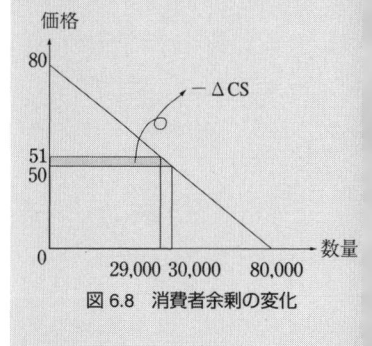

図 6.8 消費者余剰の変化

---
[9] ただし,この議論では,「市場全体の需要量や供給量が個々の経済構成員の需要や供給に対して影響を及ぼさない」という前提条件を置かねばなりません.それはこの前提条件が満たされないとき,価格が変動すると同時に個々の需要曲線や供給曲線が移動(シフト)する可能性があり,その場合計算の過程で,同一の個々の需要曲線や供給曲線の積分の和をとることによって全体の余剰計算ができなくなるからです.

D 外部性

厚生経済学の基本命題は，個々の消費行動や生産活動が他の消費者や企業の厚生あるいは生産性に直接的な影響を及ぼし得ないことや「集団的な消費」が行なわれないことを暗黙の前提としています．このような前提を置かない場合の問題を以下で考え，この節では前段の問題，次節では後段の問題を公共財として取り上げます．

外部性とは

一般に経済構成員の経済活動が，他の構成員の選好や生産技術に直接的な影響を与えるとき，その影響を**外部性** externality とか**外部効果** external effects とよびます．外部性は消費者選好や生産技術に対する影響ですから，効用関数や変形関数等を通して表現されます．消費者に対する外部性は，効用水準が自らの消費ベクトルだけでなく，他人の消費ベクトルや企業の投入・産出ベクトルにも依存するということですから，これを一般的に表現すると「効用関数が消費者個人の消費ベクトルだけでなく，他人の消費ベクトルや企業の投入・産出ベクトルの関数になる」こと，言い換えれば「効用関数が経済の配分の関数になる」ことを意味しています．また，生産者に対する外部性は，生産量や投入量が他人の消費水準や投入・産出水準によっても影響されるということですから，これを一般的に表現すると「変形関数が経済の配分の関数になる」ということです．

外部性の類型としては，**外部経済** external economies と**外部不経済** external diseconomies とがあります．外部経済とは経済構成員にとって有利な外部性を指し，効用水準や生産性を向上させるような外部性です．また，外部不経済とは経済構成員にとって不利な外部性のことであり，効用水準や生産性を低下させるような外部性を指します．

外部性の例 私たちの身の回りに見受けられるいくつかの外部性の例を列挙して，それがミクロ経済学でどのように表現できるかを考えましょう．

公害，汚染，騒音等 企業が生産活動に従事することによって発生する公害，汚染，騒音等，また，消費者の消費活動によって発生する公害，汚染，騒音等がありますが，そうした公害等の発生源である企業 j の生産ベクトル y_j や消費者 a さんの消費ベクトル x_a によって，他の消費者 a' さんや他企業 j' が直接に影響を受けるということです．具体的にこうした影響は，影響を受ける企業 j' の生産ベクトル $y_{j'}$ や消費者 a' さんの効用 $u_{a'}$ によって表現されます．悪影響ですから，例えば公害発生源である企業 j の生産量の増加は，a' さんの消費ベクトルに変化がなかったとしてもその効用 $u_{a'}$ を低下させるという形で表現されます．外部不経済の典型的な例です．

間接喫煙 喫煙者 a さんの選択する消費ベクトル x_a が，他人である b さんの効用 u_b に与える影響として表現されます．b さんが間接喫煙の人体に与える悪

影響を意識しており，a さんの消費ベクトル x_a 中の煙草の消費量の増加が，b さんの効用 u_b の値の低下をもたらす場合，外部不経済の例となります．

果樹園と養蜂業者　果樹園を経営している企業 j の生産ベクトル y_j と果樹園に隣接した養蜂業者の生産ベクトル $y_{j'}$ が，互いに相手の変形関数 $F_{j'}$ と F_j とを通してそれぞれの生産に影響を与えます．果樹園と隣接した養蜂業者の存在は，生産性を互いに向上させることが知られていますから，外部経済の例と言えます．

愛する気持ち　「a さんは b さんを愛する」ことを「b さんの効用水準が高ければ高いほど，a さんの効用水準は高くなる」と解釈すれば，「a さんが b さんを愛する」ことは，a さんの効用関数 u_a が b さんの効用水準 t^b の増加関数になっていることを意味します．このとき，a さんの効用関数 u_a は

$$u_a(x_a, t^b) = u_a(x_a, u_b(x_b)) = \hat{u}_a(x_a, x_b)$$

と書けますから，外部性の一例です[10]．この場合 a さんは b さんから，外部経済を受けていることになります．「愛することは幸せだ」ということのミクロ経済学的解釈の一例です．

バンドワゴン効果　同じ消費量から得られる消費者個人の効用水準が，市場全体の需要量が多ければ多いほど高くなるという効果をバンドワゴン効果 bandwagon effects とよんでいます[11]．消費者の効用関数 u_a が，ある i 財の消費に関し市場全体の需要量 $\sum_a x_{ai}$ の増加関数になっていることを意味します．この典型的な例として，ファッション関連製品が通常挙げられます．

スノッブ効果　バンドワゴン効果とは逆に，同じ消費量から得れる消費者個人の効用水準が市場全体の需要量が少なければ少ないほど高くなるという効果をスノッブ効果 snob effects とよんでいます．すました紳士気取りの人を英語でスノッブとよぶことから来ています．消費者の効用関数 u_a が，ある i 財の消費に関し市場全体の需要量 $\sum_a x_{ai}$ の減少関数になっていることを意味します．ステータス・シンボルを与えるような財だとか，一部の有名ブランド品等がこのような性質を持つ財だと考えられます．

外部性とパレート最適性の条件

生産経済におけるパレート配分の条件を数学的に導出した B 節の場合のように，消費者 2 人，a, b，と企業 2 社，j, k，からなる生産経済について考えてみましょう．消費ベクトル，生産ベクトルのリストをそれぞれ $x = (x_a, x_b), y = (y_j, y_k)$ とし，(x, y) をパレート最適な配分とすれば，配分 (x, y) はつぎの最大値問題の解となります．

最大値問題

$$\max \quad u_a(x', y')$$

制約式　$u_b(x', y') = u_b(x, y)$

---

[10]　2 番目の等号は a さんの効用関数 $\hat{u}_a$ を新たにこのような形で定義できるという意味です．
[11]　国政選挙などで，「地滑り的勝利」という表現を新聞紙上で見かけることがありますが，一般に「地滑り的現象」をバンドワゴン効果とよんでいます．

$$F_j(x', y') = 0$$
$$F_k(x', y') = 0$$
$$x'_{ai} + x'_{bi} = \bar{e}_i + y'_{ji} + y'_{ki} \quad i = 1, \ldots, 4$$

Lagrange 乗数法によるパレート条件の導出

ステップ 1: 　Lagrange 関数を求めます.

$$\mathcal{L}(x', y', \mu, \delta_j, \delta_k, \rho_1, \ldots, \rho_4)$$
$$\equiv u_a(x', y') + \mu\left(u_b(x', y') - u_b(x, y)\right) + \delta_j\left(-F_j(x', y')\right)$$
$$+ \delta_k\left(-F_k(x', y')\right) + \sum_i \rho_i(\bar{e}_i + y'_{ji} + y'_{ki} - x'_{ai} - x'_{bi})$$

ステップ 2: 　最大値の必要条件を求めます. Lagrange 関数 $\mathcal{L}$ は $(x', y') = (x, y)$ においてすべての偏微係数がゼロとなっていますから, 以下の諸等式を満たします.

$$\frac{\partial \mathcal{L}}{\partial x_{ai}} = \frac{\partial u_a}{\partial x_{ai}}(x, y) + \mu\frac{\partial u_b}{\partial x_{ai}}(x, y) - \delta_j\frac{\partial F_j}{\partial x_{ai}}(x, y)$$
$$- \delta_k\frac{\partial F_k}{\partial x_{ai}}(x, y) - \rho_i = 0, \quad i = 1, \ldots, 4 \tag{6.13}$$

$$\frac{\partial \mathcal{L}}{\partial x_{bi}} = \frac{\partial u_a}{\partial x_{bi}}(x, y) + \mu\frac{\partial u_b}{\partial x_{bi}}(x, y) - \delta_j\frac{\partial F_j}{\partial x_{bi}}(x, y)$$
$$- \delta_k\frac{\partial F_k}{\partial x_{bi}}(x, y) - \rho_i = 0, \quad i = 1, \ldots, 4 \tag{6.14}$$

$$\frac{\partial \mathcal{L}}{\partial y_{ji}} = \frac{\partial u_a}{\partial y_{ji}}(x, y) + \mu\frac{\partial u_b}{\partial y_{ji}}(x, y) - \delta_j\frac{\partial F_j}{\partial y_{ji}}(x, y)$$
$$- \delta_k\frac{\partial F_k}{\partial y_{ji}}(x, y) + \rho_i = 0, \quad i = 1, \ldots, 4 \tag{6.15}$$

$$\frac{\partial \mathcal{L}}{\partial y_{ki}} = \frac{\partial u_a}{\partial y_{ki}}(x, y) + \mu\frac{\partial u_b}{\partial y_{ki}}(x, y) - \delta_j\frac{\partial F_j}{\partial y_{ki}}(x, y)$$
$$- \delta_k\frac{\partial F_k}{\partial y_{ki}}(x, y) + \rho_i = 0, \quad i = 1, \ldots, 4 \tag{6.16}$$

ステップ 3: 　これらの条件を整理します.

$$\frac{\partial u_a}{\partial x_{ai}}(x, y) - \Delta\mathrm{MC}_{ai} = \rho_i, \quad i = 1, \ldots, 4 \tag{6.17}$$

$$\Delta\mathrm{MC}_{ai} \equiv -\mu\frac{\partial u_b}{\partial x_{ai}}(x, y) + \delta_j\frac{\partial F_j}{\partial x_{ai}}(x, y) + \delta_k\frac{\partial F_k}{\partial x_{ai}}(x, y)$$

$$\mu\frac{\partial u_b}{\partial x_{bi}}(x, y) - \Delta\mathrm{MC}_{bi} = \rho_i, \quad i = 1, \ldots, 4 \tag{6.18}$$

$$\Delta\mathrm{MC}_{bi} \equiv -\frac{\partial u_a}{\partial x_{bi}}(x, y) + \delta_j\frac{\partial F_j}{\partial x_{bi}}(x, y) + \delta_k\frac{\partial F_k}{\partial x_{bi}}(x, y)$$

$$\delta_j\frac{\partial F_j}{\partial y_{ji}}(x, y) + \Delta\mathrm{MC}_{ji} = \rho_i, \quad i = 1, \ldots, 4 \tag{6.19}$$

$$\Delta\mathrm{MC}_{ji} \equiv -\frac{\partial u_a}{\partial y_{ji}}(x, y) - \mu\frac{\partial u_b}{\partial y_{ji}}(x, y) + \delta_k\frac{\partial F_k}{\partial y_{ji}}(x, y)$$

$$\delta_k \frac{\partial F_k}{\partial y_{ki}}(x,y) + \Delta \mathrm{MC}_{ki} = \rho_i, \qquad i=1,\ldots,4 \tag{6.20}$$

$$\Delta \mathrm{MC}_{ki} \equiv -\frac{\partial u_a}{\partial y_{ki}}(x,y) - \mu \frac{\partial u_b}{\partial y_{ki}}(x,y) + \delta_j \frac{\partial F_j}{\partial y_{ki}}(x,y)$$

条件の意味と解釈　　外部性が存在しない場合のパレート最適性の条件(6.1)〜(6.4)（B節参照）と上の(6.17)〜(6.20)とを比較しましょう．外部性が存在する場合の基本的な相違点は，$\Delta \mathrm{MC}$ と表記した項が付加される点です．$\Delta \mathrm{MC}$ は個々の消費行動や生産活動が他人に与える影響の和を貨幣単位で表現していると解釈されます．ρ_i は第 i 財のシャドープライス（第 i 財の希少性を示す Lagrange 乗数），μ は b の所得の限界効用の逆数で b の効用 1 単位の変化が何円に相当するかを示しています．a の所得の限界効用を 1 とした相対評価です．また，δ_j や δ_k は企業 j, k の限界費用を示しています．第 i 財がその企業にとっての単一の生産物であれば $\partial F_j / \partial y_{ji}$ は 1 となりますから，$\delta_j (\partial F_j / \partial y_{ji})$ は j 企業自身の限界費用です．これを通常，企業の**私的限界費用** PMC（private marginal costs）とよびます．$\Delta \mathrm{MC}_{ji}$ は j 企業が i 財 1 単位を追加的に生産するときに j 企業以外の企業や消費者が被る追加的費用（外部経済のときはマイナスの値）であり，私的限界費用 PMC にこれを追加した限界費用を**社会的限界費用** SMC（social marginal costs）とよびます．

$$\underset{\begin{pmatrix}\text{企業 }j\text{ が }i\text{ 財 1}\\ \text{単位を追加的に}\\ \text{生産するときの}\\ \text{社会的限界費用}\end{pmatrix}}{\mathrm{SMC}_{ji}} \equiv \underset{\begin{pmatrix}\text{私的限界費用}\\ \delta_j \dfrac{\partial F_j}{\partial y_{ji}}\end{pmatrix}}{\mathrm{PMC}_{ji}} + \underset{\begin{pmatrix}\text{他人が被る限界費用の和}\\ -\dfrac{\partial u_a}{\partial y_{ji}} - \mu \dfrac{\partial u_b}{\partial y_{ji}} + \delta_k \dfrac{\partial F_k}{\partial y_{ji}}\end{pmatrix}}{\Delta \mathrm{MC}_{ji}}$$

効用最大化の条件や利潤最大化の条件と(6.17)〜(6.20)の条件とを比較すると，外部性が存在しない場合，$\Delta \mathrm{MC}$ の部分が無いことに気が付くでしょう．効用最大化行動と利潤最大化行動に基づく市場取引においては，外部性が存在するとパレート条件を満たすような配分が実現される必然性がないことを意味します．社会全体から見て最適な状態になるには，各個人や各企業が他人に与える費用や便益の経済計算がなされなければならないのですが，単純に自己の効用または利潤を最大化しているだけでは，他人に与える費用や便益の経済計算がされないからなのです．

---**外部性と市場均衡**---

生産経済が完全競争性を満たしていても外部性が存在する場合，市場で達成される均衡配分がパレート最適になる保障はありません．また，消費者間の所得分配を調整したとしても，パレート配分を市場における均衡として実現できる保障もありません．

この事実を経済学の文献では従来「**マーケット・フェイリュアー**」market failure とよんできました．これを「**市場の失敗**」と訳すテキストが多くあります．しかし，正確に言えば，これは市場の機能が失敗しているというより，むしろ，公害物質や汚染物質を取り引きする市場が欠落しているということです．市場が存在し

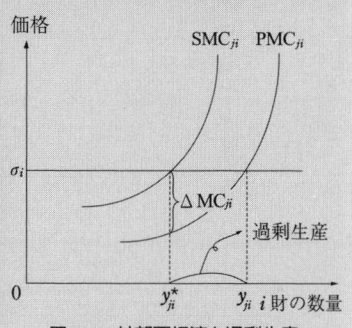

図6.9 外部不経済と過剰生産

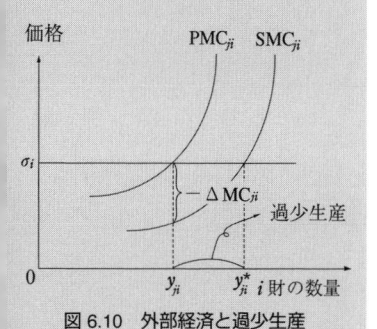

図6.10 外部経済と過少生産

ないのですから市場が機能しないのは当然です．市場の失敗というよりも「市場の欠落」という訳語の方が適切にその意味を伝えるものと考えられます．現在の経済学では，市場が欠落している場合の分析は「**不完備市場**」incomplete markets という名の下になされています．このようにマーケット・フェイリュアーというと，市場機能の失敗か市場の欠落かが曖昧になりますから，最近では「**ミッシング・マーケット**」missing markets と明確に表現することが定着しつつあるように見受けられます．

図による理解 外部経済・不経済いずれの場合にも市場における配分がパレート最適性の達成に失敗する状況を図の上で理解してみましょう．図6.9は外部不経済のケース，図6.10は外部経済のケースです．図6.9の場合，外部不経済の発生源である経済主体jが直面している私的限界費用曲線PMC_{ji}は，他者に与える直接的な迷惑の費用ΔMC_{ji}分だけ，社会的限界費用曲線SMC_{ji}を下回っていますから，生産にともなう費用を過少評価することになり，社会的に見て好ましい水準（＝パレート最適性に適合的な水準）と比べて過剰生産が行なわれることになるのです．また，外部経済が存在する場合も，発生源の経済主体が他者に利益を及ぼしているからといって，経済の効率性を阻害しないのではなく，図6.10におけるように生産時点で直面する私的限界費用曲線PMC_{ji}が他者に与える利益$-\Delta MC_{ji}$を考慮しない分だけ，生産に要する費用を過大評価することになり，社会的に見て好ましい水準と比べて過少生産が行なわれることになるのです．外部経済だからといって，経済効率性を阻害しないのではない点に注意してください．

ピグー税と補助金

外部性があるときに市場においてパレート最適な配分を実現できない理由は，私的限界費用が社会的限界費用からかい離することにありました．ピグー Pigou は市場における最適な資源配分を実現するために，社会的限界費用と私的限界費用の差を税（外部不経済の場合）として賦課するか，補助金（外部経済の場合）として与えることを提案しました．外部性が存在する場合のパレート条件(6.17)〜(6.20)の中で，ΔMC_iの項がこれに当たります．$\Delta MC_i > 0$ならば課税，$\Delta MC_i < 0$ならば補助金となります．このような税・補助金の導入により，市場均衡においてパレート条件(6.17)〜(6.20)が満たされるようになります．

実務上，このような税や補助金を的確に計算するには大きな困難を伴います．しかしながら，実際に「公害税」を導入した事例は海外にはいくつも見られます．また，消費者感情を逆撫ですることにはなりますが，ピグー税・補助金とは全く逆の形で，外部不経済の発生主体に，外部不経済の発生量を減少させることに対する補助金，外部経済を発生する主体に外部経済を発生しないことに対する税を導入してもピグー税・補助金と同等の効果を持ちます．外部経済に対する補助金は，外部経済を発生しない場合に機会費用となりますから，外部経済を発生しないことに対する税と同等の効果を持つことになります．また，外部不経済に対する課税は，外部不経済を発生しないことに対する収入と同等の効果を持ちますか

ら，外部不経済を発生しないことに対する補助金と同等なのです[12]．

―――外部性と税および補助金―――
市場経済において外部性が存在したとしても，各経済主体の社会的限界費用と私的限界費用の差を的確に計算できるならば，これを税として賦課するか，補助金として与えることにより，パレート最適な配分を市場において実現することが可能です．

ケース・スタディー
[「愛」と消費の外部性]

愛のディレンマ

経済構成員の行動に外部性がある場合，たとえそれが外部経済であったとしても，社会全体の最適な資源配分というパレートの観点からは，競争市場における配分が好ましい結果になるとは限らないということでした．ところで「愛する気持ち」の一つの解釈は，それを外部経済の一つと見ることです．そこで，相手を愛する気持ちの強弱と市場における消費行動とを結び付けてその特質を考えてみましょう．

「外部効果の三角図 External Triangle」 2人，1財の場合を考え，外部効果がある場合の箱図の描き方を工夫してみましょう．1財のみですが，相手に対して外部性がありますから消費者 a と b の消費量が2人の効用水準を左右します．したがって，実質的には2種類の財があるような状況です．ただし，同一財で消費の競合性があることに注意しなければなりません．図 6.11 の「三角図」を見てください．つぎのように三角図を描きます．

(1) エッジワース・パレートの箱図のように三角形の左下の頂点 O_a を消費者 a の原点，右上の頂点 O_b を消費者 b の原点とします．
(2) a の消費量を原点 O_a から右方向へ表示します．
(3) b の消費量を原点 O_b から下方へ表示します．
(4) 総初期保有量を $\bar{e}$ とし，三角形の2辺をこの長さに等しく取ります．ここまでの設定は，図が箱図の対角線上の左上半分であることを除いてエッジワース・パレートの箱図と同じです．
(5) 点 E や F のように対角線 O_aO_b 上の配分を行なえば，$\bar{e}$ をすべて分配することになります．2人で完全に分配しなくともよい場合は，点 G のように左半分（斜線部分）も許されます．a には E_a，b には F_b だけ配分すると $\bar{e}$ の総量すべてを分配せず $E_a + F_b < \bar{e}$ となりますが，これが点 G の配分です．

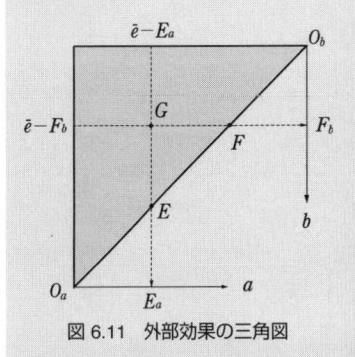

図 6.11 外部効果の三角図

---
12) ただし同等と言っても，外部性を発生する生産物の産出量が変わらないということであって，課税か補助金かでその経済主体の利潤や純収入は異なってきますから，経済主体間の所得分配への影響は生じます．

(6) O_a, O_b を原点として a と b の選好を表わす無差別曲線を記入し，a と b の所得 w_a, w_b を記入すれば図は完成です．1財のみですから，価格を1とし，$w_a + w_b = \bar{e}$ とします．（図6.12 パネル(A)参照）

三角図を描く最後のステップで無差別曲線を記入しました．各個人の限界代替率は無差別曲線の傾きを表現しますが，この三角図の場合の意味を考えてみましょう．MRS_{ab} と書くとき，下付の a, b はそれぞれ個人 a が消費する財と個人 b が消費する財を表わします．上付きの a, b はこれまで通り消費主体です．$|\text{MRS}_{ab}^a| < 1$ は何を意味するでしょうか．a 自身の消費量が1単位減少するとき，b の消費量の増加が仮に1単位未満であってもそれを望むことを意味します[13]．a 自身が b による外部性を意識した表現にすれば，「a は自分自身で消費するより，それを b の消費に回す方が好ましいと考えている」，言い換えれば，「a は b を深く愛している」と解釈できるでしょう．逆に，$|\text{MRS}_{ab}^a| > 1$ の場合，a 自身の消費量が1単位減少するとき，b の消費量が1単位を上回って増えなければそれを望まないことになります．「a はそれを b の消費に回すより，自分自身で消費する方が好ましい」と考えています．自分の消費量に変化が無いとき，b の消費量が増えることを好ましく思っているという意味で，「a は b を愛してはいます」が，「それ程深くは愛していない（b よりも a 自身の方を愛する）」と解釈できるでしょう．

a と b の互いの気持ちの違いを限界代替率で解釈し，その相互関係から以下の3つのケースを考えます．図6.12 のパネル(A)，(B)，(C)では，E^* が市場経済における均衡配分に相当します．a, b がそれぞれ w_a, w_b という所得の範囲で勝手に最良な選択をすれば，E_a^*, E_b^* を選ぶからです[14]．

パネル(A)： $|\text{MRS}_{ab}^a| < 1 < |\text{MRS}_{ba}^b|$ （「愛の奴隷」ケース）「a は b を自分自身よりも深く愛しているけれど，b は a が b を深く愛するほど a を愛していない」という状況です．この場合身勝手な行動はパレート最適ではありません．a は E^* よりも O_a と O_b を結ぶ対角線上の左下へ動く方を好ましく思いますし，b もその方を好ましいと考えるからです．つまり，a の消費量を減らし，その分だけ b の消費量を増やすと配分は常にパレート改善されるのです．

パネル(B)： $|\text{MRS}_{ab}^a| > 1$ と $|\text{MRS}_{ba}^b| > 1$ のケース　a も b もたがいに相手を好きですが自分自身ほどには深く愛していないというケースです．この場合は直感的にも分かり易いのですが，身勝手な行動がパレート最適になります．

パネル(C)： $|\text{MRS}_{ab}^a| < 1$ および $|\text{MRS}_{ba}^b| < 1$ （「愛のディレンマ」ケース）a も b も互いに相手を深く愛しているのに，身勝手な行動がパレート最適になってしまいます‼　日常よくある経験では，このような場合2人で話し合って配分を決めようとしてもお互いに譲り合ってしまって，決められません．お互いに相手の厚生の向上を強く願うからです．

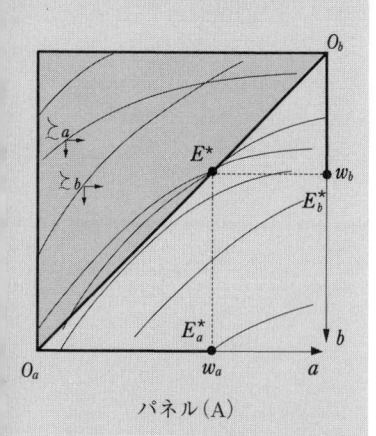

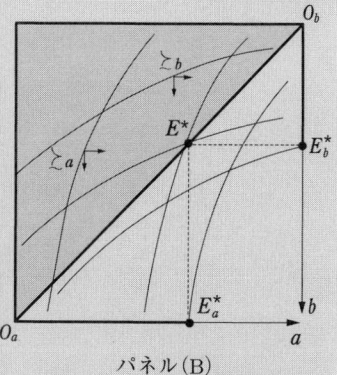

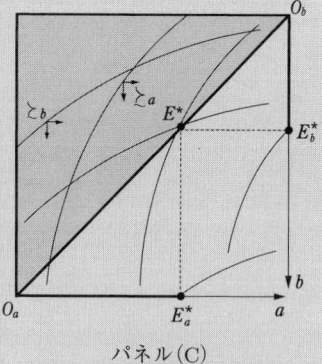

図6.12　愛と身勝手な行動

外部性がある場合，競争的市場での均衡配分を考えるということと，パレート

---

[13] より正確に言えば，「b の消費量の増加が仮に1単位未満であっても $|\text{MRS}_{ab}^a|$ を超えていれば，それを望む」ということです．

[14] 以下で「身勝手な行動」の結果と言っているのはこのような均衡配分を指しますが，この「身勝手な行動」は相手に対する思いやりや愛を含んでいる可能性がありますから，日常的な意味での身勝手な行動ということではありません．

最適な配分を考えるということとの微妙な関係は，この例からもうかがえるでしょう．

E 公共財

第1章のA節で私的財と公共財について説明しましたが，これまでの分析ではすべての財が私的財の場合を考えてきました．本節ではパレート最適性との関連で公共財に関する分析をします．公共財の存在は分析の上で外部性の一形態と考えることができます．そこで前節の議論を念頭に置きながら，公共財の議論を進めることにしましょう．

公共財の表わし方

公共財と私的財の相違点は，公共財が「消費の競合性」と「消費の排除可能性」を完全に欠いていることでした．私的財と公共財のこのような性質の違いは，経済における配分の実行可能性の条件に反映します．この節では第1財を公共財，第2～4財を私的財として議論を進めることにします．消費者2人，a, b，と企業1社，k，公共財生産者（公共セクター），g，を考えます．公共財は最初は存在せず，$\bar{e}_1 = 0$ とします．

まず，配分に関する私的財の実行可能性と公共財の実行可能性の条件を比較してみましょう．

私的財の実行可能性 私的財の実行可能性については，A節で見たように，各主体の消費量の総計がその財の資源の総量と生産量の総計に等しいということです．ですから，私的財それぞれについて，等式

$$x_{ai} + x_{bi} = \bar{e}_i + y_{ki} + y_{gi}, \quad i = 2, 3, 4 \tag{6.21}$$

の成立が実行可能性を示します．左辺は各経済主体の消費量の総計，右辺は第1項がその財の資源の総量，第2項と3項の和が生産量の総計です．

公共財の実行可能性 これに対し公共財の場合，生産された財は消費の排除可能性を完全に欠いていますから，すべての消費者が公共財を消費し，さらに消費の競合性も完全に欠いていることから，すべての消費者が同量を消費することになります．ですから，「公共セクターによって生産された総量に等しい数量をすべての消費者が消費する」というのが，公共財の実行可能性を表わす等式となります．これを表現したのがつぎの等式です．

$$x_{a1} = x_{b1} = y_{g1} \tag{6.22}$$

実行可能性を示す等式から分かるように，公共財の生産が行なわれると，消費者全員がその量だけの消費を行ないますから，公共財の存在を外部経済の1つの例と考えることができるのです．

公共財とパレート条件

公共財を含む配分がパレート最適であるための条件は，最適公共財供給の条件を示し，Samuelson 条件とよばれています．配分されるすべての財の数量が正であるような内点解の場合，最適公共財供給の Samuelson 条件はつぎのように与えられます．

最適公共財供給の条件 — Samuelson 条件

公共財を含む経済の配分 (x_a, x_b, y_k, y_g) がパレート最適ならばつぎの条件が成立します．

$$\text{MRS}_{1i}^a + \text{MRS}_{1i}^b = \frac{1}{\text{MP}_i^g} \qquad i \text{ が生産要素の場合} \qquad (1)$$

$$\text{MRS}_{1i}^a + \text{MRS}_{1i}^b = \text{MRT}_{1i}^g \qquad i \text{ が生産物の場合} \qquad (2)$$

B節で見た私的財の場合のパレート条件では，上の等式の左辺に対応する項が，いずれも個々の消費者の限界代替率 MRS_{1i} となっています．右辺は全く同じです．左辺が公共財の特徴を表現しているのですが，それは前節の外部性の議論から推察できます．つまり，公共財1単位が生産されると，すべての消費者がそれを消費できますから，公共財の消費を1単位減少させるとすれば，a さんと b さんそれぞれに MRS_{1i}^a 単位の i 財と MRS_{1i}^b 単位の i 財とを与えなければ無差別とは見なされないからです．このことを理解できれば上記の条件が成立する理由の説明は容易でしょう．参考までに，(1) と (2) の条件の一方向の説明を示します．

言葉による説明 (1) の条件が成立する理由：仮に，$\text{MRS}_{1i}^a + \text{MRS}_{1i}^b > 1/\text{MP}_i^g$ だとします．公共財1単位を g が追加的に生産すると，a, b 共にこれを消費できます．このとき，a, b 合わせて $\text{MRS}_{1i}^a + \text{MRS}_{1i}^b$ 単位までの i 財の消費が減っても効用は低下しません．ところが，i 財1単位を公共財の生産に振り向けると，MP_i^g 単位の公共財の生産増となりますから，$1/\text{MP}_i^g$ 単位の i 財の投入で公共財を1単位追加的に生産できます．$1/\text{MP}_i^g < \text{MRS}_{1i}^a + \text{MRS}_{1i}^b$ ということは，a と b がともに i 財の消費を減らし，2人でちょうど $1/\text{MP}_i^g$ 単位の i 財を投入物として公共財の生産者に回すと，それによって公共財が1単位追加的に生産され，i 財を投入物として提供したことによる効用の低下を上回って a, b それぞれの効用が上昇することを意味します．したがって，配分がパレート最適ならば，このような不等号は成立しないことになります．逆方向の不等号が成立しないことも，同様に説明できます．

(2) の条件が成立する理由：仮に，$\text{MRS}_{1i}^a + \text{MRS}_{1i}^b < \text{MRT}_{1i}^g$ だとします．公共財の供給量がプラスですから，その生産量を1単位減らすことを考えます[15]．このとき，a に対しては MRS_{1i}^a を上回る数量の i 財，b に対しては MRS_{1i}^b を上回る数量の i 財を追加的に消費させれば，全員効用水準は上昇します．ところが，

---

[15] 生産量が1単位以下で1単位も生産量を減少できないときは，必要に応じて以下の議論中の単位をすべて10分の1あるいは100分の1等々に単位縮小した議論として理解してください．

$\mathrm{MRS}^a_{1i} + \mathrm{MRS}^b_{1i} < \mathrm{MRT}^g_{1i}$ ですから，公共財の生産を 1 単位削減すれば技術的には i 財を追加的に $\mathrm{MRS}^a_{1i} + \mathrm{MRS}^b_{1i}$ 単位を上回る生産が可能となり，全員の効用水準を向上できます．したがって，配分がパレート最適ならば，このような不等号は成立しないことになります．逆方向の不等号が成立しないことも，同様に説明できます．

最大値問題　前節と同様に，Lagrange 乗数法により Samuelson 条件を導出するためにつぎの最大値問題を考えます．

$$\max \quad u_a(x'_a)$$

制約式　$u_b(x'_b) = u_b(x_b)$

$$F_k(y'_k) = 0$$

$$F_g(y'_g) = 0$$

$$x'_{ai} + x'_{bi} = \bar{e}_i + y'_{ki} + y'_{gi} \quad i = 2, 3, 4$$

Lagrange 乗数法による Samuelson 条件の導出

ステップ 1:　Lagrange 関数を求めます．

$$\mathcal{L}(x'_a, x'_b, y'_k, y'_g, \mu, \delta_k, \delta_p, \rho_2, \ldots, \rho_4)$$
$$= u_a(x'_a) + \mu \left(u_b(x'_b) - u_b(x_b) \right) + \delta_k \left(-F_k(y'_k) \right) + \delta_g \left(-F_g(y'_g) \right)$$
$$+ \sum_{i=2}^{4} \rho_i (\bar{e}_i + y'_{ki} + y'_{gi} - x'_{ai} - x'_{bi})$$

$$x'_{a1} = x'_{b1} = y'_{g1}$$

ステップ 2:　最大値の必要条件を求めます．

$$\frac{\partial \mathcal{L}}{\partial x_{a1}} = \frac{\partial \mathcal{L}}{\partial x_{b1}} = \frac{\partial \mathcal{L}}{\partial y_{g1}}$$
$$= \frac{\partial u_a}{\partial x_{a1}}(x_a) + \mu \frac{\partial u_b}{\partial x_{b1}} - \delta_g \frac{\partial F_g}{\partial y_{g1}}(y_g) \quad (6.23)$$
$$= 0$$

$i = 2, 3, 4$ は私的財ですから，これらについては 161 ページの条件 (6.1)〜(6.4) と同じです．上記 (6.23) の両辺を ρ_i で割り，(6.1)〜(6.4) を用いると

$$\mathrm{MRS}^a_{1i} + \mathrm{MRS}^b_{1i} = \sigma^g_{1i}$$

が得られます．ここで記号 σ^g_{1i} の意味は B 節において一般的に定義された記号 $\sigma^j_{ii'}$ の意味と同じです．これで Samuelson 条件が導かれました．

理解度チェック問題

1. パレート最適性の条件に関する命題中の生産者間の関係についての条件および消費者と生産者間の関係についての条件が成立する理由を言葉で説明しなさい．

第6章 生産経済と社会的厚生

2. パレート最適性の条件に関する命題中の生産者間の関係についての条件および消費者と生産者間の関係についての条件をコーナー解を許容した形に修正しなさい．（4章C節および5章C節参照）

3. 「価格＝限界費用」（$p = \mathrm{MC}$）という条件を満たす生産が行なわれていることが，生産経済における配分がパレート最適になっているための条件だとよく言われます．その理由をパレート最適性の条件と厚生経済学の基本命題を用いて説明しなさい．（ヒント：$\mathrm{MC} = w_i/\mathrm{MP}_i$ が成立することを利用しなさい．）

4. C節の消費者余剰の説明におけるように第2財を合成財と考えます．このとき g を第1財の消費量のみに依存する実数値関数として，$u(x_1, x_2) = g(x_1) + x_2$ の形で表現される準線形効用関数は $\partial u(x)/\partial x_2 = \partial v(p, x)/\partial w = 1$ を満たすことを示しなさい．また，無差別曲線は第2財の座標軸の方向に相互に平行移動したものであることを確認しなさい．

5. 第1財を公共財，第 i 財を私的財とし，a, b は消費者，g は公共財生産者とします．$\mathrm{MRS}_{1i}^a + \mathrm{MRS}_{1i}^b < 1/\mathrm{MP}_i^g$ が成立すれば，パレート改善できることを説明しなさい．ただし，公共財も i 財もプラスの数量を消費する状況を前提とします．

6. 上と同様な状況で $\mathrm{MRS}_{1i}^a + \mathrm{MRS}_{1i}^b > \mathrm{MRT}_{1i}^g$ が成立すれば，パレート改善できることを説明しなさい．

7. 厚生経済学の第1の基本命題が成立する理由として誤っているものを選択しなさい．消費量，要素投入量，生産量などはすべて正として考えなさい．
   (1) 完全競争市場では各消費者と各生産者が同一の市場価格を与えられたものとして行動する．
   (2) 消費者が効用を最大にするような消費ベクトルを選ぶと財の間の限界代替率が相対価格と等しくなる．
   (3) 生産者が利潤を最大にするような生産ベクトルを選ぶと生産物間の限界変形率が相対価格と等しくなる．
   (4) 生産者が利潤を最大にするような生産ベクトルを選ぶと投入物の間の限界技術代替率が投入物の相対価格と等しくなる．

8. 厚生経済学の第2の基本命題が成立する理由として誤っているものを選択しなさい．消費量，要素投入量，生産量などはすべて正として考えなさい．
   (1) 同じ2種類の生産物 i, j を生産する企業間で限界変形率 MRT_{ij} が一致している．
   (2) 同じ2種類の生産要素 i, j を使用する企業間で限界技術代替率 MRTS_{ij} が一致している．
   (3) 同じ2種類の生産物 i, j の間の企業の限界変形率 MRT_{ij} と消費者の限界代替率 MRS_{ij} とが一致している．
   (4) 生産物 i を要素 j を用いて製造している企業の要素 j の限界生産物 MP_j と消費者の限界代替率 MRS_{ji} とが一致している．

9. 生産経済の配分に関する以下の記述の中から正しいものを選択しなさい．パレート改善「できる」「できない」の意味は，以下の記述中の条件を満たす配分をパレート改善「できる」，「できない」ということである．
   (1) 第1財を生産要素として使い，第2財を生産している企業の第1財の限界生産物 MP_1 が，1財，2財ともに消費している人々の，2財による1財の限界代替率 MRS_{12} を上回り $\mathrm{MP}_1 > \mathrm{MRS}_{12}$ であれば，第1財の消費量を減らし，第

2 財の生産量を増加させることによりパレート改善が可能である．
(2) 第 1 財，第 2 財ともに消費している人々の間で，2 財による 1 財の限界代替率 MRS_{12} が等しくないならば，MRS_{12} の小さい人の第 1 財の消費量を増やし，第 2 財の消費量を減らすように両財を再配分できれば，パレート改善できる．
(3) 同一生産物を生産している企業間で同一生産要素の限界生産物が異なっているとき，限界生産物の少ない企業の要素投入量を増やして，限界生産物の多い企業の要素投入量を減らすことによりパレート改善可能である．
(4) 第 1 財と第 2 財をともに生産している企業間で，1 財から 2 財への限界変形率 MRT_{12} が異なっている場合，MRT_{12} のより大きい企業の 1 財の生産量を増加し，限界変形率 MRT_{12} のより小さい企業の 1 財の生産量を減少させることにより，パレート改善可能である．

10. マーシャルの厚生基準の 1 つである消費者余剰に関連した以下の記述のうち，誤っているものを選択しなさい．$v(p, w)$ は消費者の間接効用関数である．
(1) 市場価格と消費者の所得が (p^a, w^a) から (p^b, w^b) へ変化するとき，消費者の厚生の変化は，$v(p^b, w^b) - v(p^a, w^a)$ である．
(2) 消費者の所得は変化せず，市場価格のみが (p_1^a, p_2) から (p_1^b, p_2), $(p_1^b > p_1^a)$, へ変化するとき，所得の限界効用が常に 1 に等しければ，p_1^a から p_1^b までの第 1 財の「需要曲線下の面積」分だけ消費者の厚生は下落する．
(3) 消費者の所得は変化せず，市場価格のみが (p_1^a, p_2) から (p_1^b, p_2), $(p_1^b > p_1^a)$, へ変化するとき，消費者余剰の変化は p_1^a から p_1^b までの第 1 財の「需要曲線下の面積」にマイナスを付した値に等しい．
(4) 消費者の所得 w は変化せず，市場価格のみが (p_1^a, p_2) から (p_1^b, p_2), $(p_1^b > p_1^a)$, へ変化するとき，消費者余剰の変化は $v(p_1^b, p_2, w) - v(p_1^a, p_2, w)$ に等しい．

11. マーシャルの厚生基準の 1 つである生産者余剰に関する以下の記述のうち，誤っているものを選択しなさい．
(1) 生産者余剰は，ある特定の供給量を実現したときの総収入がその生産に要する総費用を上回る金額である．
(2) 供給曲線の左側の面積により生産者の厚生水準を表現しようとするものである．
(3) 生産者余剰の変化は，価格変化による生産者の利潤の変化を示している．
(4) 生産者余剰の変化は，消費者の所得の限界効用の値には影響されない．

12. マーシャルの厚生基準である消費者余剰と生産者余剰に関する以下の記述のうち，正しいものを選択せよ．
(1) 消費者余剰と生産者余剰の総和が増加するならば，パレート改善である．
(2) 消費者余剰と生産者余剰の総和が最大になっていれば，パレート最適である．
(3) パレート改善すれば消費者余剰と生産者余剰の総和は増加する．
(4) 消費者余剰および生産者余剰の総和とパレート最適性とは無関係である．

13. パレートの意味で効率的な資源配分が，完全競争市場において実現可能であるための諸条件に関する以下の記述の中から，正しくないものを選択せよ．
(1) 消費者の選好が凸性を持たない．
(2) 生産技術が規模に関する収穫逓増性を持たない．
(3) 消費者間の所得分配が適切に調整される．
(4) 外部経済が存在しない．

理解度チェック問題

第6章 生産経済と社会的厚生

14. ある財の価格が上昇したとする．消費者余剰，補償変分，および等価変分に関する以下の記述のうち，正しいものを選択せよ．
    (1) 補償変分は，価格変化後の効用水準の下でのヒクシアン需要曲線の左側の面積を，価格変化の区間について計算した値にマイナスを付した値になる．
    (2) 等価変分は，価格変化前の効用水準の下でのヒクシアン需要曲線の左側の面積を，価格変化の区間について計算した値にマイナスを付した値になる．
    (3) この財が価格変化の全域において下級財ならば，消費者余剰の変化の絶対値は，補償変分の値の絶対値と比較し，それを上回る場合も下回る場合もある．
    (4) この財が価格変化の全域において上級財ならば，消費者余剰の変化の絶対値は，等価変分の値の絶対値を下回らない．

15. 外部効果が存在する場合の市場経済において実現する資源配分について，以下の記述の中から，正しくないものを選択せよ．
    (1) 企業が外部不経済を発生していても，生産量の増加が他企業の生産性の低下や消費者の不効用の増大に与える影響をすべて費用として考慮するならば，資源配分がパレート最適になることも考えられる．
    (2) 企業が外部経済をもたらしていても，生産量の増加が他企業の生産性の向上や消費者の効用の増大に与える影響を考慮していないならば，資源配分がパレート最適にならないことも考えられる．
    (3) 経済の資源配分の観点から外部不経済が問題視されるのは，それが公害問題を社会的に提起しているからである．
    (4) 外部不経済を発生している企業に対し適切な補助金を導入できれば，資源配分の効率性を回復することも理論的には可能である．

16. 外部効果が存在する場合完全競争市場において実現する資源配分について，以下の記述の中から，正しくないものを選択せよ．
    (1) 外部経済が発生している産業では社会的な観点からは過少生産になっている．
    (2) 外部不経済が発生している企業に対し補助金を導入しても，資源配分の効率性を回復することは出来ない．
    (3) 外部経済が発生している企業に対して適切な補助金を導入することにより，資源配分の効率性を回復することが可能である．
    (4) 外部経済・不経済が発生している企業に対して適切な税金を導入することにより，資源配分の効率性を回復することが可能である．

17. 私的財や（準）公共財に関する以下の記述の中から，正しいものを選択せよ
    (1) 私的財も公共部門によって提供されると準公共財である．
    (2) 私的財も同時に複数の人で消費されると準公共財である．
    (3) 「国防」は，たとえ在日米軍が自衛隊による国防サービスを肩代りして提供しても公共財である．
    (4) 日本の「高速道路」は，入口と出口で利用者をチェックしており，消費の排除可能性を満たしているので，私的財である．

18. 公共財の最適な供給に関する以下の記述の中から，正しいものを選択せよ．第1財，第2財はともに生産物であり，第1財は公共財，第2財は私的財である．双方の財を消費している消費者と双方の財を生産している生産者とを考える．
    (1) 実際に生産されている公共財と私的財の配分がパレート最適であれば，私的財による公共財の限界代替率を公共財を同時に消費できる消費者全体の上で総和

を取った値は，公共財生産における私的財の限界生産物と等しい．
(2) 実際に生産されている公共財と私的財の配分がパレート最適であれば，私的財による公共財の限界代替率を公共財を同時に消費できる消費者全体の上で総和を取った値は，公共財から私的財への限界変形率に等しい．
(3) 私的財による公共財の限界代替率を公共財を同時に消費できる消費者全体の上で総和を取った値が，公共財生産における私的財の限界生産物の逆数を上回っているときは，公共財の生産を減らすことによりパレート改善できる．
(4) 私的財による公共財の限界代替率を公共財を同時に消費できる消費者全体の上で総和を取った値が，公共財から私的財への限界変形率を上回っているときは，公共財の生産を減らすことによりパレート改善できる．

19. ヘリコプターが不時着し，美久露美奈さんと青空大君は砂漠の真ん中に放り出されてしまった．手元には水筒一杯の水があるだけである．近くのオアシスにたどり着くには徒歩で2日かかる．水筒一杯の水を頼りに2人はオアシスに向けて歩き出した．美奈さんと大君は相思相愛で，相手が水を飲むことは好ましいことだとそれぞれが考えている．MRS_{MD} は，M(美奈)が飲む水のD(大)が飲む水による限界代替率を示し，上付きの文字は美奈もしくは大の限界代替率であることを示す．2人の水の消費に関する以下の記述の中から，正しいものを選択せよ．（図 6.12 参照）

(1) $|\mathrm{MRS}_{MD}^{M}| > 1$ ならば，美奈は自分の消費量が1単位減少するとき，それが大の消費量を1単位未満しか増加させなかったとしても，それを望む気持ちがある．
(2) $|\mathrm{MRS}_{DM}^{D}| < 1$ ならば，大は自分の消費量が1単位減少するとき，それが美奈の消費量を1単位を上回る量だけ増加させなければ，それを望まない．
(3) $|\mathrm{MRS}_{MD}^{M}| < 1 < |\mathrm{MRS}_{DM}^{D}|$ となっている場合，水の消費配分はパレート最適である．
(4) $|\mathrm{MRS}_{MD}^{M}| > 1$，$|\mathrm{MRS}_{DM}^{D}| > 1$ となっている場合，水の消費配分はパレート最適である．

理解度チェック問題

第7章
産業組織と市場成果

A 産業組織の基本的な分類
B 独　占（モノポリー）
C 価格支配力と価格差別
D 買い手独占（モノプソニー）
E 独占的競争
F 募　占（オリゴポリー）
G 応用例
　ケース・スタディー
　　［安くて欲しいテキストの値段］
　　［貿易摩擦］
　　［ディズニーランドの価格戦略］
　　［買い手のカルテル］
　　［過当競率］
理解度チェック問題

第7章 産業組織と市場成果

5章と6章では，同一製品を生産・販売している多数の企業からなる産業を考え，市場価格に個々の企業が影響を持ち得ないような完全競争市場のワーキングとそうした市場における成果について解説しました．本章では完全競争と異なる状況を想定し，産業組織の在り方によって相違する市場成果について学ぶことにしましょう．

A 産業組織の基本的な分類

市場の企業間競争と産業組織

同一製品を製造・販売している企業群を産業とよびますが，産業の組織形態は，市場における企業間競争の形態，特に，企業数，価格形成に対する影響力，競争の形式によって基本的な分類が行なわれます．

表7.1 産業組織の基本的類型

基本的類型	市場参加企業数	価格支配力（影響力）	競争形式とそのバリエーション
完全競争	多数	ゼロ	生産量
寡　占	複数	有り	・クールノー型（生産量） ・スタッケルベルグ型（生産量） ・ベルトラン型（価格） ・ガリバー型（生産量）
（複　占）	2	有り	寡占に同じ
独　占（買い手独占）	1	完全	価格，生産量（購入価格，購入量）
独占的競争	多数	有り	価格，生産量

表7.1では，独占→（複占→）寡占→完全競争の順に市場での企業間競争が激化します．企業の価格に対する影響力という面で完全競争と独占とは両極端に位置しています．また，独占的競争は，各企業がそれぞれ異なった類似製品を製造することによって競争している市場形態を描写しています．独自の製品を製造・販売しているという点で独占企業的ですが，同時に多数の企業が類似製品を販売しているという点で，企業間競争は完全競争に似た特徴も併せ持っています．

この章では，上の諸類型の中の独占についての解説から始め，続いて独占的競争，寡占への説明に移ることにします．

B 独 占（モノポリー）

同一産業に1企業のみ存在する場合の価格と生産量の決定について説明しましょう．このように1企業が産業を支配している状況を**独占** monopoly とよび，独占状態にある企業を**独占企業**とよびます．独占の場合，企業は価格について「完全な」支配力（決定権）を持ちます．これは価格に対して全く影響力を持たない完全競争の産業と比べて対極にあると言えるでしょう．ここで，価格支配力・決定権について括弧書きで「完全な」としたのは，市場の需要（曲線）を無視した価格決定は不可能だからです．以下では，独占企業の場合の利潤最大化の条件から，産業が独占状態にある場合の特徴を理解し，その上で独占が経済の配分に及ぼす影響を考えます．最後に，価格支配力を持つ企業がどのような価格差別を行なう可能性があるのか，その種類や特徴を考察することにします．

独占企業と利潤最大化条件

独占企業の利潤の計算　5章E節の説明のように企業の利潤は，

$$\underset{\text{Profits}}{\text{利潤}} \equiv \underset{\text{Total Revenue}}{\text{総収入}} - \underset{\text{Total Costs}}{\text{総費用}}$$

と計算されます．企業の生産・販売量を y とし，費用関数を用いて利潤 $\Pi(y)$ を表現すると，$\Pi(y) \equiv \text{TR}(y) - \text{TC}(y)$ です．ここで y の販売価格を $p(y)$ と書けば，$\text{TR}(y) = p(y) \times y$（総収入＝（価格）×（販売量））です．完全競争の場合，価格は販売量に依存しなかったのですが，独占の場合の重要なポイントは，価格と販売量は市場における需要曲線が示す価格と数量に見合っていなければならないということです．販売量 y に対する価格 $p(y)$ というのは，実際に y だけの数量を販売できるような価格付けでなければなりません．したがって，$p(y)$ は需要曲線上の価格を示しています．価格を販売量の関数として見ると，需要関数の逆関数—これを**逆需要関数** inverse demand function といいます—となるのです．ところで，販売量1単位当たりの企業の収入を**平均収入** average revenue とよびます．同一製品を同一価格で販売する通常のケースでは，企業にとっての平均収入は販売価格に他なりません．平均収入を記号で $\text{AR}(y)$ と書けば $\text{AR}(y) \equiv \dfrac{\text{TR}(y)}{y} = p(y)$（平均収入≡販売量1単位当たりの収入＝価格）ということです[1]．また，企業の収入に関する概念としては，総収入，平均収入の他に限界収入の概念が重要です．企業の販売量が y であるとき，企業の**限界収入** marginal revenue とは，企業による追加的な製品1単位の販売が企業にもたらす収入のことです．これは販売量1単位の変化にともなう総収入の変化額ですから，限界収入を記号で $\text{MR}(y)$ と書けば，$\text{MR}(y) \equiv \dfrac{d\text{TR}}{dy}(y)$（限界収入≡追加的な製品1単位の販売が企業にもた

---

[1] 前後関係から販売量 y が明らかな場合は y の記述を省略し，単に AR と書くこともあります．

らす収入＝販売量1単位の変化にともなう総収入の変化額）となります[2]．

独占企業の行動や企業パフォーマンスの性質を，つぎの最適値問題の解の性質として理解し，分析を進めます．

独占企業の利潤最大化問題

$$\max_{y} \quad \Pi(y) = \mathrm{TR}(y) - \mathrm{TC}(y)$$

この利潤最大化問題の解の条件をまとめたのが，つぎの結果です．

独占企業の利潤最大化の条件

企業が生産量 y において利潤を最大化しているならば，限界収入は限界費用を上回りません．このとき，企業が実際に製品を生産・販売している**内点解** $y > 0$ の場合，限界収入は限界費用に一致します．言い換えれば，

$$y > 0 \quad \text{ならば} \quad \mathrm{MR}(y) = \mathrm{MC}(y)$$
$$y = 0 \quad \text{ならば} \quad \mathrm{MR}(y) \leqq \mathrm{MC}(y)$$

が成立します．

言葉による説明　生産・販売量が y のとき，利潤を最大化するとします．仮に，限界収入が限界費用を上回り $\mathrm{MR}(y) > \mathrm{MC}(y)$ だとしましょう．生産・販売量を1単位増やすことにより，収入は限界収入の $\mathrm{MR}(y)$ 円増え，他方費用も限界費用の $\mathrm{MC}(y)$ 円増加します．収入の増分が費用の増分を上回っている結果，その差額の $\mathrm{MR}(y) - \mathrm{MC}(y)$ 円だけ利潤が増加し，利潤が最大であったことに反します．したがって，利潤を最大化している場合，限界収入が限界費用を上回ることはなく，$\mathrm{MR}(y) \leqq \mathrm{MC}(y)$ でなければなりません．

逆に，限界収入が限界費用を下回り $\mathrm{MR}(y) < \mathrm{MC}(y)$ とします．このとき，生産・販売量が正であり，$y > 0$ だとすると，生産・販売量を減少させることにより，減少量1単位当たり収入が $\mathrm{MR}(y)$ 円減少しますが，同時に費用が $\mathrm{MC}(y)$ 円だけ節約されます．費用の節約分が収入の減少を上回る額，つまり $\mathrm{MC}(y) - \mathrm{MR}(y)$ 円に生産・販売量の減少分を掛けた値だけ利潤が増加し，利潤を最大化していることと矛盾します．しかし，生産・販売量がゼロであり，$y = 0$ の場合，限界費用が限界収入を上回っているとしても，生産・販売量をゼロ以下にすることはできませんから，内点解でなければ限界費用が限界収入を上回る可能性は排除できません．

内点解で $y > 0$ の場合の数学的説明　$\Pi(y)$ が最大値であることから

$$\frac{d\Pi}{dy}(y) = \frac{d\mathrm{TR}}{dy}(y) - \frac{d\mathrm{TC}}{dy}(y) = 0$$

---
[2] AR の場合と同じように販売量 y を省略し，単に MR と書くこともあります．

が成立し，したがって，MR(y) = MC(y) となります．

上の利潤最大化の条件は独占・完全競争を問わず成立します．完全競争の場合，市場価格そのものが製品1単位の追加的な販売から得られる収入ですから，MR(y) = $p(y)$ であり，5章G節の利潤最大化の条件と一致します．

独占企業の特徴

限界収入と価格弾力性 　産業が一企業による独占状態にある場合の市場の特質を理解するために，まず限界収入と市場における需要の価格弾力性の関係を説明します．企業の総収入は製品の販売価格に販売数量を掛けた値ですが，独占企業の場合，販売価格は市場における製品の需要曲線によって与えられます．販売数量 y をちょうど売り切る価格を $p(y)$ とし，市場価格 p を販売量 y の関数とみるとき，これが**逆需要関数**です．ですから，限界収入 MR(y) はつぎのように計算されます．

$$\mathrm{MR}(y) \equiv \frac{d\mathrm{TR}}{dy}(y) = \frac{d\left(p(y)y\right)}{dy}$$
$$= p(y) + \left(\frac{dp}{dy}(y)\right)y = p(y) + \frac{1}{\frac{dD}{dp}(p)}y$$

（ここで D は需要関数であり，$p(y) = D^{-1}(y)$ です．逆関数の定理により逆関数の微分は微分の逆数に等しいということですから，

$$\frac{dp}{dy}(y) = \frac{dD^{-1}}{dy}(y) = \frac{1}{\frac{dD}{dp}(p)}, \quad y = D(p)$$

となります．）

ところが，需要の価格弾力性 η_p はその定義から

$$\eta_p(y) \equiv \frac{dD}{dp}(p) \times \frac{p}{y}, \quad y = D(p),$$

ですから，

$$\mathrm{MR}(y) = p(y)\left[1 + \frac{1}{\eta_p(y)}\right]$$

（限界収入＝価格×(1＋需要の価格弾力性の逆数)）

が成立します．完全競争市場における企業の場合，価格 $p(y)$ は企業の生産・販売量 y によらず一定ですから，MR(y) = $p(y)$ であり，上の式で $\eta_p(y) = -\infty$ のケースが完全競争市場の場合に該当すると考えることができます．独占市場の場合，一般には需要法則を満たす市場の需要曲線に直面していますから $-\infty < \eta_p(y) < 0$ です．したがって，$p(y) >$ MR(y)，価格＞限界収入，という状況にあります．以上の事実を踏まえて，先に導いた利潤最大化の条件のインプリケーション（含意）を考えてみましょう．

独占企業の利潤最大化の条件から，製品が市場で販売されていれば（$y > 0$ のと

き），限界収入と限界費用とが等しくなるような生産・販売量が実現されますから，

$$p(y)\left[1 + \frac{1}{\eta_p(y)}\right] = \mathrm{MC}(y)$$

が成立します．ところが，通常，価格，限界費用ともに正 $(p(y) > 0, \mathrm{MC}(y) > 0)$ ですから，これは $1 + (1/\eta_p(y)) > 0$，つまり，$-\infty < \eta_p(y) < -1$，$(|\eta_p(y)| > 1)$ を意味します．独占企業は一般に需要が価格弾力的な局面で価格付けを行なっているということです．

独占度 企業間競争がどれ位い完全競争からかい離しているかを表わす指標として独占度という概念を用いることがあります．A. ラーナー Lerner による概念でつぎのように定められています．

$$\delta \equiv \frac{\text{価格} - \text{限界費用}}{\text{価　格}}$$

このように定義される δ をラーナーの**独占度**とよびます．独占市場における価格と完全競争市場における価格の特徴を比較すると，ラーナーの考え方を理解できるでしょう．このとき，

$$\delta = \frac{p(y) - \mathrm{MC}(y)}{p(y)} = \frac{-\dfrac{p(y)}{\eta_p(y)}}{p(y)} = -\frac{1}{\eta_p(y)}$$

です．ここで，2番目の等号は先の価格弾力性を用いて表わした利潤最大化の条件によります．したがって，独占度の表現として関係式

$$\delta = -\frac{1}{\eta_p(y)} \quad (\text{独占度} = -(\text{需要の価格弾力性の逆数}))$$

を得ます．一般に限界費用が正で需要法則が成立しているとき，独占度は $0 < \delta < 1$ の範囲内にあり，完全競争企業の場合，価格は限界費用と等しいことから $\delta = 0$ となります．

独占企業の特徴についてのここまでの議論をまとめてみましょう．

独占企業の特徴

市場の需要が需要法則を満たし，企業の限界費用が正であるような一般的な状況を考えます．独占企業が実際に生産を行なっている場合，製品に対する価格付けなどについてつぎのような特徴を持ちます．
(1) 価格は限界費用を上回る水準に設定されます．
(2) 限界収入と限界費用は共に等しく設定されますが，いずれも価格に需要の価格弾力性の逆数を掛けた値の絶対値だけ価格を下回ります．
(3) 需要が価格弾力的 $(|\eta_p(y)| > 1)$ な範囲で価格付けが行なわれます．
(4) 限界費用が価格を何％下回るかという数値を（小数で表現して）独占度とよびますが，独占度は 0 から 1 までの範囲の数値となり，独占企業が完全競争企業的な価格付けを行なうと，独占度は 0 となります．

図 7.1 独占企業の特徴

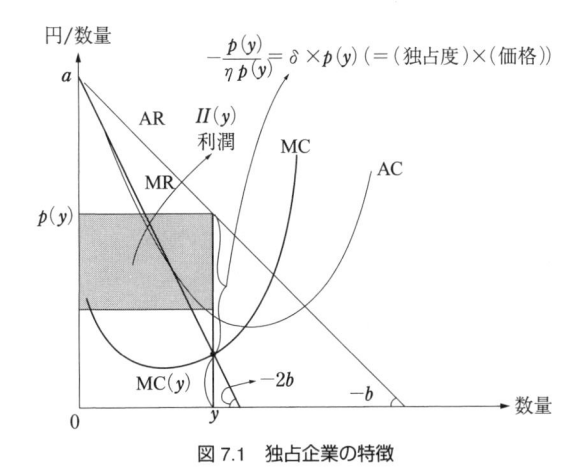

図による理解　市場の需要 $D(p)$ が需要法則を満たし，線形（＝直線）となる場合について，独占企業の特徴を図示したのが図 7.1 です．市場の需要 $D(p)$ は，逆需要関数 $p(y) = a - by, a > 0, b > 0$，で与えられています．企業にとって市場価格 $p(y)$ は，生産・販売量を y としたときの平均収入であり $AR(y) = p(y)$ ですから，総収入は $TR(y) = (a - by)y$ です．これから限界収入はつぎのように計算されます[3]．

$$MR(y) \equiv \frac{dTR}{dy}(y) = \frac{d}{dy}\left((a - by)\,y\right) = a - 2by$$

市場の（逆）需要が右下がりの直線で $p(y) = a - by$（図 7.1 の価格軸の切片が a で傾きが $-b$）のとき，独占企業の限界収入曲線は $MR(y) = a - 2by$ となる直線，つまり価格軸との切片が需要と同じで傾きが 2 倍の直線，となることが分かります．この図に独占企業の限界費用曲線を描くと，限界費用曲線 MC と限界収入曲線 MR の交点での数量が独占企業の生産量 y を示しており，そうした販売量 y を実現できるような市場価格は需要曲線が示す $p(y)$ です．平均費用曲線 AC を書き入れたとき，生産・販売量 y を実現する価格と平均費用の差 $p(y) - AC(y)$ に販売量 y を掛けた金額が独占企業の利潤額を表わしています．図の中で，販売価格 $p(y)$ が生産量 y の限界費用 $MC(y)$ を上回っている金額は，価格に独占度を掛けた金額 $\delta p(y)$ に等しくなります．

独占と資源配分の非効率性

6 章 B 節で説明した厚生経済学の第 1 の命題は，生産経済において完全競争性が満たされていれば，実現される配分はパレートの意味で最適であることを主張していました．ある企業によって産業が独占状態に陥った場合，経済の配分はこのよ

---

[3]　数量 y を価格 $p(y) = a - by$ で販売するとき，限界収入の計算を言葉で説明すると，おおよそつぎのようになります．限界収入は販売量を 1 単位増やすときの総収入の増加額です．販売量を 1 単位増やすとき価格が変化しなければ，収入は 1 単位を販売した価格 $a - by$ だけ増えます．ところが，実際には 1 単位多く市場で売るには，販売価格を 1 単位当たり b 円値下げしなければ売れません．値下げは販売するすべての製品についてですから，b 円に販売量 y を掛けた by 円の収入が減少し，その結果，総収入の増分である限界収入は $(a - by) - by = a - 2by$ 円となります．

第 7 章 産業組織と市場成果

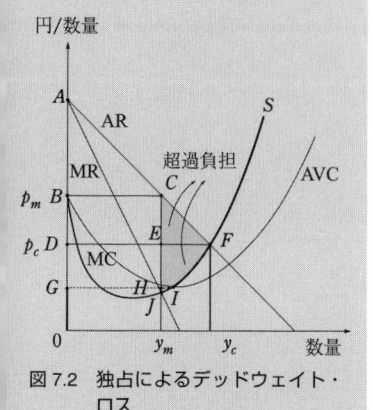

うなパレート最適性を保つことができるのでしょうか？ 伝統的な議論は，この疑問に対して否定的な答えを与えてきました．その理由を以下で説明しましょう．

5章G節で解説しましたが，企業が費用最小化行動を取っていれば，生産物の限界費用は，投入する各生産要素について，その限界生産物1単位当たりの要素価格に等しく，任意の要素 i, i' に対して $\mathrm{MC}(y) = w_i/\mathrm{MP}_i(y) = w_{i'}/\mathrm{MP}_{i'}(y)$ ($w_i, w_{i'}$ は要素価格) が成立します．完全競争企業の場合，限界費用が市場価格に等しくなるまで生産を行ないますから，$\mathrm{MC}(y) = p$ です．したがって，異なる要素間の限界技術代替率 $\mathrm{MRTS}_{ii'}$ や各要素の限界生産物 $\mathrm{MP}_i(y)$ が企業間で等しくなければならないというパレート最適性の条件が，要素価格および生産物価格を通して成立することになります．ところが，$\mathrm{MC}(y) < p(y)$ の下ではこれらパレート最適性の条件が満たされなくなりますから，独占企業が存在すると市場で達成される資源配分のパレート最適性が保証されなくなるのです．経済理論上独占が排斥される基本的な理由となっています．

マーシャルの厚生尺度を用いると，独占による資源配分の非効率性から生まれる経済厚生上の損失を測ることができます．実証分析では，実際のデータを用いた経済厚生上の損失の推計によって，資源配分の非効率性が議論されることがよくあります．独占企業が仮に完全競争企業であったとすると，その供給曲線は図 7.2 の曲線 S(OGIS) のように限界費用曲線 MC を一部利用して与えられます．AR 曲線は市場の需要を示していますから，曲線 S との交点 F に対応する価格 p_c が均衡価格，販売量は y_c となります．他方，独占企業として行動すれば，MC 曲線と MR 曲線の交点 J が示す販売量 y_m と，それを市場で売り切る AR 曲線上の価格 p_m となります．これら2種類のケースについて消費者余剰と生産者余剰を比較したのが表 7.2 です．

図 7.2 独占によるデッドウェイト・ロス

表 7.2 独占と完全競争の余剰比較

余 剰	完全競争	独 占	差
消費者余剰	$\triangle ACB + \square BCED + \triangle CFE$	$\triangle ACB$	$\square BCED + \triangle CFE$
生産者余剰	$\square DEHG + \square EFIH$	$\square BCED + \square DEHG$	$\square EFIH - \square BCED$
合 計	$\triangle ACB + \square BCED + \triangle CFE + \square DEHG + \square EFIH$	$\triangle ACB + \square BCED + \square DEHG$	$\triangle CFE + \square EFIH$

企業が価格支配力を持つ独占企業となることにより，消費者余剰は $\square BCED + \triangle CFE$ 減少しますが，このうち $\square BCED$ は生産者余剰として企業に移転します．生産者余剰は $\square BCED - \square EFIH$ 増えますが，社会全体としては，$L \equiv \triangle CFE + \square EFIH$ だけ余剰が減少することになります．完全競争市場の場合に達成できる消費者余剰と生産者余剰の和と比較したときのこのような損失額を**デッドウェイト・ロス** deadweight loss (「**死重的損失**」) あるいは**超過負担** excess burden とよびますが，この損失部分は経済のどの主体にも移転されず，システム全体の損失になっているからです．デッドウェイト・ロスは独占がもたらす資源配分上の非効率性の大きさを示す1つの尺度を与えています．

非効率性解消へのディレンマと政策的配慮

消費者の感情論からすれば，独占企業がいけないのは，「独占をよいことに高い値段で商品を売りつけ，大きな利益をあげる」点にあるのではないでしょうか．しかし，先進諸国で法制化されている独占禁止法や反トラスト法等の経済理論上の根拠は，上で見たような独占による資源配分上の非効率性であって，独占企業の「暴利」を非難するものではありません．独占企業の存在それ自体が問題となる訳ではありませんから，政策的に資源配分の非効率性を是正するような政策手段を政府が実行できれば，一産業が何らかの理由により独占状態になったとしても，問題があるとは言えません．端的に言えば，独占が存在する場合の政策としては，$p(y) = \text{MC}(y)$（価格＝限界費用）を満たす価格付け（プライシング）がなされるよう法的に義務付ければよいのです．

自然独占のケース　産業が独占に至るケースとしては，法的保護による場合と自然発生的な場合との2種類があります．自然発生的に独占状態に陥った状況を**自然独占** natural monopoly とよんでいます．

法的保護によって産業の独占が成立している場合，資源配分上の効率性の維持を目的に，政策的に限界費用による価格付けを政府が義務付けることはそれほど困難ではないでしょう．

自然発生的に独占が成立するケースというのは，通常，「大規模生産のメリット」がある場合です．つまり，生産規模の拡大がより安価な生産を可能にする状況です．この状況を費用曲線の上で解釈すれば，長期平均費用の減少局面（つまり，企業規模の拡大が企業の生産性を向上させる局面）で企業の生産活動が行なわれている場合です．ところが，このような大規模生産のメリットがある場合，

「大規模生産のメリット」⇒ 長期平均費用の減少 ⇒ 短期平均費用の減少

$$\Rightarrow \text{MC}(y) < \text{AC}(y)$$

という図式が成立します．その結果，価格を限界費用と等しく $p(y) = \text{MC}(y)$ となる水準に設定することを法的に義務付ければ，価格は平均費用を下回って $p(y) < \text{AC}(y)$ となり，企業は赤字に陥るのです（図7.3参照）．自由な市場経済においては，たとえ，資源配分上の非効率性の是正を名目としても，政府が民間の企業に対して赤字を強制することには，企業の反発が大きいだけでなく，消費者側からの賛同を得ることすら困難ではないでしょうか．実に皮肉な現象です．このように独占による非効率性の一般的な解消には，赤字か非効率かというディレンマがあるのです．

赤字問題への対処法　限界費用による価格付けにともなって発生する赤字問題への対処法として，どのような手段が考えられるでしょうか？　通常，つぎのような対処法が考えられます．

- **補助金による赤字補填**　政策的には政府の補助金による独占企業の赤字補填が考えられます．しかし，私たちの生活感覚からすれば，民間の独

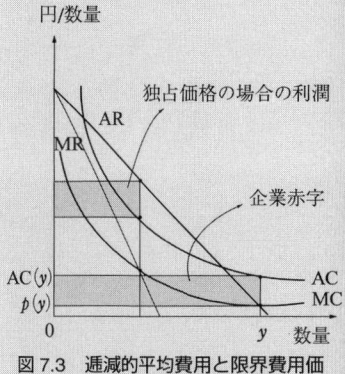

図7.3　逓減的平均費用と限界費用価格付けによる赤字の発生

占企業の場合は言うまでもなく，政府系の独占事業（例，かつての国鉄）に対してさえ，政府が独占企業に対して赤字補填の補助金を出すことは許し難いことでしょう．当然，消費者からの強い反発が予想され，民意を反映する政府であればこのような政策が実行可能とは言えないでしょう．

- **価格設定上の工夫による赤字の解消** 水道，電気，ガス等の公共事業の場合，使用量については限界費用による価格設定を適用し，基本料金により赤字を解消するような工夫が可能な場合があります．それは水道，電気，ガス料金等の場合，$AC(y) - p(y)$ の赤字部分を頭割りにして，「基本料金」等の名目で徴収することができるからです．このような価格設定が可能な場合には，限界費用レベルでの価格付けができるのです．
- **平均費用による価格付け** 赤字の解消だけを狙うのであれば，平均費用による価格付けを行ない $p(y) = AC(y)$ と設定することになります．当然，赤字は解消されます．しかしながら，資源配分の効率性という視点からのこの種の政策に対する根拠は失われてしまいます．

以上のように，独占化された工業製品の場合は公共料金の場合と違って，限界費用による価格付けにともなう赤字問題への対処法としての名案は無いようです．また，最近ではマイクロソフト社によるパソコン用 OS ソフトの圧倒的市場占有率が米国法務省により反トラスト法を盾に問題とされました．こうしたパソコン OS は通常の工業製品と異なった特殊性があり，どのような規制が理論的根拠から正当化されるか未だ定見には至っていないようです．

C 価格支配力と価格差別

独占企業であっても市場における需要法則（＝需要曲線）には支配されますが，販売する製品の価格を設定することができます．この意味で**価格支配力**を持つとか，**プライス・メイカー** price maker であると言われます．企業が価格支配力を持つとき，企業にとって「うまみのある」価格設定が可能です．この節では「価格差別」とよばれる価格設定について解説し，その経済的な意味について考察することにしましょう．

価格差別

販売対象となる財とその市場環境によっては，購入する消費者や購入単位数に依存して異なる販売価格を設定できる場合があります．このように購入する人や購入単位によって異なる価格が設定されることを**価格差別** price discrimination とよびます．価格差別の類型として，つぎのような3種類の価格差別の形があります．

- **第1種の価格差別** first-degree price discrimination 需要価格にしたがって製品を販売することを第1種の価格差別とよびます．したがって，購入者別，製品の単位別に販売価格が異なる可能性があります．これは理論的に考え得る価格差別の中で最も極端な価格差別ですから**完全価格差**

別 perfect price discrimination ともよばれています．**需要価格**は買い手側がその数量だけの製品を手に入れるために支払ってもよいと考えている最大限の価格を指しますから，俗に言う「消費者の足下を見る」ような差別的扱いをするということです．

- **第 2 種の価格差別** second-degree price discrimination　すべての購入者に対して，同じ形式の価格付けをしますが，購入単位に依存して価格を変化させます．この形式の価格差別を第 2 種の価格差別とよびます．価格が販売数量に依存して変化することから，**非線形価格付け** nonlinear pricing ともよばれます．消費者間の差別はありませんが，購入数量によって差別的扱いを受けるということです．電気料金，水道料金，ガス料金などの公共料金体系には，この種の差別がよく見受けられます．また，店頭で多量の商品を購入すると「おまけ」してくれるとか，背広を 2 着以上買うと 2 着目からは半額などというのも，この種の価格差別と考えられます．

- **第 3 種の価格差別** third-degree price discrimination　市場を分断し，それぞれの市場で異なる価格設定を行なうような価格差別を第 3 種の価格差別とよびます．市場を分断することから**マーケット・セグメンテーション（市場分割）** market segmentation ともよばれます．異なる市場を形成する人々を差別的に扱うということです．具体的な例としては，学生割引，女性割引，子供料金，シニア料金，「フルムーン」料金等があります．

これら 3 種類の価格差別のうち，マーケット・セグメンテーションと完全価格差別に関する分析を以下で取り上げましょう．

マーケット・セグメンテーション

価格支配力を持つ企業が，市場を 2 つに分断し得る場合を考えましょう．分割された 2 つの市場では，市場ごとに異なる価格で製品を販売することが可能だとします．それぞれの市場における需要曲線をベースに企業は各市場での販売価格を戦略的に決定することになります．第 1 市場における販売価格（逆需要関数）を $p_1(y_1)$ とし，第 2 市場における販売価格（逆需要関数）を $p_2(y_2)$ とすれば，それぞれの市場での平均収入は $AR_1 (= p_1(y_1))$ と $AR_2(y_2) (= p_2(y_2))$ となります．ここで y_i, $i = 1, 2$, は各市場での販売量です．

　市場を分割した企業の戦略として，どのような価格設定をそれぞれの市場で行なうことがベストなのか，利潤を最大にするような条件を考えます．まず，少なくともいずれか一方の市場では製品を販売しているとして議論を進めます．そこで，販売量については $y_1 > 0$, $y_2 \geqq 0$ とします．このとき，それぞれの市場からの限界収入に関し，$MR_1(y_1) \geqq MR_2(y_2)$ でなければなりません．仮に，第 2 市場からの限界収入の方が多く $MR_1(y_1) < MR_2(y_2)$ だとすれば，第 1 市場における販売量を少なくし，その分を第 2 市場で販売すれば，その販売単位数に限界収入の差を掛けた値だけ収入が増え，利潤が最大であったことに反するからです．もし，第 2 市場においても製品を販売しており，$y_2 > 0$ であれば，同様の議論に

より，$\mathrm{MR}_2(y_2) \geqq \mathrm{MR}_1(y_1)$ が成立しなければなりません．さらに，費用面を考慮すると，さきに見た標準的な利潤最大化の条件と同様に $\mathrm{MC}(y_1 + y_2) \geqq \mathrm{MR}_i(y_i)$ が成立し，$y_i > 0$ であれば $\mathrm{MC}(y_1 + y_2) = \mathrm{MR}_i(y_i)$ となります．ここまでの議論をまとめて，つぎの結果を得ます．

マーケット・セグメンテーションによる価格差別がある場合の利潤最大化条件

市場において価格支配力を持つ企業が市場を分割し，市場ごとに異なる価格で販売しうる場合には，利潤最大化を行なう企業は，つぎのような価格設定を行ないます．
 (1) 製品を販売している市場からの限界収入は他の市場からの限界収入を下回りません．
 (2) 製品を販売している市場が複数ある場合，いずれの市場からの限界収入も相互に等しくなります．
 (3) 製品を販売している市場からの限界収入は企業の限界費用と一致します．

数学的導出　この結果を数学的に導出しましょう．マーケット・セグメンテーションが可能な場合，独占企業の利潤最大化問題はつぎのようになります．

マーケット・セグメンテーションの場合の利潤最大化問題

$$\max \quad \mathrm{TR}_1(y_1) + \mathrm{TR}_2(y_2) - \mathrm{TC}(y_1 + y_2)$$

ここで，各市場からの総収入 TR_i は，$\mathrm{TR}_i(y_i) \equiv p_i(y_i)y_i$，$i = 1, 2$，で与えられます．

内点解 $(y_1, y_2 > 0)$ を仮定して，最大値の必要条件を導出しましょう．制約条件はありませんから，標準的な最大値問題です．

$$\frac{\partial}{\partial y_1}(\mathrm{TR}_1(y_1) + \mathrm{TR}_2(y_2) - \mathrm{TC}(y_1 + y_2)) = \frac{d\mathrm{TR}_1}{dy_1}(y_1) - \frac{d\mathrm{TC}}{dy}(y)\frac{\partial y}{\partial y_1}$$
$$= \mathrm{MR}_1(y_1) - \mathrm{MC}(y) = 0,$$

$$\frac{\partial}{\partial y_2}(\mathrm{TR}_1(y_1) + \mathrm{TR}_2(y_2) - \mathrm{TC}(y_1 + y_2)) = \mathrm{MR}_2(y_2) - \mathrm{MC}(y) = 0.$$

ここで $y = y_1 + y_2$ です．よって，

$$\mathrm{MR}_1(y_1) = \mathrm{MR}_2(y_2) = \mathrm{MC}(y_1 + y_2)$$

が成立します．

差別価格の特徴　価格差別が行なわれたときの価格を**差別価格**とよぶことにして，つぎに差別価格の特徴を考えます．分割された市場ごとに消費者が異なるとしましょう．日常の生活実感からすれば，価格設定を行なう企業が利潤を最大化するには，価格に敏感に反応する消費者のグループに対しては，より安い価格設定になるはずだと予想されます．このことを理論的に検証しましょう．

いま，2つの市場で販売が行なわれており，$y_i > 0$, $i = 1, 2$, とします．各市場の需要の価格弾力性を $\eta_{p_i}(y_i)$, $i = 1, 2$, とします．さきに求めた利潤最大化の条件から

$$\mathrm{MR}_1(y_1) = p_1(y_1)\left(1 + \frac{1}{\eta_{p_1}(y_1)}\right) = \mathrm{MC}(y)$$

$$\mathrm{MR}_2(y_2) = p_2(y_2)\left(1 + \frac{1}{\eta_{p_2}(y_2)}\right) = \mathrm{MC}(y)$$

$$y = y_1 + y_2$$

が成立します．一般に限界費用は正であり，$\mathrm{MC}(y) > 0$ とすれば，$\eta_{p_i}(y_i) < -1$, $i = 1, 2$, となります．したがって，上の2式から

$$p_1(y_1) \lesseqgtr p_2(y_2) \iff \left|\eta_{p_1}(y_1)\right| \gtreqless \left|\eta_{p_2}(y_2)\right|$$

を得ます．この関係式から差別価格の特徴をつぎのようにまとめることができます．

マーケット・セグメンテーションにおける差別価格の特徴

価格支配力を持つ企業が複数の市場で同一製品の販売を行なっており，各市場で異なる価格付けを行なうことが可能な場合，
(1) 需要の価格弾力性が同じであれば，同一価格で販売します．
(2) 需要の価格弾力性が異なれば，より価格弾力的な市場ではより安い価格を設定します．

図による理解 図7.4は企業による差別価格の決定を図示したものです．パネル(a)と(b)の曲線はそれぞれ市場1と2における平均収入曲線と限界収入曲線です．パネル(c)ではパネル(a)と(b)の限界収入曲線を水平に足し合わせて，その「水平和」を求めたものです．各市場から等しい限界収入を得るように製品を販売するときの，市場全体での販売数量と限界収入との関係を水平和は示しています．パネル(c)の限界収入の水平和と限界費用曲線の交点において，限界費用と各市場からの限界収入とが等しくなります．この交点における販売量 y が市場全体での企業の販売総量です．販売総量が y のときの各市場からの限界収入は交点に示される限界収入ですから，パネル(a)とパネル(b)に戻って，市場1と2にお

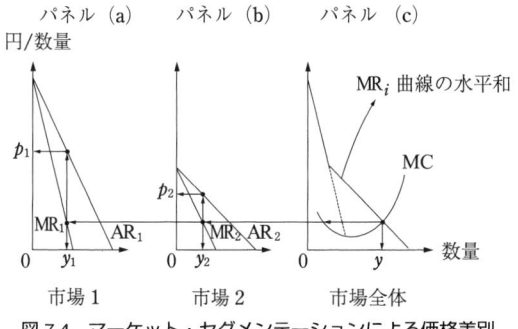

図7.4 マーケット・セグメンテーションによる価格差別

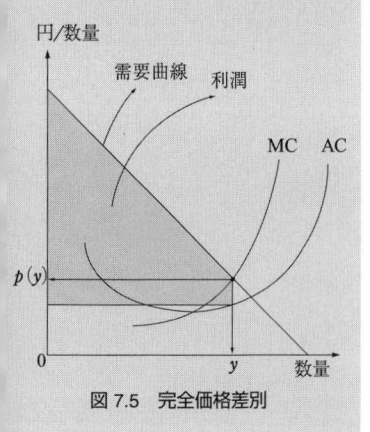

いてこの限界収入に対応する販売量 y_1 と y_2 を求め，そうした販売量を実現できるような販売価格 p_1 と p_2 を求めます．

完全価格差別

完全価格差別は，買い手が支払ってもよいと考えている最大の価格を買い手に支払わせるという価格差別ですから，言わば独占企業が「消費者の足元を見て，消費者を完全に搾取する」ような値付けということになります．

逆需要関数を $p(y)$ としましょう．完全価格差別の下では，需要曲線が示す市場価格 $p(y)$ は企業の平均収入を表わさないことに注意してください．企業は販売単位ごとに異なる価格を設定するのですが，設定水準は販売総量 y を市場で実現できる販売価格 $p(y)$ です．総量 y を売り切る最終の 1 単位の価格が $p(y)$ ですから，需要曲線上の販売価格 $p(y)$ は企業にとっての平均収入では無く，限界収入 $\mathrm{MR}(y)$ を表わしています．したがって，販売量 y に対する企業の総収入 $\mathrm{TR}(y)$ と平均収入 $\mathrm{AR}(y)$ は

$$\mathrm{TR}(y) = \int_0^y p(t)dt,\ \mathrm{AR}(y) = \frac{\int_0^y p(t)dt}{y}$$

となります．実際に，販売が行なわれており，$y > 0$ とすると，利潤最大化の条件 $\mathrm{MR}(y) = \mathrm{MC}(y)$ から $p(y) = \mathrm{MC}(y)$ を得ます．つまり，完全価格差別の下では，独占企業は限界費用と価格が一致するところまで生産・販売を行なうということです．（図 7.5 参照）

この結果を初めて目にした人にとって，これは驚きに値することでしょう．一企業が産業を独占すると，資源配分上の非効率性が発生することを B 節で見ました．ところが，消費者としての生活感覚からは独占の極みであるような，消費者から「吸い取れるだけ吸い取る」というのに等しい完全価格差別が行なわれる場合は，「なんと！ 配分がパレート最適性の条件を満たすことになるのです！」この結果は一見パラドクシカルに見えますが，その「からくり」はつぎのようになっています．独占企業は完全価格差別によりすべての消費者余剰を自己の企業利潤として吸収するため，独占企業の利潤最大化行動が，はからずも，消費者余剰と生産余剰の和の最大化行動と同じ結果をもたらすことになったのです．

図 7.5 完全価格差別

完全価格差別

価格支配力を持つ独占企業の場合，買い手が支払う用意のある最高の価格を支払わせるという完全価格差別によって製品を販売することができるならば，

(1) 消費者余剰はすべて企業に吸収されます．
(2) しかし，企業は生産に要する限界費用と同額を支払ってもよいという買い手まで製品を販売することになります．
(3) その結果，独占が存在しても完全価格差別が実現すれば，資源配分のパレート最適性の条件は損なわれません．

D　買い手独占（モノプソニー）

一般に独占市場というと，同一製品を製造・販売する企業が1社のみからなる市場を指します．市場における売り手と買い手という視点から見ると，売り手1人，買い手多数の場合，独占市場ということになります．独占市場とは反対に，売り手多数，買い手1人からなる市場形態を**買い手独占** monopsony とよびます．工業製品で投入物として用いられることのない「最終消費財」の場合は，買い手独占となるケースはまず見かけることはありません．しかし，農畜産物などの中には，過去に公的機関がこれを一手に買い上げ，市場で販売するというケースも見られました．また，工業製品であっても投入物として用いられる「中間財」の場合，あるいは，より一般的に生産要素については，市場の状況により買い手独占が成立することがあります．

買い手独占が成立している場合，買い手として消費者を想定するのは現実的ではないでしょう．企業を買い手独占の主体とすると，購入するのは，通常，生産要素（投入物）ということになります．そこで，ここでは最も単純なケースとして，1種類の生産要素のみを使って生産を行ない製品を市場で販売する場合を取り上げます．製品市場は独占となる場合と完全競争市場の場合を取り上げます．

買い手独占企業の利潤最大化条件

買い手独占企業による利潤の計算　買い手独占の場合，企業による利潤計算において総費用の計算に注意する必要があります．生産で使用する財（生産要素）の数量を x とします．この財の独占的な買い手として，購入価格 w を自由に決めてよいのですが，購入価格 w と購入量 x とは市場の供給法則（曲線）にしたがうものでなければなりません．購入量 x に対する購入価格 $w(x)$ の値は，この財の供給量が市場で x となるような市場価格（要素価格）を示しています．したがって，購入価格 $w(x)$ を購入量 x の関数と見ると，要素供給関数の逆関数——これを**逆供給関数**といいます——となります．また，この企業の生産技術は生産関数 $y = f(x)$ で表わされるとしましょう．企業が製品を $y = f(x)$ だけ生産する総費用は $\mathrm{TC}(y) = \mathrm{TC}(f(x))$ です．総収入は価格に販売量を掛けた値ですから，生産量 $y = f(x)$ すべてが販売されるとして総収入は $\mathrm{TR}(y) = p(y) \times y$ ですが[4]，企業が戦略的に決定するのは，生産要素の買い入れ価格 w か，あるいは，その買い入れ数量 x です．どちらと見るにしても，生産要素の（逆）供給曲線上になければなりませんから，企業にとっての利潤最大化問題は生産要素の買い入れ数量を決定する問題に帰着できます．

以上の議論から買い手独占企業の利潤最大化行動はつぎの最大値問題によって描写できます．

---

[4]　製品の販売市場が独占の場合，販売価格 $p(y)$ は逆需要関数であり，完全競争市場の場合は，販売数量 y に依らず価格は一定で $p(y) = p$ となります．

買い手独占企業の利潤最大化問題

$$\max_{x} \quad \Pi(f(x)) = \mathrm{TR}(f(x)) - \mathrm{TC}(f(x))$$
$$= p(f(x))f(x) - w(x)x$$

さて，ここで上の利潤最大化問題の解の条件を表現する古典的な概念を導入します．生産要素の投入量を追加的に 1 単位増加し，生産・販売量を増やすことによって得られる総収入の増加額を**限界収入生産物** marginal revenue product とよび，記号では英語読みの頭文字をとって MRP と書きます．ところで，生産要素の投入を追加的に 1 単位増加したときの生産物の増分を限界生産物とよびましたが，限界生産物 MP を市場価格 p で評価した値 $p \times \mathrm{MP}$ を**限界生産物の価値**といいます．企業が販売量の大きさによらず製品を一定の市場価格 p で販売できるときは，限界収入生産物は限界生産物の価値と等しく $\mathrm{MRP} = p \times \mathrm{MP}$ となります．生産要素の投入を 1 単位増加すると生産量は MP だけ増えますが，それを一定の価格 p で販売できますから，総収入の増加額は生産量の増分である限界生産物 MP を価格 p で評価した値 $p \times \mathrm{MP}$ に一致するのです．

買い手独占企業の利潤最大化問題の中で，総費用は $\mathrm{TC}(f(x))$ です．これは生産要素を x だけ投入し，$y = f(x)$ 単位の生産をしたときの総費用です．生産量 y を追加的に 1 単位増やしたときの総費用の増加額を限界費用とよびましたが，生産要素を追加的に 1 単位増やしたときの総費用 $\mathrm{TC}(f(x))$ の増加額を**限界要素費用** marginal factor costs とよび，MFC と略記します．

利潤最大化問題の解の条件をまとめたのが，つぎの結果です．

買い手独占企業の利潤最大化の条件

買い手企業が生産要素投入量 x において利潤を最大化しているならば，限界収入生産物は限界要素費用を上回りません．このとき，企業が実際に生産要素の投入を行なって製品を生産・販売している内点解 $x > 0$ の場合，限界収入生産物は限界要素費用に一致します．言い換えれば，

$$x > 0 \quad \text{ならば} \quad \mathrm{MRP}(x) = \mathrm{MFC}(x)$$
$$x = 0 \quad \text{ならば} \quad \mathrm{MRP}(x) \leqq \mathrm{MFC}(x)$$

が成立します．

言葉による説明　購入量が x のとき，利潤を最大化するとします．仮に，限界収入生産物が限界要素費用を上回り $\mathrm{MRP}(x) > \mathrm{MFC}(x)$ だとしましょう．購入量 x を 1 単位増やすことにより，収入は限界収入生産物の $\mathrm{MRP}(x)$ 円増え，他方費用も限界要素費用の $\mathrm{MFC}(x)$ 円増加します．収入の増分が費用の増分を上回っている結果，その差額の $\mathrm{MRP}(x) - \mathrm{MFC}(x)$ 円だけ利潤が増加し，利潤が最大であったことに反します．したがって，利潤を最大化している場合，限界収入生産物が限界要素費用を上回ることはなく，$\mathrm{MRP}(x) \leqq \mathrm{MFC}(x)$ でなければなりません．

逆に，限界収入生産物が限界要素費用を下回り $\mathrm{MRP}(x) < \mathrm{MFC}(x)$ とします．このとき，購入量 x が正であり，$x > 0$ だとすると，x を減少させることにより，減少量 1 単位当たり収入が $\mathrm{MRP}(x)$ 円減少しますが，同時に費用が $\mathrm{MFC}(x)$ 円だけ節約されます．費用の節約分が収入の減少を上回る額，つまり $\mathrm{MFC}(x) - \mathrm{MRP}(x)$ 円に生産・販売量の減少分を掛けた値だけ利潤が増加し，利潤を最大化していることと矛盾します．しかし，購入量 x がゼロの場合，限界要素費用が限界収入生産物を上回っているとしても，購入量をゼロ以下にすることはできませんから，内点解でなければ限界要素費用が限界収入生産物を上回る可能性は排除できません． ■

内点解の場合の数学的説明　$\Pi(f(x))$ が最大値であることから，$y = f(x)$ において

$$\frac{d\Pi(f(x))}{dx} = \frac{d\mathrm{TR}}{dy}(y)\frac{df}{dx}(x) - \frac{d\mathrm{TC}}{dy}(y)\frac{df}{dx}(x) = 0$$

が成立しますが，最初の等号の後の第 1 項は限界収入生産物 $\mathrm{MRP}(x)$，第 2 項は限界要素費用 $\mathrm{MFC}(x)$ ですから，$\mathrm{MRP}(x) = \mathrm{MFC}(x)$ となります． ■

上の利潤最大化の条件は生産要素市場の買い手独占の有無，製品販売市場の独占の有無を問わず成立します．生産要素市場，販売市場，いずれも完全競争市場であれば，限界要素費用 $\mathrm{MFC}(x)$ は市場における一定の要素価格 w に等しく，限界収入生産物 $\mathrm{MRP}(x)$ は市場における限界生産物の価値 $p \times \mathrm{MP}$ と等しくなります．その結果，$\mathrm{MP} = w/p$ となりますから，5 章 E 節の利潤最大化の条件と一致します．

買い手独占企業の特徴

限界要素費用と価格弾力性　買い手独占状態にある市場の特徴をつかむために，限界要素費用と市場における供給の価格弾力性の関係を説明します．買い手独占企業の場合，購入価格は市場における供給曲線によって与えられます．市場で数量 x をちょうど調達できる価格 $w(x)$ は逆供給関数により与えられますから，限界要素費用 $\mathrm{MFC}(x)$ はつぎのように計算されます．

$$\mathrm{MFC}(x) \equiv \frac{d\mathrm{TC}(f(x))}{dx}(x) = \frac{d(w(x)x)}{dx}$$
$$= w(x) + \left(\frac{dw}{dx}(x)\right)x = w(x) + \frac{1}{\frac{dS}{dw}(w)}x$$

（ここで S は供給関数であり，$w(x) = S^{-1}(x)$ です．逆関数の定理により

$$\frac{dw}{dx}(x) = \frac{dS^{-1}}{dx}(x) = \frac{1}{\frac{dS}{dw}(w)}, \quad x = S(w)$$

となります．）
供給の価格弾力性 ε_w はその定義から

$$\varepsilon_w \equiv \frac{dS}{dw}(w) \times \frac{w}{x}, \quad x = S(w),$$

右上: **D　買い手独占（モノプソニー）**

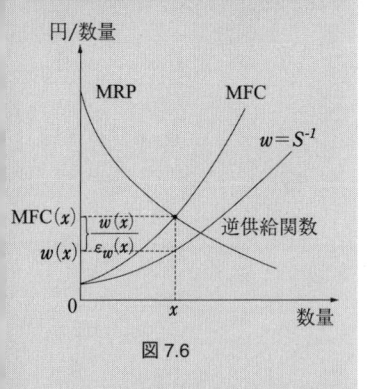

ですから，

$$\mathrm{MFC}(x) = w(x)\left[1 + \frac{1}{\varepsilon_w(x)}\right]$$

（限界要素費用＝価格×（1＋供給の価格弾力性の逆数））

が成立します（図 7.6）．要素市場が買い手独占ではなく完全競争市場の場合，購入価格 $w(x)$ は企業の購入量 x によらず一定ですから，$\mathrm{MFC}(x) = w(x)$ であり，上の式で $\varepsilon_w(x) = \infty$ のケースがこれに該当します．しかし，買い手独占の場合，一般には供給法則を満たす市場の供給曲線に直面していますから $0 < \varepsilon_w(x) < \infty$ です．したがって，$w(x) < \mathrm{MFC}(x)$，購入価格 < 限界要素費用，という状況になります．[5]

図 7.6

買い手独占による資源配分上の非効率性　売り手独占の場合，製品の過少生産による資源配分上の非効率性があり，超過負担が発生することを学びました．それでは買い手独占度の場合はどのような不都合が生じるのでしょうか？売り手独占の原因による非効率性から切り離すために，買い手独占企業が完全競争市場で製品を販売しているケースを考えます．買い手独占企業は限界要素費用が限界生産物の価値に等しく $\mathrm{MFC} = p \times \mathrm{MP}$ となる所で生産を行ないますが，上で見たように MFC は要素価格 w を上回って $\mathrm{MFC} > w$ となっています．したがって，買い手独占企業の場合は，企業の実際の限界生産物が市場における生産要素 1 単位の生産物の単位による評価を上回っている状況（$\mathrm{MP} > w/p$）で生産が行なわれており，資源配分の効率性の観点からは，当該生産要素の投入量が過少投入に終わっています．

買い手独占企業の特徴についてのここまでの議論をまとめてみましょう．

---**買い手独占企業の特徴**---

買い手独占企業が調達する投入物市場の供給が供給法則を満たす状況を考えます．買い手独占企業が実際に投入物を市場で購入し生産を行なっている場合，投入物の購入価格（＝要素価格）および投入量についてつぎのような特徴を持ちます．（図 7.6 参照）

(1) 要素価格は限界要素費用を下回る水準に決定されます．

---

[5]　買い手独占度をラーナーの独占度と同様な考えで定めることができます．ラーナーの独占度 δ は販売市場における独占度ですから，**売り手独占度**といえます．ラーナーの独占度と同様な考え方で要素購入市場の独占度を定め，これを**買い手独占度** δ_B とよぶことができます．買い手独占度はつぎのように要素の購入価格とその限界費用（＝限界要素費用）が何％乖離しているかを表わすものとして定義します．

$$\delta_B \equiv \frac{|購入価格 - 限界要素費用|}{購入価格} = -\frac{購入価格 - 限界要素費用}{購入価格}$$

この場合，

$$\delta_B = \frac{\mathrm{MFC}(x) - w(x)}{w(x)} = \frac{\frac{w(x)}{\varepsilon_w(x)}}{w(x)} = \frac{1}{\varepsilon_w(x)}$$

です．売り手独占度の表現と同様に

買い手独占度 ＝ 供給の価格弾力性の逆数

となりますが，このように定義した買い手独占度は $0 < \delta_B$ で，1 を超える場合もあります．購入市場が完全競争的であれば，購入価格は限界要素費用と等しく $\delta_B = 0$ となります．

(2) 限界収入生産物と限界要素費用は共に等しい水準になりますが，いずれも要素の購入価格に供給の価格弾力性の逆数を掛けた値だけ価格を上回ります．

(3) 買い手独占企業が完全競争市場で製品を販売しており，売り手独占による製品の過少生産がなかったとしても，企業の実際の限界生産物が市場における生産要素1単位の生産物の単位による評価を上回っている状況（$MP > w/p$）で生産が行なわれ，資源配分の効率性の観点からは，当該生産要素の投入量が過少投入に終わっています．

E 独占的競争

全く同じ製品を製造販売している企業は1社のみですが，代替性の高い製品を製造している企業が多数存在し，しかも同種の製品を製造する生産技術が広く普及していて産業への自由参入・自由退出が可能であるような産業における競争を**独占的競争** monopolistic competition とよびます．こうした産業の例として，ソフトドリンク製造業，酒醸造業，レストラン業界，ホテル業界等が挙げられるでしょう．また，ここでいうような代替性の高い同種の製品を一般に**差別化製品** differentiated products とよびます．

独占的競争市場の特徴　独占的競争市場を形成する企業の特徴として，つぎの3つの特徴を挙げることができます．
(1) 各企業はその企業独自の製品に対する市場の需要曲線に直面します．
(2) 各企業は企業自体が直面する市場の需要曲線を所与として利潤最大化行動をします．
(3) 製品の代替性が高く，自由参入・自由退出ができるため，企業が正の利潤を得ている限り産業への参入が生じ，長期的には各企業の利潤はゼロとなります．

上記の3つの特徴のうち，(1)と(2)は独占の場合と共通した特徴であり，(3)は完全競争の場合と共通の特徴です．このように独占と完全競争の双方の特徴を併せ持つ産業ということから，「独占的競争」という呼称が生まれました．短期的な観点からは独占的，長期的な観点からは完全競争的な市場構造であるとも理解できるでしょう．

短期の独占的競争　図7.7では独占的競争下にある企業が置かれた短期的状況を表わしています．ここで短期的状況というのは産業への新規企業の参入や既存企業の産業からの退出が生じない期間を指しています．こうした短期の独占的競争では，上の3つの特徴のうち，(1)と(2)の独占の場合と共通した特徴のみが当てはまりますから，図7.7のように独占企業の状況と類似しています．独占的競争企業が直面する右下がりの(逆)需要曲線 AR に対応する限界収入曲線 MR と短期の限界費用曲線 SRMC との交点に対応する y が企業の短期の利潤を最大に

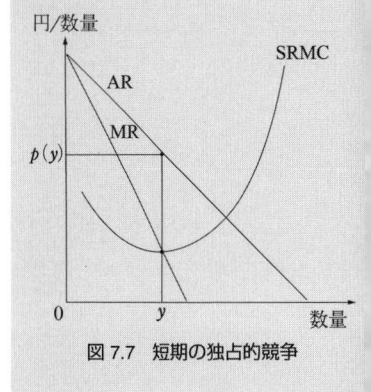

図 7.7　短期の独占的競争

図 7.8 長期の独占的競争

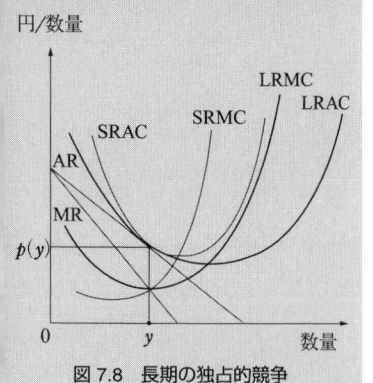

する生産・販売量であり，y を販売量として実現できるように企業は製品の価格を $p(y)$ に設定します．

長期の独占的競争　図 7.8 は長期の独占的競争を表わしています．長期の場合，各企業の利潤がゼロとなるまで参入が続きますから，長期平均費用と一致した水準に価格が落ち着くことになります．この局面は完全競争市場における長期の均衡と類似しています．新たな企業の参入があると，既存の企業の製品に対する市場の需要が減少し，需要曲線が変動することになります．長期独占的競争における企業の生産・販売量 y の特徴はつぎのようにまとめられます．

―――長期独占的競争均衡における企業の生産・販売量 y の特徴―――
(1)　$MR(y) = LRMC(y) = SRMC(y)$ を満たします．
(2)　(1)を満たす y において AR 曲線は長期平均費用曲線 LRAC に接することになります．価格が長期平均費用と一致するまで新規企業の参入があるからです．
(3)　また，価格が長期平均費用に等しくなるということは，製品に対する市場の需要が需要法則を満たす限り，長期平均費用の逓減局面で生産・販売が行なわれることを意味します．

F　寡　占（オリゴポリー）

産業が 1 企業から形成されている独占に続いて，複数の企業からなる産業で市場価格に影響力を持つ企業群を考察します．このように製品の市場価格に影響力を持つ複数の企業群から形成される産業を **寡占（オリゴポリー）** oligopoly とよび，2 企業からなる寡占を特に **複占（デュオポリー）** duopoly とよびます．複数の企業が市場で競争し，その結果市場において成立する状態を，理論的には「均衡」としてとらえます．均衡の定め方は数種類ありますが，以下では 4 種類の概念を順次紹介し解説しましょう．それぞれの均衡については，それがどのような考え方で寡占市場において成立する状況を把握しようとするのか，実際の寡占市場をそうした考え方で表現することの妥当性などに注意しつつ理解を深めてください．

クールノー均衡

製品の市場価格に影響力を持つ複数の企業が市場で競争している状況を想定していますから，その結果市場においてどのような状態が成立すると考えるかは，各企業が相互にどのような利益計算を念頭に置いて生産・販売についての意思決定を行なっていると考えるかがポイントとなります．

基本的な考え方　まず，各企業の行動様式については，つぎのように考えます．
(1)　個々の企業が自らの意志で直接コントロールできるのは企業自身の生産・販売量ですから，他の企業が産出量を変更するなどといったことは考えず

に自らの利益計算を行ないます．
(2) それぞれの企業が製品の生産・販売量を決めるとき，他の企業が市場で販売している製品の数量を観察し，それに加えて自企業が予定している販売量が市場価格へ与える影響を考慮に入れて利益計算を行ないます．

したがって，個々の企業は，他企業の生産・販売量は変化しないものと考え，自らの生産・販売量が市場価格に与える影響を考えながら，利潤最大化行動をとることになります．このような行動様式を持つ企業を**クールノー企業**とよび，クールノー企業から構成される産業を**クールノー産業**とよぶことにします．寡占市場が2企業で形成される複占の場合の分析をしましょう．クールノー複占の分析です．

2企業をそれぞれ第1企業，第2企業とし，その生産・販売量を y_1, y_2 とします．産業全体の生産・販売量を y とすると，$y = y_1 + y_2$ です．市場の需要を逆需要関数として表わし，産業全体の生産・販売量 y に対する市場価格を $p(y)$ とします．各企業 i に関する費用曲線は $TC_i(y_i), AC_i(y_i), MC_i(y_i)$ で，収入曲線は TR_i, AR_i, MR_i です．個別企業の利潤計算を見ましょう．

第1企業の利潤最大化計算

$$\max_{y_1 \geq 0} \underbrace{p(y_1 + y_2) \times y_1}_{総収入} - \underbrace{TC_1(y_1)}_{総費用}$$

この総収入の計算では，他社の生産・販売量 y_2 が自社の生産・販売量 y_1 に依存しないものとして扱われている点に注意しましょう．第2企業も第1企業と全く同じように自企業の立場からつぎのように利潤最大化の計算を行ないます．

第2企業の利潤最大化計算

$$\max_{y_2 \geq 0} \underbrace{p(y_2 + y_1) \times y_2}_{総収入} - \underbrace{TC_2(y_2)}_{総費用}$$

利潤最大化の条件 市場が複占状態にあり，2企業とも生産・販売活動を行なっている（$y_i > 0, i = 1, 2$）ことを前提とします．利潤最大化の条件は，一般に，限界収入＝限界費用ですが，特に注意が必要なのは，企業の限界収入の計算の仕方についてです．自社の販売量が同じレベルでも，価格は他社の販売数量によって異なります．平均収入，限界収入，総収入すべてが自社および他社の販売量に依存するのです．ということから，利潤最大化の条件は

(1) $MR_1(y_1; y_2) = MC_1(y_1)$

(2) $MR_2(y_2; y_1) = MC_2(y_2)$

となります．ここで $MR_1(y_1; y_2)$ は企業1の限界収入ですが，他社の販売量が y_2 のときに企業1が y_1 販売した場合の限界収入を表わしています．企業2の限界収入 $MR_2(y_2; y_1)$ も同様に表わされています．

第 i 企業の場合について利潤最大化の条件を数学的に導出してみましょう．生産・販売が行なわれていることを前提としていますから，$y_i > 0, i = 1, 2,$ であり，

$$\frac{d}{dy_i}[p(y_1 + y_2)y_i - TC_i(y_i)] = 0, \ i = 1, 2,$$

です．これから

$$\frac{d}{dy_i}[p(y_1+y_2)y_i] = \frac{d\text{TC}_i}{dy_i}(y_i)$$

を得ますが，左辺は企業 i の限界収入 MR_i であり，右辺は限界費用 MC_i です．ここで，限界収入 MR_i は，

$$\begin{aligned}\text{MR}_i(y_i; y_k) &= p(y_1+y_2) + \frac{dp}{dy_i}(y_1+y_2) \times y_i \\ &= p(y) + \frac{dp}{dy}(y) \times y_i, \qquad i,k = 1,2,\end{aligned}$$

と書ける点に注意しましょう（ここで，$y = y_1 + y_2$ です）．これは i 企業の限界収入の計算の仕方についての記述です．限界収入は製品を追加的に1単位販売するときに得られる収入ですが，追加的に1単位の製品を販売すると市場価格が下落し，それによって販売総量に対する収入が低下しますから，その低下額を現行の市場価格から差し引いた金額が限界収入と等しくなります．上の2番目の等式は，特定の（第 i）企業の販売数量増加による価格の下落が，他社の販売量が変化しないという状況では市場全体の販売数量増加による市場価格の下落と等しいことによります．

反応関数　上の利潤最大化の条件式 (1), (2) から，それぞれの企業の利潤を最大にする生産・販売量を他企業の生産・販売量に依存した形の関数として求めることができます．これを企業の**反応関数** reaction function とよび[6]，反応関数のグラフを**反応曲線**とよびます．第 i 企業の反応関数を f_i と書けば，$y_1 = f_1(y_2), y_2 = f_2(y_1)$ が，企業1と2それぞれの生産・販売量を自社以外の企業の生産・販売量に対する反応を示す関数として示しています．反応関数の求め方を幾つか紹介しましょう．

反応関数の求め方 I ― 図による方法 I ―　図 7.9 では横軸の第1座標に第1企業の生産・販売量，縦軸の第2座標に第2企業の生産・販売量をとっています．第1企業の反応関数を求めるには，他企業の生産・販売量（例えば図 7.9 の y_2）を自由にとり，それに対する利潤を最大にするような第1企業の生産・販売量を直線 AL 上に見つけます．このような生産・販売量は企業の限界収入と限界費用の交点に対応する生産・販売量として求められます．限界費用は生産技術についての与えられたデータと考えますから，限界収入曲線の求め方を考えましょう．市場の需要曲線も図 7.10 の D のようにデータとして与えられるとします．市場の需要曲線から各企業の限界収入曲線を導出する方法を第1企業の場合を例にとって説明します．

図 7.10 では直線 AC が市場の需要を示しています．横軸上に原点 O から他企業の販売量 y_2 に相当する点 O_1 をとり，企業1の販売量を示す起点とします．他企業は既に $\overline{OO_1}$ だけ販売していますから，企業1がさらに $\overline{O_1Q}$ 販売するとすれば，販売価格は元の需要曲線上で $\overline{OO_1} + \overline{O_1Q} = \overline{OQ}$ だけ全体として販売するときの価格，$p(y_1+y_2)$ に等しくなります．したがって，企業1の平均収入曲線 AR_1

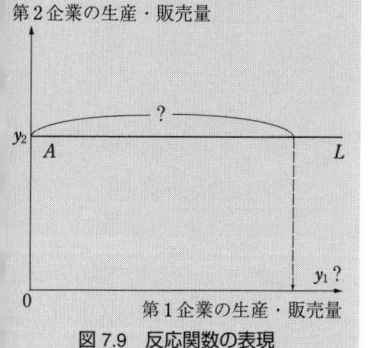

図 7.9　反応関数の表現

---

[6]　**最適反応関数** best response function とよぶ場合もあります．

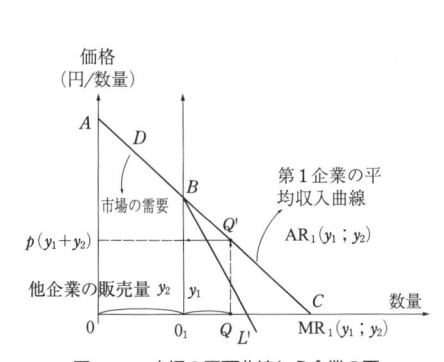

図 7.10　市場の需要曲線から企業の平均・限界収入曲線へ

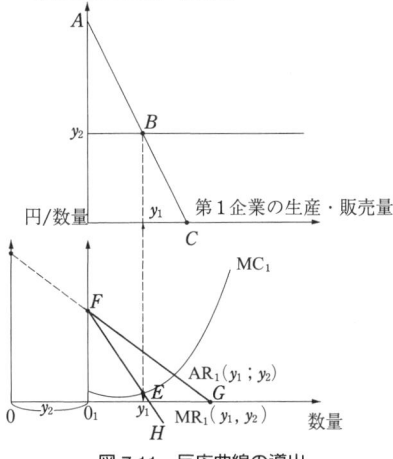

図 7.11　反応曲線の導出

は O_1 を原点としたときの直線 BC によって与えられます．平均収入曲線 AR_1 より，企業 1 の限界収入曲線 MR_1 として直線 BL' を得ます．

図 7.10 に企業 1 の限界収入曲線を書き込み，y_2 に対応し企業 1 の利潤を最大にする生産・販売量（つまり，反応関数の値 $f_1(y_2)$）が求められます．この計算を $y_2 = 0$ から $y_2 = \overline{OC}$ まで行なうことにより，企業 1 の反応関数が求められます（図 7.11 参照）．

反応関数の求め方 II —図による方法 II—　　各企業の生産・販売量が (y_1, y_2) のとき，i 企業の利潤を $\Pi_i(y_1, y_2)$ と書けば，
$$\Pi_i(y_1, y_2) = p(y_1 + y_2) y_i - \mathrm{TC}_i(y_i)$$
です．企業の利潤 $\Pi_i(y_1, y_2)$ は各企業の販売量 (y_1, y_2) に依存して変動しますが，一定の利潤が得られるような生産・販売量の組 (y_1, y_2) から構成される曲線（集合）を企業の**等利潤曲線** isoprofit curve とよびます．

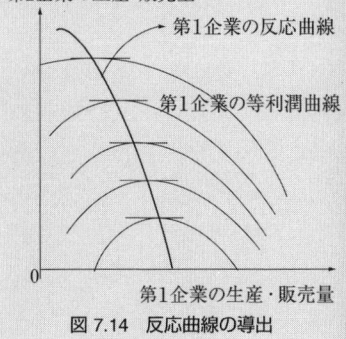

例[等利潤曲線の計算例]　市場の需要曲線を逆需要曲線で $p(y_1 + y_2) = a - b(y_1 + y_2)$，$a > 0, b > 0$ とし，第 1 企業の総費用曲線を $\mathrm{TC}_1(y_1) = cy_1^2$，$c > 0$ とします．$\pi_1 > 0$ を利潤のレベルを示すある一定数とし，企業 1 の利潤が π_1 となるような企業 1 と 2 の生産・販売量の組み (y_1, y_2) を求めれば，$\pi_1 = [a - b(y_1 + y_2)] y_1 - cy_1^2 = ay_1 - by_1^2 - by_1y_2 - cy_1^2$ より，
$$(b + c) y_1^2 - ay_1 + by_1y_2 + \pi_1 = 0$$
を得ます．これを満たす生産・販売量の組み (y_1, y_2) が π_1 の利潤に対応する等利潤曲線です．

このように導出される等利潤曲線を図 7.12 は示しています．つぎに，他企業の生産・販売量が一定となる直線上で等利潤曲線と接する点を求めます．例えば，図 7.13 のように他企業の生産・販売量が $y_2 > 0$ のとき，直線 QL 上で等利潤曲線と接する点は E です．点 E は企業 1 の利潤を最大にする生産・販売量が y_1 であることを示しています．反応曲線は図 7.14 のように，図 7.13 の利潤を最大にする点から構成される曲線として導出されます．

F　寡　占（オリゴポリー）

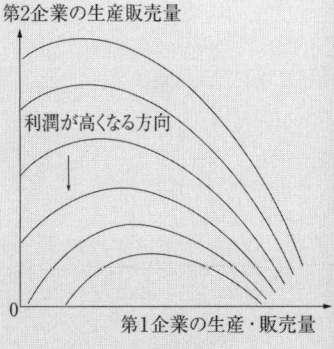

図 7.12　等利潤曲線

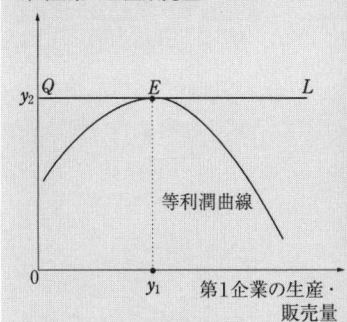

図 7.13　等利潤曲線と利潤最大の点

図 7.14　反応曲線の導出

反応関数の求め方 III —計算例— 市場の需要曲線を逆需要関数で $p(y_1 + y_2) = a - b(y_1 + y_2)$, $a, b > 0$ とし，第 1 企業の限界費用曲線を $MC_1(y_1) = cy_1$, $c > 0$ として企業 1 の反応関数を求めましょう．逆需要関数から，企業 1 の平均収入は $AR_1(y_1, y_2) = (a - by_2) - by_1$ です．したがって，限界収入は $MR_1(y_1, y_2) = (a - by_2) - 2by_1$ となります．これから，$MR_1(y_1, y_2) = MC_1(y_1)$ を満たす y_1 と y_2 の関係が求められます．つまり，$(a - by_2) - 2by_1 = cy_1$ ですから，$(2b + c)y_1 = a - by_2$ を得ます．したがって，企業 1 の反応関数 $y_1 = f_1(y_2)$ は

$$y_1 = f_1(y_2) = -\frac{b}{2b+c}y_2 + \frac{a}{2b+c}$$

となります．■

寡占市場を分析する上で最も基本的な市場の状態を表わすものと考えられているクールノー均衡の概念をつぎに導入します．[7]

クールノー均衡の定義

クールノー均衡 Cournot equilibrium とは，各企業の生産・販売量の組み (y_1^*, y_2^*) で，どの企業 i をとってみても，自社以外のすべての他企業の生産量 y_k^* を所与としたとき，現生産量 y_i^* の下で企業 i の利潤が最大となる状態にあるものをいいます．各企業の反応関数を f_i とすると，

$$y_1^* = f_1(y_2^*), \quad y_2^* = f_2(y_1^*)$$

を同時に満たす (y_1^*, y_2^*) がクールノー均衡であり，図の上では企業 1，企業 2 の反応曲線の交点がクールノー均衡です．

図 7.15 クールノー均衡への収束

クールノー均衡への収束 図 7.15 にはさきの計算例における企業の反応曲線が描かれています．反応曲線の交点 E^* はクールノー均衡です．各企業の生産・販売量が E^* にあれば，相手企業の販売量が変わらない限り，それぞれの企業にとって生産・販売量を変える誘因はありません．変えれば利潤が減るからです．いま仮に，企業の販売量が点 E^* ではなく E_0（あるいは，E_0'）にあったとすると，企業 1 は生産・販売量を点 $E_1(E_1')$ まで増やし（減らし）ます．それにより企業 1 の利潤が増えるからです．企業 1 が増産（減産）し，点 $E_1(E_1')$ へ移動すると，企業 2 は点 $E_2(E_2')$ まで減らし（増やし）ます．こうした生産・販売量の調整は各企業の生産・販売量がクールノー均衡に到達するまで続きます．このような複占における通常のクールノー均衡は安定だと言われます．複占の分析においてクールノー均衡によって市場の状態を理解しようとすることの一つの意義付けを与えます．

スタッケルベルグ均衡

寡占市場において成立する企業間競争の状態をクールノー均衡としてとらえる見

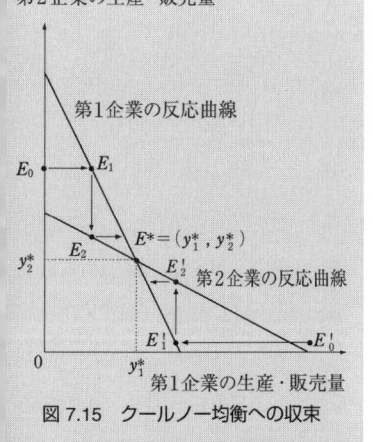

---
[7] 複占なので，下記の表現中「自社以外のすべての他企業」はここでは 1 社のみです．

F 寡占（オリゴポリー）

方を説明しました．ついで，寡占市場がリーダー格の企業とそれに追随する企業からなる場合の競争を描写するスタッケルベルグ均衡の説明をしましょう．

企業の行動様式　クールノー産業においては，市場における他企業の生産・販売量は変化しないものと考えて，それぞれの企業は利潤計算を行ないます．これに対し**スタッケルベルグ産業**は，リーダー格の企業（＝**リーダー** leader もしくは**先導者**という）が1社，他はすべて，リーダーに追随する企業（＝**フォロアー** follower もしくは**追随者**という）から構成されると考えます．フォロアー企業はクールノー産業における企業と同じ行動様式を持つものと考え，リーダー企業はフォロアーの行動様式を承知した上でそれを織り込んで利潤計算をするととらえます．フォロアー企業についてはさきのクールノー均衡の場合の分析に帰着しますから，リーダー企業の利潤最大化行動の特徴を理解することがポイントとなります．

リーダー企業の利潤最大化行動　リーダー企業は他企業がすべてクールノー企業的に行動することを計算に入れた上で，利潤最大化行動をとります．「他企業がクールノー企業的に行動することを計算に入れる」ということは，リーダー企業が他企業の反応曲線上の生産量の組み合わせの中から，リーダー企業にとって最大利潤を実現させるような選択を行なうことを意味します．

このようなリーダー企業の利潤最大化行動とフォロアー企業の利潤最大化行動の結果，市場において実現する各企業の生産・販売量の組み合わせを**スタッケルベルグ均衡** Stackelberg equilibrium とよびます．複占市場におけるスタッケルベルグ均衡の特徴を理解するために，クールノー均衡と比較しながらスタッケルベルグ均衡を見てみましょう．

クールノー均衡対スタッケルベルグ均衡　図7.16はクールノー産業における2企業の反応曲線と等利潤曲線が描かれています．このような複占市場で実現するクールノー均衡はC点で示されます．他方，図7.17では企業1がリーダーで企業2がフォロアーです．フォロアーである企業2の反応曲線と等利潤曲線は図7.16と同じです．リーダーの企業1はフォロアーの反応曲線上の動きを認識した上で，企業1の利潤が最も大きくなるような選択をするのですから，企業1の等利潤曲線を図7.16と同じように図7.17に描いてみると，フォロアーである企業2の反応曲線上のS点で，企業1の利潤が最大になることが分かります．したがって，このS点がスタッケルベルグ均衡となります．

スタッケルベルグ産業における企業の利潤計算　フォロアー企業の場合はクールノー企業と同じですから，リーダー企業の利潤計算の特徴を考えましょう．
リーダー企業である企業1の利潤は

$$\Pi_1(y_1) \equiv p(y_1 + f_2(y_1))y_1 - \mathrm{TC}_1(y_1)$$

となります．$p(y_1 + f_2(y_1))y_1$は企業1が生産・販売量をy_1とするときの総収入ですが，リーダーである企業1による総収入の計算の仕方に注意してください．$p(\cdot)$は製品の逆需要関数ですから，企業1が製品をy_1生産し販売するときに製品が1個あたり何円で売れると企業1が考えているか，その価格を表わしています．

図7.16　反応曲線および等利潤曲線とクールノー均衡

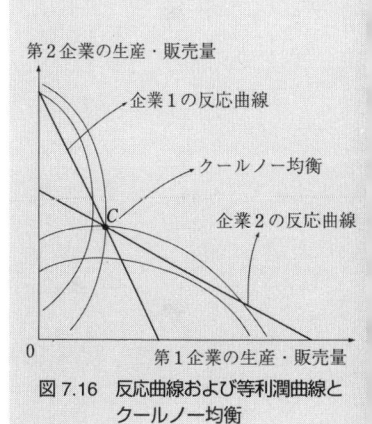

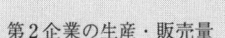

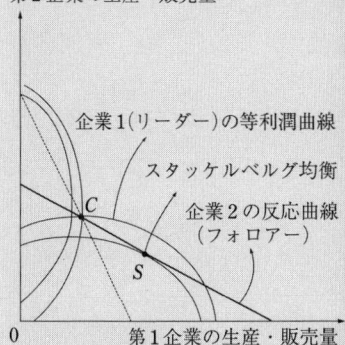

図7.17　反応曲線および等利潤曲線とスタッケルベルグ均衡

そのように企業1が考える根拠は，企業1はリーダーであり，生産・販売量を y_1 とすると，企業2の生産・販売量が $f_2(y_1)$ となることを認識しているからなのです．市場全体での生産・販売量は $y_1 + f_2(y_1)$ となり，その結果，製品の市場価格は $p(y_1 + f_2(y_1))$ となると計算しているのです．ここで f_2 は企業2の反応関数を表わしています．企業2は企業1が y_1 生産し販売するときに，企業1の y_1 が企業2の生産・販売量の影響を受けないと考え，利潤を最大にするような生産・販売量 $f_2(y_1)$ を選択するのです．

リーダー企業の利潤最大化条件は $\mathrm{MR}_1(y_1) = \mathrm{MC}_1(y_1)$ ですが，ここで
$$\mathrm{MR}_1(y_1) = \frac{d}{dy_1}\left[p(y_1 + f_2(y_1))y_1\right]$$
$$= p(y_1 + y_2) + \frac{dp}{dy}(y_1 + f_2(y_1)) \times \left[1 + \frac{df_2}{dy_1}(y_1)\right] \times y_1$$

(ただし，$y_2 = f_2(y_1), y = y_1 + y_2$) となります．リーダーとしての行動とそうでない場合の行動の違いは [8]，この限界収入の表現の中で第2項のカギ括弧の中の2番目の項 $\dfrac{df_2}{dy_1}(y_1)$ が追加される点にあります．リーダー企業が生産・販売量を1単位増加するときに，それによりフォロアーが生産量を調整することから生じる市場価格への影響によって発生する収入の変化を示すものです．

このとき一般に，$\dfrac{dp}{dy}(y) < 0, \dfrac{df_2}{dy_1}(y_1) < 0$ ですから，$\dfrac{df_2}{dy_1}(y_1)$ の項が付加される場合とそうでない場合を比較すれば，付加される場合には価格と限界収入の格差は拡大しますから，リーダー企業の生産・販売量はクールノー企業として行動するときと較べ，増大することになります．

ベルトラン均衡

ある産業に属する各企業が差別化製品を生産している場合，企業数が多数で自由参入・自由退出が可能なケースでは独占的競争が発生しました．それでは，差別化製品を生産してはいますが，産業が寡占状態にあればどのように考えればよいのでしょうか？　ベルトランはクールノー企業の行動様式を考えますが，それぞれの企業が生産量で競争するよりも，むしろ製品の価格付けで競争するとした方が自然であると考えました．個々の企業は独自の需要曲線に直面しますが，他企業の価格付けにも大きく依存するものとします．

> **ベルトラン均衡の定義**
>
> 企業1，2からなる複占市場において，それぞれの企業が他企業の価格は変化しないものとして利潤計算し，価格の組み (p_1^*, p_2^*) における各企業の価格がその企業の利潤を最大にするとき，価格の組み (p_1^*, p_2^*) を**ベルトラン均衡** Bertrand equilibrium とよびます．

ベルトラン均衡では各企業の利潤最大化条件から

---

[8] さきに見たようにクールノー企業の場合は，$\mathrm{MR}_1(y_1; y_2) = p(y_1 + y_2) + \dfrac{dp}{dy}(y_1 + y_2) \times y_1 = p(y) + \dfrac{dp}{dy}(y) \times y_1$ でした．

$$\mathrm{MR}_1(p_1^*; p_2^*) = \mathrm{MC}_1\left(D_1(p_1^*; p_2^*)\right)$$
$$\mathrm{MR}_2(p_2^*; p_1^*) = \mathrm{MC}_2\left(D_2(p_2^*; p_1^*)\right)$$

(D_i は i 企業の製品に対する市場の需要関数) が成立することになります.

ガリバー型寡占

スタッケルベルグ産業の場合は，リーダー企業とそれに追随する企業から構成されたのですが，他社を圧倒するような市場支配力（価格支配力）を持つ企業1社と市場価格を与えられたものとして価格受容的に行動する多くの企業からなる産業を**ガリバー型寡占**とよびます．言い換えれば，完全競争的生産セクターと「独占力」を持つ企業1社からなる産業がガリバー型寡占です．呼称の由来は，価格支配力を持つ企業が「ガリバー」であり，完全競争セクターの諸企業が「小人」に見えることにあります．

完全競争セクターに属する各企業の行動は供給曲線で表現されます．これに対し価格支配力を持つ企業1社は，完全競争セクターの供給と市場の需要を考慮して利潤最大化を行なうことになります．したがって，ガリバー型寡占における均衡を理解するポイントは，「ガリバー」である価格支配力を持つ企業の利潤の計算様式を理解し，分析することにあります．

ガリバー型寡占における均衡の図示 図7.18はガリバー型寡占における均衡を図示したものです．S は完全競争セクターの供給曲線，D は市場の需要曲線です．価格支配力を持つ「ガリバー」企業は，この両者から販売する製品に対する平均収入を自企業の生産・販売量の関数として読みとることができます．図の中で需要曲線 D の縦軸からの水平の長さは，市場価格に対応して販売できる数量を表わしますから，その数量から完全競争セクターの供給量を差し引いた数量が，ガリバー企業が販売できる数量です．言い換えれば，需要曲線 D から供給曲線 S を水平方向に差し引くと，ガリバー企業の平均収入曲線 AR が得られることになります．この平均収入曲線 AR が導出できれば，それに対応する限界収入曲線 MR が得られます．ガリバー企業の限界費用曲線は図の MC 曲線です．したがって，ガリバー企業は完全競争セクターからの供給を考慮した上で自己の利潤を最大にするような生産・販売量 y_1^* を選び，その結果市場における製品価格は p^* となります．このとき完全競争セクターからの供給量は y_0^* になります．

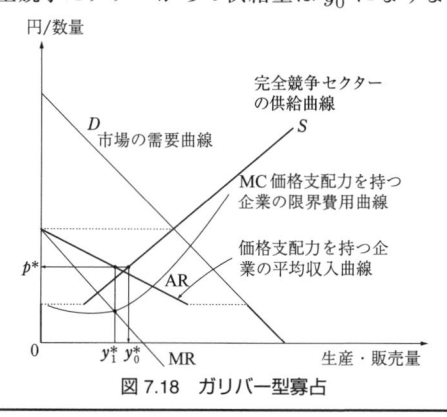

図 7.18 ガリバー型寡占

ガリバー型寡占における均衡の計算による求め方　市場の需要を示す逆需要関数を $p(y)$, 完全競争セクターの供給関数を $y_0(p)$ とすれば, $p = p(y_0(p) + y_1)$ から価格 p を y_1 の関数として表現し直すと, 価格支配力を持つガリバー企業の平均収入曲線が得られますから, これから利潤最大化の条件を求めます.

計算例
$$p = a - by \quad , \quad y = y_0 + y_1 \quad , \quad a > 0, b > 0$$
$$y_0(p) = c + dp \quad , \quad c > 0, \quad d > 0, \quad a > bc$$

とすれば,
$$p = a - b(c + dp + y_1) \text{ より}$$
$$(1 + bd)\, p = a - bc - by_1$$
$$\therefore p = \frac{a - bc}{1 + bd} - \frac{b}{1 + bd} y_1$$
$$(= \mathrm{AR}(y_1))$$
$$\therefore \mathrm{MR}(y_1) = \frac{a - bc}{1 + bd} - \frac{2b}{1 + bd} y_1$$

これを基に
$$\mathrm{MR}(y_1) = \mathrm{MC}(y_1)$$

となる y_1 を求めて, p と y_0 とを計算します.

G　応用例

ケース・スタディー
[安くして欲しいテキストの値段]

著者対出版社

大学の諸先生方は大学でテキストとして使用される本を著わすことがしばしばあります. このような場合ほとんど例外もなく著者は出版社が考えているテキストの販売価格を耳にして,「ちょっと値段が高すぎる」と感じたり,「是非, もう少し安い価格で学生に販売していただきたい」と申し入れることさえあるものです. 私の学生時代の諸先生方の多くや, 私のかつての同僚の先生方の中にさえ, このような著者の気持ちや考えは, 純粋に学生を想う気持ちの表われであると考えられている方も少なくなかったようです. 実際, そうした学生を想う気持ちから少しでも安い値段で自分が書いた本は販売して欲しいと願う著者が少なくないことも事実でしょう. しかし, 自ら著わした著書に対する設定価格水準に関する著者と出版社の考えの相違が, 経済理論的に考えて学生を想う気持ちの有無にのみ帰着してよいのでしょうか？ 価格支配力を持つ企業の行動を念頭に置いてこの問題を考えてみましょう.

全く同じ内容の書物はその書物だけですから, ここでは価格支配力を持つ独占

企業の枠組みを利用して問題を考えることにします．著者，出版社，いずれも自己の利益のみ考えたとして，どのような販売価格を最も好ましいと考えるかを考察してみましょう．最初に，著者の立場を考えます．通常，テキストの出版にともない，その著者が出版社から受け取る報酬（著作料）は，売り上げ総額の一定割合です．この一定割合を $a \times 100\%$ とします．いま，q を出版・販売する著書の数量とすると[9]，著者の経済計算では，自分が受け取る報酬を最大化するような著書の販売価格が最も好ましいということになりますから，$a \times \mathrm{TR}(q)$ の値を最大にする販売価格 $p(q)$ を実現することがベストだということになります．これに対し出版社の立場では販売する図書の総費用をも考慮し，総収入の一定割合ではなく利潤を最大にするような販売価格が最も好ましいということになりますから，$\Pi(q) = \mathrm{TR}(q) - \mathrm{TC}(q)$ の値を最大にする販売価格 $p(q)$ を実現することがベストになります．こうして見ると，上記の問題は著者と出版社という立場の違いによって生まれた「何を最大にしたいか」という目的関数の違いに由来する利害関係の対立と解釈されます．

そこで問題は「何を最大にしたいか」という目的の違いが，好ましいと考える販売価格にどのように反映するかという点に帰着します．その点を順次確認してみましょう．

著者の立場　総収入 $\mathrm{TR}(q)$ の一定倍の最大値を与える $q^\dagger$ は $\mathrm{TR}(q)$ を最大にする $q^\dagger$ と一致し，$\mathrm{MR}(q) > 0$ である限り総収入は増加しますから，$\mathrm{MR}(q) = 0$ となる $q^\dagger$ が著者の求める解となります．

出版社の立場　$\Pi(q) = \mathrm{TR}(q) - \mathrm{TC}(q)$ の値を最大にする q^* が出版社の求める解ですから，標準的な独占企業の利潤最大化の条件と同じ，$\mathrm{MR}(q) = \mathrm{MC}(q) > 0$ を満たす q^* が解となります．

したがって，著者が求める価格 $p(q^\dagger)$ と出版社が求める価格 $p(q^*)$ との違いは，$\mathrm{MR}(q^\dagger) = 0$ を満たす $p(q^\dagger)$ と $\mathrm{MR}(q^*) = \mathrm{MC}(q^*) > 0$ を満たす $p(q^*)$ との違いということですが，出版社の場合は限界収入が限界費用と等しいプラスの水準で販売することを求める分，販売量を著者が求める水準よりも少なくするため，著者よりも高水準の価格設定を有利と考えることになるのです．

以上の議論から，著者は苦学生への配慮からテキストの値段をより安い価格にすることを望むとは限らず，たとえ自分の報酬を最大にすることのみを考えていたとしても，出版社が設定する価格よりも安い価格水準を好むのです．

ケース・スタディー
［貿易摩擦］

ダンピング対「帝国主義的搾取」

1960 年代以降，日本経済の成長期においてアメリカ合衆国との間でいろいろな貿易摩擦が生じました．貿易に関わる摩擦は日本とアメリカとの間のみで

---

[9]　厳密には q の値を整数値に限定しなければなりませんが，議論を簡単にするために q を任意の非負の実数値の範囲で考えます．

> G 応用例

なく，その他のアジア各国とアメリカとの間でも見られました．日米間の貿易摩擦の中で典型的なのが，アメリカ企業やアメリカ政府によって日本企業の「ダンピング」販売だと非難された製品の輸出です．大雑把にいって，ダンピングとは自国内での製品の販売価格よりも，海外で安く製品を販売する行為を指します．このようなダンピング行為とは対照的に，大きな資本主義国における大企業が小さな国の市場で製品を自国よりも高く売りつける行為は**帝国主義的搾取**として非難されました．どのような製品の日本からの輸出がダンピングとの非難を受けたかは，時代と共に変遷しましたが，1960年代当初は繊維製品，つづいて，鉄鋼製品，さらにはカラーテレビ，乗用車などが槍玉にあがりました．これに対し大型コンピュータが活躍した時代にはアメリカのIBMが世界中の市場で圧倒的なマーケット・シェアを誇り，日本国内のみならず多くの国で，アメリカ企業による帝国主義的搾取が行なわれているとの非難の声が上がりました．以上のような貿易摩擦の問題に価格支配力を持つ企業の行動様式を当てはめて理論的に考察してみましょう．

　問題をつぎのように極端に単純化して考察しましょう．ある製品の独占企業が自国内市場で製品を販売する一方，海外市場にも製品を輸出し販売している状況を想定します．海外市場では海外の企業との競合があって「摩擦」が生じるのですから，独占というわけにはいきませんが，販売する製品に対しては価格支配力を持つものと想定します [10]．貿易摩擦との関連で問題になるのは，企業が製品の販売価格を国内向けと国外向けとでどのように設定するかです．海外市場としてはアメリカ市場のように自国と比べ大きな市場を想定します．一般に，製品の販売市場が大きいほど需要はより価格弾力的になるといわれます．したがって，海外市場における需要の方が自国内市場における需要に比べ，より価格弾力的であるとします．

　そこで，マーケット・セグメンテーションによる価格差別の議論を自国内市場と海外市場における販売価格の設定に適用すると，自国の輸出企業は当然国内価格よりもより安い価格設定で海外市場で販売することになります [11]．これが海外市場における企業や政府当局に「ダンピング」と映る理由でしょう．では，逆に，海外で大きな市場を持つ外国の独占企業が，より小さな市場を持つ国に輸出している状況を考えましょう．この場合は価格差別の議論から，たとえばかつてのIBMのような外国企業は，相対的により小さな他の国の市場でより高い価格を設定することになるのです．これを小国の国民や政府から見た場合，アメリカの大企業による帝国主義的搾取と映るのでしょう．いずれの場合もミクロ経済学的に見れば，自由な市場経済における企業行動の当然の帰結であり，「ダンピング」とか「搾取」というのは感情論に偏っているのではないでしょうか？ [12]

---

10) より正確にいえば，海外市場ではつぎの節で考察するような独占的競争だと考えることになります．もちろん，国内市場も独占市場ではなく独占的競争市場だと想定しても以下の議論が当てはまります．

11) もちろん，この議論は国内と海外の製品1単位当たり輸送コストの差が製品の価格と比較して大きくないことを前提としています．

12) 1970年代米国のNewsweek誌に世界的に著名な2人の経済学者ミルトン・フリードマン教

ケース・スタディー
[ディズニーランドの価格戦略]

ミッキーのディレンマ

将来世代を担う子供達に夢を与え続けたハリウッドのウォルト・ディズニーは、ロスアンゼルス郊外のアナハイムにディズニーランドを建設しました。その90％以上のリプリカを莫大な投資によって実現した東京ディズニーランドは関係者の当初の心配をよそに大成功を納めたことは周知の事実です。その後、パリ郊外にもユーロ・ディズニーが建設されました。これらのディズニーランドに共通して、入場料と乗物券の値段がしばしば変更されて来ました。入場料を安くして、乗物券を高くすべきか、それとも入場料を高くして乗物券を安くすべきか。これがミッキーの悩みなのです。この問題を価格差別の問題として分析してみましょう。

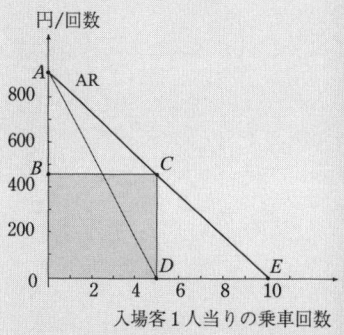

図7.19 ディズニーランド内の乗物に対する需要

問題のポイントを理解するために、簡略化して議論を進めます。ジェットコースターのような典型的な乗り物に対する需要曲線を考えます。図7.19は東京ディズニーランド内のこうした典型的な乗り物に対する需要曲線を表わしているものとします。図7.19のようなデータに基づいてミッキーが知恵を働かせるとすれば、料金をどのような水準に決めるでしょうか。ステップを追って考えましょう。

まず、単一料金を課すとすれば限界収入＝限界費用となるような水準に料金を設定すれば利潤は最大になります。限界費用がゼロだとして考えてみます。（つまり、ジェットコースター等の乗り物を常時動かしている費用は、乗客が1人増えても変化しないとします。）この場合、ディズニーの利潤が最大になるのは限界収入がゼロとなるような料金設定です。図7.19からこの水準は1回当り450円になり、入場客1人1回当たりから得られる料金収入は□$BCDO$の面積（$450 \times 5 = 2{,}250$円）となります。

ではミッキーにとって料金を乗車1回当たり450円に設定することが正解でしょうか？このような単一料金の下で△ABCの面積に相当する消費者余剰が発生していることを考えると、利潤が増えるようにもう少し料金設定を何とかしたいとミッキーは考えるはずです。それは、ディズニーランドへの入場料として△ABCの面積に当たる（$450 \times 5 \times (1/2) = 1{,}125$円）を徴収してしまうことなのだと気付くでしょう。

ところが、入場料と乗り物の料金とを別途徴収（これを**2部料金制** two-part tariff といいます）する方式をとることにすると、ディズニーランドの収入は乗物の料金をゼロにし、入場料を△AOEの面積に当たる（$900 \times 100 \times (1/2) = 4{,}500$

授とポール・サムエルソン教授が交互に経済のコラムニストとして短い経済欄に記事を寄稿されていました。特に、フリードマン教授の場合は、日本企業から米国へダンピング輸出しているとの声が米国業界や政府筋から上がったときに、しばしば、経済学的には「ダンピング」というものはあり得ないと主張されていました。自由な市場経済を掲げるシカゴ派経済学の旗頭として面目躍如たるものがありました。

円）徴収する方式が利潤を最大化します．実際「パスポート」とよばれるのがこの方式です．

実際には，限界費用はゼロではないでしょう．では，この場合，上の議論はどのように修正されるでしょうか？　また，乗り物に乗れる人数には限度があり，待ち行列ができる可能性があるときはどう考えたらよいのでしょうか？　皆さんの知恵でミッキーの悩みを解消して下さい．

ケース・スタディー
［買い手カルテル］

プロ・スポーツとドラフト制度

通常，カルテルというと，売り手側の共謀によるカルテルを指しますが，買い手側の共謀によるカルテルも存在します．プロ・スポーツにあっては新人選手との交渉において「ドラフト制度」を導入している場合が見受けられます．一般にドラフト制度とは，プロ・スポーツを興行する企業が新たに選手を採用しようとする際に，1人の選手が1企業としか交渉できないような制度を指しています．ドラフト制度は明らかに買い手カルテルです．日本における典型的な例は日本プロ野球のドラフト制度です．こうしたドラフト制度にたいしては，国会においても「新人選手に球団選択の自由を認めず，その犠牲において戦力の均衡化を図ることは法律に違反しないのか」というような質問が出されたこともあるようです．ドラフト制度導入の目的は，資金力のある球団に優れた選手が集中することを回避し，各球団の戦力の均衡化を図ることにあるといわれます．しかし，上の国会質問に対する政府答弁の中でさえ「ドラフト制度が新人選手に不利なのは間違いない．球界側の自主的改善が望ましい．」という要望が出されたこともあるということです．現在では，ドラフト制度の中にフリー・エージェント（FA）制度や逆指名制度という工夫も追加され，国会における非難にある程度まで対処する方向にあるように見えます．ここではミクロ経済学の立場からドラフト制度を考えてみましょう．

特定の新人選手と交渉する権利を1球団に限定するドラフト制度は**買い手カルテル**を制度的に確立する工夫であるといえるでしょう．買い手の企業がカルテルを形成すると結局買い手の企業が1団となって**集団的買い手独占**の状況が生まれます．そこで買い手独占の議論を適用すると，ドラフト制度により交渉権を得た球団側は，選手が球団側にもたらす限界収入生産物を下回る報酬を選手側に提示し，選手の合意を得るということになります．実際，アメリカのメジャー・リーグの選手について行なわれた実証研究では，ドラフト制度により，選手達の報酬は限界収入生産物を相当下回っているという実証結果が報告されています[13]．また，別の研究者がこれと関連した実証結果を発表し，フリー・エージェント（FA）制度の導入後は，フリー・エージェントとなった選手達の報酬が市場競争により

---

[13] G.W. Scully, Pay and Performance in Major League Baseball, *American Economic Review* 64, 1974, 915-930.

おおよそ彼らの限界収入生産物に等しい水準に回復したと報告しています[14]．

ケース・スタディー
[過当競争]

ホテル業界の「過当競争」

オリンピック，万国博覧会など各種の大規模な国際的イベントを契機に，主催地の周辺ではホテル建設のラッシュがあり，その都度ホテル業界の「過当競争」が騒がれました．実際，東京都心のホテルを見ても，平均的には満室になることはほとんどないようで，夜に高層ホテルの客室の窓を外から眺めてもほとんどの客室の灯りが消えています．このようにホテルの空室が目立つような時期があることは，世にいうように，ホテル業界が「過当競争」に陥っていることの証しといえるのでしょうか？

ホテルが提供する宿泊サービスは典型的な差別化製品の1つと考えられます．この問題に独占的競争の議論を当てはめて考えてみましょう．長期の独占的競争均衡における企業の生産・販売量の特徴は，長期平均費用の逓減局面で生産・販売が行なわれることでした．ここで5章H節の過剰設備・過少設備に関する議論を思い起こしてください．長期的に見て最適規模で生産を行なっている場合，長期平均費用が減少している局面では過剰設備を持ちます．つまり，ホテル業界が長期の均衡状態にあれば，各ホテルが過剰設備を抱え，客室が満室にならない状態が続いていたとしても，それがミクロ理論の立場から異常な状況ではなく，予想される通常の状況であり，特に問題があるとは言えません．その意味で「過当競争」という表現は不適切だと考えられます．

理解度チェック問題

1. 独占企業が製品の値上げを行なうとき，総収入の増加を期待できるでしょうか？独占企業の限界収入と需要の価格弾力性との関係から考えてください．
2. 市場の需要曲線は需要法則を満たし，右下がりだとする．個々の企業が直面する需要曲線に関する以下の記述のうち，正しくないものはどれか．
   (1) 独占企業が直面する需要曲線は，右下がりである．
   (2) 独占的競争企業が直面する需要曲線は，右下がりである．
   (3) 寡占市場におけるクールノー企業が直面する需要曲線は，水平である．
   (4) 完全競争企業が直面する需要曲線は，水平である．
3. 独占企業の特徴に関する以下の記述の中から，正しいものを選択せよ．需要曲線は厳密に右下がりであるとする．

---

[14] P.M. Sommers and N. Quinton, Pay and Performance in Major League Baseball: The Case of the First Family of Free Agents, *Journal of Human Resources* 17, 1982, 426-435.

(1) 価格は限界費用を上回る水準に付けられるが，それは短期的に見て価格が十分に高く，企業が黒字になっているときに限られる．
(2) 限界収入は価格を下回っているが，需要が価格弾力的であればあるほど，限界収入は価格により近い値になる．
(3) 需要が価格弾力的な範囲で値付けが行なわれるが，価格非弾力的な範囲では，限界収入が限界費用を上回っているからである．
(4) 限界費用が価格を何%下回るかという数値を小数で表現して，これを独占度と呼ぶが，独占度は需要が価格弾力的であればあるほど大きくなる．

4．独占企業に関する以下の記述のうち，正しいものを選択せよ．限界費用は正だとする．
(1) ラーナーの独占度が 0.8，限界費用が千円ならば，製品の価格は 5 千円である．
(2) 完全価格差別を行なうと，価格は一般的に限界費用から乖離する．
(3) 完全価格差別を行なうと，デッドウェイト・ロス（死重的損失）が発生する．
(4) 製品の値上げを行なえば，総収入の増加を期待できる．

5．独占企業に関する以下の記述のうち，正しいものを選択せよ
(1) 完全差別価格（第 1 種の価格差別）を実施すると，独占企業が差別価格を実施しなかった場合と比べ，生産・販売量はさらに少なくなる．
(2) 製品の販売価格は，限界費用をある数値で一定倍した値に決められる．
(3) 平均費用が逓減的である場合，平均費用による価格付け（＝価格を平均費用に等しく決めること）を実施すれば企業の赤字は避けられるが，資源配分の効率性が達成されるとは限らない．
(4) 完全差別価格（第 1 種の差別価格）を実施すると，限界収入は平均収入と一致する．

6．独占企業のマーケット・セグメンテーションによる価格差別に関する以下の記述のうち，正しくないものを選択せよ．限界費用は正だとする．
(1) 製品を販売している各市場からの限界収入は，いずれも生産における限界費用と等しい．
(2) 需要の価格弾力性が等しくとも，異なる市場の間では製品の販売価格は異なる．
(3) より高い価格で製品が販売されている市場では，ラーナーの独占度はより高くなっている．
(4) 需要の価格弾力性の絶対値がより大きな市場においては，より低い価格で製品が販売される．

7．複占に関する以下の記述のうち，正しくないものを選択せよ．
(1) 企業の反応関数は，相手企業の生産・販売量の各水準に対し，その企業の利潤を最大にするような生産・販売量を示す関数である．
(2) 各企業の反応曲線（反応関数のグラフ）の交点がクールノー均衡である．
(3) 各企業の等利潤曲線の交点は無数にあり，クールノー均衡ではない．
(4) 相手企業の反応曲線上の点で，企業の利潤を最大にするような点がクールノー均衡である．

8．Y を市場における販売総量とするとき，逆需要関数が $p(Y) = 10,000 - 2Y$ で与えられる製品市場がある．この市場は複占状態にあり，y_i を i 企業の生産量とすれば，i 企業の限界費用 $\mathrm{MC}_i(y_i)$ は $\mathrm{MC}_i(y_i) = 4y_i$, $i = 1, 2$, である．このとき，クールノー均衡における製品の市場価格 p と産業全体の生産量 Y は，

(1) $Y = 1,000, p = 8,000$ (2) $Y = 2,000, p = 6,000$ (3) $Y = 3,000, p = 4,000$
(4) 上記以外

9. ある製品を生産・販売している企業が $a, b, 2$ 社ある．a と b の生産技術は全く同じで，その限界費用曲線は $\mathrm{MC}(q) = (1/20)q$, q は生産量，で与えられる．市場価格を p，市場の総需要量を Q とすれば，需要曲線は $Q = 1,200,000 - 20p$ である．以下の記述の中から正しいものを1つ選択せよ．完全競争市場であるとき，市場における需要量と供給量とが一致する均衡において，各企業の生産量は，
   (1) $q = 100,000$, (2) $q = 200,000$, (3) $q = 300,000$, (4) $q = 400,000$, (5) 上記以外

10. 以下の記述の中から正しいものを1つ選択せよ．上の問題において製品の市場価格は，
    (1) $p = 10,000$, (2) $p = 20,000$, (3) $p = 30,000$, (4) $p = 40,000$, (5) 上記以外

11. 以下の記述の中から正しいものを1つ選択せよ．上記における市場が複占市場だとするとき，クールノー均衡における製品の価格は，
    (1) $p = 25,000$, (2) $p = 30,000$, (3) $p = 35,000$, (4) $p = 40,000$, (5) 上記以外

12. 以下の記述の中から正しいものを1つ選択せよ．上記における市場が複占市場だとするとき，スタッケルベルグ均衡における製品の価格は，
    (1) $p = 25,000$, (2) $p = 31,000$, (3) $p = 35,000$, (4) $p = 41,000$, (5) 上記以外

13. 以下の記述の中から正しいものを1つ選択せよ．上記における両企業が合併し，市場を独占したとき，
    (1)価格 $p = 36,000$, (2)価格 $p = 40,000$, (3)独占企業の総生産量 $q = 300,000$, (4)独占企業の総生産量 $q = 400,000$, (5) p, q ともに上記以外

14. ディズニーランドにおける乗り物に対する需要は，逆需要関数で $p(y) = 900 - 100y$（y は入場客1人当たりの乗車回数，$p(y)$ は乗車1回当たりの料金，単位は円／回数）で与えられ，限界費用は $\mathrm{MC}(y) = 100$ であるとしよう．このとき，ディズニーランドの利潤を最大にするような料金設定を以下の中から選択せよ．
    (1) 限界収入＝限界費用となるように乗車料金 p を設定，つまり $p = 500$．
    (2) 限界収入＝限界費用となるように乗車料金 p を設定，つまり $p = 500$ とし，別途，入場料金として消費者余剰に相当する金額 800 円を徴収する．
    (3) 限界費用と等しいレベルに乗車料金 p を設定，つまり $p = 100$ とし，別途，入場料金として消費者余剰に相当する金額 3,200 円を徴収する．
    (4) 乗車料金を無料とし，別途，入場料金として消費者余剰に相当する金額 4,050 円を徴収する．

15. インターネットとは，大学，研究機関，政府機関，企業等の諸機関をコンピューターで結ぶネットワークの事である．各消費者のパーソナル・コンピューターをインターネットに接続するサービスを行う企業である Rising Apple 社（略称，RA 社）を考える．RA 社はサービスを利用するための加入者から，毎月固定利用料金として一律に c 円徴収し，一分当たりの利用料金を p 円徴収する．RA 社のネットワーク・サービス加入者のサービスに対する需要は，逆需要関数で $p(y) = 18 - \frac{1}{100}y$（$y$ は加入者1人当たりの1月の利用時間（単位は分），$p(y)$

は利用時間 1 分当たりの料金，単位は円／分）で与えられ，RA 社の限界費用は $MC(y) = 10$ であるとする．このとき，RA 社の利潤を最大にするような p と c の料金設定を以下の中から選択せよ．

(1) $p = 14$, $c = 800$

(2) $p = 14$, $c = 1,600$

(3) $p = 10$, $c = 3,200$

(4) $p = 10$, $c = 6,400$

16. 最近，DPE 屋さんで「同時プリント 1 円」とか「同時プリント 0 円」という看板を見かける．そこで，つぎのような DPE 屋さんの問題を考えよう．日給 1 万円で DPE 屋さんに雇用されている人が，1 日当たり 100 本のフィルムを，現像と焼き付けを自動的に行う機械に入れることが出来る．機械にフイルムを入れ焼き付け枚数を指定する作業および現像・焼き付けを完了する時間は，同時プリント枚数に依存しないものとする．フイルム現像費用は機械の原価償却も含め，1 本当たり 50 円，プリント用薬品や印画紙代は 100 枚について 100 円，現像とプリントは同じ機械で行なわれるため，簡単化のためプリントに要する機械の原価償却費はゼロとする．DPE 屋さんに来る顧客の同時プリントの需要は，逆需要関数 $p(y) = 97 - 24y$ で表わされ，y はフイルム 1 本当たりの同時プリント枚数，$p(y)$ はプリント 1 枚の価格を示す．以下の記述の中から，正しいものを選択せよ．

(1) 顧客の数が現像料金に依存しなければ，DPE 屋の利潤を最大にするような料金は，現像代 1 本 388 円，プリント代 1 枚 1 円である．

(2) 顧客の数が現像料金に依存しなければ，DPE 屋の利潤を最大にするような料金は，現像代 1 本 96 円，プリント代 1 枚 49 円である．

(3) 顧客の数が現像料金の減少関数であるとき，逆需要関数 $p(y) = 97 - 24y$ の下で DPE 屋の利潤を最大にするような料金は，プリント代は変わらないが現像代が高くなり過ぎる可能性がある．

(4) 顧客の数が現像料金の減少関数であるとき，逆需要関数 $p(y) = 97 - 24y$ の下で DPE 屋の利潤を最大にするような料金は，プリント代も現像代も高くなり過ぎる可能性がある．

第8章
不確実性および
リスクと市場

A　不確実性と財概念
B　状態依存財とリスク選好
C　危機回避度とリスクに対するプレミアム
D　市場におけるリスクの交換
E　市場の不完備性と証券市場の役割
理解度チェック問題

第8章 不確実性およびリスクと市場

前章までの分析では，各経済構成員は経済環境や経済活動の結果について完全な情報を持ち，消費者の選好や所得，企業の生産活動，取り引きされる財の性質や品質，経済の資源の量などについて，確定的であることを想定してきました．実際の経済活動においては，完全な情報を得て行動することは困難であったり，取り引きに関するリスクが存在することもしばしばあります．この章では，そうした「不確実性」が存在する場合の市場の機能について考察します．

A 不確実性と財概念

不確実性の表現

不確実であるとは確定的でないことを指します．では，**不確実性** uncertainty を考慮するというのは，本書のこれまでの定式化の中で何を修正し，何を考察の対象に加えることを意味するのでしょうか？ 具体例を通してこの問題を考えることから始めましょう．

例 すでに解説した消費理論や生産理論の枠組みでは，財についての選好，財の保有，財の生産技術が分析上の基本概念です．したがって，不確実な現象としてつぎのような例を考えることができるでしょう．
(1) 消費者のムード（気分）や天候の違いによる好み（嗜好）の変化．（真夏日の生ビールの味と寒い日の生ビールの味の違い．）
(2) 自然の状況の影響を受ける生産上の技術的条件．
(3) いろいろな資源の量，例えば石油の埋蔵量などについての情報や知識の不完全性．

上の例において(1)の消費者の好みの違いは，消費者の効用関数や選好がムードや天候に依存するということであり，(2)の生産における技術条件の違いは，生産者の変形関数・生産関数などが，自然の状態にも依存しているということでしょう．また，(3)の資源の埋蔵量について不完全な情報や知識しか持ち合わせていないというのは，実際の資源の埋蔵量に相当する自然の状態について正確な把握をしていないと考えられます．

そこで，経済分析上問題となる経済環境の不確実性は，すべて「自然」Nature が現実に行なう環境の選択に起因するものと考えて，自然による選択の対象を**自然の状態** the states of Nature とよびます．自然の状態の集合を $S = \{1, \ldots, k\}$ とすれば，**不確実** uncertain だという意味を「どのような $s \in S$ が実現するか分からない，あるいは知らない」と解釈します．「起こりうる自然の状態の中でどの $s \in S$ になるか，あるいは，なっているかについて不完全な知識しかない」と言い換えることもできます．したがって，「不確実」であることと「情報が欠如している」ことを同じ意味に解釈します．

不確実性と財概念の拡張

ミクロ経済学では，不確実性を選好，財の保有，生産技術などに関する不確実性として表現します[1]．このような不確実性を表現する基本的なアプローチは，「財」の考え方を拡張することです．

何を異なる財とみなすかという視点に工夫を凝らし，修正を少し加えます．

- 不確実性が存在しない場合，1章A節で説明したように，物質的な違いや空間的な違い（取引される場所による違い），さらには受け渡しが実行される時間による違いによって異なる財を識別しました．
- 不確実性が存在する場合，このような財の違いの識別に加えて，どのような事象（「自然の状態」）の下で財の受け渡しが行なわれるかによっても財の違いを区別します．つまり，財の受け渡しが行なわれる**事象や状態の違い**[2]によっても財を識別するのです．例えば，先の例におけるように，真夏日の生ビールの味と寒い日の生ビールの味に違いがあるのであれば，これらを異なる財に対する効用として表現するということです．

実物証券としての状態依存財　事象ごとに識別された財を**コンティンジェントな財** a contingent commodity とよびます．これを**状態依存財** a state-dependent commodity とよぶことにします．

権利・義務を証明する証書を**証券** a security とよびますが，権利や義務の内容は，一般に自然の状態や事象に依存して異なります．状態依存財は，特定の物質的特徴を持った「財」の一定単位を，特定の時間と場所で，特定の事象が起こることを条件に受け渡すことを約束した証券です．証券によって約束された受け渡しの対象が「財」の場合，その証券を**実物証券** a real security といい，対象が貨幣である場合，**金融証券** a financial security といいます．状態依存財は実物証券です．状態依存財1単位の受け渡しを約定した実物証券を**ドブルー証券** a Debreu security とよぶことにします[3]．状態依存財の中には，スポット（現物もしくは直物[4]）市場で取り引きされる財もありますが，市場取引が現物の受け渡しをともなわないものも含まれます．先物契約・先物予約[5]がこれらに含まれるからです．しかし，状態依存財（＝ドブルー証券）は先物契約の一種であっても，事象に依存しますから，市場で取り引きされる通常の先物契約とは異なる側面を持ちます．つまり，状態依存財に関しては，特定の事象が起こることを条件に実際の

---

[1] 価格に関する不確実性は，このような基本的な不確実性から派生するものとして把握されます．

[2] **事象**は一般に幾つかの状態からなる集合として規定されます．それら複数の状態が，ある特定の状況を表わしていると解釈し，そうした特定の状況を事象とよぶのです．最も詳細な特定の事象の表現は，ただ1つの状態によってなされますから，簡単な説明を与える場合は，事象と状態を同一視して表現する場合もあります．

[3] 「アロー・ドブルー」証券 an Arrow-Debreu security とよぶこともあります

[4] 「げんぶつ」，「じきもの」と読みます．

[5] 特定の物質的特徴を持った「財」の一定単位を，将来の特定の時点と場所で受け渡すことを約束する契約です．

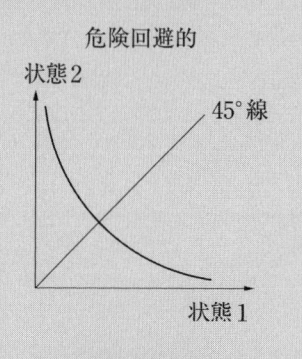

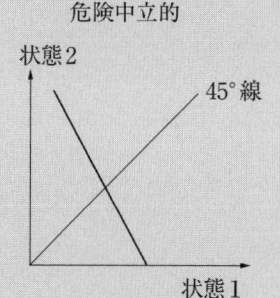

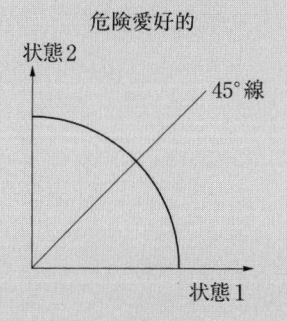

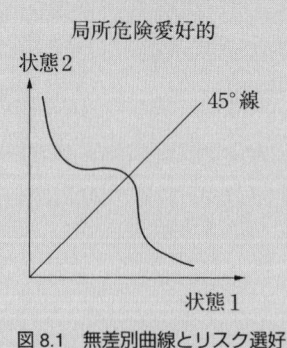

第8章 不確実性およびリスクと市場

財の受け渡しが行なわれます．したがって，ミクロ経済学のテキストによってはこれを**条件付き財**とよぶものもあります[6]．

例 状態依存財の例としては，つぎのようなものや契約などを私たちの身の回りで見かけます．保険，くじ，スタンド・バイの格安航空券，各種の金融・証券取引関連のオプション契約などです．その他，「中古車」，「鉱山」，「福袋」などは，それ自体が状況に依存して異なるというたぐいではないのですが，品質や埋蔵量あるいは袋の中味などについての情報が欠けていることを表現するのに，状態に依存した財あるいは財ベクトルと考えて分析することができるのです．

状態依存財という考え方の導入によって，消費者選好の不確実性，初期保有量の不確実性，生産技術の不確実性を容易に表現できます．消費者選好，初期保有量，生産技術という基本概念は財ベクトルにより表現されますから，状態依存財によって財ベクトルの不確実性が導入されると，こうした基本概念にも必然的に不確実性が導入されることになるからです．つぎの節では状態依存財が導入された財空間での選好関係と効用関数の特徴を説明しましょう．

B 状態依存財とリスク選好

消費者の選好や効用が状態依存財の消費空間の上で表現されるとき，つぎの3つの要素を同時に表現することになります．
(1) 「財」に関する本来の（基本的な）選好や効用
(2) リスク（危険）に対する態度（「リスク選好」）
(3) リスクに対する主観的な評価

この中で「財」に対する本来の選好や効用が表現されることは説明を待つまでもないことですが，リスク（危険）に対する態度が現われている点については，図8.1の4つのパネルに描かれた4種類の無差別曲線を眺めてください．（後で，期待効用関数によって表現できる場合に，より厳密な説明をしますが，ここでは直感的説明にとどめます．）まず，図8.1の45度線上の財ベクトルは，リスクの無い状況を表わしている点に注意してください．状態1であろうと状態2であろうと同じ消費量だからです．言い換えると，状態に関係なく確実に一定量を消費できるのです．これに対し45度線から直角方向に離れれば離れるほど，状態1と2における消費量の格差が広がり，リスクが大きくなります．原点に対して凸の無差別曲線で表現される消費者は，リスクを避けたいと考えています．理由は，同じ無差別曲線上にある2つの財ベクトルで45度線から反対方向に離れているものを取ると，その2つの財ベクトルを結ぶ線上では45度線に近づけば近づくほど効用水準が高くなるからです．このような選好や効用関数あるいは消費者を危険回避的といいます．また，原点に対して凹の無差別曲線で表現される消費者は，反対にリスクを好んでとろうとする消費者です．危険愛好的といいます．同じ無

図8.1 無差別曲線とリスク選好

---
[6] 「条件付き財」というのは日本の教科書に見られる独特のよび名なので，このテキストでは状態依存財あるいはコンティンジェントな財とよぶことにします．

差別曲線上にある2つの財ベクトルで45度線から反対方向に離れているものを取ると，2つの財ベクトルを結ぶ線上では，45度線に近づけば近づくほど効用水準が低くなります．無差別曲線が直線ならば，同じ無差別曲線上にある2つの財ベクトルを結ぶ線上で効用水準に変化はありませんから，リスクの程度は消費者の効用に影響を与えません．危険中立的といいます．最後のパネルに描かれた無差別曲線を持つ消費者の選好を，局所危険愛好的であるといいます．リスクの程度が小さいならば危険愛好的だからです．

状態依存財の消費空間では，消費者の選好がリスクに対する主観的な評価を含んでいるという最後の点を理解する上で，状態1と2において全く同じ消費計画を考えてみます．さらに，状態1と2において「財」に対する消費者の好みは全く同じであるとします．このとき，図8.2のように$MRS_{12} = 3$だとすれば，消費者は状態1での消費1単位を状態2の消費3単位に評価することになります．ところが消費内容は全く同等であり，「財」の消費によって得られる効用も全く同じであれば，評価の相違は状態1と状態2に関する確率評価の違いに帰着することになります．例えば，本来の財に対する効用の期待値によって消費者の効用が決まるとすれば，消費者は状態1が起こる確率を状態2が起こる確率の3倍だと主観的に評価していることになるでしょう．

期待効用による表現

選好関係が与えられたとき，これを表現するような効用関数$U(x_1, x_2)$が存在することは，すでに，消費理論の章で説明しました．不確実性を考慮する場合でも，このような選好関係や効用関数を用いて分析を進めるのが一般的な分析ですが，不確実性下の消費理論では，より特殊な形の効用関数を想定して分析することがよくあります．特に，財に関する本来の選好や効用とリスクに対する評価とを区別し，さらにはリスク選好を明示的に議論できるような効用関数を前提することが多いのです．

効用関数Uが，ある実数値関数uと確率分布(q_1, q_2)に対し

$$(*) \ U(x_1, x_2) = q_1 u(x_1) + q_2 u(x_2)$$
$$q_1, q_2 \geqq 0, q_1 + q_2 = 1.$$

の形で表現できるとき，効用関数Uを**期待効用関数** expected utility function とよびます．uは基本的な財に対する本来の効用関数，q_1とq_2は状態1と状態2の確率です．$(*)$は$x = (x_1, x_2)$の効用が，x_1を確実に消費できるときの効用$u(x_1)$とx_2を確実に消費できるときの効用$u(x_2)$の期待値に等しいことを示しています．これが「期待効用」とよばれる理由です．効用関数Uの値が効用関数uの期待値として上記のように書け，$U(x) = q_1 u(x_1) + q_2 u(x_2)$のとき，効用関数$u$の$x$に関する期待値を$E_x u$と書くことにします．したがって，

$$U(x) = E_x u = q_1 u(x_1) + q_2 u(x_2)$$

です．

すべての効用関数がこのような期待効用関数によって表現できるわけではありません．各状態の客観的な確率（分布）が与えられているときに，上のような期待効用関数による表現が可能なとき，基本的な財に対する本来の効用関数 u をフォン・ノイマン＝モーゲンスターン von Neumann-Morgenstern の効用関数とよびます[7]．より一般的には，サベッジ Savage の主観的期待効用による表現があります．これは与えられた選好関係もしくは効用関数 U がある一定の公理を満たすとき，上記のような期待効用表現が可能であることを示したもので，確率（分布）は選好関係・効用関数から読みとられた消費者の確率評価を明示的に表現しています．これが「主観的」とよばれる理由です．

数学注 ［期待値］ 確率 $q_1, q_2, \ldots, q_k$ で $x_1, x_2, \ldots, x_k$ を得られるとき，$x = (x_1, x_2 \ldots, x_k)$ の**期待値** expected valueEx を $\mathrm{E}x \equiv q_1 x_1 + q_2 x_2 + \cdots + q_k x_k$ と定義します．確率論では x を確率変数といいます．

限界代替率と主観的確率

消費者の効用を期待効用によって表現可能なとき，確実な消費を示す 45°線の上では，限界代替率と主観的確率の比とは一致します．（図 8.2 参照）言い換えれば，同じ財（ベクトル）を消費するときの限界効用の違いは，確率評価の違いから来るということです．この事実はつぎのように確かめることができます．

$U(x_1, x_2) = q_1 u(x_1) + q_2 u(x_2)$ とします．45°線上では $x_1 = x_2$ ですから，同一財の消費の場合，それぞれの消費の限界効用は等しく，$(du/dx_1)(x_1) = (du/dx_2)(x_2)$ となります．その結果，

$$\mathrm{MU}_1(x_1, x_2) = \frac{\partial U}{\partial x_1}(x_1, x_2) = q_1 \frac{du}{dx_1}(x_1),$$

$$\mathrm{MU}_2(x_1, x_2) = \frac{\partial U}{\partial x_2}(x_1, x_2) = q_2 \frac{du}{dx_2}(x_2),$$

から，

$$\mathrm{MRS}_{12}(x_1, x_2) = \frac{\mathrm{MU}_1(x_1, x_2)}{\mathrm{MU}_2(x_1, x_2)} = \frac{q_1 \frac{du}{dx_1}(x_1)}{q_2 \frac{du}{dx_2}(x_2)}$$

$$= \frac{q_1}{q_2}$$

が成立するのです．したがって，期待効用関数による効用の表現が可能であるということのみ分かっていて，客観的な確率分布が与えられていない場合でも，消費者の確率評価を読みとることはできるのです．

---

[7] フォン・ノイマン＝モーゲンスターンの効用関数が存在する条件については，つぎのことが知られています．消費者の選好が確率分布の上で定義されているとします．このとき，選好関係が (1) 合理性の公理，(2) 独立性公理，(3) アルキメデスの公理を満たすならば，フォン・ノイマン＝モーゲンスターンの効用関数が存在するというものです．また，テキストによっては効用関数 u ではなく，客観的確率分布による期待効用表現が可能な効用関数 U 自体をフォン・ノイマン＝モーゲンスターンの効用関数とよび，さらに効用関数 u が貨幣額に対する効用関数であるとき，u をベルヌーイ Bernoulli 効用関数とよぶこともあります．

リスク選好

期待効用表現の場合，消費者の確率評価をどのように読みとれるかをみましたから，つぎにリスク選好の態度が期待効用関数に与える影響を考えましょう．期待効用関数による表現では，消費者の確率評価と本来の財に対する効用の積の和が状態依存財に対する消費者の効用を表わしていますから，消費者のリスク選好の態度は，本来の財に対する効用関数の形状に集約されていることになります．そこで，リスク選好の態度について，具体的にはつぎのような定義を与えます．

まず，状態依存財ベクトル $x = (x_1, x_2)$ に対し，その期待値を $\mathrm{E}x$ とします．x は x_1 を得られるか x_2 を得られるのか不確実な状況を表わしています．x_1 と x_2 から平均的に得られる $\mathrm{E}x$ を確実に受け取る場合とリスクのある x とを比較し，確実に期待値 $\mathrm{E}x$ を得られる方を好むときに危険回避的，そうでない場合に危険愛好的とよびます．また，期待値 $\mathrm{E}x$ の大きさのみで効用が決まり，リスクの度合いに効用が依存しない場合に，危険中立的だといいます．より正確に言えば，消費者の選好が $(\mathrm{E}x, \mathrm{E}x) \succsim (x_1, x_2)$ を満たすとき，消費者の選好を**危険回避的** risk averse だといい，$(\mathrm{E}x, \mathrm{E}x) \succ (x_1, x_2)$ のときは，**強く危険回避的**だといいます．$\succsim$ と $\succ$ の向きを逆にしたとき，消費者の選好を**危険愛好的** risk seeking，**強く危険愛好的** strictly risk seeking だといいます．$(\mathrm{E}x, \mathrm{E}x) \sim (x_1, x_2)$ ならば，消費者の選好を**危険中立的** risk neutral とよびます．

リスクに対する選好を危険回避的，危険愛好的，危険中立的の 3 種類に分類しましたが，期待効用関数による表現を考えましょう．危険回避的（危険愛好的）な場合，状態依存財ベクトル $x = (x_1, x_2)$ に対し，

$$U(\mathrm{E}x, \mathrm{E}x) = u(\mathrm{E}x) \geqq \ (\leqq) \ U(x) = \mathrm{E}_x u = q_1 u(x_1) + q_2 u(x_2)$$

です．つまり，

$$u(\mathrm{E}x) = u(q_1 x_1 + q_2 x_2) \geqq \ (\leqq) \ q_1 u(x_1) + q_2 u(x_2)$$

となります．これは効用関数 u が凹（凸）関数であれば危険回避的（危険愛好的）であることを意味しています[8]．

―― リスク選好と基本的効用関数の形状 ――

効用関数 u が凹関数（凸関数）であれば，期待効用 $U(x_1, x_2) = q_1 u(x_1) + q_2 u(x_2)$ は危険回避的（危険愛好的）となります．効用関数 u が凹関数であり同時に凸関数となる場合（アフィン関数と呼ばれます），期待効用は危険中立的です．

本来の財に対する選好としては，標準的に効用関数が準凹関数のものを主たる分析の対象としてきましたから，不確実性を考察するときの上の命題との関連で

---

[8] 確実な消費における消費者の限界代替率が常に 1 であるとき，消費者選好 $\succsim$ が凸であれば，選好 $\succsim$ は危険回避的です．したがって，状態依存財ベクトル上の効用関数 U で表現すれば，U が準凹関数のとき（2 章 A 節と B 節参照）危険回避的となります．ここで凹関数だというのは，関数 U ではなく，関数 u だという点に注意してください．

いえば，効用関数 u が凹関数の場合，つまり，危険回避的な選好を標準的な場合として取り上げることになります．しかし，これは不確実性を考慮した分析で，危険愛好的なケースを排除して良いという意味ではありません．

C 危険回避度とリスクに対するプレミアム

状態依存財 $x = (x_1, x_2)$ を考えるとき，一般に x_1 と x_2 として，それぞれ状態 1 と状態 2 における財ベクトルとを考えるのですが，本書では 2 財のみのケースを主として扱いますから，以下 x_1 と x_2 とを状態 1 と状態 2 における消費額あるいは状態に依存した金額として議論を進めます[9]．状態依存財 $x = (x_1, x_2)$ として状態に依存した金額を考えるということは，**状態依存所得**を考察することと同じです．状態依存所得は金融・ファイナンス論でいう**金融証券**ですが，言葉を換えれば不確実な所得ということです．消費者の選好が危険回避的な場合，消費者はリスクを取ることを避けようとしますから，リスクがあるような状態依存所得 x（証券）にはリスクを取ることに対するプレミアム（割り増し金）が含まれていなければ，消費の対象とならないでしょう．この節では，危険に対する割り増し金であるリスク・プレミアムあるいは保険プレミアムの考え方を説明し，ついで危険回避度とこのようなプレミアムとの関係について触れることにしましょう．本節では効用関数 U が期待効用関数であることを前提とし，期待効用による表現を $U(x) = \mathrm{E}_x u$ とします．また，（所得の）効用関数 u は，所得の増加関数と考えます．通常，所得の増加は消費者の効用を増加させても減少はさせないと考えるのが自然だからです．危険回避的な効用関数を前提とし，u は凹関数で厳密な増加関数であるとします．

リスクや保険のプレミアム

$x = (x_1, x_2)$ を状態依存所得（金融証券）とします．x と同じ効用を与える確実な所得 w を x の**確定的等価**（サートンティー・エキバレント certainty equivalent）あるいは**現金等価** cash equivalent とよびます．所得水準 w が不確実な所得 x の確定的等価だということは，不確実な所得 x を得ることと，確実に所得 w を得ることとを消費者は無差別に思っていて，$x \sim (w, w)$ が成立するということです．所得に対する効用関数 u が連続ならば確定的等価は存在し，u が厳密な増加関数であることから，確定的等価は一意的に定まります．期待効用関数 $U(x) = \mathrm{E}_x u = q_1 u(x_1) + q_2 u(x_2)$ の確定的等価を $C(x, u)$ と表わしましょう．そうすると確定的等価は，つぎの等式を満たす数値

$$C(x, u) = u^{-1}(q_1 u(x_1) + q_2 u(x_2))$$

として定義されます．このとき，$U(x) = \mathrm{E}_x u = q_1 u(x_1) + q_2 u(x_2) = u(C(x, u))$

---

[9] したがって，以下の議論においては，効用関数 U が効用関数 u の期待効用関数だとするとき，効用関数 u は貨幣額に関する効用関数ということになります．言い換えれば，u はベルヌーイの効用関数です．

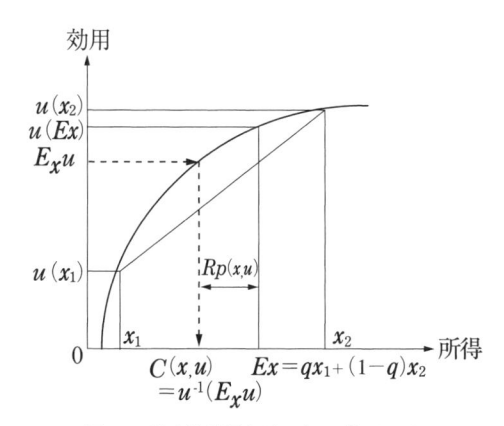

図8.3 確定的等価とリスク・プレミアム

であり，確実な所得に対する効用関数 u を持つ人にとって，不確実な所得 x の効用は確実な所得 $C(x,u)$ の効用に匹敵します．

ところで，不確実な所得 x の期待値 Ex は平均的に実現する所得ですから，確定的等価 $C(x,u)$ を期待値 Ex が上回る金額は，消費者が不確実な所得 x を受け入れ，リスクを取ることに対する割り増し金（プレミアム）と考えられます．このようなプレミアムを**リスク・プレミアム** risk premium とよびます．$Rp(x,u) \equiv Ex - C(x,u)$ によってリスク・プレミアム $Rp(x,u)$ が定義されます（図8.3参照）．効用関数 u は増加関数ですから，不等式 $Ex \geq C(x,u)$ は $u(Ex) = u(q_1x_1 + q_2x_2) \geq q_1u(x_1) + q_2u(x_2) = u(C(x,u))$ と同値ですが，これは u が凹関数であることの定義式です．したがって，

- リスク・プレミアムが非負であれば u は危険回避的であり，逆に u が危険回避的であればリスク・プレミアムは非負

となります．

リスク・プレミアムとは逆に，確定的等価 $C(x,u)$ と期待値 Ex の差は，不確実な所得 x によるリスクを回避し，確実な所得 $C(x,u)$ を得るために支払ってもよいと消費者が考えている金額を表わしていますから[10]，この額を $Ip(x,u) \equiv C(x,u) - Ex$ と定め，**保険プレミアム** insurance premium [11] とよびます．消費者の選好が危険回避的な場合，リスク・プレミアムは非負ですから，保険プレミアムは非正です．消費者は保険料 $-Ip(x,u)$ を支払っても確実な所得を得ることを好むということです．

このようにリスク・プレミアムの存在は，消費者が危険回避的であるかどうかを正確に反映していますから，危険回避の度合いを示す適切な尺度が導入されれば，危険回避度の増・減はリスク・プレミアムの増・減につながることを予想できるでしょう．

---

10) ここで支払い額はマイナス値の表示です．
11) 「保険料」も insurance premium とよびますが，ここでは $-Ip(x,u)$ が保険料に相当します．

危険回避の尺度

所得の効用が所得の増加関数の場合を考察していますから，所得の限界効用は非負で $u'(w) \equiv du(w)/dw \geqq 0$ です．しかし，消費者が危険回避的であり効用関数 u が凹関数であると，所得が1万円増加することによる効用の増分は，所得が1万円低下することによる効用の損失（の絶対値）よりも少なくなります．したがって，所得の増加による効用の増加の程度は，所得が増加するにつれて減少しますから，関数 u の1階の導関数は所得の減少関数になります．これは2階の導関数が非正で $u''(w) \equiv d^2u(w)/dw^2 \leqq 0$ となることを意味します．また，所得の増加による効用の増分が同額の所得の低下による効用の損失より小さいということは，その差が損失の危険に対する消費者の感受性の程度を表現しており，効用の損失と効用の増分の差が大きければ大きいほど，危険を回避したいという気持ちが強いと考えることができます．これは所得変化による限界効用の変化の度合いによって危険回避の度合いが表わされるということです．

第2章の消費理論では，一つの経済変数の変化に対する他の経済変数の反応の大きさを表わす代表的な尺度として，弾力性の考え方を学びました．そこで，危険回避度を示す尺度として，まず弾力性の概念を適用してみましょう．そうすると危険回避度の一つの尺度は，「所得1％の変化による所得の限界効用の％変化」，つまり，「所得の限界効用の所得弾力性」によって与えられます．この尺度を経済学では**相対的危険回避度** degree of relative risk aversion とよんでいます．したがって，所得の効用関数 u に対し，[12]

$$\gamma_R(w, u) \equiv -\frac{u''(w)w}{u'(w)} \left(= -\frac{du'(w)}{dw}\frac{w}{u'(w)} \right)$$ [13]

を u の w における相対的危険回避度と定めます．弾力性概念を用いた定義ですから，所得の計測単位にも限界効用の計測単位にも依存していません．「相対的」な危険回避度とよばれるのは，所得水準に対する所得の相対的変化を考え，それに対する危険回避度を定めるからです．

所得変化がもたらす限界効用の変化の大きさが危険回避の程度を表わすのですが，限界効用の変化については，個人間での限界効用単位が異なりますから，弾力性概念のようにこれを％変化で表わすことが良いことは議論を待たないでしょう．他方，所得変化については所得を計る会計単位が同じである限り，％変化で表わさねばならないことはありません．所得単位1単位の変化による限界効用の％変化によって，危険回避度を表わすことも可能です．こうして定義される危険回避度を**絶対的危険回避度** degree of absolute risk aversion とよびます．**アロー・プラット** Arrow-Pratt の**絶対的危険回避度**とよぶこともあります．％で表現された相対的所得変化ではなく，1単位という「絶対的」所得変化がもたらす限界効用の変化の程度を考えるからです．所得の効用関数 u に対し，

---

[12] γ は「ガンマ」と読みます．

[13] 括弧の中の表現を $-\dfrac{\Delta u'(w)}{u'(w)} \Big/ \dfrac{\Delta w}{w}$ と解釈します．

$$\gamma_A(u,w) \equiv -\frac{u''(w)}{u'(w)} \left(= -\frac{du'(w)}{dw}\frac{1}{u'(w)} \right) \text{ [14]}$$

を u の w における絶対的危険回避度と定めます．

危険回避度の比較

効用関数が U_1 の消費者 1 と U_2 の消費者 2 とを較べたとき，消費者 1 が不確実な所得 $x=(x_1,x_2)$ を確実な所得 w より好み $U_1(x) \geqq U_1(w,w)$ であれば，必ず消費者 2 も不確実な所得 x を確実な所得 w よりも好ましいと考え $U_2(x) \geqq U_2(w,w)$ となるとき，消費者 1 は消費者 2 **より危険回避的** more risk averse であるとよぶことにします．つまり，消費者 1 がリスクを取ることを選択するならば，消費者 2 も同じリスクを選択するときに，消費者 1 は消費者 2 より危険回避的だと考えます．実は，このような危険回避に対する態度の比較を，さきに導入した危険回避度やリスク・プレミアムの比較を通しても同等に行なうことができます．リスク・プレミアムの場合，直感的に考えれば消費者 1 が消費者 2 より危険回避的ならば，消費者 1 のリスク・プレミアムは消費者 2 のリスク・プレミアムより少なくならないはずです．実際，消費者 1 のリスク・プレミアム $Rp(x,u_1) = \mathrm{E}x - C(x,u_1)$ が消費者 2 のリスク・プレミアム $Rp(x,u_2) = \mathrm{E}x - C(x,u_2)$ より少なくないことは，消費者 1 の確定的等価が 2 の確定的等価を上回らず $C(x,u_1) \leqq C(x,u_2)$ であることを意味します．したがって，消費者 1 の確定的等価が確実な所得 w を下回らず $w \leqq C(x,u_1)$ であれば，必ず 2 の確定的等価も確実な所得 w を下回らないことになります．所得の効用関数 u_i, $i=1,2$, が厳密な増加関数であることから，これは消費者 1 が不確実な所得 $x=(x_1,x_2)$ を確実な所得 w より好み $U_1(x) = u_1(C(x,u_1)) \geqq u_1(w)$ であれば，必ず消費者 2 も不確実な所得 x を確実な所得 w よりも好ましいと考える $U_2(x) = u_2(C(x,u_2)) \geqq u_2(w)$ ことを意味します．つまり，消費者 1 が消費者 2 より危険回避的であることと，消費者 1 のリスク・プレミアムが消費者 2 のリスク・プレミアムより少なくならないことと同値になるのです．

また，危険回避度の大小によっても，より危険回避的であるか否かを判断できると考えるのは自然なことでしょう．私たちの日常的感覚からすれば，危険回避度が大きくなれば，同様にリスク・プレミアムも大きくなり，より危険回避的になると予想できるでしょう．

不確実な所得に対する効用関数 U が確実な所得に対する効用関数 u の期待効用として表わされるとき，期待効用関数 U が危険回避的であることは効用関数 u が凹であることと同値であることをさきに説明しました．この視点からすると，消費者 1 が消費者 2 「より危険回避的である」ことは，消費者 2 の効用関数 u_2 を「さらに危険回避的」にし，ある凹関数 f で消費者 2 の効用水準を変換すれば消費者 1 の効用関数 u_1 が得られるのだと解釈することになります．つまり，いかなる所得水準についても $u_1(w) = f(u_2(w))$ が，ある凹関数 f に対して成立するこ

---

[14] 括弧の中の表現を $-\dfrac{\Delta u'(w)}{u'(w)} \Big/ \Delta w$ と解釈します．

とが，消費者 1 は消費者 2 より危険回避的であることを意味するということです．

危険回避の比較 1

消費者 1 が消費者 2 より危険回避的であり，消費者 1 の期待効用関数 U_1 と消費者 2 の期待効用関数 U_2 とを較べたとき，不確実な所得 $x = (x_1, x_2)$ と所得水準 w に対し $U_1(x) \geqq u_1(w)$ ならば，必ず $U_2(x) \geqq u_2(w)$ が成立することは，以下の各条件と同値です．ただし，U_1 と U_2，u_1 と u_2 が定義される領域はそれぞれ同じだとします．

(1) 各所得水準 w において，消費者 1 の絶対的危険回避度 $\gamma_A(u_1, w)$ は消費者 2 の絶対的危険回避度 $\gamma_A(u_2, w)$ を下回らない．つまり，$\gamma_A(u_1, w) \geqq \gamma_A(u_2, w)$ である．

(2) ある凹関数 f に対し，$u_1(w) = f(u_2(w))$ が各所得水準 w において成立する．

(3) どのような不確実な所得 $x = (x_1, x_2)$ に対しても，消費者 1 のリスク・プレミアムは消費者 2 のリスク・プレミアムを下回らない．つまり，$Rp(x, u_1) \geqq Rp(x, u_2)$ となる．

(4) どのような不確実な所得 $x = (x_1, x_2)$ に対しても，消費者 1 の確定的等価は消費者 2 の確定的等価を上回らない．つまり，$C(x, u_1) \leqq C(x, u_2)$ となる．

説明　消費者 1 が消費者 2 より危険回避的であることと，条件 (3) あるいは条件 (4) が同値であることをさきに説明済みですから，条件 (1) や (2) が条件 (3) と同値であることを示せば，上の 4 条件すべてが消費者 1 は消費者 2 より危険回避的である表現と同値なことになります．そこでまず条件 (1) から条件 (2) が導かれることを確認しましょう．いま，関数 f を $f = u_1 \circ u_2^{-1}$ と定義します．つまり，任意の効用水準 v に対し $f(v) = u_1\left(u_2^{-1}(v)\right)$ と定めます（消費者 2 の効用水準 v を，そのときの 2 の所得と同じ所得を消費者 1 に与えた際の 1 の効用水準に変換します）．そうすると，各所得水準 w において

$$f(u_2(w)) = u_1\left(u_2^{-1}(u_2(w))\right) = u_1(w)$$

が成立しますから，f が凹関数になることを確認すればよいことになります．2 回連続可微分な関数 f が凹関数になる条件は，1 階の微分

$$\frac{df}{dv}(v) = \frac{du_1}{dv}\left(u_2^{-1}(v)\right) = u_1'\left(u_2^{-1}(v)\right)\frac{du_2^{-1}}{dv}(v) = \frac{u_1'\left(u_2^{-1}(v)\right)}{u_2'\left(u_2^{-1}(v)\right)} \quad \text{15)}$$

が v の減少関数になることですが，それは単調変換として $\log$ 関数を用いれば，

$$\log \frac{u_1'(w)}{u_2'(w)} = \log u_1'(w) - \log u_2'(w)$$

が w の減少関数となることと同値です．ところが，

---
15) 逆関数の定理から $\dfrac{du_2^{-1}}{dv}(v) = \dfrac{1}{u_2'\left(u_2^{-1}(v)\right)}$ となります．

$$\frac{d}{dw}(\log u_1'(w) - \log u_2'(w)) = \frac{u_1''(w)}{u_1'(w)} - \frac{u_2''(w)}{u_2'(w)} = \gamma_A(u_2, w) - \gamma_A(u_1, w)$$

ですから，各 w において $\gamma_A(u_1, w) \geqq \gamma_A(u_2, w)$ だという条件(1)は，上で定めた関数 f が凹関数であることを意味します．

つぎに条件(2)から条件(3)が導かれることを示しましょう．任意の不確実な所得 $x = (x_1, x_2)$ に対し

$$Rp(x, u_1) - Rp(x, u_2) = C(x, u_2) - C(x, u_1)$$
$$= u_2^{-1}(q_1 u_2(x_1) + q_2 u_2(x_2))$$
$$\qquad - u_1^{-1}(q_1 f(u_2(x_1)) + q_2 f(u_2(x_2)))$$
$$\geqq u_2^{-1}(q_1 u_2(x_1) + q_2 u_2(x_2))$$
$$\qquad - u_1^{-1}(f(q_1 u_2(x_1) + q_2 u_2(x_2)))$$
$$= 0$$

が成立し，条件(3)が導かれます．ここで，上の不等号は関数 f が凹関数であることから従い，最後の等号が成立するのはどのような w の水準に対しても $u_1(w) = f(u_2(w))$ となるからです[16]．

最後に，(3)ならば(1)が成立することを示しましょう．仮に(1)が成立しなかったとすれば，所得水準 w のある区間において消費者 1 の絶対的危険回避度は消費者 2 の絶対的危険回避度を厳密に下回り $\gamma_A(u_1, w) < \gamma_A(u_2, w)$ となります．ところが，上の(1)から(4)までの条件において，等号を含む弱い不等号を厳密な不等号に換え，凹関数を厳密な凹関数に換えてもここまでの議論は同様に当てはまることが分かりますから，すでに示した事実より，所得水準のある区間における不確実な所得 $x = (x_1, x_2)$ について消費者 2 のリスク・プレミアムは消費者 1 のリスク・プレミアムを厳密に上回ることになり，どのような不確実な所得 $x = (x_1, x_2)$ に対しても $Rp(x, u_1) \geqq Rp(x, u_2)$ であったことと矛盾します． ∎

上では危険回避度の比較を異なる個人間で行なったのですが，危険回避度の比較を同じ個人について所得水準との関係で考えることも有益です．例えば，所得が増えれば増えるほど，同じ 1 万円のリスクに対する危険回避の程度が低下する場合，異なる個人の間での危険回避の比較と同様に，リスク・プレミアムは所得の増加と共に下落すると考えられます．実際，つぎの事実を確かめることができます．

――危険回避の比較 2――
所得水準 w にある人が不確実な所得 $x = (x_1, x_2)$ を手にした場合の不確実な所得水準を $x_w = (x_1 + w, x_2 + w)$ と表現しましょう．危険回避的な消費者の所得の効用関数を u とするとき，所得水準の変化にともなう消費者の危険回避度とリスク・プレミアムの変化について，つぎのことが成立します．

---

[16] 任意の w について $u_1(w) = f(u_2(w))$ ですから，消費者 2 の任意の効用水準 v に対し，$f(v) = u_1(u_2^{-1}(v))$ であり，したがって，$u_2^{-1}(v) = u_1^{-1}(f(v))$ となります．

(1) 絶対的危険回避度 $\gamma_A(u,w)$ が w に関し減少関数ならば，任意の不確実な所得 x に対し，リスク・プレミアム $Rp(x_w,u)$ は w に関し減少関数となります．

(2) 絶対的危険回避度 $\gamma_A(u,w)$ が w に関し増加関数ならば，任意の不確実な所得 x に対し，リスク・プレミアム $Rp(x_w,u)$ は w に関し増加関数となります．

(3) 絶対的危険回避度 $\gamma_A(u,w)$ が w の値によらず一定ならば，任意の不確実な所得 x に対し，リスク・プレミアム $Rp(x_w,u)$ は w の値によらず一定となります．

(4) 上記(3)の場合，von Neumann-Morgenstern の効用関数 u は $\lambda \neq 0$ に対し
$$u(x) = e^{-\lambda x}$$
もしくは，u の正のアフィン変換（つまり，$a > 0, b$ に対し $u(x) = -ae^{-\lambda x} + b$）によって定まります．

効用関数 u と初期の所得水準 $w_1 < w_2$ を考え，所得額 w に対し効用関数 u_1, u_2 を，$u_1(w) = u(w_1 + w)$，$u_2(w) = u(w_2 + w)$ と定めます．この u_1 と u_2 にさきの命題を適用すれば上の結果を得ます．

注 上記(4)の場合，λ が絶対的危険回避度となります．実際，
$$-\frac{u''(x)}{u'(x)} = -\frac{-\lambda^2 e^{-\lambda x}}{\lambda e^{-\lambda x}} = \lambda$$
です．また，$\lambda = 0$ の場合は危険中立的なケースに対応し，$u(x) = x$ あるいは $a > 0, b$ に対し $u(x) = ax + b$ の形となります．

D 市場におけるリスクの交換

完備市場とリスクの交換

経済に不確実性が存在すると，個人や企業といった経済構成員の経済活動にはリスクがともないます．保有する資産（財）にともなうリスクが個々人のリスクに対する選好や態度に照らし，好ましいリスクのレベルにあるとは限りません．このような場合，最適なリスクの水準を確保するために市場ではどのようなリスクの交換が経済主体間で行なわれるのでしょうか？ この問題をこの節で考えます．

ところで，一般にリスクには**集団的リスク**と**個別的リスク**とがあります．集団的リスクは天候によるリスクや自然災害の発生によるリスク等，個別の経済構成員に限らずある集団全体に発生するリスクを指します．これに対し個別的リスクは，経済構成員個人を襲う個別的災害や個別的事故によるリスク等，各経済構成員が個々に直面するリスクを指します．

どのような状態依存財についてもその取引市場が整備されており，市場取引が

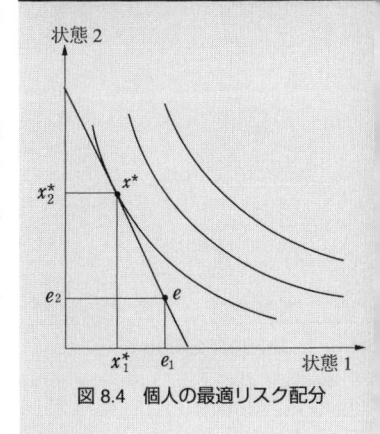

行なわれるとき，市場は**完備** complete であるといい，そうした市場を**完備市場** complete markets とよびます．状態依存財の考え方を導入した経済学者の名前にちなんで，**アロー・ドブルー市場**とよぶこともよくあります．アロー・ドブルー市場のように状態依存財市場が完備ならば，いずれのタイプのリスクも個人の観点から最適な水準に維持できます．図 8.4 は初期保有ベクトル e を持つ個人を描写しています．状態 2 では状態 1 と比べ資産が e_1 から e_2 に「激減」する様を表現しています．また，この個人のリスクに対する選好は無差別曲線で与えられてます．状態 1 と状態 2 に依拠した状態依存財市場が完備していれば，そこでの取引価格を考慮し，個人が最適と考えるようなリスク配分，つまり状態依存財ベクトル x^*，を得ることにより，状態 2 におけるリスクを最適な水準にまで回避できることになります（図 8.4 参照）．

図 8.4 個人の最適リスク配分

さらに，4 章と 6 章で解説した伝統的ミクロ理論における厚生経済学の帰結（「厚生経済学の基本命題」）は，不確実性があったとしても市場が完備していれば基本的に成立します[17]．したがって，完備市場の場合は，市場におけるリスクの交換を通して，個人の観点から最適なリスク負担を実現できるのみでなく，経済全体としても経済主体間の最適なリスク配分が行なわれることになります．では，この事実は不確実性が存在しても市場メカニズムの働きに問題はないことを意味すると考えてよいのでしょうか？　残念ながら，そう簡単に事は運びません．実は，市場経済のより本質的な部分に問題があるのです．完備市場自体が成立しうるか否か．さらには，仮に完備市場が成立したとして，市場の完備性を維持しうるような条件や，完備性を持続できるような誘因が存在するか否かが重要な問題となるのです．もちろん，実際の市場は完備ではありません．したがって，これらの問題に加え，情報の不完全性や市場の不完備性が市場メカニズムにどのような障害をもたらすかが，問題となります．こうした問題についてこの章の残りの部分と，つぎの章において考察します．

個別的リスクと保険市場

日常生活において私たちの身の回りにはいろいろな保険があります．例えば，自動車保険（対物保障保険等），火災保険，歯科保険，健康保険，預金保険を始め，多くの保険を見かけます．こうした保険は状態依存財や状態依存所得の役割を果たしています．特に，個別的リスクの場合，経済構成員個人を襲う個別的災害や個別的事故ですから，そうしたリスクについては，リスクに直面する可能性がある多数の経済構成員を集め，事故発生確率に応じて算出した拠出金により，保険市場が成立しうるのです．換言すれば，個別的リスクについては，状態依存財あるいは状態依存所得の市場が成立しうると考えられるのです．（ただし，保険市場固有の問題もあり，それらについてはつぎの章で扱います．）以下では，まず，こうした保険に対する経済構成員の需要の分析を行ない，ついで，保険市場が成立しうる条件を考えましょう．

---

[17] ただし，各命題の成立の前提となる諸仮定を，状態依存財市場の枠組みの中で再解釈する必要があることは言うまでもありません．

第8章 不確実性およびリスクと市場

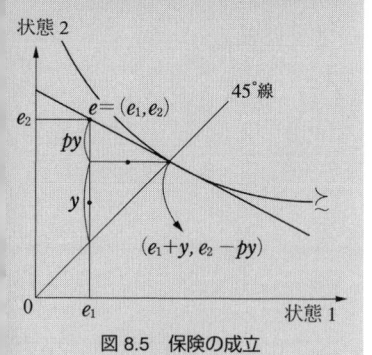

保険の需要 状態依存所得 $e = (e_1, e_2)$, $e_1 < e_2$, に直面している消費者を考えます．図 8.5 のように事象 1 の場合には事象 2 の場合に比べて，所得金額が大きく落ち込み，リスクに直面しています．事象 1 は「事故」の発生に相当します．保険料を保険金 1 円当たり p 円とします．消費者にとっての最適なリスク負担とは，完備市場において選択可能な領域で最適な状態依存所得 $x = (x_1, x_2)$ を選択することです．状態依存所得の需要関数 $x(p) = (x_1(p), x_2(p))$ の値が最適な状態依存所得であり，これから保険の需要関数を求めることができます．

図 8.5 保険の成立

では，この問題において消費者の予算制約はどのように表現されるでしょうか？保険の購入を検討している消費者にとって，事故が発生した事象 1 において 1 円を獲得することの市場価格は保険料の p 円です．他方，事象 2 における 1 円は保険料支払い額の p 円だけ少なくなり，市場価値は $(1-p)$ 円となります[18]．したがって，最適な状態依存所得 $x = (x_1, x_2)$ の選択に直面した消費者の予算制約は

$$px_1 + (1-p)x_2 \leqq pe_1 + (1-p)e_2$$

あるいは

$$p(x_1 - e_1) + (1-p)(x_2 - e_2) \leqq 0$$

となります[19]．消費者は保険を提供しないとして，さらに，$x_1 \geqq e_1$ の制約が加わります．

図 8.5 から消費者が危険回避的ならば，一般に，保険を購入することは直感的にも理解できますから，消費者が選択する最適な状態依存所得 $x^* = (x_1^*, x_2^*) = x(p)$ が内点解であり，$e_1 < x_1^*$, $0 < x_2^* < e_2$ だとします．このとき消費者の効用最大化条件から $\mathrm{MRS}_{12}(x^*) = p/(1-p)$ が成立し，これが保険を購入する消費者の最適リスク負担の条件となります．保険がない場合，消費者は状態依存所得 $e = (e_1, e_2)$, $e_1 < e_2$, がもたらす所得のリスクに直面し，事故が発生した事象 1 での 1 万円は事故が発生しなかった事象 2 における数万円 ($= \mathrm{MRS}_{12}(e)$) の価値があると評価しているのですから，消費者はリスクが高すぎると考えているのです．保険の購入が可能な場合，$\mathrm{MRS}_{12}(x^*) = p/(1-p)$ まで保険を購入するのが最適だと消費者は考えます．仮に，保険料が 10% という高い水準にあるとしても，このとき $p/(1-p)$ は 9 分の 1 ですから，事象 1 での 1 万円が事象 2 における 9 分の 1 万円の価値しかないと評価するまで，十分な金額を保険金として受け取る契約をするのが最適であることを物語っているのです．

消費者の選好が期待効用として表現される場合，消費者の事故確率の評価を確率 q とすれば，状態依存所得 $x = (x_1, x_2)$ が確実な所得をもたらし，$x_1 = x_2$ となるときに，消費者の限界代替率 $\mathrm{MRS}_{12}(x)$ は「相対的確率評価」$q/(1-q)$ に等しくなります．このことからつぎのことが分かります．

(1) ［消費者の事故確率の評価が保険料率に一致する場合 $(q = p)$］ $q/(1-q) = p/(1-p)$ ですから，効用最大化の条件 $\mathrm{MRS}_{12}(x^*) = p/(1-p)$ が成立す

---

[18] 保険料 p 円の支払いは事象が 1 か 2 か判明する前であり，保険金 1 円の受け取りは事象 2 の「事故」発生が判明した後です．事象 2 で $(1-p)$ 円となるのはそのためです．割引率は考慮していません．

[19] 保険金額を明示的に y 円とすると，$x_1 = e_1 + y - py$, $x_2 = e_2 - py$ です．この後者から保険金額は $y = (e_2 - x_2)/p$ であり，これを前者に代入して予算線 $px_1 + (1-p)x_2 = pe_1 + (1-p)e_2$ を導くこともできます．

るのは，$x^* = (x_1^*, x_2^*)$ が $x_1^* = x_2^*$ を満たすときです．消費者は所得変動のリスクが全く生じないように，言わば，保険によって完全に所得を担保するのです．

(2) [消費者の事故確率の評価が保険料率よりも小さい場合 ($q < p$)] 事象の違いによる所得の変動がない45度線上では $q/(1-q) = \mathrm{MRS}_{12} < p/(1-p)$ ですから，効用最大化の条件 $\mathrm{MRS}_{12}(x^*) = p/(1-p)$ が満たされるのは，45度線上ではなく，それよりも x_1^* は少なく，$x_1^* < x_2^*$ となります．したがって，最適なリスクの負担は事象1における所得減少のリスクを多少残しておく状況となります．

(3) [消費者の事故確率の評価が保険料率よりも大きい場合 ($q > p$)] 45度線上で $q/(1-q) = \mathrm{MRS}_{12} > p/(1-p)$ ですから，効用最大化の条件 $\mathrm{MRS}_{12}(x^*) = p/(1-p)$ が満たされるのは，45度線上ではなく，それよりも x_1^* は大きく，$x_1^* > x_2^*$ となります．したがって，このケースでは消費者が最適と考えるリスクの負担は，いわゆる「オーバー・インシュアランス」（過剰保険）の状況で，事象1ではなく，逆に事象2における所得減少のリスクを発生させる状況となります．

---保険による最適リスク負担---

危険回避的消費者が保険を購入する場合，消費者の事故確率の評価が保険会社の設定する保険料率と一致するときは完全な保険 full insurance を購入しリスクは完全に解消されます．しかし，消費者の事故確率の評価が保険料率を下回るときは過少保険となり，逆に保険料率を上回るときは過剰保険となります．

保険市場　いま，市場全体における実際の事故確率を $\bar{q}$ とします．このとき保険会社の設定する保険料 p は $p \geqq \bar{q}$ となるでしょう．保険会社が契約する保険金総額を Y とすると，保険会社の期待利潤は $pY - \bar{q}Y = (p - \bar{q})Y$ となるからです[20]．保険市場が完全競争的であり，市場への自由参入および市場からの自由退出が可能な状況であれば，ゼロ利潤の定理から $p = \bar{q}$ が成立します[21]．したがって，消費者による事故確率の評価 q が市場全体における実際の事故確率 $\bar{q}$ と一致するならば，消費者はすべて完全な保険を購入し，所得変動によるリスクをゼロにすることになります．

消費者1人1人が事故に遭遇する事象は独立で，その客観的事故確率 q^* だとします．また，各消費者の事故確率の評価 q はすべてこの客観的事故確率が q^* に等しいとしましょう．保険会社の保険料率 $p \geqq \bar{q}$ に対し，市場における消費者の数が十分大きくなると，確率論における大数の法則により，実際の事故確率の値 $\bar{q}$ は客観的事故確率 q^* とほとんど変わらない値を取ります．したがって，客観的事故確率 q^* に十分近い保険料 p が設定されれば，消費者は保険を購入するため保険市場は成立し，しかも保険市場が完全競争的であれば，消費者の数が多くなれ

---
[20] ここでは議論を単純化して保険会社の保険金支払い額以外の費用を無視しています．
[21] このように期待利潤がゼロになる状況を**保険計理上公平** actuarially fair とよびます．

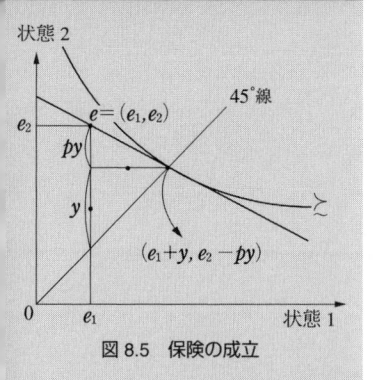

ばなるほど，各消費者は完全保険に近い保険を購入することになります．

保険市場の成立

多数の危険回避的消費者からなる市場では，保険会社が客観的事故確率に近い保険料率を設定することにより，保険市場は成立し，しかも保険市場が完全競争的であれば，消費者の数が多くなればなるほど，各消費者は完全保険に近い保険を購入することになります．

このような保険により，各消費者は，大きな個別リスク y をわずかな支払い py によって回避しえたことになるのです（図 8.5 参照）．しかし，上の保険市場の成立可能性に関する議論には重要な前提条件があることに注意しなければなりません．それはつぎの各点です．

(1) すべての個人は同一の事故確率に直面する．
(2) 各個人は事故の生じる確率に影響を及ぼしえない．

これらの条件が満たされないときは，保険市場の成立にとって深刻な問題が引き起こされる可能性があるのです．これらは，一般に，市場における売り手と買い手が取り引きに関して持つ情報の差異問題や事故確率に関し，取り引きの一方の側が影響を行使しうるか否かという事情や状況によって引き起こされる問題と関連しています．つぎの章ではこのような「アドバース・セレクション」や「モラル・ハザード」とよばれる情報と市場メカニズムに関する基本的な問題について解説します．

E　市場の不完備性と証券市場の役割

どのような状態依存財についてもその取引市場が整備されており，市場取引が行なわれるような完備市場—アロー・ドブルー市場—が整っていれば，不確実性に直面する経済主体は，個別的リスクであろうと集団的リスクであろうといずれのタイプのリスクについても，パレート最適な各個人のリスク負担を実現できるメカニズムが市場にあることについては，すでに触れた通りです．上では個別リスクに関して保険市場が成立しうることを議論しました．しかし，集団的リスクについては，保険市場の成立が困難な面を持っています．実際，私たちの社会における深刻な大規模の自然災害，例えば地震や台風・水害等については，私たちの満足のいくような保険が十分に用意されていないのが実情です．とすると，市場が完備していないことによる市場機能の不備が生じることになります．これがいわゆる**ミッシング・マーケット** missing markets あるいは**市場の欠落**とよばれる問題です．本節ではこうした不完備市場について，それを多少でも是正できるような仕組みとして証券市場の役割について説明します．

図 8.5　保険の成立

ドブルー証券の不完備性とアロー証券

ドブルー証券＝状態依存財が完備している状況とは，どのような状況を指すのでしょうか？　それは将来起こりうるありとあらゆる事故や事件，その他一切の事態を想定した上で，それらに対処した消費計画を実現できるような財の受け渡し契約の締結が可能だということなのです．こうした状態依存財市場が完備であるには，少なくとも(財の数)×(状態の数)だけの市場が必要で，膨大な数のドブルー証券の取引市場が創設されなければならないでしょう．もちろん，実際の経済において状態依存財の多くが欠落していることは，私たちの日常経験から明らかです．例えば，ほとんどの保険約款が，地震等の天災を免責事項に含めていることにも現れています．ドブルー証券が一部欠落していると，どのような問題が生じるのでしょうか？

この場合の問題の1つは，市場の欠落により各個人が最も好ましいと考える状態依存財の消費量やリスク負担を実現できないことです．いま1つは，各個人の主観的交換レートを市場を通して均等化する機能が欠如し，財やリスクの(パレート)最適な配分が達成されない可能性が生まれることです．パレート最適でないということは，もし人々の間のリスク負担の程度を変更する手続きがありうるならば，それによって全員の厚生を改善できる可能性があるにもかかわらず，市場はその役割を果たしえないということなのです．

このように市場の一部の欠落が，最適な配分の実現を妨げるという現象は，何も不確実性やリスクに固有の経済現象ではありません．各種の財を自由に取り引きできる場がないとき，かならず生じる問題です．例えば，みかんとりんごの取り引きに制約が課されていて，みかん1個とりんご1個が対で取り引きされなければならないとすると，各個人の主観的交換レートと市場の交換レートとが一致するような財の売買が，不確実性やリスクの存在いかんによらず，一般に不可能となります（図8.6）．市場取引によってパレート最適な消費財の配分が実現されない可能性が生まれる理由なのです．

では，ドブルー証券＝状態依存財がすべてそろっていなければ，市場メカニズムにより最適な配分は決して達成しえないのでしょうか？　この問いに対し，K.J. アローはつぎのような考えを示しました．まず，状態の集合Sに属する各sに対応した所得，つまり，状態依存所得を考えます．そして，ある特定の状態において1貨幣単位，例えば1万円を支払うことを約定した証券を考え，これを**アロー証券** Arrow security とよびます．もしドブルー証券が完備していなくとも，アロー証券がすべての$s \in S$に対して完全にそろっていれば，個々の経済主体はそれぞれ各状態sにおいてベストだと考える財の消費や販売計画を実現できるように，状態間の所得移転を実行することが可能となります．これは状態$s \in S$に対応して保険金が支払われる保険が完備している状況と同等です．このとき，実現した状態の下で各経済主体が最善と考える各財の購入計画や販売計画を実行できることになります．したがって，アロー証券が状態の数だけそろっていれば，ドブルー証券が(財の数)×(状態の数)だけそろっているときの市場機能を再現できること

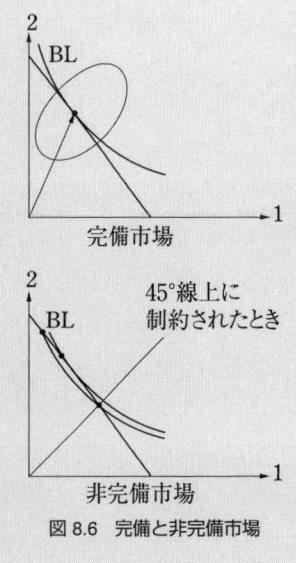

図8.6　完備と非完備市場

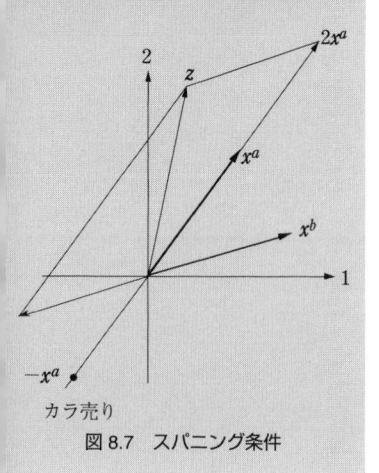

になるのです．その結果，必要となる市場の数をドラスチックに節約できると言えるでしょう．

一般の金融証券，株式，さまざまの金融商品など，私たちの身の回りにはいろいろな形態で提供される状態依存所得があります．これらの証券全体が完備なアロー証券が張る空間を張るとき[22]，**スパニング条件**を満たすといいます．言い換えると，各状態にどのような所得移転をしようと計画しても，そうした所得移転を実現できるような証券の組み合わせ（ポートフォリオ）を作ることができるということです．このとき，市場は事実上完備となります．例えば，図8.7において，証券 x^a と x^b はスパニング条件を満たしています．z が示すような所得移転を望むとしましょう．z 自体が市場で取り引きされる証券でなかったとしても，それを実現するようなポートフォリオを組めるのです．図における z は証券 x^a を2単位購入し，証券 x^b を1単位空（から）売りすることにより実現できます．ここで**空売り**というのは，市場で取り引きされている証券を自ら保有していないにもかかわらず売却するという取引行為のことです[23]．いま，y という証券が $y = (-7, 12)$ だったとします．この証券を1単位市場で購入すると，状態1では7円支払い，状態2では12円受け取ることになります．逆に，証券 y を1単位市場で空売りすれば，状態1では7円受け取り，状態2では12円支払うことになるのです．図8.7では証券 x^b ではなく，証券 $-x^b$ をポートフォリオに組み入れるということなので，x^b を空売りするということになります．

オプション取引の役割

市場の不完備性と証券市場の役割を考える上で，最後に，証券のオプション取引の意味を考察します．**オプション** option の日常語としての意味は，「選択する自由・権利」ということです．経済取引において，広くは，ある特定の経済行為を選択する権利を与える契約を指しますが，実務的には証券，金融商品，商品などを約定の期日（＝満期日）またはそれ以前に，契約価格（実行価格ともいいます）で売買する権利を与える契約のことです．オプションのうち，買う権利を約定したものを**買いオプション**（コールオプション）call option，売る権利を約定したものを**売りオプション**（プットオプション）put option といいます．買う行為は，証券や商品などを請求（call）することであり，売る行為はそれらを相手方に持ち出す（put）行為だからです．売買の形式として満期日までの任意の期日にオプションを行使できる**米国式**と，満期日にのみオプションを行使できる**欧州式**とがありますが，これはあくまでも呼称に過ぎません．以下，簡単化のため欧州式を前提に話を進めます．

経済余話　金融取引は長い歴史を持ち，古代バビロニアのハムラビ法典にも信用供与の規定があります．その中に状態依存の契約も見受けられ，オプション契約は長い歴史をもつものと推察されます．オプション取引がどれくらい古くか

---

[22] 正確には，証券全体が張る線形部分空間の次元が状態の数と一致するという条件です．
[23] 実際の取引市場では，ある特定のルールに基づいて，空売りすることが認められています．

ら行なわれていたか定かではありませんが，少なくとも 1896 年（明治 29 年）には，英国のヒギンズがオプション取引の説明とその損益計算についての詳細な解説を与えました．そして 1900 年には，パリ，エコール・ノルマルのバシュリエーが，投機に関する数学の博士論文の中で，オプション価格の理論値を算出する方法を議論しています．オプション取引が世界の注目を浴びるようになったのは近年のことで，1973 年 4 月にシカゴ商品取引所シカゴ・オプション取引所（CBOE）を開設して以来のことです．80 年代には米国では 400 銘柄を超える株式についてオプション取引が可能になりました．さらに，オプションは株式に限らず，先物商品，債券，外国為替などについても行なわれています．また，オプション契約でオプションと呼ばれないものもあります．例えば，株式への転換権を持つ社債の転換社債，新株引き受け権付き社債のワラント債，ローン・ギャランティー（貸し付け保証），スタンドバイ・クレジットなどもオプションの一種といえます．

基本的なオプション契約の例 実際に取り引きされる最も基本的なオプション契約は，買いオプションと売りオプションです．いま，A 社の株式の買いまたは売りオプションを購入するとします．このとき，買いもしくは売りの権利を行使するときの期日（**満期日**といいます）と価格（これを**実行価格**とか**行使価格**といいます）を指定してオプション契約が売買されます．実行価格は千円だとします．満期日に A 社の株価が実行価格を上回り千 2 百円になったとしましょう．買いオプションを購入した人は，A 社株を千円で買う権利を持っていますから，この権利を行使し，時価千 2 百円の株を千円で購入します．したがって，満期日の買いオプションの価値は株の時価と実行価格との差額の 2 百円となります．しかし，実行価格千円の売りオプションの場合は，権利を行使するよりも市場で時価で売却した方が有利ですから，売りオプションの権利は行使されず，満期日の売りオプションの価値はゼロとなります．逆に，満期日の株価が実行価格を下回り 8 百円になったとすると，売りオプションを購入した人は，A 社株を千円で売る権利を持っていますから，この権利を行使し，時価 8 百円の株を千円で売却できます．したがって，売りオプションの価値は実行価格と株の時価との差額の 2 百円となります．しかし，実行価格千円の買いオプションの場合は，権利を行使するよりも市場で時価で購入した方が有利ですから，買いオプションの権利は行使されず，買いオプションの価値はゼロとなります．

理論上のオプション契約 このような基本的なオプション契約を理論上できる限り広義に解釈すると，契約内容は，特定の証券に対し，満期日における実現値に依存して，その価値を異なる価値に変換する約束を与える契約ととらえるこ

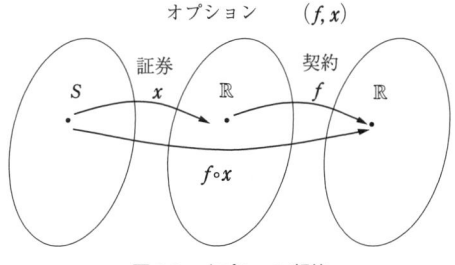

図 8.8 オプション契約

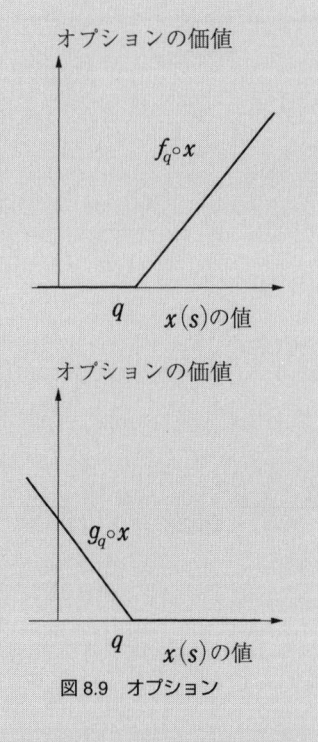

とができます.

一般の金融証券を，自然の状態の集合 S の上で定義された実数値関数 $x: S \to \mathbb{R}$ として表現します．$x(s)$ は状態 $s \in S$ が実現したときの証券 x の貨幣価値です．いま，ある特定の証券 $x: S \to \mathbb{R}$ が与えられたとします．このとき，証券 x と，任意の実数値を変換する実数値関数 $f: \mathbb{R} \to \mathbb{R}$ の組み (f, x) を**証券 x の上で書かれたオプション**とよびます（図 8.8）．x と f の合成関数 $f \circ x: S \to \mathbb{R}$ をオプションとよぶときもあります．ここでのオプションの定義は広義のオプションで，証券 x 上の契約という側面を強調しています．オプション (f, x) は，証券 x の実現値 $x(s)$ を契約 $f: \mathbb{R} \to \mathbb{R}$ によって変換し，その値 $f(x(s))$ が示す貨幣価値をオプションの購入者は手にすることになります．したがって，オプションの購入者は事実上，合成関数 $f \circ x: S \to \mathbb{R}$ が示す証券を保有したことになるのです．オプション取引の重要な点は，このように新たな金融証券 $f \circ x: S \to \mathbb{R}$ が創出されたことにあります．

実務上のオプション契約　実務の上では，証券 x に対しオプション (f, x) を組むことができる契約は，どのような実数値関数 f であっても可能だというわけではありません．ほとんどの場合は基本的なオプション契約が予め用意されています．そのうち代表的なオプション契約が上で説明した買いオプションと売りオプションです．これらのオプションは，対象となる特定の証券 $x: S \to \mathbb{R}$ に対し，買いもしくは売りを実行するときの実行価格，期日（満期日）を指定して売買されます．

そこで，まず，実数 $t \in \mathbb{R}$ に対し，記号 $t^+ = \max\{t, 0\}$，と $t^- = \max\{-t, 0\}$ を定めます．関数 $f_q: \mathbb{R} \to \mathbb{R}$ を $f_q(c) = (c-q)^+$ によって定め，関数 $g_q: \mathbb{R} \to \mathbb{R}$ を $g_q(c) = (c-q)^-$ と定めるとき，オプション (f_q, x) を実行価格 q の**買いオプション**，オプション (g_q, x) を実行価格 q の**売りオプション**とよびます（図 8.9）．

実行価格 q の買いオプションの場合，実現した状態 $s \in S$ の下で証券の市場価値 $x(s)$ が実行価格 q を上回るときのみ，オプションの所有者は買う権利を行使し，価格 q で購入して市場で $x(s)$ の価格で売れますから，その差額 $x(s) - q$ が粗利益となりますが，証券の市場価値 $x(s)$ が実行価格 q を下回るときは，オプションの権利を実行しませんから，粗利益はゼロとなります．実行価格 q の売りオプションは逆に，実現した状態 $s \in S$ の下で証券の市場価値 $x(s)$ が実行価格 q を下回るときのみ，オプションの所有者は売る権利を実行し，市場価格 $x(s)$ で証券 x を購入して価格 q で売却できますから，その差額 $q - x(s)$ が粗利益となりますが，証券の市場価値 $x(s)$ が実行価格 q を上回るときは，オプションの権利を実行しませんから，粗利益はゼロとなります．オプションの粗利益がオプションを持つことの市場価値を示していますから，上のような理論的な定義となるのです．

オプションの資源配分上の役割　オプションの実質的機能は，状態に依存した支払いパターンを，契約によって異なる支払いパターンに変換することです．このことから経済の資源配分に関し，オプションが果たす本質的な機能に注目できます．一言で言えば，オプションは既存の証券を使って，既存の証券とは異なる新しい証券を創り出すのですから，現実の市場においてアロー証券が状態の数

図 8.9　オプション

だけ揃っていなかったり，あるいは市場で取り引きされている種々の証券がスパニング条件を満たしていなかったりしても，より広い範囲のリスクに対処するために必要な証券の穴埋め役を果たすことになるのです．

例えば，自然の状態の集合を $S = \{1, 2, 3\}$ とし，市場には1種類の証券 x しかないとしましょう．x は状態1で1万円，状態2で2万円，状態3で3万円の価値を実現するとします．証券 $x : S \to \mathbb{R}$ を各状態毎の実現価値で表わし，状態1,2,3 の順に並べたベクトルで表現すると，$x = (x(1), x(2), x(3)) = (1, 2, 3)$ となります．もちろん，市場取引の対象となる証券がこの証券のみではスパニング条件を満たさず，各経済主体が最適なリスク配分を行なうことができませんから，不確実性下の資源配分上，パレート効率性を達成できる保証はありません．

ここでオプション取引が行なわれるとしましょう．証券 x の買いオプションを同様にベクトルで表現してみます．買いオプションの価値は，証券の実現価値が実行価格を上回ればその差額，それ以外はゼロでしたから，実行価格が1万円の買いオプションは $(0, 1, 2)$，実行価格が2万円の買いオプションは $(0, 0, 1)$ となります．前者を y，後者を z とします．y, z は異なる実行価格の買いオプションによって創出された証券です．一般に実行価格が q の証券 x の買いオプションは

$$f_q \circ x = \begin{cases} (1-q, 2-q, 3-q), & 0 \leqq q \leqq 1 \\ (0, 2-q, 3-q), & 1 < q \leqq 2 \\ (0, 0, 3-q), & 2 < q \leqq 3 \end{cases}$$

となります．ここで x, y, z の各証券は各状態における価値の比率が相互に異なっていますから，これらの証券の空売りをも含めたポートフォリオ（証券の購入・販売単位の組み合わせ）を適当に組むことにより，各状態におけるどのような割合の所得移転も達成可能となります[24]．つまり，証券が1つのみであってもスパニング条件を満たすような状況が実現したことになるのです．これは状態依存所得としての証券が，状態の数だけ存在しない不完備市場であっても，オプション取引により新しい証券が創出され，資源（状態依存財）配分の効率性を高め，より的確なリスク負担が実現できる可能性を示していると言えます[25]．実務に携わる人々はこの事実を「オプションはリスクをヘッジする」機能があると表現しています．

オプション取引は資源配分上の強力な武器を与えてくれたと言えるのですが，オプションは果たして万能でしょうか？ 言い換えると，市場が欠落しているこ

---

[24] 数学的には，x, y, z を3次元空間のベクトルと見れば，これらは1次独立ですから，各状態におけるどのような所得配分もこれらの1次結合により実現できることになります．

[25] 事実，証券の数が少ない場合においても，無限期間に渡って市場で取り引きされる証券があれば，そうした証券が頻繁に無限回取り引きされることによって，自然の状態の集合が連続濃度であったとしても，不確実性の解消が正則性を満たすならば，実質上完備市場が実現するという面白い理論的結果が得られています．(D.M. Kreps, Multiperiod Securities and the Efficient Allocation of Risk: A Comment on the Black-Scholes Option Pricing Model, in J. McCall: *The Economics of Information and Uncertainty*, Chicago: University of Chicago Press, 1982, 203 – 232 および D. Duffie and C. Huang, Implementing Arrow-Debreu Equilibria by Continuous Trading of Few Long-Lived Securities, *Econometrica* 53, 1985, 1337 – 1356)

第8章 不確実性およびリスクと市場

とから生じる市場の不完備性の問題は全く心配しなくてもよいのでしょうか？市場が欠落していても，既存の証券を用いたオプション取引がすべてその穴埋めをすることが可能でしょうか？ 残念ながら，そうではありません．オプション契約は証券の実現値を操作する手段ですから，既存のどの証券をとってみても，その実現値が識別できないような2種類の状態について，それらを区別するような証券をオプションによって創造することは不可能です．そしてこれがミクロ経済学から見たオプションの限界です．オプションによる証券の創出に限定することなく，不完備な証券市場においては，一般的に新しい証券を創出することが，実利的関心をよぶだけでなく，ミクロ経済学における効率的な資源配分の観点からも重要視されますが，このような新しい証券の創出に関する研究は最近の研究課題の一つになっています[26]．

理解度チェック問題

1. 期待効用関数とそれに関連する以下の記述の中から，正しいものを選択せよ．本来の財に対する効用は，厳密な単調増加関数によって表現出来るものとする．また，各座標は，異なる事象における消費を表現しており，事象1と2の客観的確率と主観的確率は等しく，(0.25, 0.75)で与えられる．
   (1) 厳密に危険愛好的な人は，(150, 150)を手に入れるよりも，(200, 100)を手にする方が好ましいと考える．
   (2) von Neumann-Morgenstern の期待効用は，本来の財に対する消費者の効用と不確実性に対する消費者の主観的な確率評価を分離し，主観的確率を用いた効用の期待値として計算される．
   (3) 厳密に危険回避的な人は，(200, 100)を手に入れるよりも，(100, 100)を手にする方が好ましいと考える．
   (4) 不確実な財ベクトルに対する消費者の効用を表現するには，期待効用による表現である必要はない．

2. ある消費者の von Neumann-Morgenstern の所得の効用関数を $v(w)$ とする．関数 v は厳密な凹関数で，$v(20,000) = 28$, $v(25,000) = 40$, $v(30,000) = 48$, $v(60,000) = 76$ である．この消費者が，確率 $\frac{3}{4}$ で2万円，確率 $\frac{1}{4}$ で6万円得られるような状態依存所得（「富くじ」）を手に入れたものとする．以下の記述の中から，正しいものを選択せよ．
   (1) リスク・プレミアムは，30,000 円．
   (2) リスク・プレミアムは，10,000 円．

---

[26] このような問題に興味のある読者は，証券の創出や証券の最適なデザインに関する文献の展望論文，D. Duffie and R. Rahit, Financial Innovation and Security Design: An Introduction, *Journal of Economic Theory* 65, 1995, 1 – 42 を参照してください．また，証券の創出に関し，期待取引量の最大化を狙う証券取引所が，できる限り多種類の証券を上場するような行動をとるか否かを問うた研究もあります．(K. Ohashi, Endogenous Determination of the Degree of Market-Incompleteness in Futures Innovation, *Journal of Economic Theory* 65, 1995, 198 – 217 参照)

(3) 確定的等価は，25,000 円．
(4) 確定的等価は，30,000 円．
3. リスク・プレミアムあるいは危険回避度に関する以下の記述の中から，正しいものを選択せよ．
  (1)「富くじ」（不確実性を持つ追加的な所得）を手に入れた人は，所得の不確実な変動に直面するが，それに対するリスク・プレミアムが，その人の富水準の上昇とともに減少するならば，その人の絶対的危険回避度は富水準の上昇により減少する．
  (2) 絶対的危険回避度は，効用単位を変換しても変化しない．
  (3) x を所得水準，$u(x) = -e^{-10x}$ を所得の効用関数とすれば，絶対的危険回避度は，$10x$ となる．
  (4) 所得が 1％増加するとき所得の限界効用が何％減少するかを示す数値は，絶対的危険回避度と一致する．
4. 新年のデパートの初売りでは，福袋が恒例となっており，福袋を目当てに新年早々デパートの前の長い待ち行列に加わる人たちも珍しくありません．一袋，千円，2千円といったものから，一袋3千円，5千円，1万円，5万円といったものまであり，中には 100 万円もする福袋さえあります．福袋に対する消費者の需要は福袋に入っている個々の商品に対する需要とどのように関連しているか分析を試みて下さい．
5.「各地の売り場には早朝から，億万長者の夢を追い求める人たちが長い列を作った」というような「ジャンボ宝くじ」に関する新聞報道に私たちは日常的に接しています．こうした消費者の行動を不確実性とリスクに直面した消費者の選択行動によって説明を試みて下さい．そうした説明をする場合，消費者が抱く主観的なリスク評価は客観的なリスク確率と乖離していなければならないでしょうか？ また，消費者がリスク回避的であったとしても，このような行動は説明可能でしょうか？ どのような消費者の選好関係を想定すれば説明可能か議論して下さい．

理解度チェック問題

第9章
情報と市場

A 経済と情報
B アドバース・セレクション
C モラル・ハザード
D シグナリングとスクリーニング
E インセンティブの体系
理解度チェック問題

第9章 情報と市場

前章では経済の基本的要素についての情報が完全ではない状況を不確実性ととらえ，不確実性が存在することによって発生するリスクに人々はどのように対処するか，また，市場は人々にどのような対処の手段を用意しているか，さらには，そうした手段が経済制度上充分なものと言えるか，という視点から市場メカニズムを考えてきました．本章では不確実性を情報の不完全性という視点から考え，情報に関する有無が，経済取引上どのような現象を市場経済に生じさせるかについて，いくつかの基本的な事項を説明することにします．

A 経済と情報

7章までの分析では，市場で取り引きされる財の性質や品質について，すべての経済構成員が完全な情報を持っていることを前提に，議論が組み立てられてきました．製品を市場で取り引きする際に，その性質や品質について，取り引きした人が考えていたものと異なっていることによるリスクが全く発生しない状況です．このようにすべての人々がある特定の情報を所有しているとき，その情報のことを**共有情報** common information とか**公開情報** public information とよびます．これに対し一部の人のみが保有している情報のことを，情報を保有している人々の**私的情報** private information といいます．

　情報に関し，経済構成員の間で私的情報が存在するような状況を，一般に，**差異情報** differential information とよびます．実際の経済活動の場において，私たちは各種の異なる情報を入手しながら行動しています．この意味で人々は差異情報の下に置かれているというのが通常の状況でしょう．また，特に，市場取引においては，売り手と買い手というような取り引きの両サイドで，取り引きに関連した特定の情報について，差異情報下にあることもしばしば見受けられます．経済活動にかかわる2つのグループあるいは2人の個人間で，ある特定の情報に関し，双方が情報を保有している状況を**対称情報** symmetric information とよび，一方が情報を保有し，他方がその情報を保有していない状況を**非対称情報** asymmetric information とよびます．**情報の対称性**あるいは**情報の非対称性**という表現を使用する場合もあります．この章では，市場取引の対象となる製品，さらには，市場取引に関係する人々の属性や行動に関する情報の非対称性が，市場取引にどのような影響を与えるかを考えます．

表 9.1　非対称情報による問題

情報の種類	情報を保有する側	
	売り手	買い手
属性（財，人々）	アドバース・セレクション	アドバース・セレクション
行動	モラル・ハザード	モラル・ハザード

　表9.1は情報の非対称性によって引き起こされる問題を大雑把に分類したものです．製品や人々の属性に関する情報の非対称性に起因する問題はアドバース・

セレクションとよばれますが，売り手側が私的情報を持っている場合と買い手側が情報を持っている場合のアドバース・セレクションの例をB節で説明します．つづくC節では人々の行動に関する情報の非対称性に起因するモラル・ハザードの問題を売り手側，買い手側それぞれが情報を保有する場合に分けて例を説明します．最終の2つの節では，非対称情報によって引き起こされる問題の解消や緩和に向けての経済主体の行動や工夫について説明します．このうちD節では，アドバース・セレクションを避けるために私的情報を持つ経済主体によって行なわれる情報発信の行動であるシグナリングの例と，私的情報を持たない経済主体の情報探索の行動であるスクリーニングの例を説明します．そして最後のE節では，情報の非対称性による問題を解消もしくは緩和する工夫の一つとして，経済主体間の契約に関するインセンティブの体系について解説します．

B　アドバース・セレクション

市場取引における売り手と買い手間で，製品の属性あるいは取り引きに影響を与えるその他の属性に関して取り引きの一方の側のみが私的情報を持っており，非対称情報の下で取り引きが行なわれるとき，市場において成立する取り引きの内容が，ある基準（一般にはパレートの基準）から見て好ましくない方向に引きずられて行く現象を，**アドバース・セレクション** adverse selection あるいは**逆選択**とよびます．非対称情報の下での取り引きにかかわる属性が，売り手と買い手，どちらか一方にとってのみ私的情報となっている状況を**隠された属性** hidden characteristics といい，広い意味では，隠された属性があるような状況自体をアドバース・セレクションもしくは逆選択とよびます．

以下では，アドバース・セレクションの代表的な例として，売り手側が私的情報を持っている場合に生じる問題と，買い手側が私的情報を持っている場合に生じる問題の2つの例を取り上げましょう．

中古車市場

市場に100人の中古車の売り手と100人の買い手がいて，それぞれ1台の中古車の売買を考慮しているとします．売り手も買い手も市場に出回る100台の中古車のうち，50台は品質の良い車（「ピーチ」といいます）で，50台は品質の悪い車（「レモン」といいます）であることを知っています．売り手は中古車の所有者であることから，その品質を知っていますが，買い手はどの売り手に関しても，その中古車がピーチであるか，それともレモンなのかは売買契約を結ぶ段階では分からないとします．ピーチ車の所有者はどの所有者の場合も自分の車を30万円と評価しており，レモン車の所有者は所有する車を全員10万円と評価しているとします．また，買い手の評価は，ピーチ車40万円，レモン車16万円だとします（表9.2）．

第 9 章　情報と市場

表 9.2　中古車の評価

経済主体	中古車の評価 ピーチ車	中古車の評価 レモン車
売り手	30 万円	10 万円
買い手	40 万円	16 万円

　中古車の売買契約を結ぶ時点で，中古車の品質という属性が共有情報であり，ピーチ車かレモン車かを買い手が的確に見分けることができれば，この中古車市場において特に問題は発生しないでしょう．ピーチ車は市場価格が 30 万円から 40 万円の間で取り引きされ，50 台の売買契約が成立します．レモン車の場合も同様に，市場価格が 10 万円から 16 万円の間で取り引きされ，50 台の売買契約が成立することになります．しかし，実際には契約時に買い手は中古車の品質を認識できないのです．市場はこの事実に対してどのような反応を見せるでしょうか？

　買い手が予想する中古車の価値を，市場におけるピーチ車とレモン車の分布から予想される評価価値の期待値であるとします．このとき，買い手が予想する中古車の価値は，40 万円 × (1/2) + 16 万円 × (1/2) = 28 万円です．ところが市場価格が 28 万円ならば売りに出される中古車はレモン車のみです．ピーチ車の所有者は最低 30 万円の価格でなければ売りには出さないからです．中古車市場にはレモン車のみということになれば，買い手は 28 万円もの支払いをする気はありません．市場における価格はレモン車に対する売り手と買い手の評価価値，10 万円から 16 万円の間に落ち着き，レモン車のみが市場で売買されることになります[1]．

　上で指摘されている市場メカニズムの問題は何でしょうか？　それは一般的には状態依存財（もしくは状態依存所得）の市場が完備していないことによる配分の非効率性です．ピーチ車とレモン車，それぞれ別々の市場が成立していないため，的確に市場メカニズムの機能する場が整備されていないのです．「整備されていない」というより，むしろ買い手と売り手の間の情報の非対称性により，別個の市場を成立させることが困難だということです．同一市場で取り引きされるピーチ車とレモン車を中古車という同一商品として眺めると，中古車の売り手の行動が市場における中古車の品質分布に影響を与え，品質分布が直接に消費者の効用関数や選好関係に影響を与えるという外部効果を発生させていると解釈することもできます．

　この例では，レモン車のみでなくピーチ車も取り引きされれば，経済全体の厚生が向上するにもかかわらず，市場で成立する価格がピーチ車を排除してしまうような方向で調整されるというアドバース・セレクションが発生しています．

保険市場

民間の保険会社によって健康保険が提供される場合を例にとって考えてみましょ

---

[1] 中古車市場を例にとって情報の非対称性がもたらすアドバース・セレクションの問題を最初に指摘したのは G. アカロフです．その論文のタイトルにちなんで，この種の市場を**レモン車市場** market for lemons とよぶことがあります（G. Akerlof, The Market for Lemons: Quality Uncertainty and the Market Mechanism, *The Quarterly Journal of Economics* 84, 1970, 488 – 500）．

う．保険会社は経済全体で見た人々の医療機関への平均支払額をもとに保険料率を決定できるでしょうか？　健康保険への加入が任意である以上，個々の人が保険を購入するか否かは，保険会社の設定する保険料率に依存することになります．したがって，保険会社は実際に保険を購入する人々の医療機関への平均支払額をもとにのみ保険料率を決定しなければなりません．保険会社は，保険料徴収額と予想される保険金支払額をベースに計算し，期待利潤をマイナスにしないような保険料率を設定する必要があります．しかし，設定した保険料率の下で実際に保険を購入する消費者は，医療機関への支払額が保険料支払額を上回ると予想する人のみであり，医療機関への支払額が保険料支払額にも達しないと考えている健康が相対的に優れ人々は，保険を購入しないことになります．その結果，保険会社の利潤はマイナスとなります．保険料率を引き上げれば，赤字は解消できるでしょうか？　保険料率を引き上げると，医療機関への支払いがより高額の保険料支払額を上回ると予想する人々のみが保険を購入することになり，最終的には保険の購入者がゼロとなる状況，あるいは，ほとんどの人々が保険の購入を思いとどまるような高額の保険料を支払わねばならない保険となる状況が発生します[2]．

この例のアドバース・セレクションでは，人々の健康度合いに見合った個別の保険市場が欠落しているため，保険料率は誰が買い手となるかに依存せざるをえず，市場における保険料率の調整だけでは保険の需給のバランスが保てる保障がないのです．

こうした状況は，実際の健康保険制度に見られるように，任意の加入保険ではなく，強制加入の団体保険にすることにより改善される可能性があります．強制加入保険では医療機関への平均支払額に見合う保険料率となりますから，健康的障害について高リスクの人々の厚生が向上するのは当然のことですが，低リスクの人々でも保険加入に関心を持つ人々については，強制加入ではない場合と比較すればより低い保険料で済むというメリットはあります[3]．

さきのレモン車市場の例は，売り手が私的情報を持っているという非対称情報によって引き起こされるアドバース・セレクションですが，保険市場の例は売り手ではなく，買い手が私的情報を持っているという非対称情報によって引き起こされるアドバース・セレクションです．

需要とアドバース・セレクション

上で取り上げた2つの例のうち，レモン車市場におけるアドバース・セレクションの現象を，以下のような形でより一般的に表現できます．

レモン車市場の例において，アドバース・セレクションが発生するポイントは2つあります．1つは，買い手が製品の品質を識別できないため，製品に対する需要

---

[2]　この場合，保険市場が消滅しない条件は，保険金支払い額が最も高額となる人々に対する保険の提供が保険会社の採算ラインに乗ることです．

[3]　もちろん，ここではパレート改善すると言っているわけではありません．しかし，人々の一生を通した強制健康保険とし，かつ，一生を通した期間においては，ほとんどの人々の医療機関への平均的支払額が団体全体の平均支払額に近い値に分布していれば，こうした団体強制保険制度は非常に多くの人々の厚生を向上させることになると言えるでしょう．

第9章 情報と市場

D は価格 p のみでなく，製品の平均的な品質 μ にも依存し，需要関数が $D(p,\mu)$ という形になることです[4]．いま1つは，製品に対する需要が品質 μ の増加関数であり，さらに市場における製品の平均的な品質は，製品の価格の増加関数だという点です．その結果，$\mu = \mu(p)$, $\dfrac{dD}{d\mu}(p,\mu) > 0$, $\dfrac{d\mu}{dp}(p) > 0$ です．これに対し供給の方は，製品の価格 p にのみ依存していて，$S(p)$ であり，通常の供給関数の性質から，$\dfrac{dS}{dp}(p) > 0$ となります．このような性質を持つ市場では，最悪の場合 $D(p^*,\mu^*) = S(p^*)$ を満たす均衡価格 p^* において，需要量と供給量共にゼロとなる可能性もあります．言葉を換えると，市場での取り引きが全く成立しない可能性もあるのです．

実際，$\overline{D}(p) \equiv D(p,\mu(p))$ とすると，

$$\frac{d\overline{D}}{dp}(p) = \frac{\partial D}{\partial p}(p,\mu) + \frac{\partial D}{\partial \mu}(p,\mu)\frac{\partial \mu}{\partial p}(p)$$

です．$\overline{D}(p)$ は製品の市場価格 p の変動が製品の品質に与える影響を読み込んだ需要関数です．市場における製品の品質 μ が一定の場合に需要法則が満たされ，$\dfrac{\partial D}{\partial p}(p,\mu) < 0$ であっても，品質の向上が需要量を拡大し，$\dfrac{\partial D}{\partial \mu}(p,\mu) > 0$ であり，さらに価格の上昇は品質の向上を促して $\dfrac{\partial \mu}{\partial p}(p) > 0$ であれば，需要曲線は右上り ($\dfrac{d\overline{D}}{dp}(p) > 0$) になる可能性があるからなのです．

こうした市場では，需要量と供給量のアンバランスがあっても，価格がそれを十分に調整できない可能性があります．例えば，価格 p のとき需要量 $D(p,\mu)$ が供給量 $S(p)$ を下回っているとします．通常ならば，ここで価格 p が低下すれば，需要量の増加と供給量の減少により，需要量と供給量とのかい離を少なくする方向で市場における価格の調整機能が発揮されるのですが，ここでは価格が低下しても製品の平均的品質 $\mu(p)$ が劣悪化し，品質の低下により需要量がさらに減少することになって，価格による需要量と供給量との調整が上手く機能しないのです[5]．図9.1はこうした状況を例示したものです．価格が p_1 という高い水準では，供給量が需要量を上回っているとします．製品の平均的品質が $\mu(p_1)$ であれば，価格が p_1 から p_2 へ低下すれば需要量と供給量とはバランスするはずです．しかし，p_2 への価格低下により製品の平均的品質も $\mu(p_2)$ へ低下します．市場の需要は減少し，需要曲線自体が $D(p,\mu(p_2))$ へとシフトします．結果として価格 p_2 の下でも超過供給の状況は解消しません．価格が p_2 から p_3 へ低下しても超過供給は存続します．図9.1では価格が p_4 まで低下し，すべての品質の商品に対する需要量がゼロに落ち込み，供給量もゼロになったところで市場均衡が成立します．

アドバース・セレクションは，情報の非対称性が存在する場合に生じる市場メカニズムの困った特性の1つです．上の例のように，アドバース・セレクション

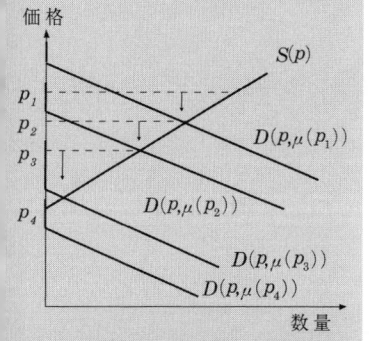

図9.1 需要とアドバース・セレクション

---

[4] ここでは，簡略化して，$D(p,\mu)$ は製品の需要量，p は製品の価格を表わしているとします．
[5] このように価格の低下が需要量の増加をもたらすのではなく，製品の平均的品質を劣化させてしまうことを，レモン車市場にちなんで**レモンの原理**といいます．価格の低下が製品の需給をバランスさせる方向に市場を調整させるのではなく，その逆方向への（品質の）調整を生じさせるという意味でも逆選択とかアドバース・セレクションとよばれるのです．

は，製品の品質にばらつきがあり，それを購入時に買い手が完全には把握できないような場合や，各種の保険市場においては深刻な問題となる可能性があります．しかし，私たちの身の回りでは，このようなアドバース・セレクションを多少とも回避しようとする試みと解釈できる商慣行を目にします．例えば，製品の保証書，ブランド商品，販売・製造の認可制度などは，品質を一定の水準に保ち，それを買い手側に明瞭に認識してもらうための工夫だと解釈できます．また，医療保険，火災保険，自動車保険等における年齢別や地域別保険料，自動車保険における無事故割引制度などは，保険におけるアドバース・セレクションの働きを抑制する慣行だと考えることができます．

C　モラル・ハザード

市場取引における情報の非対称性が引き起こす可能性のある問題として，最初にアドバース・セレクションによる問題を説明しました．アドバース・セレクションは，私的情報を持っている取り引きサイドの隠された属性を，情報を持たない取り引きサイドから観察できないことが引き金となって生じる問題でした．

　これに対し**モラル・ハザード** moral hazard とは，取り引きもしくは一般の契約において，契約当事者の利害に関わる契約相手の行動が契約相手の私的情報になっていることから発生する問題のことで，契約相手の隠された行動を観察できないことから引き起こされる問題を指します．この意味で広義には，観察できない**隠された行動** hidden action をモラル・ハザードとよんでいます．私的情報を持たない契約者と，観察できない契約相手の隠された行動によって生じる問題というのは，契約相手の行動に依拠した契約内容が，双方にとって好ましい結果をもたらすとしても，そのような内容の取り引きや契約が実現可能ではなく，双方にとって最適な状況を達成できる保証がないという点なのです．

　以下では，モラル・ハザードが発生する典型的な幾つかの例を取り上げて，その解説をすることにします．

保険の購入とモラル・ハザード

モラル・ハザードという言葉は，もともと欧米の保険業界で使われていた用語で，保険購入後の保険契約者は，一般にモラル（道徳や倫理）に欠けた行動を取ることがあると見られていたことから，用いられるようになったと言われています[6]．経済的な現象として見れば，このような行動がモラルに欠けた行動かどうかが問題なのではありません．保険そのものの機能が，保険購入者を保険会社の負担を増大させるような行動に向かわせる誘因（インセンティブ）を与えるという点が問題なのです．

---

6) こうした文脈で，moral hazard は「道徳的問題」という意味合いになるのですが，従来の文献では**道徳的危険**という訳語が多く使われてきました．「道徳的危険」というと多少とも奇異な語感を与えますから，最近ではカタカナ表現に切り替わってきています．

自動車保険を例にとって考えてみましょう．自動車保険を全く購入していないドライバーがいたとすれば，その人はちょっとした車のかすり傷でも避けるような細心の注意を払った運転を心がけるでしょうし，ドライブに出て旅を楽しむにしても，車が盗難に遭わないように，どこに駐車するかについても，注意を払うに違いありません．しかし，かすり傷程度であっても保険金が支払われたり，車の盗難に対しても車の時価全額を保証するような保険であれば，保険の購入者は保険を購入しなかった場合と比べて，それほど細心の注意を払わなくなり，結果として保険会社の保険金支払いを増加させるような行動に向かう傾向があるということなのです．

その他，健康保険や火災保険等の保険についても，保険に入ってない場合と比べれば，保険を購入した人々にとっては，保険が対象とする事故や健康障害等を防止しようと努力する誘因が弱まる傾向が生まれるのです．極端な場合には詐欺まがいの行為すら数多く引き起こされたと言われています．例えば，米国の大都市では，新しい移民や貧民層が流入し始めた地区で，土地や家屋といった不動産価格の値崩れが始まると，旧来の不動産価値をもとに保険金が設定されている火災保険等の保険金支払い件数が急激に増加するということです．こうした場合，マフィアがビルを爆破することもあると巷で噂されることもありました．また，倒産寸前の会社の経営者が，従業員を対象に掛けていた生命保険を悪用して引き起こす「保険金詐欺」事件も，新聞紙上で私たちが時折見かけるこの種の極端な例と言えるでしょう．

このようなモラル・ハザードが生じる場合には，そうでない場合に比較し，保険の提供にともなう保険会社の費用が高くつきますし，保険の購入者に対する保険料金も高めに設定されるでしょうから，両者にとって好ましくなく，パレート改善できるような状況が生まれるのです．

プリンシパル・エージェント関係とモラル・ハザード

情報の非対称性という側面から言えば，上の例の保険の場合，モラル・ハザードは買い手側が私的情報を持っており，売り手側がその情報をもたないという情報の非対称性によって生じる問題です．これに対してつぎに取り上げるモラル・ハザードの典型的な例は，主役である依頼人（一般に，**プリンシパル** principal とよぶ）とその委託業務を引き受けて仕事をする代理人（**エージェント** agent とよぶ）の間の代理関係（**プリンシパル・エージェント関係**）において顕著な問題です．プリンシパル・エージェント関係において，通常，問題になるのは，業務を委託するプリンシパル側は，委託を受けて業務のサービスをプリンシパルに提供するエージェントの行動を観察するのに実質的な困難を伴い，「隠された行動」になっているというモラル・ハザードです．言わば，業務サービスの売り手側が私的情報を持っており，業務サービスの買い手であるプリンシパルが情報を持っていないという情報の非対称性によって引き起こされる問題です．

プリンシパル・エージェント関係においてモラル・ハザードの問題が生じるのは，業務を委託するプリンシパルと，それを引き受けるエージェントの目的が異

なり，エージェントの実際の業務内容やプリンシパルへの報告が，業務を委託したプリンシパルの目標に沿ったものか，それとも，エージェントは業務を引き受けておきながら，自己の目的や利益を主として追求しているのか，プリンシパルはエージェントの業務実態を簡単には把握できない場合なのです．図9.2はこのような状況の1つの例を表わしています．この例では依頼人としてのプリンシパルが，ある特定の業務をエージェントに委託します．業務を引き受けたエージェントは，a_1, a_2 の2種類の行動を取る可能性があります．エージェントの行動をプリンシパルが観察できないとすれば，a_1, a_2 という行動はプリンシパルにとって隠された行動です．さらに行動の結果は確定的ではなく，エージェントはそれぞれ1/3の確率で行動 a_1 の場合は z_1, z_2, z_3，行動 a_2 の場合は z_2, z_3, z_4，の結果を得ます．プリンシパルの選好順序 $\succ_p$ は $z_1 \succ_p z_2 \succ_p z_3 \succ_p z_4$，エージェントの選好順序 $\succ_a$ は $z_4 \succ_a z_3 \succ_a z_2 \succ_a z_1$ だとします．プリンシパルにとっては，エージェントが a_1 という行動をとるのが最適になりますが，エージェントにとっては，a_1 ではなく a_2 という行動をとる方がよいと考えますから，モラル・ハザードの問題が発生します．

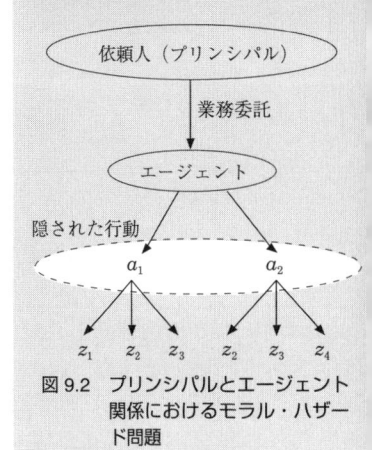

C モラル・ハザード

図9.2 プリンシパルとエージェント関係におけるモラル・ハザード問題

　実質上プリンシパル・エージェント関係と見なすことができる状況は，私たちが普通考えている以上に経済生活の中に幅広く存在していて，枚挙にいとまがありません．プロのスポーツ選手や芸能タレント等の人々が明示的な代理人契約を結んで，各方面の仕事上の契約や交渉を代理人に委任する場合から，それほど明示的な代理人契約を結ばずに，プリンシパル・エージェント関係と見なしうる状況になる場合も数多くあります．企業の経営者と従業員の関係では，雇用者である企業の経営者がプリンシパル，従業員はエージェントです．企業の所有者である株主と経営責任者との関係もプリンシパルとエージェントとの関係です．より私たちの個人生活に密着した事例では，主婦が「お手伝いさん」を雇って，家事を任せるときや，ベビー・シッターを頼んで，外出するときなどは，主婦がプリンシパルとなっているのです．学生がコンビニや居酒屋でアルバイトしているときは，その店の店長あるいは経営者がプリンシパルで，アルバイトの学生はエージェントです．また，あなた方が自家用車を車検や，整備，あるいは修理に出すとき，あなた方がプリンシパルで車検や修理などを引き受けた店がエージェントということです．

　こうした日常的なプリンシパル・エージェント関係の事例において，どのようなモラル・ハザードの問題が起きる可能性があるかは，皆さんがいろいろ経験しているところでしょう．アルバイトを雇用した店長は，アルバイトの学生が時給に合わせて適当に能力以下の仕事をしているのか，めいっぱい頑張って仕事しているのか，判断が難しいでしょう．車を点検や整備に出したとき，本当に点検してもらえたのか，また，車の部品の交換が行なわれたとき，本当に必要だったか，などと疑問を持つ場合があります．その判断は車を点検や整備に出した本人には困難です．不必要な部品交換が行なわれていれば，資源配分上の非効率性が発生したことになります．また，住宅の無料耐震検査と称して訪れた人が，不必要かあるいは全く耐震構造の強化に役に立たない改修を勧め，その仕事を請け負う場合も同様です．さらに，企業買収劇を例に取ると，買収の対象となる企業の所有

者は株主ですが，企業の所有者ではなく，そのエージェントである経営陣がポイズンピルを発動して，大量の新株あるいは新株予約権などの特殊な証券の発行により，企業買収を阻止するとき，本当に株主の利益になるのか，それとも経営陣の利益を優先して考えた結果なのか，疑問の余地を残す場合も多いでしょう[7]．

D　シグナリングとスクリーニング

情報の非対称性が引き起こす非効率性の問題として，アドバース・セレクションやモラル・ハザードの問題を説明しました．こうした問題を部分的にでも回避するような制度的な工夫もありますが，私的情報を持つ側が，情報を持たない相手側に自主的に情報の伝達を試みたり，あるいは逆に，私的情報を持たない側が，私的情報を探り出そうと試みることにより，双方の利益がもたらされる状況が考えられます．この節ではそうした私的情報の伝達や，私的情報の探索について考えます．

シグナリング

一般に，シグナルというのは相手に送る合図のことですが，情報の非対称性があるとき，**シグナル** signal とは，隠された属性を示す観察可能な指標のことを指します．私的情報を保有する側が，情報を持たない相手側でも，観察して理解できるようなシグナルを用意し，それを相手側に伝える行為を**シグナリング** signaling とよびます．シグナリングでは私的情報を持っている側が，自分の情報を開示する目的で，相手の観察可能なシグナルを送るのです．さきのアドバース・セレクションの説明で取り上げた中古車市場の例では，ピーチ車の所有者が品質の保証書を用意して，購入した中古車がレモン車だった場合には24万円の金額を保証金として支払う内容の約束をすれば，買い手は安心して中古車を購入するでしょうし，こうした保証書を買い手に与えることを選択する売り手は，ピーチ車の所有者のみですから，買い手には売り手の私的情報が正確に伝わります．この例では，こうした保証書を用意することで，アドバース・セレクションの問題は回避できることになります．シグナリングが行なわれることにより，取り引きが成立していなかった市場が復活し，市場の機能が回復するようになったといえます．

シグナリングで最もよく知られた例は，労働市場において学歴が労働者の生産性のシグナリングとして機能するという M. スペンスが分析した例です[8]．スペ

---

[7] この文脈でポイズンピルというのは，企業買収の対抗策の1つで，買収に打って出た企業や個人，もしくは組織の株式保有比率が一定割合を超えたときに，企業の所有者に権利を与える特別の証券の発行等を指し，買収を試みる者にとっては，まさしく，「毒を含んだ錠剤」poison pill なのです．実際，米国の過去の例では，企業によるポイズンピルの発動は，株価を引き下げ，さらに，ポイズンピルを発動した企業のほとんどは，その経営陣が当該企業の株を余り所有していなかった場合が多かったという報告があります．

[8] A.M. Spence, Job Market Signaling, *Quarterly Journal of Economics* 87, 1973, 355 – 374.

D シグナリングとスクリーニング

ンスの例を単純化したモデルを用いて説明しましょう．

労働市場の例　労働市場では，生産性の高い者と低い者という2種類のタイプの労働者に分けられるとします．限界生産物は一定とし，高生産性の者の限界生産物を MP_1，低生産性の者の限界生産物を MP_2 ($\mathrm{MP}_2 < \mathrm{MP}_1$) とします．高生産性の者の全体に占める割合を q とすれば，低生産性の者の占める割合は $1-q$ となります．タイプ i の労働投入量を $L_i, i=1,2$，とすれば，生産量は $\mathrm{MP}_1 L_1 + \mathrm{MP}_2 L_2$ で与えられるような生産技術だとします．労働市場および製品市場ともに完全競争市場だとし，製品の市場価格を $p > 0$ とします．雇用した働き手の質を観察可能であれば，企業はタイプ $i, i = 1, 2$，の労働者に限界生産物の価値に等しい賃金 w_i を支払い，$w_i = p\mathrm{MP}_i$ となります．労働者は自分の限界生産物にみあった報酬を受け取り，市場経済における資源配分の効率性は損なわれません．

労働者の生産性が隠れた属性となっていて，企業が働き手の生産性を観察できないとしたら，どうなるでしょうか？　労働者の生産性を観察できなければ，すべての労働者に同一賃金を支払わざるを得ませんから，企業は平均賃金を支払うことになり，一律の賃金は $w = p(q\mathrm{MP}_1 + (1-q)\mathrm{MP}_2)$ となります．ここで，生産性の高い者も低い者も，両者ともこの賃金の下で働くことをいとわなければ，アドバース・セレクションの問題は生じないでしょうし，企業も生産性の違いを観察できる場合と同様の数量を生産するでしょう．

しかし，生産性に見合った賃金を受け取っていない高生産性の労働者は，自分の能力を企業に知らせる目的で，企業の観察可能なシグナルを発信することが考えられます．そこで，労働者が「学歴」を企業に対するシグナルとして用いる状況を想定しましょう．タイプ $i, i=1,2$，の労働者が受ける教育水準を x_i とします．教育を受ける場合，教育1単位当たりの費用 $c_i > 0$ はそれぞれのタイプによって異なり，$c_1 < c_2$ と考えます[9]．タイプ i の人が教育を受ける費用は $c_i x_i$ です．

労働者は自らが受ける教育水準を決定し，企業は観察可能な教育水準に依拠してどれだけの賃金を支払うかを決定します．議論を簡単にする目的で極端な想定を置き，教育は労働者の生産性に全く影響を与えないとしてみましょう．いま，

$$a = \frac{p(\mathrm{MP}_1 - \mathrm{MP}_2)}{c_2}, \quad b = \frac{p(\mathrm{MP}_1 - \mathrm{MP}_2)}{c_1}$$

とおくと，各タイプの生産性および教育を受ける費用についての仮定から，不等式

$$a < x^* < b$$

を満たす教育水準 $x^* > 0$ が存在します（図9.3参照）．この不等式を満たす教育水準 $x^* > 0$ の意味は，高生産性の労働者にとっては，$c_1 x^*$ の費用負担をしても x^* の水準の教育を受けて生産性の差に基づく賃金格差 $p(\mathrm{MP}_1 - \mathrm{MP}_2)$ を享受する価値があるのに対し，低生産性の労働者にとっては，$c_2 x^*$ の費用負担をしてまで x^* の水準の教育を受けて，生産性の差に基づく賃金格差を獲得する価値は認められないという教育水準なのです．そこでタイプ1の労働者は，教育レベル

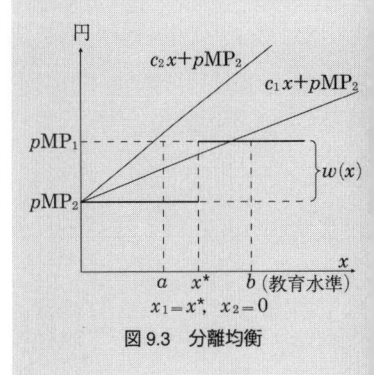

図9.3　分離均衡

---
[9]　教育を受けるときの実際の出費に加え，教育を受ける機会費用も考慮します．イメージとしては，生産性の高い人は生産性の低い人より教育を受ける苦痛が小さい，あるいは，喜びが大きい，ということを考えます．

を高い水準 $x_1 = x^*$ に選び，タイプ 2 の労働者はその教育レベルを最も低い水準 $x_2 = 0$ に選ぶような状況を考えます．各タイプの労働者の選択する教育水準が，的確にその生産性を反映する状況です．これに対し企業側が設定する賃金報酬 w は，教育水準が x^* 以上の労働者には高い生産に見合った $p\mathrm{MP}_1$ を支払い，教育水準が x^* に達しない労働者には，低い生産性に対する $p\mathrm{MP}_2$ を支払うとします．タイプ 1 の労働者，タイプ 2 の労働者，企業という意思決定主体それぞれにとって，このような状況は均衡と言えるでしょうか（図 9.3）？[10]

企業は各タイプの労働者が選択する教育水準に対し，各労働者の限界生産物の価値に等しい賃金を支払っていますから，利潤を最大化しています．労働者についてはどうでしょうか？　タイプ 1 の労働者は，$x_1 = x^*$ の教育水準を選択する場合と，その水準以下の選択をする場合とで，賃金の差は $p(\mathrm{MP}_1 - \mathrm{MP}_2)$ ですから，$c_1 x^*$ の費用を払ってもこの賃金の差を獲得できる方が良いでしょう．しかし，それ以上の教育水準を選択しても賃金は変わりませんから，結局 x^* が最良の選択です．タイプ 2 の労働者は，$x_2 = 0$ のレベルを上回る教育レベルを選択するとすると，$x_2 = x^*$ までは賃金は変わりませんから，$x_2 = x^*$ を選択する方が良いかどうかです．しかし，賃金の差 $p(\mathrm{MP}_1 - \mathrm{MP}_2)$ に比べ，それを獲得するのに要する費用 $c_2 x^*$ の方が大きくなりますから，結局，タイプ 2 にとっては，$x_2 = 0$ が最良の選択です．したがって，どの経済主体も他の経済主体の選択が与えられた下で最良の選択をしていますから，以上の状況は均衡となります．さらに，この均衡では私的情報を持つ主体からのシグナルの発信が行なわれていますから**シグナリング均衡** signaling equilibrium とよばれます．教育を受ける機会費用に格差があり，生産性の高い者にとっては，生産性の差が教育を受ける費用を上回っているため，高学歴を選ぶ誘因が生じるのに対し，生産性の低い者にとっては，逆に生産性の差が教育を受ける費用を下回っているため，低学歴に甘んじる誘因があるのです．ここでの均衡ではシグナルの発信により，私的情報を持たない主体でもタイプの識別が可能になっています．こうした均衡を**分離均衡** separating equilibrium ともよびます．

しかし，すべての均衡が分離均衡になるというわけではありません．機会費用の大小関係によっては，いずれのタイプの労働者も同じ教育水準を選択するような均衡となる可能性があります．このような均衡を分離均衡に対し**一括均衡** pooling equilibrium といいます．実際，教育を受ける機会費用の大小関係が逆転し，$c_1 > c_2$ となる場合は，高生産性のタイプ 1 も低生産性のタイプ 2 の労働者も，最低の教育水準を選択して $x_1 = x_2 = 0$ であり，企業は教育水準に依存しない一律の賃金 $w = p(q\mathrm{MP}_1 + (1-q)\mathrm{MP}_2)$ を支払うというのが均衡となります．教育水準を $x_i > 0, i = 1, 2,$ に選ぶ可能性があるのは，タイプ 1 の労働者ですが，教育を受ける費用はタイプ 2 の労働者より高いため，仮に企業が教育水準の高い労働者により高い賃金を支払うようなことを考えたとしても，タイプ 1 の労働者

---

[10] ここで均衡というのは，自分以外の意思決定主体の選択が変化しないとしたときに，そこでの自分の選択が自分にとって最良の選択となっている状況を指します．より正確には，タイプ 1 の労働者，タイプ 2 の労働者，企業をプレイヤーとする戦略形のゲームとして考えるとき，ナッシュ均衡になるということです．ゲームおよびナッシュ均衡については 10 章を参照してください．

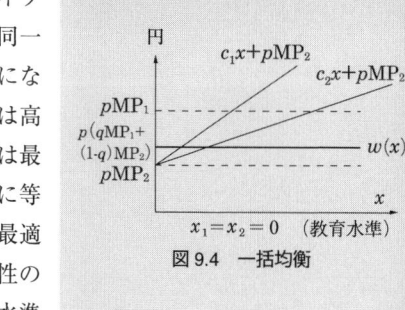

が選択する教育水準をタイプ2の労働者も選択することになり，企業側はタイプ1とタイプ2の労働者を分離することはできません．したがって，企業側は同一賃金を支払うしかありませんから，可能性としては一括均衡だけということになります．最低水準以上の教育を受けても，労働者には費用だけかかって賃金は高くなりませんから，タイプ1，タイプ2，双方の労働者にとって $x_1 = x_2 = 0$ は最適水準です．労働者の質を識別しえない企業は，平均的な限界生産物の価値に等しい賃金 $w = p(qMP_1 + (1-q)MP_2)$ を支払うことになり，企業にとっても最適な選択となっています（図9.4）．シグナルを発信する誘因を持つのは高生産性の労働者ですが，低生産性の労働者が教育を受ける費用の方が安いため，教育水準によって高生産性の労働者が低生産性の労働者との差別化をはかることはできないのです．

上の分離均衡では，労働者の学歴の差が，生産性の差を示すシグナルとして機能しています．生産性の高い労働者は学歴を使って，「自分は生産性が高い」というシグナリング，つまり，合図の発信を行なっているのです．教育が生産性に影響を与えるとき，人々が教育水準を引き上げる選択をすることは容易に理解できます．もちろん，教育が生産性に全く影響を与えないという想定は，現実的ではありません．それにもかかわらず高い生産性の労働者は，費用を払ってでも高学歴となることを選びます．それによって得られる高賃金が，支払う費用を上回るからです．シグナリングが行なわれても行なわれなくとも企業の生産量は変わらないため，シグナリングにより社会的な損失が発生し，教育への過大投資になる傾向があることを示しています[11]．このケースでは，シグナリングは労働者間の所得分配に影響を与えているだけです．しかし，シグナリングが常に社会的な損失を発生させるということではありません．この節の冒頭で取り上げた中古車市場における保証書によるシグナリングは，その下での均衡がシグナリングがなかった場合の均衡をパレート改善しますから，社会的厚生を向上させます．

スクリーニング

シグナリングは私的情報を持つ側が，情報を持たない側に自分の隠された属性を知らせる目的で相手の観察可能なシグナルを送るのに対し，**スクリーニング** screening は私的情報を持たない側が，情報を持つ側の隠された属性を探ろうとする行動のことです．情報を持たない側が自分の認識できるシグナルをあらかじめ準備しておき，私的情報を持っている側にシグナルを出させようとするのがスクリーニングなのです．

シグナリングが機能するには，シグナリングに費用を要することと，シグナルを発信された相手側が，送られたシグナルの意味を的確に理解することが必要です．スクリーニングが成立するには，選び出したい属性の人が，自らシグナルを発する誘因（インセンティブ）を持つような条件が整っていなければなりません．しかし，それだけでは不十分です．選び出したい属性以外の人が，選び出したい

D シグナリングとスクリーニング

図9.4 一括均衡

---

[11] 日本経済の発展段階で見られたように，教育水準の向上は生産性を改善すると考えられますから，教育水準に関するシグナルの発信が一般に効率性を損なうというわけではありません．

属性の人と同じシグナルを出す誘因が生じてしまえば，スクリーニングは成功しません．

年功序列賃金による終身雇用制度　労働市場における年功序列賃金による終身雇用制度を例として考えてみましょう．一般に，年功序列による雇用体系は，長期間企業で働きたいという意志を持つ労働者のスクリーニングとして機能する可能性があると考えられます．年功序列賃金の体系は，同じ学歴を持つ労働者の賃金が勤続年数の増加とともに引き上げられていく体系です．勤続年数の増加とともに労働者の生産性はあるレベルまでは上昇することが期待されますが，多くの企業で通常経験されるように，仮に，30歳台後半から40歳台前半に，平均的労働者の生産性のピークを迎えるとすれば，年功序列賃金の下では若い頃は年功序列賃金体系をとらない企業の賃金以下の賃金に甘んじ，終身雇用の後半に年功序列賃金体系をとらない企業の賃金以上の賃金を受け取ることになります．

　日本の企業の場合，企業において必要な職務上の技術や事務知識，仕事を遂行する上で必要な各種の能力を養う目的で，いろいろな段階においてオン・ザ・ジョブ・トレーニング On-the-Job-Training とよばれる仕事上の訓練を行なったり[12]，研修所を設けて研修を行なう所が多いのですが，こうした従業員の研修や訓練に必要なコストは，特に，雇用の初期の段階で多くなります．企業側の従業員に対する投資の成果を企業に還元する以前に労働者に辞められると，企業にとっては大きな痛手となりかねません．スクリーニングによって長期間働く意志を持つ労働者を雇用するメリットは，企業にとって大きいはずです．この場合，長期間働く意志を持たない労働者が，年功序列賃金体系を持つ企業を選択しなければ，スクリーニングは機能を発揮します．米国の労働市場のように労働市場の流動性が高く，若くともその生産性に見合った賃金を支払うような企業が数多くひしめいている社会では，年功序列賃金体系のスクリーニングは機能すると考えられます．これに対し，戦後の日本におけるような年功序列賃金による終身雇用制度を原則的に採用している経済社会では，労働市場の流動性が高くなく，企業を途中で辞めた労働者が自分の生産性に見合った賃金を支払う企業を見つけることには困難がともないます．その結果，労働者は必ずしも長期間働く意志を持たない場合でも終身雇用制度を選ぶ誘因が働き，年功序列賃金による終身雇用制度のスクリーニング機能が働かない可能性が高くなります[13]．

消費者のスクリーニングと差別価格　第7章の差別価格の議論では，価格支配力を持つ企業が識別可能な顧客の属性を利用し，例えば，子供と大人料金，学生料金というように，異なる属性を持つ顧客に対し異なる価格でサービスや商品等を販売するような状況を分析しました．消費者の隠された属性についても企業側がスクリーニングを利用し，異なる属性を持つ顧客に異なる価格で商品の販売

---

[12] オン・ザ・ジョブ・トレーニングは単なる仕事の見習いに留まらず，企業が組織的に労働者を教育する目的で，職場において計画的な訓練を日常業務の中で実施することです．

[13] しかし，1990年代前半のバブル崩壊後，企業倒産の危機の高まりによって生じた多くの企業の「リストラ」restructuring によって，事実上終身雇用制度が崩壊したことにより，今後は，企業が明確に終身雇用制度を打ち出す場合，そのスクリーニング機能はより効果的になると予想されるのではないでしょうか．

を行なう例も多々見かけられます．

　サッカー競技場，ドーム球場，映画館，劇場などへの入場の際に，異なる属性を持つ顧客に対し異なる入場料を徴収する場合と違い，ほとんどの工業製品や商品については，同一の商品に対して異なる価格付けを行なうことは困難です[14]．したがって，企業側は同一商品であっても巧妙に差別化した商品を用意して，隠された属性のスクリーニングを利用し，属性ごとに異なる価格付けを仕掛けるのです．販売する製品の品質に巧妙な差を付けて複数種類の商品を売り出すのは，消費者の隠された属性としての需要価格や支払い意欲を検出するスクリーニングの方法として効果があります．例えば，ソフトウエアの場合，プロフェッショナル・タイプとスタンダード・タイプというような複数種類の製品が売られることがしばしばありますが，製品の価格差は製品の限界費用の差を反映していないと考えられます．通常，ソフトウエアのスタンダード・タイプはプロフェッショナル・タイプのいくつかの機能を制限したものなので，製品として明確な差別化があります．何らかの理由から支払い意欲の高い人がプロフェッショナル・タイプを選びますから，これらのタイプの違いはスクリーニングとして機能していることになります．

E　インセンティブの体系

情報の非対称性が引き起こす非効率性の問題として，アドバース・セレクションやモラル・ハザードの問題を取り上げ，こうした問題との関連で私的情報を持つ側が，情報を持たない相手側に自主的に情報の伝達を試みてシグナルを送ったり，あるいは逆に，私的情報を持たない側が，私的情報を探り出そうと隠された属性のスクリーニングを行なう場合などの例を見てきました．これらのいずれの議論とも基本的な関わりを持ってくるのは，人々の行動のあり方に関する動機付けの問題です．意思決定主体のこうした動機付けを**誘因**とか**インセンティブ** incentive とよびます．したがって，インセンティブが意思決定主体の行動を決めているとも言えます．とすると，アドバース・セレクションやモラル・ハザードで問題となる人々の行動を回避したり，変えたりするには，人々のインセンティブの在り方を変える必要があります．つまり，人々のとる行動が好ましくないならば，人々の直面しているインセンティブが適切ではないということです．

　ある特定の行動をとる動機付けが行なわれている体系を，一般に**インセンティブ・システム** incentive system とか**インセンティブの体系**といいます．インセンティブを与える場合，相手がそれを明確に認識しなければ，インセンティブを与える側は目的を達成できません．そこで，特定の行動や成果に対してどのような利益が与えられるかをあらかじめ定めて，それを関係者間で約束しておくと，与えられたインセンティブが明確になります．これは契約によってインセンティブ

---

[14]　全く同一の製品を異なる価格で販売した場合，安い価格で購入できる消費者が買い求めた製品を，高い価格で購入する消費者に販売するという消費者による価格裁定行為により，価格が均等化するからです．

の体系を明確にするということです．インセンティブの体系を明確にした契約の中で，契約を結ぶときに金銭の支払い額や財の受け渡し数量などを固定して決めてしまわずに，契約後に起こる事象に依存させてこれらの金額や数量などを調節する形の契約を，特に，**インセンティブ契約** incentive contract といいます．

情報の非対称性がない場合のインセンティブ契約

インセンティブを考慮したシステムを設計するというのは，基本的には「ある人に特定の行動を取ってもらうには，どのようにすればよいか」という疑問に答えることです．そこで，最初に情報の非対称性の問題がない単純な場合を想定し，この問題を考えましょう．

いま，農地の所有者が，農地を他人に貸すか，それとも労働者を雇用して農業を行なうかを検討しているとします．労働者を雇用して農業を行なう場合は，雇用した働き手の報酬体系をどのように決めるかが問題です．任せた仕事を効率的に行なうような誘因を働き手に与えたいと考えるでしょう．労働者の働く誘因を考慮しないならば，雇用した労働者の農作業の結果の出来高によらず，一定額の賃金を支払うということが考えられます．しかし，仕事の内容や成果によらず賃金が支払われると，効率的に働く誘因を労働者に与えることはできません．報酬体系によって労働意欲を促進するには，報酬体系が何らかの形で労働者の生産上の実績を考慮するものでなければならないでしょう．インセンティブ・システムの設計上，問題は労働者への報酬体系が，労働者の生産上の実績と報酬とをどのように関連付ければよいかということです．

簡単なモデルを用いてインセンティブを考慮した労働者への報酬体系を考えてみましょう．働き手である労働者の生産量を $y \geqq 0$，$z \geqq 0$ を働き手の「努力水準」として，生産量 y は生産関数 $y = f(z)$ で与えられるとします．また，生産される製品の市場価格を $p > 0$ とし，価格 p はこの労働者の生産量には依存しないものとします．労働者に支払われる賃金報酬は労働者の生産実績 y に対し $w(y)$ とします．雇用者としては，この労働者の雇用によって得られる利潤 $py - w(y)$ を最大にするような賃金報酬体系 $w : \mathbb{R}_+ \to \mathbb{R}_+$ を選択すると考えます．

働き手から見て適切なインセンティブがあることが重要ですから，労働者から眺めた最適化問題を考慮しなければなりません．労働者の効用 u は賃金報酬 w と働く努力水準 z の組みに対する効用関数 u で与えられ，

$$u(w, z) = w - c(z), \quad \frac{dc}{dz}(z) > 0,$$

だとします[15]．ここで賃金 w は生産量 y に依存して $w(y)$ で与えられ，生産量 y は生産関数 $y = f(z)$ で与えられますから，労働者が努力水準を z に選ぶ場合の効用は $u(w(f(z)), z) = w(f(z)) - c(z)$ となります．労働者は就職に関し，一般に複数の選択肢を持っています．働かないという選択肢もあります．インセンティ

---

15) 働き手の効用を貨幣額で表現していて，効用は報酬として受け取る金額から，働く努力をする苦痛（不効用）を費用 $c(z)$ として計算した金額を差し引いて評価したものと解釈できます．

ブ契約を考える上では，こうしたすべての選択肢を考慮するという意味で，その他の選択肢から得られる最大の効用水準を t として与え，ここで考察する仕事から得られる効用がそれ以上になるか，ならないかを比較します．もちろん，この仕事から得られる効用が t に満たなければ，この仕事を選びませんから，働き手がこの仕事を選択する条件として

$$u(w(f(z)), z) = w(f(z)) - c(z) \geqq t$$

を課し，この制約条件を**参加制約** participation constraint とよびます．

賃金報酬 $w(\cdot)$ の下で，雇用者側が労働者に望む努力水準 z は，労働者の参加制約を満たす範囲で，雇用者の利潤を最大にするような水準 z^* です．したがって，つぎの最大化問題の解となる z^* ということです．

$$\max_z \quad p \cdot f(z) - w(f(z))$$
$$制約 \quad w(f(z)) - c(z) \geqq t$$

一般に最適な z の値は，上の参加制約を等号で満たしますから，その場合，最大化問題は

$$\max_z \quad p \cdot f(z) - c(z) - t$$

に帰着します．この問題の解の条件は $p\mathrm{MP}(z^*) = \mathrm{MC}(z^*)$ となります．「努力の限界生産物」の価値額と「努力の限界費用」がちょうど一致する努力水準が，雇用者側に最大の利潤をもたらす労働者の努力水準です．

しかし，雇用される労働者が雇用者の求める最適な努力水準 z^* を選ぶインセンティブがあるかは別問題です．働き手から見て適切なインセンティブがあることが大事ですが，働き手のインセンティブは賃金報酬に関する体系 $w(\cdot)$ によって与えられます．賃金報酬を表わす関数 $w(\cdot)$ は，雇用者と労働者の間の契約ですから，これをどのようなインセンティブ契約にすればよいかが雇用者の考えなければならない問題となります．働き手が雇用者のもくろみ通りに努力水準を z^* に選ぶには，労働者の立場から眺めて努力水準を z^* にすることが契約 $w(\cdot)$ の下で一番よいということでなければなりません．努力水準が z の場合，労働者の効用は $u(w(f(z)), z) = w(f(z)) - c(z)$ ですから，努力水準 z^* について不等式

$$u(w(f(z^*)), z^*) = w(f(z^*)) - c(z^*) \geqq u(w(f(z)), z) = w(f(z)) - c(z)$$

が，どのような努力水準 z に対しも成立していなければなりません．この制約は働き手の適切なインセンティブを引き出していることを示す条件ですから，**インセンティブ制約**あるいは**誘因両立制約** incentive compatibility constraint とよばれます．

つぎにインセンティブ契約の幾つかの例を見てみましょう．

賃労働契約 農地の所有者が雇用する働き手に固定給 F と努力水準 z に比例した報酬 $\bar{w}z$ を支払うという契約を考えましょう．この場合，労働者に対する報酬契約は $w(z) = \bar{w}z + F$ です．雇用者から見た労働者の最適努力水準における努力

の限界生産物の価値と等しい水準に賃金 $\overline{w}$ を設定し，$\overline{w} = p\mathrm{MP}(z^*)$ とします．また，固定給 F を努力水準 z^* において労働者の参加制約がちょうど満たされるように決めます．働き手の効用水準は参加制約により $u(w(z^*), z^*) = w(z^*) - c(z^*) = \overline{w}z^* + F - c(z^*) = t$ ですから，固定給 F は $F = c(z^*) + t - \overline{w}z^*$ です．

働き手の労働者から見た効用の最大化問題は

$$\max_z u(w(z), z) = \overline{w}z + F - c(z)$$

ですから，労働者は努力水準の限界費用がちょうど賃金と等しくなるように働き，$\overline{w} = \mathrm{MC}(z^*)$ です．賃金 $\overline{w}$ は努力の限界生産物の価値 $p\mathrm{MP}(z^*)$ と等しく設定されましたから，働き手にとっても一番よいと考える努力水準は $p\mathrm{MP}(z^*) = \mathrm{MC}(z^*)$ となる水準 z^* で，雇用者が望む水準と一致します．

交渉の余地のない条件付き契約 [16] Take-it-or-leave-it Offer 　雇用する働き手が努力水準 z^* を達成すれば，農地の所有者は一定額 F を報酬として支払いますが，そうでなければ報酬を支払わないという契約を考えます．この場合，報酬として支払う金額 F は，労働者の参加制約から決まります．したがって，$u(F, z^*) = F - c(z^*) = t$ から，一定額の報酬は $F = c(z^*) + t$ で与えられます．この契約の下で労働者の努力水準 $z = z^*$ ならば，労働者の効用水準は t ですが，$z \neq z^*$ ならば効用水準は $-c(z)$ ですから，労働者の最適な選択も $z = z^*$ となります．

賃貸契約　　農地の所有者として農地を貸し，地代 F を徴収するという契約を考えましょう．この場合，土地の借り手である労働者は，収穫物の売却収入から地代 F を支払った残額すべてを自分の収入にできますから，労働者に対する報酬契約を

$$w(f(z)) = pf(z) - F$$

と書けます．労働者は効用 $u(w(f(z)), z) = w(f(z)) - c(z) = pf(z) - F - c(z)$ を最大にするように努力水準 z^* を選びますから，結果として $p\mathrm{MP}(z^*) = \mathrm{MC}(z^*)$ が成立し，農地の所有者が望む努力水準が実現します．地代は参加制約から決まり，働き手の効用水準は参加制約により $u(w(f(z^*)), z^*) = w(f(z^*)) - c(z^*) = pf(z^*) - F - c(z^*) = t$ ですから，地代は $F = pf(z^*) - c(z^*) - t$ となります．

シェアクロッピング契約　　シェアクロッピング Sharecropping 契約は物納による小作契約で，農地の所有者と労働者が一定割合で収穫を分け合う報酬契約です．ここではより一般的に，労働者の取り分が報酬契約により $w(f(z)) = apf(z) + F$ で与えられるとします．$0 < a < 1$ は収穫の出来高に比例して支払われる報酬の比例定数で，F は報酬の固定給の部分です．労働者の効用最大化問題は

$$\max_z apf(z) + F - c(z)$$

ですから，労働者は努力水準 $\hat{z}$ の限界費用がちょうど限界生産物の価値の自らの比例的取り分の値 $apf(\hat{z})$ と等しくなるように働き，$ap\mathrm{MP}(\hat{z}) = \mathrm{MC}(\hat{z})$ が成立し

---

[16] 提示された契約に対し，それを受け入れるか拒否するかの選択しかない契約のことです．拒否した場合には取り引きが行なわれないことが前提となっています．

ます．その結果，労働者の努力水準 $\hat{z}$ は雇用者から見た望ましい水準が満たす条件 $pMP(z^*) = MC(z^*)$ を満足しません．このことは努力水準の限界生産物が努力水準の上昇により減少し，その限界費用が逆に増加する局面では，労働者の努力水準は雇用者が望む水準を下回ることを意味します．

インセンティブ契約のこれらの例のうち，最後のシェアクロッピング契約以外は，雇用者にとって最適な努力水準 $z = z^*$ を労働者自ら選択する誘因を与えています．上の諸例における効率的なインセンティブ契約の設計では，努力水準に関する意思決定主体が努力投入によって得られた成果全体から，あらかじめ定められた分配の方式によって他の主体に支払われた後，残された利益を受け取る**残余請求者** residual claimant の立場に立つような状況が確保されています．そしてこのような状況が，効率的なインセンティブ契約にとって必要であることがうかがえます．実際，雇用者の利益を最大にするには，働き手が最適な努力水準を達成するように動機付けられなければなりません．それには働き手の努力の成果による限界生産物の価値が，ちょうどその限界費用と一致するまで働くインセンティブを労働者に与えなければならないのですが，それはとりもなおさず働き手の限界的努力水準に対する報酬が，その限界生産物の価値と一致していなければならないことを意味します．したがって，働き手である労働者を残余請求者の立場におくことが，このような枠組みを確保することになるのです．

一方の側を残余請求者の立場におくことの実際の例として，株式会社組織における株主と社債の保有者を考えてみましょう．株主には企業の具体的な事業計画や営業方針を決定する際の投票権が与えられていますが，社債の保有者には企業が倒産しない限り一定額の支払いが約束されています．その理由を考えましょう．いま，企業の 1 会計年度における利潤が y 円であるとし，その中からまず第 1 に社債保有者に対して約束された金額が支払われ，残余金額が株主に支払われるとします．社債保有者全員に対して約束された支払い総額を b 円とすると，全株主への配当総額は $y - b$ 円となります．株主は残余請求者の立場に立ちますから，企業の利潤 y を最大にするインセンティブを持ちます．これに対し社債保有者は，企業の利潤 y をいかなる場合でも b を下回らない水準に確保するというインセンティブを持ちますが，利潤を最大にするというインセンティブを有するわけではありません．したがって，企業の事業計画や営業方針の決定権を株主に与える方が，一般にはより大きな企業利潤を達成することに繋がるのです．これが決定権を社債保有者ではなく，株主に与えることの妥当性の根拠の 1 つでしょう．

情報の非対称性とインセンティブ契約

ここまでのインセンティブ体系の考察では，情報の非対称性を考慮しないで議論を進めてきました．それは上の例で労働者の努力水準に依存するような契約が可能だとした点に表われています．そうした契約が可能だということは，雇用者が働き手の努力水準を的確に確認できることを前提としています．一般に，働き手の努力水準を把握するには大きな困難をともないますから，雇用者と労働者の間の契約締結後に，努力水準に関する情報の非対称性が発生すると考えなければな

りません．雇用者と労働者が，労働者の努力水準を共通に客観的に確認できなければ，上のインセンティブ契約のうち，努力水準に依拠した賃労働契約や交渉の余地のない条件付き契約は実行可能ではありません．

しかし，努力水準が観察不可能な場合であっても，上の簡単なモデルで表現された状況のように，雇用者と労働者の共通に確認できる生産量 y と努力水準 z とが，確定的かつ一義的に $y = f(z)$ として関連付けられていると，成果主義型のインセンティブ契約に切り替えることにより問題は解消します．実際，上の賃労働契約の報酬体系を $w(y) = py - F$ とします．固定控除額 F は働き手の参加制約 $u(w(f(z^*)), z^*) = w(f(z^*)) - c(z^*) = pf(z^*) - F - c(z^*) = t$ から，$F = pf(z^*) - c(z^*) - t$ です．このとき労働者から見た効用の最大化問題は $\max_z u(w(f(z)), z) = pf(z) - F - c(z)$ ですから，労働者が一番よいと考える努力水準は $p\mathrm{MP}(z^*) = \mathrm{MC}(z^*)$ となる水準 z^* で，雇用者が望む水準と一致します．

また，交渉の余地のない条件付き契約の場合には，雇用する働き手が達成すべき成果を $y^* = f(z^*)$ とします．定額の報酬は $F = c(z^*) + t$ のままです．この契約の下で労働者の最適な選択は $z = z^*$ となります．賃貸契約の場合は，契約内容が努力水準に依存しませんから，努力水準を客観的に確認可能か否かによらず最適です．

努力水準は働き手がどれくらい努力するか，働き手の行動に依拠しますから，努力水準に関する情報の非対称性は働き手の隠された行動，つまり，モラル・ハザードの存在を意味します．上の例が示すように，インセンティブ契約によってモラル・ハザードの問題は解消するのでしょうか？ 情報の非対称性が存在する場合の本当の問題は，つぎの点にあります．つまり，インセンティブ契約が評価の対象とする仕事の成果は，客観的に共通に確認できるものでなければなりませんが，仕事の成果それ自体が真に達成してもらいたい相手の行動によるものとは限らない場合があり，それが問題となるのです．

上の簡単なモデルに即して，より具体的に問題の所在を考えてみましょう．想定していた生産関数 $y = f(z)$ を，生産過程や生産結果の不確実性を明示的に考慮した形にして，$y = f(z) + g(s)$, $s \in S$, とし，g は期待値がゼロで，生産量の確率的変動を表わす関数とします．S は自然の状態の集合で，報酬を支払う時点においても支払う側の主体は s に関する完全な情報を持っていないとします．この場合，雇用主が労働者に期待する努力水準が z^* だとし，報酬の支払いを成果に依存させたとしても，実現した生産量 y が $y < y^* = f(z^*)$ のとき，その原因が $z \neq z^*$ によるものか，それとも生産に関する不利な状況の発生により $g(s) < 0$ となったことが原因なのか，雇用主には区別がつきません．したがって，労働者がまじめに労働をして努力水準 $z = z^*$ を達成していたとしても，雇用主にはそれを確かめる方法はありません．

このように成果主義型のインセンティブ契約は，雇用主と労働者双方の目に見える成果を評価するため，雇用主が求める行動を労働者が実際にしていたとしても，努力以外の他の原因から成果が上がらなければ，努力に見合う報酬を労働者に与えないことになります．これは生産に不確実性が存在するとき，そのリスク負担を労働者側に転嫁してしまうことを意味しています．人々は一般に危険回避

的であるとすれば，成果主義型のインセンティブ契約は，労働者のコスト負担を増加させることになります．その結果，努力をするインセンティブを与えるためには，成果に対する報酬にリスク負担に見合う金額だけ上乗せする必要が生まれるのです．

インセンティブ契約とモラル・ハザード回避の費用：数値例　労働者の成果の達成に不確実性があると，モラル・ハザード解消に向けてのインセンティブ契約では，成果に対する報酬にリスク負担に見合う金額だけ上乗せする必要が生まれることを示す数値例を取り上げましょう．労働者に現在の努力水準を Δz だけ上げるインセンティブを与えるには，年間の給与水準で100万円の確定的な追加的支払いが必要だとします[17]．このとき，Δz だけの努力水準の向上による成果にリスクが無く，限界生産物の価値が例えば120万円と確定的であれば，雇用者は追加的120万円の成果に対し報酬を100万円増額するというインセンティブ報酬を実施し，業績を伸ばすことができます．

ところが，努力水準が Δz だけ向上したことによる成果に不確実性があり，業績向上の額は2分の1の確率で200万円，2分の1の確率で40万円だとしましょう．雇用者側が危険中立的ならば，平均的に120万円の追加的な成果を期待できれば，労働者に対し平均的に100万円を支払ってもよいと考えます．努力水準によらずに報酬を100万円アップすると，Δz だけの追加的努力を促すインセンティブを与えることはできませんから，200万円と40万円の業績向上に対し，それぞれ180万円と20万円の報酬の上乗せを行なえば，平均的には100万円の報酬を増やすことになります．通常予想されるように，労働者が危険回避的だとすると，その確定的等価は100万円を下回ることになってしまい，Δz だけの追加的努力を促すだけのインセンティブ報酬になりません．言い換えると，労働者のリスク・プレミアムが発生する分，努力水準の向上に見合う報酬の増分が不足することになります．もし，このリスク・プレミアムが30万円だとすると，180万円と20万円の報酬の上乗せではなく，210万円と50万円の報酬の上乗せが必要となり，雇用者にとっては労働者の努力水準の向上を促して業績を伸ばす努力をしない方がよいことになってしまいます．この例は，危険回避的な労働者のモラル・ハザードを回避する費用が発生することにより，インセンティブ契約の実行可能性が阻害される場合があることを示しています．

モラル・ハザードがない場合のさきのインセンティブ契約の諸例の中で，シェアクロッピング契約だけが，雇用者にとって最適な努力水準 $z = z^*$ を労働者自ら選択するインセンティブを与える契約になっていませんでした．それにもかかわらず歴史的にはいろいろな国々において実施されてきた小作制度です[18]．その理由として，シェアクロッピングの制度では，労働者への報酬契約が，一部は農地の所有者と労働者が共通に確認できる農作物の収穫量に依存すると同時に，農

---

17) さきのモデルでは努力の限界費用 $MC(z)$ に相当します．
18) 16世紀から19世紀にかけてフランスやイタリアで見られ，アメリカ合衆国ではプランテーション解体後の南部，さらには現在でも穀作経営を中心に広く見られるといいます．農地改革以前の日本においても見られました．

第9章 情報と市場

作物収穫量への天候などの影響によるリスクについては，所有者と労働者がリスクを共に分担することになり，その結果，労働者に収穫量を増やす努力をするインセンティブを与える一方，労働者に一方的にリスク負担をさせない契約だということが挙げられます．

理解度チェック問題

1. ある製品の品質が 0, 1 区間の確率分布 π で与えられるものとする．製品の供給量 $S(p)$ は製品の市場価格 p のみに依存するが，供給される製品の品質も価格に依存するものとする．これに対し製品を購入する人は，それを使用するまで製品の品質を知ることは出来ず，需要量は製品の価格と市場における製品の平均的品質 $\mathrm{E}\pi$ に依存する．供給関数 $S(p)$ は価格 p の増加関数，需要関数 $D(p, \mathrm{E}\pi)$ は，p の減少関数で $\mathrm{E}\pi$ の増加関数とする．以下の記述のうち，正しくないものはどれか．
   (1) $\mathrm{E}\pi$ が価格 p に依存しなければアドバース・セレクションの問題はない．
   (2) $\mathrm{E}\pi$ が価格 p に依存しても p の減少関数ならばアドバース・セレクションの問題はない．
   (3) $\mathrm{E}\pi$ が価格 p に依存し，p の増加関数であるとき，価格 p の低下が平均的品質を低下させ，それによる需要量の減少が大幅に生じても，均衡の存在は保障される．
   (4) $\mathrm{E}\pi$ が価格 p に依存し，p の増加関数であるとき，価格 p の低下が平均的品質を低下させ，それによる需要量の減少が大幅に生じると，アドバース・セレクションの問題が生じる．

2. タイプ 1，タイプ 2 の 2 種類の労働者と企業から構成される単純なシグナリングのモデルを考える．タイプ i の学歴を実数 $e_i > 0$，e_i の教育を受ける費用を $c_i e_i > 0$，生産性を $a_i > 0$，雇用量を L_i とするとき，企業の総生産量は $y = a_1 L_1 + a_2 L_2$ で与えられる．以下の記述のうち，正しくないものはどれか．
   (1) 教育を受ける費用が両方のタイプにとって余りにも高ければ，一括均衡になる．この均衡において学歴は労働者の質のシグナルにはならない．
   (2) 質の高い労働者がより高い学歴を選択するような分離均衡では，教育を受けることによって労働者の質（生産性）が向上しなければ，社会的には損失が発生する．
   (3) 生産性が異なる労働者に対して同一賃金を支払う一括均衡と，学歴の差を労働者の能力の差とした賃金を支払う分離均衡とを比較すると，分離型均衡の方が社会的な損失は大きい．
   (4) 教育を受ける費用が，生産性の低い労働者よりも生産性の高い労働者にとって安いとき，シグナルとしての学歴に応じて賃金が支払われるならば，教育費用 1 単位当り実現できる生産性格差の値が取り得る範囲の教育水準を高生産性の労働者の学歴水準とし，低生産性の労働者の学歴水準をゼロとするような分離均衡が存在する．

3. 戦後まれに見る米の大不作により食糧庁は主食用米の大量緊急輸入に踏み切っ

た．2月10日付けの朝刊は次のような市場の情勢を報じている．「食糧庁では正規米の7割を外国米が占める3月以降，主食用米は混米して販売するよう指導し，多くの販売業者がこれに従う情勢である．しかし，消費者団体の多くは，混米は消費者の選択の権利を奪うと反対している．量販店や小売店は国産米に外国米を混米したブレンド米を販売すると同時に，国産，米国産，中国産，タイ産，それぞれの米を混米せず，詰め合わせて「ワールド・セット」として販売する予定である．また，一部の生協，大手スーパーは，ブレンドしない米国産米を試験的に販売することを考えている．いずれにしても，混米に反対する消費者の声を反映しながら，大量に割り当てられる外国産米も同時に売るための苦肉の策である．」

国産米と各種の外国米とを詰め合わせて販売するセット売りとそれぞれの外国産米の単品売りを比較した以下の記述の中から正しいものを選択せよ．米の価格は統制価格ではなく，自由な市場取引によって決まるものとして考えよ．

(1) セット販売のみが行なわれると，中国米とタイ米の双方を消費する人々の間で，中国米のタイ米による限界代替率は均等化する．
(2) セット販売のみが行なわれると，配分はパレート最適となる．
(3) 一般に，単品販売が行なわれるときの配分は，セット販売が行なわれるときの配分をパレート改善する．
(4) 単品販売のみが行なわれるとき，米国米と国産米の双方を消費する人々の間で，米国米の国産米による限界代替率が均等化するとは限らない．

4. 上の問題において，食糧庁が指導しているように国産米に外国米を混米したブレンド米のみ販売される状況を考える．国産米と各種外国米の混米比率は，小売業者によって異なるため，米の品質（おいしさの指標）は 0, 1 区間の確率分布 π によって与えられるものとしよう．消費者はブレンド米を実際に購入し，それを食するまでは，その品質を知ることは出来ない．今，小売店で販売される米はすべてブランドを付けないかもしくは統一された同一ブランドのみであるとすれば，米の需要量は米の市場価格 p と市場における米の平均的品質 $E\pi$ に依存し，$D(p, E\pi)$ と表わされる．また，米の供給量 $S(p)$ は，米の市場価格 p にのみ依存するが，供給される米の品質も価格 p に依存するものとする．供給関数 $S(p)$ は供給法則を満たし価格 p の増加関数，需要関数 $D(p, E\pi)$ は需要法則を満たし価格 p の減少関数で，かつ平均的品質 $E\pi$ の増加関数だとする．以下の記述の中から正しいものを選択せよ．

(1) アドバース・セレクションの問題が発生する可能性はない．
(2) 混米比率の異なるブレンド米を識別出来るようなブランドが確立しなくとも，品質の劣化現象は発生しない．
(3) ブレンド米の市場均衡が存在しない可能性がある．
(4) 米の平均的品質 $E\pi$ が価格 p の減少関数であれば，アドバース・セレクションの問題が発生する．

5. **セット販売 vs. ブレンド米**

1993年秋の戦後まれに見る米の大不作により食糧庁は主食用米の大量緊急輸入に踏み切った．翌年2月10日付けの朝刊は次のような市場の情勢を報じている．
(朝日新聞朝刊1頁 1994年2月10日（木）より)

　　『ブレンド』せず詰め合わせ売り―――一部卸売業者と生協

第9章 情報と市場

　緊急輸入された主食用外国産米が近く一般の店頭に出回るが，都内最大手の卸，山種産業は9日，3月以降に量販店や小売店に販売する精米の主力商品について，国産米と外国米を混米せず，セットにして販売する方針を決めた．一部の生協も同じ方針．また，大手スーパーの各社はブレンドしない米国産米を一部店舗で試験販売する．いずれも食糧庁が要望する混米販売に，消費者の反発が強いことを考えての対応だ．

　食糧庁では正規米の7割を外国米が占める3月以降，主食用米は混米して販売するよう指導し，多くの販売業者がこれに従う情勢だ．しかし，消費者団体の多くは，「混米は消費者の選択の権利を奪う」と反対している．このため山種産業では，精米商品の主力を「ワールドセット」(5キロ)として，国産米1.5キロ，米国・中国産2.5キロ，タイ産1キロを混米せずに詰め合わせて販売することを決めた．「一部の外国米だけが売れ残っては小売店も困る」として，小売り段階でもバラ売りを想定していない．小売価格は約2,300円を予想している．

　また，組合員31万人の首都圏コープ事業連合(東京)も8日，3月からは(1)混米しないセット(2)ブレンド米(3)米国産または中国産の単品(4)タイ産の単品，の4通りで販売する方針を決めた．販売の中心は，やはりセット米．国産2キロ，米国または中国産の単品2キロ，タイ産1キロを別個に包装した計5キロで，価格は2,700円前後と予想される．同生協は共同購入が中心で，昨年の取扱量は約5,000トン．

　いずれも，混米に反対する消費者の声を反映しながら，大量に割り当てられる外国米も同時に売るための「苦肉の策」で，今後，同調する業者が増えることも予想される．

　一方，西友とイトーヨーカ堂が11日からブレンドしない米国産米を一部店舗で試験販売するほか，ダイエーも，販売形態や価格設定の詰めに入っている．西友は，東京・吉祥寺で，カリフォルニア産の短粒種米を11日に売り出す．用意するのは2キロ詰め(750円)と5キロ詰め(1,850円)各350袋の計約2.5トン．売り切れた場合は，2月末まで輸入米の販売は休止する予定だ．

　5キロ詰めの場合，標準価格米(2,126円)より約13％安く設定されている．「今回は試験販売なので，従来の国産米より利幅を圧縮した特売価格にした．お客さんの反応を見て今後の価格や仕入れ量決めたい」(同社)という．2月末から関東地区の百店で輸入米の本格販売を始め，3月以降順次全国の店舗に広げる．今後も関東地区ではブレンドしない単品種を販売する方針だ．

(1) 国産米と各種の外国米とを詰め合わせて販売するセット売りとそれぞれの外国産米の単品売りの場合とを比較し，理論的にどのような状況を予測できるでしょうか？　また，どのような販売方法が好ましいか議論して下さい．ただし，米の価格は統制価格ではなく，自由な市場取引によって決まるものとします．

(2) 上の新聞記事で食糧庁が指導しているように国産米に外国米を混米したブレンド米のみ販売される状況を考えましょう．国産米と各種外国米の混米比率は，小売業者によって異なるため，米の品質(おいしさの指標)は0, 1区間の確率

分布 π によって与えられるものとします．消費者はブレンド米を実際に購入し，それを食するまでは，その品質を知ることは出来ません．今，小売店で販売される米はすべてブランドを付けないかもしくは統一された同一ブランドのみであるとすれば，米の需要量は米の市場価格 p と市場における米の平均的品質 $E\pi$ に依存し，$D(p, E\pi)$ と表わされたものとします．また，米の供給量 $S(p)$ は，米の市場価格 p にのみ依存しますが，供給される米の品質も価格 p に依存するものとします．供給関数 $S(p)$ は供給法則を満たし価格 p の増加関数，需要関数 $D(p, E\pi)$ は需要法則を満たし価格 p の減少関数で，かつ平均的品質 $E\pi$ の増加関数だとします．このとき，どのような問題が発生すると考えられるか議論してください．

理解度チェック問題

第10章
ゲーム理論入門：
産業組織
─戦略的行動と企業間競争

A　展開形のゲーム
B　戦略形のゲーム
C　ゲームの解と均衡
D　古典的寡占モデルと展開形ゲーム
E　独占企業と参入阻止行動
F　参入阻止ゲームの分析
理解度チェック問題

前章までは基本的に市場経済における資源配分のメカニズムを理解することを主眼とし，市場における経済主体間の競争がどのような結果をもたらすかを見て来ました．異なる利害を持つ意思決定主体間の競争や相互作用を一般的に分析する理論として，ゲーム理論があります．そこで市場における企業間競争の理解をさらに深めるために，本章ではゲーム理論の初歩的概念と分析方法を紹介し，第7章で解説した伝統的な独占理論と寡占理論における分析をゲーム理論の視点から深めることにします．企業間競争における戦略的（ストラテジック）な側面を重視し，非協力ゲーム noncooperative game 理論からのアプローチを紹介することにしましょう．ゲーム理論の簡単な解説から始めます．

A　展開形のゲーム

一般に複数の意思決定主体が置かれた社会的状況を**ゲーム** game とよび，ゲームにおける意思決定の主体を**プレイヤー** player とよびます．複数の意思決定主体による段階的な意思決定過程を具体的に描写するのが展開形のゲームです．将棋や囲碁のようなゲームでは，プレイヤーが順番に自分の「手番」で駒や石をどのように将棋盤や碁盤に配置するかという選択の機会を持ち，駒や石を盤上に打って行くという有限回の系列から構成され，最後にゲームの結果である勝ち・負けが決まってゲームが終了します．また，ゲームが表現する社会的状況は，偶然や偶発的な事象に左右されることもあります．その場合は偶然・偶発性を表現する枠組みとして，本来のプレイヤーとは独立に人為的に**自然** nature という名の疑似プレイヤーを追加し，「自然」が持つ手番により偶発的な事象を表わします．展開形のゲームはゲームに参加する各プレイヤーや自然の手番と行動の系列を木 tree の形状に似せて表現します．**展開形ゲーム** extensive form game は，つぎの(1)〜(7)の各要素により定義されます．

(1) **プレイヤーの範囲と「自然」の明記**　意思決定主体であるプレイヤーの範囲を指定し，必要に応じて偶発的事象を表わす疑似プレイヤーとして「自然」を加えます．プレイヤーの集合を $\{1, 2, \ldots, I\}$ とし，「自然」を n としましょう．

(2) **ゲームの木**　ゲームの木 game tree とは，（自然を含む）各プレイヤーの意思決定の段階的順序の流列を点 node の集合とそれらの点が表わす意思決定の段階を，順序を示す矢印の付いた線で結合することにより形成される図で，意思決定の段階的順序とその帰結を表現したものです．

　ゲームがスタートする出発点を**始点** initial node とよび，ゲームの終了を示す点を**終点** terminal node とよびます．ゲームがどのように始まるか明確でなければなりませんから，ゲームの始点は1つだけか，あるいは複数個の場合はそれぞれの始点からスタートする確率が付与されています．これに対しゲームが終了する終点は複数有り，途中の各プレイヤーの駆け引き（＝意思決定）に依存して終点は異なります．本書ではゲームの始点を○で表わし，始点・終点以外の点を●で表わします．終点以外の点を**手番**

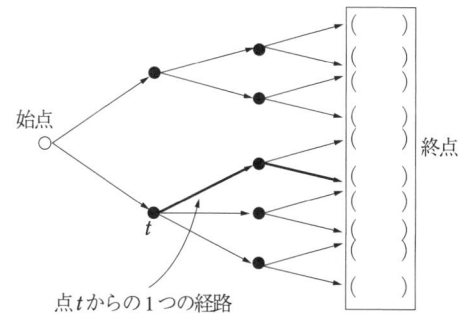

図 10.1 ゲームの木（a game tree）

move とよびます．始点から点 t に至るまでの間の点相互間が矢印の付いた線で結合された道筋を点 t までの**経路**または**パス** path とよび，点 t から終点に至るまでの間の道筋を点 t からの経路またはパスとよびます（図 10.1 参照）．ゲームの木では，どのような点 t に対しても始点から点 t への経路は一意に定まっています．

異なる 2 つの点 s, t に対して，点 s が点 t への経路上にあるとき，点 s は点 t の前にあるといい，t は s の後ろにあるといいます．特に点 s と点 t とが矢印の付いた 1 つの線で結ばれるとき，点 s は点 t の直前，t は s の直後にあるといいます．手番 t に対して t と t の直後の点を結ぶ 1 本の矢印の付いた線を**選択肢** alternative とよびます[1]．各手番では複数の選択肢があり，選択肢はプレイヤーが選択する行動を表現します．始点から終点までの経路を**プレイ** play とよびます．「ゲームをプレイする」というのは，始点をスタートし，終点の 1 つに到達することを意味します．

(3) **プレイヤー分割**　各手番は自然も含めたいずれかのプレイヤーの手番に属します．したがって，手番全体を各プレイヤーが持つ手番の集合に分割できます．このような手番の分割をプレイヤー分割といいます．ここで自然が持つ手番を**偶然手番**とよびます．

(4) **選択肢の範囲**　各プレイヤーの手番では，取りうる行動の選択肢の範囲が示され，自己の行動について決定します．選択肢の数は有限の場合も実数の部分集合のように無限集合で示される場合もありますが，そのときはゲームの木の図では代表的な選択肢をいくつか示すに留めます．

(5) **情報分割**　手番全体の集合をプレイヤーごとの手番の集合に分割したものをプレイヤー分割とよびましたが，プレイヤーごとの手番の集合をさらに細分割したものを**情報分割**，それに属する集合それぞれを**情報集合** information set とよびます[2]．「情報集合」という呼び名とは裏腹に，情報集合は「意思決定主体が知らないこと」，つまり，プレイヤーの情報が欠如しているこ

---

[1] ゲーム理論のテキストでは用語も「木」との類似性を保ち，点を「分岐点」，始点を「底点」，終点を「頂点」とよび，選択肢を「枝」とよぶ場合も多く見られます．

[2] 8 章および 9 章で説明した不確実性や情報の考え方との関連で言えば，「情報集合」は「事象」を表現しています．展開形ゲームの表現の中での情報分割は，単なる「情報」の表現だけではなく，意思決定主体である各プレイヤーの意思決定の段階と情報の構造がどのように結びついているかを表現するもので，その意味で分析の枠組みとして「豊富な構造」を持っています．

とを表現するものです．同じ情報集合に属する手番については，そこでの意思決定主体であるプレイヤーは識別出来ないものと解釈します．自分がどの手番に直面しているか，その情報をプレイヤーは持ち合わせていないのです．したがって，同一の情報集合に属する手番について，1) 同一の経路上にないこと，2) 選択肢の範囲が同じであることの2つの性質を要請します．同一の経路上にある手番は意思決定の段階が異なっていますから，それが同じ情報集合に属するというのは情報集合の解釈上不自然です．また，選択肢の範囲が異なる手番は区別がつきますから，同じ情報集合に属して区別がつかないというのも不自然です．同一の情報集合に属する手番を本書では図 10.2 のように破線で結びます．

図 10.2　情報集合

(6) **利得関数**　利得関数 payoff function は，ゲームの木の各終点に対して各プレイヤーの得る**利得（ペイオフ）** payoff を指定します．通常，各プレイヤーの得る利得は利得ベクトルの形で表わされ，ベクトルの各座標に記された数値がその座標に対応するプレイヤーの得る利得を表わします．複数のプレイヤーが段階的意思決定を積み重ねた結果，各プレイヤーが最終的にどのような利得（ペイオフ）を手にすることになるかを示しているのです．

(7) **始点と偶然手番における確率**　ゲームの木の偶然手番では自然が擬似プレイヤーとして意思決定主体となっています．偶然手番における各選択肢に自然が付与する確率を確率分布で表現し，各偶然手番に対してこのような確率分布が与えられます．また，始点が複数個ある場合もそれぞれの始点からゲームが開始される確率を確率分布によって与えます．

以上の7項目からなる要素によって1つの展開形ゲームが定められることになります．

展開形ゲームにおける戦略の考え方　展開形ゲームにおいて各プレイヤーは複数の手番を持ちます．各手番では複数の選択肢の中から行動を選び，ゲーム全体でのプレイヤーの行動計画を立てます．これを**戦略** strategy とよびます．より正確には，展開形ゲームが与えられたとき，プレイヤーの各情報集合についてそこでの選択肢を明示したリストを**純戦略** pure strategy と定義します．プレイヤーの**混合戦略** mixed strategy というのは，プレイヤーの純戦略全体の上での確率分布のことです．純戦略が確定的な行動計画なのに対し，混合戦略は確率的な行動計画であり，一定の確率分布にしたがって純戦略が選ばれるのです．

いま，あるプレイヤーが1つの情報集合に達したとき，そこでの行動を選択する場面に直面しますが，情報集合における各選択肢に確率を付与する確率分布のことをプレイヤーの**局所戦略**とよびます．局所戦略はある1つの情報集合での行動の選択のみを示しています．プレイヤーが複数の情報集合における行動の選択に直面する一般的な場合は，局所戦略はゲーム全体を通しての行動計画ではないため，戦略ではありません．したがって混合戦略とは全く異なるものです．プレイヤーの各情報集合についてそこでの局所戦略を明示したリストを**行動戦略** behavior strategy とよびます．行動戦略の考え方は，特定のプレイヤーが各情報集合で確定的に行動を選択する行為を確率的な選択行為に一般化した考え方ですから，純

図10.3 展開形による表現の例

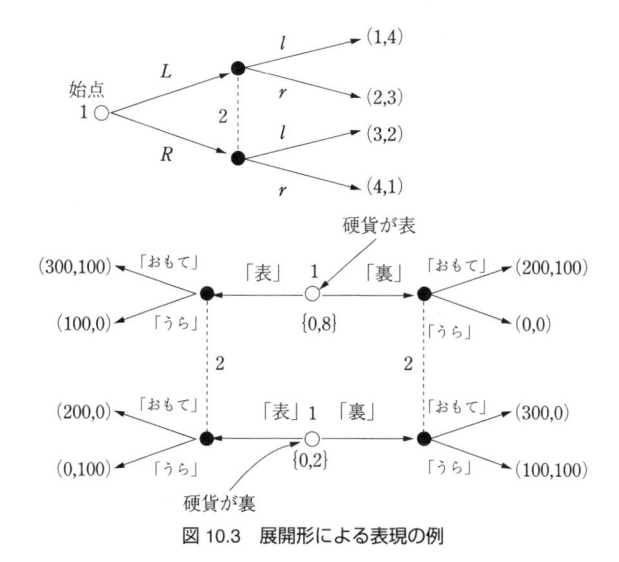

戦略を各情報集合において特定の選択肢を確率1で選ぶという特殊な行動戦略と解釈できます[3]．

つぎに展開形ゲームの簡単な例を見てみましょう．

展開形ゲームの例 図10.3では2種類のゲームを展開形によって表現しています．それぞれどのようなゲームが表わされているかを考えてみましょう．終点を除いて，各手番を示す点，あるいは破線で複数の点が結ばれている情報集合に対して，そこでの意思決定主体であるプレイヤーが番号で示されてます．

1番目のゲームは，最初にプレイヤー1が左(L)か右(R)を選び，続いてプレイヤー2はプレイヤー1の選択を知らずに左(l)か右(r)かの選択をします．プレイヤー2はプレイヤー1が左(L)を選択したか右(R)を選択したか知りませんから，プレイヤー1の手番の直後のプレイヤー2の手番は同じ情報集合に入り，破線で結ばれています．プレイヤー2がプレイヤー1の選択を知らずに選択に直面するということは，プレイヤー1と2が同時に選択を行なうと解釈することも可能です．2人のプレイヤーによるこのような選択の結果は4通りあり，それらの1つ1つが異なる終点に対応しています．プレイヤー1が左(L)を選択し，プレイヤー2も左(l)を選ぶと，プレイヤー1とプレイヤー2は，それぞれ1と4の利得を得ます．その他残りの3通りの可能性についても到達した終点での2人の利得が明示されています．このゲームではプレイヤー1もプレイヤー2も直面する情報集合は1つだけですから，プレイヤーの純戦略はプレイヤーの情報集合における選択肢と一致します．

2番目のゲームは，真実ゲーム Truth Game というゲームです．2人のプレイヤーとゲームの主催者を考えます．このゲームの展開形は以下の状況を描写して

---

[3] すべてのプレイヤーが各手番で，(1)そこまでの自分の手番におけるすべての選択と，(2)そこまでの自分の手番で得ていたすべての情報，これらを記憶しているという条件を満足する展開形ゲームを**完全記憶ゲーム** games with perfect recall とよびます．完全記憶ゲームであれば，プレイヤーのどのような混合戦略に対しても同じ期待利得を得られるような行動戦略があることが基本的な定理の一つとして証明されています．(岡田章著『ゲーム理論』有斐閣，1996，第3章参照)

います．最初に主催者が100円硬貨を上に投げて表が出るか裏が出るかその結果をプレイヤー1にだけ見せます．プレイヤー2は見ることができません．硬貨がいびつなため，表が出る確率は8割，裏が出る確率は2割で，その事実を2人のプレイヤーは知っています．表だったのかそれとも裏だったのか，プレイヤー1はプレイヤー2に口頭で結果を伝えます．ゲームの木の中の「表」と「裏」の表示は，プレイヤー1が2に伝える内容です．これに対してプレイヤー2は，「おもて」か「うら」かを推察して，それをプレイヤー1に返答するというゲームです．プレイヤー1の手番である始点は表と裏に対応して2個所あり，括弧{ }内の数値はそれぞれの始点からゲームが開始する確率を示しています．図の上方の始点は実際の結果が表だった場合の出発点で，下方の始点は裏だった場合の始点です．プレイヤー2の手番は4個所ありますが，プレイヤー1が「表」あるいは「裏」と言っても本当に表だったか裏だったかプレイヤー2は分かりません．プレイヤー1が「表」と言った後の2つの手番（図の左側）は同じ情報集合に入り破線で結ばれます．同様にプレイヤー1が「裏」と言った後の2つの手番（図の右側）は同じ情報集合に入り，これら2つの手番も破線で結ばれます．ゲームが終わるとペイオフはつぎのように決まります．プレイヤー2は硬貨の表が出たか裏だったのか，実際の結果を正しく言い当てれば100円手に入ります．プレイヤー1の利得はプレイヤー2の推察した結果に依存します．実際の結果によらずプレイヤー2が「おもて」と言えば，プレイヤー1は200円の利得を得ます．さらに，プレイヤー1がうそではなく，本当の結果をプレイヤー2に伝えていれば，100円の利得を得ます．

このゲームでは始点が2つあり，それぞれがプレイヤー1の情報集合ですから，プレイヤー1の純戦略は，硬貨の表が出たときに「表」と言うか「裏」と言うか，裏が出たときに「表」と言うか「裏」と言うかの選択肢を反映して（表「表」，裏「表」），（表「表」，裏「裏」），（表「裏」，裏「表」），（表「裏」，裏「裏」）の4つです．プレイヤー2の純戦略も，プレイヤー1が「表」と伝えたときに「おもて」と推察するか「うら」と推察するか，「裏」と伝えたときに「おもて」と推察するか「うら」と推察するかを反映して（「表」「おもて」，「裏」「おもて」），（「表」「おもて」，「裏」「うら」），（「表」「うら」，「裏」「おもて」），（「表」「うら」，「裏」「うら」）の4つになります．プレイヤー1の混合戦略は，例えば上の4つの純戦略をそれぞれ確率4分の1で選択するというような戦略のことです．また，硬貨の表が出たときのプレイヤー1の情報集合における局所戦略は，例えば「表」と「裏」とをそれぞれ確率2分の1で言うというような行動を指します．硬貨の表が出たときに「表」と「裏」とをそれぞれ確率2分の1で言い，硬貨の裏が出たときも「表」と「裏」とをそれぞれ確率2分の1と言う行動は，プレイヤー1の行動戦略の1つです．

B　戦略形のゲーム

ある特定の社会的状況を表現するにしても，いくつかの異なった形の展開形で表現することが可能です．例えば，図 10.3 の 1 番目の展開形ゲームにおいて，プレイヤー 2 の手番を始点に持ってきて，プレイヤー 1 の情報集合をプレイヤー 2 の手番の直後に来る形で描写することも可能です．そこでゲームにおける段階的意思決定の側面よりも戦略的側面をよりストレートに表現する目的で，各プレイヤーの取り得る戦略と，それによって発生する利得のみに注目した形の表現形式を考えるのが戦略形のゲームです．**戦略形ゲーム** strategic form game あるいは**標準形ゲーム** normal form game は以下の (1)〜(3) の各要素によって定められます．

(1) **プレイヤーの範囲**　意思決定主体をプレイヤーの集合 $\{1, 2, \ldots, I\}$ として明示します．

(2) **各プレイヤーの戦略集合**　それぞれのプレイヤーが選択可能な戦略全体を戦略集合によって明示します．S_i, $i = 1, \ldots, I$, はプレイヤー i の戦略集合です．

(3) **利得関数**　すべてのプレイヤーの戦略の組み (プロフィール) に対する各プレイヤーの利得を明示します．$u_i(s_1, s_2, \ldots, s_I), s_i \in S_i, i = 1, \ldots, I,$ はプレイヤー i の利得を示す関数で，各プレイヤー $i(i = 1, \ldots, I)$ がそれぞれ戦略 $s_i \in S_i$ を選択したときの利得のリストが $(u_1(s_1, s_2, \ldots, s_I), \ldots, u_I(s_1, \ldots, s_I))$ です．

戦略形ゲームで与えられる戦略集合 S_i はプレイヤー i の**純戦略**全体です．展開形ゲームの場合と同様に，確定的な純戦略の選択に対し，ある一定の確率分布にしたがって戦略集合 S_i から純戦略を選択することを**混合戦略**とよびます．つまり，戦略集合 S_i 上の確率分布を戦略形ゲームにおけるプレイヤー i の混合戦略といいます．戦略形ゲームで混合戦略を考える場合，各プレイヤー i の混合戦略を σ_i とすると，プレイヤーの利得は混合戦略の組み $(\sigma_1, \ldots, \sigma_I)$ についての期待利得として計算されます．

展開形と戦略形との関係

プレイヤーの集合と利得関数は展開形ゲームにおいて与えられていますから，各プレイヤーについてその純戦略全体をプレイヤーの戦略集合と定めれば，展開形ゲームから戦略形ゲームが一般に定まります．ただし，始点が複数個あるときや偶然手番がある場合は，展開形ゲームの利得関数から直接に戦略形ゲームの利得関数は定まりません．その場合は展開形ゲームの利得関数を用いて各プレイヤーの純戦略の組みに対する期待利得を求めた上で，それを戦略形ゲームの利得関数の値とします．

図 10.4 における展開形ゲームの戦略形を表を用いて表わしたのが表の 10.1 です．表の横の欄はプレイヤー 1 の戦略，縦の欄はプレイヤー 2 の戦略です．図 10.4

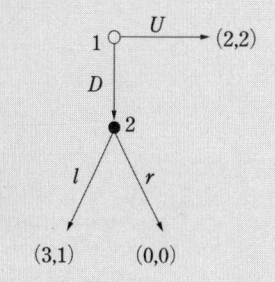

図 10.4　展開形ゲームと戦略形

		2	
		l	r
1	U	2,2	2,2
	D	3,1	0,0

表 10.1　図 10.4 における展開形ゲームの戦略形

の展開形ゲームではいずれのプレイヤーも1つの手番からなる情報集合1つだけですから，選択肢自体を戦略と見なせます．したがって，プレイヤー1の戦略は上(U)と下(D)で，プレイヤー2の戦略は左(l)と右(r)になります．表の各マス目の一対の数値については，最初の数値はプレイヤー1の利得，2番目の数値はプレイヤー2の利得となっています．図10.4でプレイヤー1がUの選択肢を選ぶとプレイヤー2の選択によらず，2人の利得は共に2となります．しかし，プレイヤー1がDを選ぶと，2人の利得はプレイヤー2の選択に依存します．プレイヤー2がlを選べばプレイヤー1の利得は3でプレイヤー2の利得は1，プレイヤー2がrを選べばプレイヤーの利得は共に0です．

戦略形ゲームの諸例

ゲーム理論のテキストでよく見かける戦略形ゲーム諸例を表10.3から表10.5に示してあります．表10.3の戦略形ゲームは「囚人のディレンマ」とよばれるよく知られた社会的状況を反映するゲームで，囚人のディレンマ・ゲームとよばれています．**囚人のディレンマ** prisoner's dilemma とよばれるのはつぎのような状況です．ある事件の容疑者2人が警察に逮捕され，留置所の別々の部屋に拘留されて取り調べを受けています．容疑者2人がとりうる行動の選択肢は「黙秘する」か「共犯証言をする」かのいずれかだとします．共犯証言は米国に見られる制度ですが，自発的に証言した共犯者の1人は減刑され，残りの1人の刑は重くなるという制度です．いま，2人とも黙秘すれば刑は3年のところ，1人だけ共犯証言した場合，黙秘した容疑者は15年の刑に処せられ，証言した容疑者は減刑されて1年の刑だけで済みます．もし，2人の容疑者とも共犯証言すると15年の刑は免れますが，2人とも10年の刑に処せられるというものです．服役期間を負の利得としてまとめたのが表10.2で示した囚人2人の利得の組みです．この囚人のディレンマとよばれる社会的状況におけるペイオフ構造の特徴は，プレイヤーが相互に協調的に行動を選択できる環境になく，自らの利益のみを考えて行動せざるを得なければ，2人そろって黙秘し，比較的軽い3年の刑ですますという結果には決してならず，2人共に共犯証言し，2人共10年の刑に服役するという2人にとって非常に好ましくない結果に落ち着いてしまうという点にあります．それは仮に2人の囚人共に黙秘する可能性を考慮したとき，相手にとっては黙秘ではなく共犯証言を選択すれば1年の刑で済み，自分は最悪の15年の刑に服役することになってしまうことから，共犯証言を選択せざるを得ないと考えるに至るからです．これが囚人達のディレンマであり，お互いにより好ましい社会的な状況があることを知りつつ，どうしてもそうした社会的な状況に到達し得ないディレンマを見事に表現するゲームとして余りにも有名な例になったのです．ペイオフが正であるか負であるかによらず表10.2と同種の利得の組みの構造をもつ戦略形ゲームは**囚人のディレンマ・ゲーム** Prisoner's Dilemma Game とよばれています．表10.3の戦略形ゲームは囚人のディレンマ・ゲームの一例です．

表10.4の戦略形ゲームは硬貨の表・裏合わせ Matching Pennies とよばれるゲームで2人のプレイヤーが同時に硬貨をテーブルの上に出し，2人が出した硬貨の

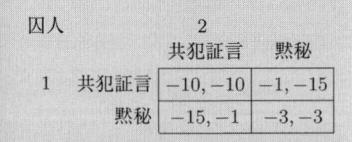

囚人		2	
		共犯証言	黙秘
1	共犯証言	$-10, -10$	$-1, -15$
	黙秘	$-15, -1$	$-3, -3$

表10.2 囚人のディレンマ

プレイヤー		2	
		t_1	t_2
1	s_1	2, 2	8, 0
	s_2	0, 8	5, 5

表10.3 囚人のディレンマ・ゲーム

表か裏かが同じであれば，一方のプレイヤーが勝って相手の出した硬貨を獲得し，逆に硬貨の表と裏とがでていれば，他方のプレイヤーが勝って相手の出した硬貨を獲得するというゲームです．表 10.4 は 100 円硬貨の場合のプレイヤー利得の組みを表わしています．

プレイヤー 2

	t_1	t_2	
s_1	100, −100	−100, 100	s_1, t_1 表
s_2	−100, 100	100, −100	s_2, t_2 裏

表 10.4　硬貨の表・裏合わせゲーム

表 10.5 の戦略形ゲームは男女のデートに関するゲームで「男女の争い」Battle of the Sexes ともよばれているゲームです．このゲームの内容はつぎの通りです．互いに好意を抱いている 1 組の男女がいて，デートの約束をして映画に行くか，それとも劇場へ観劇に行くかを検討しています．2 人とも各自 1 人で映画を見たり観劇するよりも，好きな相手とデートして映画館か劇場に行く方を好んでいます．しかし，2 人の好みは違っていて，男性の方は観劇より映画鑑賞を好み，女性は映画鑑賞より観劇を好みます．プレイヤー 1 を男性，プレイヤー 2 を女性としてこのゲームのペイオフを表示したのが表 10.5 の数値の組みです．

プレイヤー 2

	t_1	t_2	
s_1	3, 2	1, 1	s_1, t_1 映画
s_2	1, 1	2, 3	s_2, t_2 観劇

表 10.5　デート・ゲーム

C　ゲームの解と均衡

ゲームがプレイされると，その結果は各プレイヤーが選択する戦略の組み，つまり，プレイヤーの行動計画として表わされます．このとき，それぞれのプレイヤーが取ると考えられる行動計画や戦略が明白であり，すべてのプレイヤーがその結果を受け入れざるをえないと納得できるような場合，そうした行動計画や戦略を**ゲームの解** solution of a game とよびます．では，各プレイヤーが選択する戦略の組みがどのような性質を持てば，ゲームの解と言えるのでしょうか？　これに対する答えはプレイヤーの行動基準を明らかにするものでもあると言えるでしょう．ゲームの具体的な解の考え方はゲームにおける均衡概念としてゲームに導入されます．消費理論や生産理論における消費者や企業の行動基準は，効用最大化や利潤最大化という形での市場経済における各経済主体の市場に対する最適反応でした．意思決定主体の他のプレイヤーに対する最適反応を行動基準とした均衡概念がナッシュ均衡です．

ナッシュ均衡

ゲームにおいてすべてのプレイヤーは合理的に行動し，自分以外の他のプレイヤーも合理的に行動すると考えているとします．このような状況でプレイヤーが合理的に行動するということは，自分以外の他のプレイヤーの取る行動に対して最適に反応するということであり，他のプレイヤーも自分の取る行動に最適に反応すると考えることを意味します．したがって，ゲームの解が存在するとき，解にお

いて各プレイヤーが意図している行動計画や戦略は，彼以外の他のすべてのプレイヤーが意図している行動計画や戦略に対する最適な反応でなければならないでしょう．これを表現するのがつぎの均衡概念です．

> ### ナッシュ均衡の定義
>
> 戦略形ゲーム $\{1,\ldots,I, S_1,\ldots,S_I, u_1,\ldots,u_I\}$ において，各プレイヤーの戦略の組み $\hat{s} = (\hat{s}_1,\ldots,\hat{s}_I)$ が，すべてのプレイヤー $i = 1,\ldots,I$ とすべての戦略 $s_i \in S_i$ に対し，$u_i(\hat{s}) \geqq u_i(\hat{s}_1,\ldots,\hat{s}_{i-1}, s_i, \hat{s}_{i+1},\ldots,\hat{s}_I)$ を満たすとき，$\hat{s}$ を**ナッシュ均衡** Nash equilibrium とよびます．また，混合戦略を許容した場合，混合戦略の組み $\sigma = (\sigma_1,\ldots,\sigma_I)$ に対する利得関数を $U_i(\sigma)$，$i = 1,\ldots,I$，とすると，混合戦略の組み $\hat{\sigma} = (\hat{\sigma}_1,\ldots,\hat{\sigma}_I)$ が，各プレイヤー $i = 1,\ldots,I$ とプレイヤー i のすべての混合戦略 σ_i に対し，$U_i(\hat{\sigma}) \geqq U_i(\hat{\sigma}_1,\ldots,\hat{\sigma}_{i-1}, \sigma_i, \hat{\sigma}_{i+1},\ldots,\hat{\sigma}_I)$ を満たすとき，混合戦略 $\hat{\sigma}$ をナッシュ均衡とよびます．
> 展開形ゲームにおける各プレイヤーの行動戦略の組みがナッシュ均衡であるとは，それと対応する戦略形ゲームにおける（混合戦略の）ナッシュ均衡に対応していることを意味するものとします．

さきに列挙したゲームの例では，ナッシュ均衡はつぎのようになっています．図 10.4 ではナッシュ均衡が 2 つあり，(U, r) と (D, l) です．このうち最初の (U, r) という均衡については多少違和感を感じるかも知れませんが，その点については後ほど議論します．表 10.3 の囚人のディレンマ・ゲームでは，(s_1, t_1) のみがナッシュ均衡であり，プレイヤー達のディレンマが発生するゆえんです．表 10.4 における硬貨の表裏合わせゲームでは，戦略の選択肢を純粋に表か裏かのいずれかを出すということに限定する限り，ナッシュ均衡は存在しませんが，不思議なことではありません．表 10.5 のデート・ゲームではナッシュ均衡が 2 つあり，(s_1, t_1) と (s_2, t_2) です．実際にこのようなゲームをプレイしたときに，どちらの均衡が実現するかは，男性（プレイヤー 1）と女性（プレイヤー 2）の力関係に依存すると考えられますが，そのような力関係や交渉力のようなことはこのゲームでは表現されていません．

ナッシュ均衡の精緻化

展開形ゲームにおける各プレイヤーの戦略の組みは，始点から終点までの経路，つまりゲームのプレイを与えます．ナッシュ均衡となる戦略の組みに対するゲームのプレイを**均衡プレイ** equilibrium play とか**均衡経路** equilibrium path とよびます．

精緻化の意図　ナッシュ均衡において各プレイヤーは他のプレイヤーの行動・戦略を与えられたものと考えるため，他人の行動・戦略に影響を及ぼす可能性を考えた行動にはなっていません．展開形ゲームにおけるように他人の行動を一部観察した上で自らの行動を選択する場合，自分の行動が他人の選択する行動に影響

を与えないとする推測は余りにもナイーブです．その結果，実際に実現するとは考えられないナッシュ均衡が存在する可能性を否定できません．例として図 10.4 のゲームを考えてみてみましょう．(U, r) はナッシュ均衡です．プレイヤー 1 が U を選択する場合，プレイヤー 2 の選択は自分自身の利得に全く影響を与えません．その結果 (U, r) はナッシュ均衡になっているのです．ところが，プレイヤー 2 の r の選択は合理的な選択とは言えないでしょう．上で，この均衡に「違和感を感じるかも知れない」と言ったのは，つぎの理由によるものです．何らかの理由でプレイヤー 2 の意思決定の段階に来たとしたら，彼にとっては r の選択より l の選択の方が有利です．もしプレイヤー 2 が l を選択するのであれば，プレイヤー 1 は U を選ばずに D を選択することになるのです．したがって，各プレイヤーの合理的な行動を前提とすれば，ゲームの解の中からナッシュ均衡である (U, r) は排除されるべきだと考えられます．均衡 (U, r) においては，プレイヤー 1 が U を選ぶとゲームは終点に至るため，プレイヤー 2 の r という行動は 1 の手番から始まる均衡経路上にないことになります．均衡経路上にないプレイヤーの行動についても合理的な選択を要請することによってナッシュ均衡の中からより説得力の高い均衡を選ぶことをナッシュ均衡の**精緻化（リファインメント）** refinement あるいは**完全化（パーフェクション）** perfection とよびます．

> #### 部分ゲーム完全均衡の定義
>
> 展開形ゲームが与えられたとき，全体のゲームの一部から形成される展開形ゲームを**部分ゲーム** subgame とよび，部分ゲームの出発点となる情報集合に属する手番が 1 つのみであるとき，それを**真部分ゲーム** proper subgame といいます．展開形ゲームのナッシュ均衡が，その任意の真部分ゲームに制約してもナッシュ均衡になっているとき，このナッシュ均衡を**部分ゲーム完全均衡** subgame perfect equilibrium とよびます．

例 図 10.4 のゲームにおいて，(U, r) は部分ゲーム完全均衡ではありません．プレイヤー 2 の手番から始まる部分ゲームにおいて，プレイヤー 2 の選択は最適な選択になっていないからです．これに対し (D, l) は部分ゲーム完全均衡になっていることを読者自身確認してみて下さい．

完全ベイズ均衡と逐次均衡

均衡経路上にないプレイヤーの行動についても合理性を要請したいという意図から部分ゲーム完全均衡の考え方が導入されましたが，部分ゲームが真部分ゲームでない場合はどのように考えればよいでしょうか？ 例として図 10.5 の展開形ゲームを考えてみましょう．

このゲームにおいて (A, l) はナッシュ均衡です．しかし，どう考えてもプレイヤー 2 の l の選択は合理的ではありません．1 が A を選んだため，2 の「非合理的」な選択にもかかわらず (A, l) はナッシュ均衡になったのですが，もし 2 の選択が直接に利得に影響することになれば，2 は迷うことなく r を選ぶでしょう．

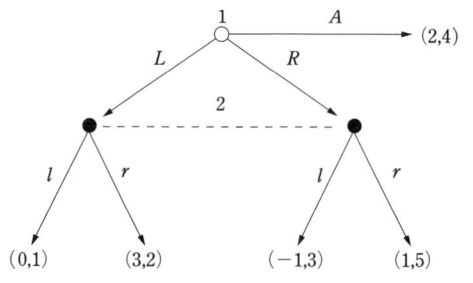

```
                          1         A
                          ○─────────────→ (2,4)
                       L /  \ R
                        /    \
                       /   2  \
                      ●--------●
                     /｜      ｜\
                    l｜ r   l ｜ r
                   (0,1)(3,2)(-1,3)(1,5)
```

図 10.5　真部分ゲームを含まない展開形ゲーム

そして 2 が合理的な選択である r を選べば (A,r) はナッシュ均衡にはならないのです．しかし，このゲームの場合 (A,l) は残念ながら部分ゲーム完全均衡です．2 の情報集合から始まる部分ゲームは 2 つの手番を持つ情報集合から始まっているために真部分ゲームではないからです．

そこで真部分ゲームではなかったとしても，部分ゲーム完全均衡の精神を生かせば，つぎのような要請をする必要があると考えるのが自然でしょう．各プレイヤーはゲームの木のどの段階で自分自身の行動の選択を始めようと，それから先の行動の選択が最適な利得をもたらすような選択を行なうのが合理的な行動であり，そうした合理的な行動を行なうという要請です．この考えを生かすために少々の工夫が必要になります．図 10.5 のゲームで，プレイヤー 2 の情報集合から始まる部分ゲームを考える場合 2 つの手番があるため，どの手番にどのような確率で到達する可能性があるとプレイヤー自身が考えているかを知る必要があります．さらに，プレイヤー 2 のそうした確率計算は，プレイヤー 1 のとる行動から発生する確率と矛盾しないことが必要です．この 2 点を勘案した均衡の考え方が完全ベイズ均衡とよばれる概念です．

プレイヤーの予想と整合性　展開形ゲームが与えられたとき，プレイヤーの**予想** belief μ というのは，ゲームの各情報集合に対し，そこに属する各手番の確率分布を明示するもののことです．ゲームのプレイが，ある情報集合に到達したとして，そこでの意思決定主体であるプレイヤーが情報集合に属する複数の手番の中でどの手番で意思決定をしようとしているのか予想するのですが，それを表現するのがプレイヤーの予想 μ なのです．合理的に物事を考える意思決定主体を前提としていますから，このようなプレイヤーの予想は各プレイヤーの行動を考慮した予想であると考えるのが自然です．そこですべてのプレイヤーの行動計画を表わす行動戦略の組み $\sigma = (\sigma_1, \ldots, \sigma_I)$ とプレイヤーの予想 μ に対して，ベイズ流の整合性を要請します．つまり，展開形ゲームにおける行動戦略の組み σ とプレイヤーの予想 μ が**整合的** consistent であるとは，情報集合に属する各手番の条件付き確率を各プレイヤーの行動戦略の組み σ からベイズ Bayes の公式にしたがって導出できる場合は，プレイヤーの予想 μ が各情報集合に与える確率分布がそうして計算された確率分布に等しいということです．（到達する確率がゼロとなるような情報集合については，ベイズの公式にしたがった条件付き確率を計算できませんから，その場合はプレイヤーの予想は自由です．）ここで，ベイズの公式というのは，つぎのような「条件付き確率」の計算の仕方を指します．いま，

事象 A, B の確率を $P(A)$, $P(B)$ とするとき，事象 A が起きた下での B の条件付き確率 $P(B|A)$ を $P(B|A) \equiv \frac{P(B \cap A)}{P(A)}$ と定めます．$P(B \cap A)$ は事象 $B \cap A$ の確率です．例えば，図 10.5 のゲームにおいて，行動戦略の組み σ はプレイヤー 1 が A, L, R をそれぞれ確率 1/3, 1/6, 1/2 で行動するようなものであったとします．このときプレイヤーの予想が，2 の情報集合においてベイズの公式によって求められる条件付き確率と一致するには，L の確率 $= \frac{1}{6} \div \frac{2}{3} = \frac{1}{4}$，$R$ の確率 $= \frac{1}{2} \div \frac{2}{3} = \frac{3}{4}$ でなければなりません．

期待利得の逐次合理性 プレイヤーの予想 μ によって，各情報集合において個々のプレイヤーが抱く予想が明確になると，各プレイヤーはゲームの木のどの段階で自分自身の行動の選択を始めようと，それから先の行動の選択が最適であるか否かの計算が可能になります．展開形ゲームにおける行動戦略の組み σ とプレイヤーの予想 μ が，どの情報集合からゲームを開始してもそれから後の部分ゲームにおいて，その情報集合における意思決定主体であるプレイヤーの条件付き期待利得を最大化しているとき，(σ, μ) は**逐次合理的** sequentially rational であるといいます．

> **完全ベイズ均衡の定義**
>
> 展開形ゲームにおける行動戦略の組み σ とプレイヤーの予想 μ からなる組み (σ, μ) が，
> (1) 逐次合理的である
> (2) プレイヤーの予想 μ は，各プレイヤーの行動戦略の組み σ と整合的である
>
> という 2 条件を満たすとき，(σ, μ) を**完全ベイズ均衡** perfect Bayesian equilibrium とよびます．

(σ, μ) が完全ベイズ均衡であっても，行動戦略の組み σ が正の確率を導かない情報集合においては，プレイヤーの予想 μ が合理的な予想だという保証はありませんし，そのために実際に実現するとは考えられないナッシュ均衡が完全ベイズ均衡に含まれる可能性を否定できません．そこで完全ベイズ均衡をより精緻化した均衡の考え方が要請されます．その 1 つが逐次均衡とよばれる概念です．

展開形ゲームにおける行動戦略の組み $\sigma = (\sigma_1, \ldots, \sigma_I)$ が，すべての情報集合におけるすべての選択肢に正の確率を誘導するとき，行動戦略の組み σ は**完全に確率的** completely mixed だといいます．完全に確率的な行動戦略の組みは，すべての情報集合におけるすべての手番にベイズの公式にしたがって計算される正の条件付き確率を付与しますから，それと整合的なプレイヤーの予想は合理的だと考えることができます．そして，このような合理的なプレイヤーの予想によって近似できることを要請するというのが逐次均衡の考え方です．

> ### 逐次均衡の定義
>
> 展開形ゲームにおける行動戦略の組みとプレイヤーの予想からなる組み (σ, μ) が
> (1) 逐次合理的である
> (2) 行動戦略の組みとプレイヤーの予想からなる組みの列 (σ_n, μ_n) で条件
>   1) プレイヤーの予想 μ_n は完全に確率的であり，行動戦略の組み σ_n と整合的である
>   2) (σ_n, μ_n) は (σ, μ) に収束する
>   を満たすものが存在する
>
> という2条件を満たすとき，(σ, μ) を**逐次均衡** sequential equilibrium とよびます．

図 10.5 の展開形ゲームにおいて (A, l) はナッシュ均衡でした．しかも，プレイヤー 2 の l の選択は合理的ではないにもかかわらず，(A, l) は部分ゲーム完全均衡でした．

1 が A を選んだため，2 の「非合理的」な選択にもかかわらず (A, l) はナッシュ均衡になったのですが，もし 2 の選択が直接に利得に影響することになれば，2 は迷うことなく r を選ぶでしょう．そして 2 が合理的な選択である r を選べば (A, r) はナッシュ均衡にはならないのです．しかし，このゲームの場合 (A, l) は残念ながら部分ゲーム完全均衡です．2 の情報集合から始まる部分ゲームは 2 つの手番を持つ情報集合から始まっているために真部分ゲームではないからです．プレイヤー 1 と 2 がそれぞれ確率 1 で選択肢 A と l を選ぶ行動戦略を (A, l) とすれば，プレイヤーの予想 μ が 2 の情報集合上でどのような確率分布を付与しようと，l の選択は逐次合理性に反しますから，(A, l) は完全ベイズ均衡にはなりません．

これに対しプレイヤー 1 が確率 1 で R を選択し，2 の情報集合ではプレイヤーが確率 1 で r を選択するという行動戦略の組みは部分ゲーム完全均衡となるナッシュ均衡であり，プレイヤーの予想 μ が 2 の情報集合で確率 1 を R に付与すれば，完全ベイズ均衡であり，同時に逐次均衡になります．

D 古典的寡占モデルと展開形ゲーム

第 7 章ではクールノーが創始した古典的寡占モデルを解説しました．寡占モデルは典型的に経済モデルにおける戦略的ゲームの状況を表現しています．そこで，寡占モデルを展開形ゲームによって表現し，7 章で取り上げた寡占市場における均衡と展開形ゲームの解とを比較することによって，寡占市場における企業行動の理解を深めたいと思います．

クールノー・ゲーム

最初にクールノー Cournot による寡占モデルを展開形ゲームで表現してみましょ

う．企業 1 と 2 は生産・販売量に関する意思決定を同時に行ないますから，企業 1 の手番を始点とすれば，クールノーによるモデルの展開形は，図 10.6 のように企業 1 の手番 1 つからなる情報集合に続く企業 2 の情報集合が，企業 1 の異なる生産・販売量に対応した手番をすべて含んだ形として表現され，終点での利得はそれぞれの生産・販売量に応じた各企業の利潤の組みで与えられます．企業 1 と 2 の生産量の組み (y_1^*, y_2^*) をクールノー均衡とすると，(y_1^*, y_2^*) はこの展開形ゲームのナッシュ均衡となります．クールノーの展開形ゲームでは，企業 1 と 2 のプレイヤーの情報集合は 1 つだけですから，プレイヤーの戦略はそれぞれの生産・販売量により表わされます．企業 2 が y_2^* 生産・販売するとき，企業 1 が y_1^* だけ生産・販売すれば利潤は最大となり，企業 1 が y_1^* だけ生産・販売するとき，企業 2 が y_2^* 生産・販売すれば利潤は最大となるというのがクールノー均衡ですが，これはこの展開ゲームにおけるナッシュ均衡の条件そのものです．したがって，クールノー寡占モデルの展開形ゲームではクールノー均衡とナッシュ均衡は一致しています．また，真部分ゲームはありませんから，クールノー均衡は部分ゲーム完全均衡になっています．

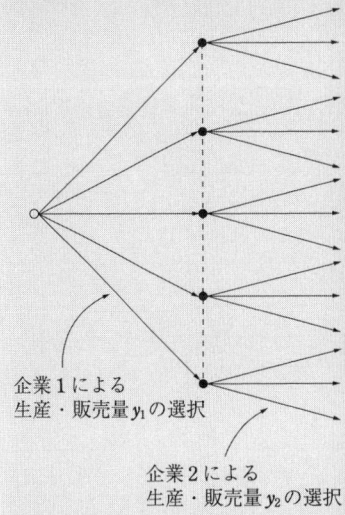

プレイヤーの予想 μ を 2 の情報集合では，企業 1 の生産・販売量 y_1^* を確率 1 で予想する確率分布とすれば，クールノー均衡 $\sigma^* = (y_1^*, y_2^*)$ はこのプレイヤーの予想 μ とともに，完全ベイズ均衡になります[4]．しかも，この完全ベイズ均衡は逐次均衡になることを確認できます[5]．

スタッケルベルグ・ゲーム

つぎにスタッケルベルグ von Stackelberg による寡占モデルを展開形ゲームで表現しましょう．企業 1 をリーダー格の企業，企業 2 を追随する企業とすると，意思決定のステップはクールノーによる寡占モデルと異なり，企業 1 の生産・販売に関する意思決定が行なわれてから，企業 2 が生産・販売に関する意思決定を行なうという順番になります．したがって，スタッケルベルグ寡占モデルの展開形ゲームは，企業 1 の手番が始点となり，つづいて企業 1 の異なる生産・販売量に対応した手番それぞれが企業 2 の異なる情報集合を形成する形で表現され，終点での利得はそれぞれの生産・販売量に応じた各企業の利潤の組みで与えられます（図 10.7 参照）．

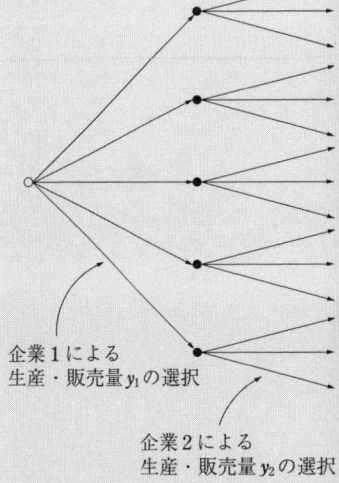

展開形ゲームの構造がクールノーの寡占モデルとは大きく異なることから，スタッケルベルグ寡占モデルの展開形におけるゲームの解の特徴も異なってきます．具体例を用いて説明しましょう．市場の逆需要を $p = a - y$ とし，各企業は一定

図 10.6 クールノー寡占モデルの展開形ゲーム

図 10.7 スタッケルベルグ寡占モデルの展開形ゲーム

---

[4] ここで σ^* は 1 の情報集合上で y_1^* に確率 1 を与え，2 の情報集合上で y_2^* に確率 1 を与える行動戦略と解釈します．

[5] 企業 1 の生産量の選択肢を $(m+1)$ 個とし，この中に y_1^* が含まれているとします．企業 1 の行動戦略 σ_{1n} は y_1^* に確率 $1-(1/nm)$，その他の選択肢にそれぞれ $1/nm^2$ の確率を与える確率分布とし，企業 2 の行動戦略 σ_{2n} は確率 1 で y_2^* を選ぶものとします．このとき，プレイヤーの予想 μ_n を 2 の情報集合では，企業 1 の生産量 y_1^* を確率 $1-(1/nm)$ と予想し，それ以外の生産量 y_1 を確率 $1/nm^2$ と予想する確率分布とすれば，クールノー均衡 $\sigma^* = (y_1^*, y_2^*)$ とプレイヤーの予想 μ は逐次均衡の条件 (1) と (2) を満たします．

の限界費用で生産を実行できて，$\text{MC}_i(y_i) = c$, $i = 1, 2$, とします．y_i は企業 i の生産・販売量，$y = y_1 + y_2$ は市場全体での販売量です．このとき，第 2 企業の反応関数を求めるとつぎのようになります．

$$\text{AR}_2(y_2 : y_1) = (a - y_1) - y_2$$

$$\text{MR}_2(y_2 : y_1) = a - y_1 - 2y_2 = \text{MC}_2(y_2) = c$$

$$y_2 = \frac{a - c - y_1}{2} \tag{10.1}$$

ここで，企業 1 の生産・販売量が $y_1 = 0$，企業 2 の生産・販売量が

$$y_2 = \begin{cases} a - c - y_1 & (y_1 \neq 0 \text{ のとき}) \\ \dfrac{a - c}{2} & (y_1 = 0 \text{ のとき}) \end{cases}$$

という戦略を考えると，この戦略の組みはナッシュ均衡になります．企業 2 のこのような戦略の下で，企業 1 の生産・販売量 $y_1 = 0$ は利潤を最大化しており，$y_1 = 0$ ならば企業 2 も $y_2 = (a-c)/2$ のとき利潤を最大化しているからです．この種のナッシュ均衡は多数存在します．しかし，この均衡は部分ゲーム完全均衡ではありません．(10.1) の式が示すように $y_1 \neq 0$ で始まる部分ゲームにおいては，企業 2 の利潤を最大にするような y_2 は $(a-c-y_1)/2$ だからです．このゲームにおけるスタッケルベルグ均衡は部分ゲーム完全均衡であり，それ以外の部分ゲーム完全均衡はありません．スタッケルベルグ均衡では，企業 1 の生産・販売量の大きさによらず，企業 1 の定めた生産・販売量の下で利潤を最大にするように企業 2 は生産・販売量を決定しますが，これはすべての部分ゲームにおいて最適な選択をしていることを意味するからです．

E　独占企業と参入阻止行動

クールノーやスタッケルベルグによる古典的な寡占市場のモデルを展開形ゲームとして表現し，ゲームの解を見ることによって，寡占モデルの理解を深めることができましたから，つぎに独占市場モデルにおける参入阻止行動を展開形ゲームによって表現し，ゲームの解の特徴を考えることにします．

7 章で解説した標準的独占理論のモデルにおいて，独占企業は製品に対する市場全体の需要量が価格にどのように依存するかを考え，最大の利潤をもたらすような生産・販売活動を行ないます．その結果として，限界収入 MR と限界費用 MC とが等しくなるような価格付けや生産・販売を行なうというのがその帰結でした．例として，つぎの簡単なケースを考えてみましょう．まず，市場の需要を逆需要関数で表現し，$p = a - by$ とします．y は市場における製品の販売量です．独占企業の生産技術は費用関数で表わして，限界費用は一定で $\text{MC} = c$，固定費用は $\text{FC} = k$ で与えられる技術とします．

このとき，独占企業の利潤最大化行動によりつぎのような市場価格，生産・販

売量，利潤が実現することになります．つまり，平均収入 $AR(y) = a - by$ より，限界収入 $MR(y) = a - 2by$ となり，最大利潤を実現するのは，$MR(y) = MC(y)$ を満たす y であることより $a - 2by = c$ を得ます．したがって，生産・販売量は $y = \dfrac{a-c}{2b}$ であり，販売価格は $p = \dfrac{a+c}{2}$ となります．このとき，独占企業の利潤 $\Pi(y)$ は，$\Pi(y) = \dfrac{(a-c)^2}{4b} - k$ となります．より具体的に数値例として，$a = 1{,}400$，$b = 1/20$，$c = 500$，$k = 800{,}000$（円）とすると，製品の価格は 1 単位 950 円，生産・販売量は 9,000 単位，利潤は 325 万円となります．

参入阻止行動

標準的独占理論では，上の数値例における独占企業は価格 $p = 950$ 円で製品を $y = 9{,}000$ 単位販売し，325 万円の利潤を得ると予測します．これに対し**参入阻止行動** entry deterrence の議論では，独占企業は新たな企業の参入を阻止するような行動をすると考えます．この議論によれば，独占企業は参入を狙う企業への対策を考え，販売価格を $p = 950$ 円より低く，例えば，$p = 900$ 円に設定し，より多くの製品 $y = 10{,}000$ 単位の販売を実施して，その結果，利潤は 320 万円になるというものです．

この議論の背景にある考え方は，通常つぎのように説明されます．潜在的に参入の可能性を検討している企業が既存の独占企業と同一技術を持っているとしましょう．既存の独占企業を第 1 企業とし，潜在的参入企業を第 2 企業とします．企業の生産・販売量を添字の 1 と 2 で区別し，上記の数値例の場合で考えます．

独占企業が $y_1 = 9{,}000$ の生産を行なうとすると，潜在的参入企業は $p = (1{,}400 - \dfrac{1}{20} \times 9{,}000) - \dfrac{1}{20} y_2$ の市場価格に直面すると考えます．したがって，潜在的参入企業の限界収入曲線は $MR_2(y_2) = 950 - \dfrac{1}{10} y_2$ です．利潤最大化の条件 $MR_2(y_2) = MC_2(y_2) = 500$ から，もし第 2 企業が市場に参入すれば $y_2 = 4{,}500$ です．その結果，市場価格は $p = (1{,}400 - 450) - \dfrac{1}{20} \times 4{,}500 = 725$ 円となり，第 2 企業の利潤は $(725 - 500) \times 4{,}500 - 800{,}000 = 21$ 万 2 千 5 百円です．その結果，潜在的参入企業は事実参入することになるでしょう．このとき，独占企業の利潤は $(725 - 500) \times 9{,}000 - 800{,}000 = 122$ 万 5 千円となります．

これに対し独占企業は $y_1 = 10{,}000$ の生産を行ない，このような生産水準を維持し続けると潜在的参入企業が考えるならば，参入企業の予想する市場価格は $p = (1{,}400 - \dfrac{1}{20} \times 10{,}000) - \dfrac{1}{20} y_2$ です．したがって，潜在的参入企業の限界収入曲線は $MR_2(y_2) = 900 - \dfrac{1}{10} y_2$ となり，利潤最大化条件 $MR_2(y_2) = MC_2(y_2)$ により，第 2 企業の予想する販売量は $y_2 = 4{,}000$ となります．このとき，市場価格は $p = (1{,}400 - 500) - \dfrac{1}{20} \times 4{,}000 = 700$ 円ですから，第 2 企業の利潤は $(700 - 500) \times 4{,}000 - 800{,}000 = 0$ となって，参入はしないということに落ち着くと考えられます．その結果，市場価格は $p = 1{,}400 - \dfrac{1}{20} \times 10{,}000 = 900$ 円で，独占企業は $(900 - 500) \times 10{,}000 - 800{,}000 = 320$ 万円の利潤を維持できることになります．独占企業にとっては $y_1 = 9{,}000$ の生産を維持するよりも，$y_1 = 10{,}000$

の生産を維持する方が，より大きな利潤を確保できることになります．

独占企業と潜在的参入企業間競争の展開形ゲーム

上の参入阻止行動の説明は，説得力があるようにも見えますが，参入阻止というのは，すでに市場を獲得している企業による潜在的参入企業に対するある意味での「脅し」行為です．合理的に判断する潜在的参入企業が，このような脅しを信じる根拠はあるのでしょうか？ 言葉を換えると，つぎのような疑問が，既存の独占企業の行動について生じます．つまり，潜在的参入企業が実際に市場に参入したとき，既存の独占企業がそれまでの生産・販売量を維持し続けるのは，合理的な行動と言えるでしょうか？ 既存企業と参入企業間の参入後の競争は，部分ゲームになっています．参入前の独占企業の生産量は，参入企業の参入後の生産量に影響を与えるのでしょうか？ 参入企業の参入後の生産量は，既存企業の生産量に影響を及ぼさないのでしょうか？

このような疑問に答えるために，既存の独占企業と潜在的参入企業間の競争を展開形ゲームによって表現した上で，考察を進めることにしましょう．

参入後のクールノー部分ゲーム 図 10.8 の展開形ゲームでは，第 1 段階で独占企業は生産・販売量について自由に決定し，それを潜在的参入企業が観察した後に，参入するかしないかの決定を行ないます．第 2 段階では，独占が維持される場合と複占になる場合とがあり，潜在的参入企業が参入を決意すると，そこから始まるゲームが真部分ゲームになる点が重要なポイントとなります．

この部分ゲームにおけるクールノー均衡を求めてみましょう．$AR_1(y_1 : y_2) = (1{,}400 - \frac{1}{20}y_2) - \frac{1}{20}y_1$ より $MR_1(y_1 : y_2) = (1{,}400 - \frac{1}{20}y_2) - \frac{1}{10}y_1$．したがって，$MR_1(y_1 : y_2) = MC_1(y_1)$ は $\frac{1}{20} \times ((28{,}000 - y_2) - 2y_1) = 500$ となります．よって，企業 1（既存の独占企業）と企業 2（潜在的参入企業）の反応関数は，$y_1 = f_1(y_2) = 9{,}000 - \frac{1}{2}y_2$, $y_2 = f_2(y_1) = 9{,}000 - \frac{1}{2}y_1$ で与えられます．その結果，均衡において生産・販売量は $y_1 = y_2 = 6{,}000$ で，市場価格は $p = 800$ 円，企業の利潤は共に 100 万円となります．

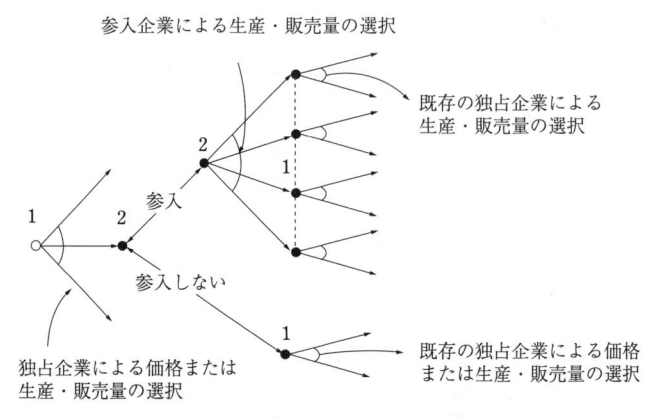

図 10.8 既存企業と潜在的参入企業の展開形ゲーム

この展開形ゲームの全体を眺めると多くのナッシュ均衡があることに気が付きます．例えば，潜在的参入企業が参入する場合，独占企業は参入企業への脅し（威嚇）として，11,000 単位の生産・販売を行なうという戦略を取れば，潜在的参入企業は参入しないという選択をするでしょう．しかし，このような脅しは均衡経路上にはありませんから，ナッシュ均衡としての要件は満たされてしまいます．（もちろん，部分ゲーム完全均衡ではありません．）このゲームにおける部分ゲーム完全均衡は 1 つだけあります．それは独占企業が第 1 段階で 9,000 単位の生産を行なって独占利潤を稼ぎ，第 2 段階では参入企業共々 6,000 単位の生産を行なうという戦略です．このように図 10.8 の形の展開形のゲームでは，独占企業の合理的行動を前提として参入阻止価格の設定を説明することは出来ないことが分かります．

F 参入阻止ゲームの分析

参入阻止行動の説明の可能性

前節の独占企業と潜在的参入企業間のゲームの分析から，独占企業による参入阻止価格の設定が意味を持つには，第 1 段階の独占企業の行動から，何らかの情報を潜在的参入企業が学びうるような枠組みになっていなければならないのではないかと考えられます．前節の数値例に少しばかりの修正を加えて，この問題を直感的にとらえてみましょう．潜在的参入企業は独占企業がどのような生産技術を所有しているかについて，正確な情報を持っていないとします．

まず，参入企業の技術を費用関数によって表現し，限界費用を $MC_2(y_2) = 500$，固定費用を FC $=115$ 万 2 千円とします．y_2 は企業 2 の生産量です．これに対し既存の独占企業の技術は不確実性をともない，費用関数によって表現すると，限界費用は $MC_1(y_1) = 500$ の場合と 200 の場合とがあります．固定費用は常に FC $=115$ 万 2 千円だとします．[6]

独占企業の限界費用が 500(円) の場合，参入後のクールノー均衡において参入企業は 64 万 8 千円の利潤を得るので参入を決意します．しかし，独占企業の限界費用が 200 の場合，参入後のクールノー均衡において参入企業の利潤は -35 万 2 千円で赤字となるため参入を断念します．

独占企業が第 1 期に利潤を最大にするような価格付けを行なう場合，限界費用が 500 ならば価格は $p = 950$ で，限界費用が 200 ならば価格は $p = 800$ となります．もし，参入企業がこの種の独占企業の行動を予想すると，独占企業の第 1 期の価格付けから，参入企業は独占企業の技術（限界費用）についての情報を得ることになります．とすれば，独占企業は限界費用が 500 であったとしても，参入企業の判断を誤らせる目的で，価格を 800 に設定する可能性があると考えられま

---

[6] さきの数値例と比べ，固定費用の金額を多少大きくしました．参入企業の期待利潤がプラスとなるには，独占企業の限界費用が 500 となる確率 μ の値が十分大きくなければなりませんが，「十分大きい確率」と言える区分点を正数にするためです．後続の議論の中で明らかになります．

す．つまり，第1期において**参入阻止価格を設定**するという訳です．しかし，こうした独占企業の行動を予想すれば，参入企業は独占企業の第1期の価格付けを無視する可能性も考えられます．そこで，この数値例で取り上げたゲームを明示的に展開形ゲームで表現し，より詳しくゲームの均衡を考察しましょう．

独占企業・潜在的参入企業間競争と不完備情報下のゲーム

独占企業の技術（限界費用）に関する情報の有無が，潜在的参入企業の意思決定に影響を及ぼす状況を考察します．展開形ゲームによる表現では，ゲームの木の始点において自然が確率的に独占企業の限界費用を500または200に決定し，これが独占企業の初期条件となります．独占企業のみ初期条件を知った上でゲームが展開するという設定を考えます．したがって，ゲームの始点は2つあり，どの始点からも図10.8と同種のゲームが展開します．限界費用が500になる確率はμ $(0 \leq \mu \leq 1)$，200になる確率は$1-\mu$で与えられ，この客観的確率μの値は独占企業と参入企業にとって共通の知識です．潜在的参入企業の情報集合はどの始点から出発した経路かを区別することはできません．独占企業は実現した限界費用が500かそれとも200かを知った上で，第1段階（第1期）の価格あるいは生産・販売量を決定します．参入企業は独占企業が第1段階において設定した価格を知って，参入するかしないかの決定を行ないますが，独占企業の限界費用については分かりません．したがって，参入企業は参入した場合の利潤について不確実性に直面します．参入企業は期待利潤を最大化することを考えてその行動戦略を選択するものと考えます．参入企業が参入することを選択すれば，第2段階（第2期）で独占企業と参入企業とはクールノー部分ゲームに直面します．独占企業は第1段階での利潤と第2段階での利潤を考慮しますから，ここでは最も単純に利潤の和を最大にするような行動戦略を選択すると考えます．この展開形ゲームのゲームの木は図10.9の通りです．以下ではこの展開形ゲームに基づいて参入

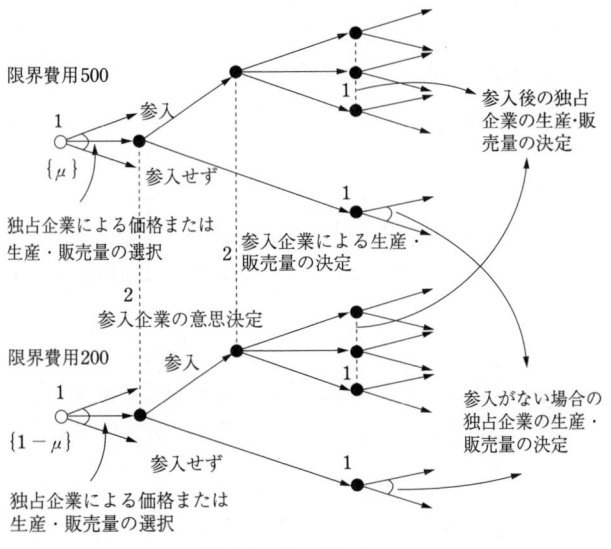

図 10.9 参入阻止ゲーム

阻止ゲームの分析を進めます．均衡として完全ベイズ均衡を考えます．本節では逐次均衡を考えても結果は基本的には変わりません．本節で解概念として完全ベイズ均衡あるいは逐次均衡を用いる理由は，独占企業による威嚇というような非合理的な行動によって参入阻止行動を説明するのではなく，部分ゲームにおける合理的な行動によって参入阻止行動を説明するためですが，ここでの部分ゲームは真部分ゲームではないことから，部分ゲーム完全均衡を適用できないからです．

ステップ1：参入の予想の下でのクールノー部分ゲーム 潜在的参入企業が実際に参入すると独占企業が予想する場合について，参入後のクールノー部分ゲームにおけるそれぞれの企業の行動を考えます．まず，つぎの記号を定めます．$\mu(p,c)$ は，独占企業が第1期の価格を p とするとき，参入企業が独占企業の限界費用を c と予想する確率です．$y_2(p)$ はクールノー部分ゲームにおける参入企業の生産・販売量，$y_1(p,c)$ は独占企業の限界費用が c で，第1期の価格を p とするとき，クールノー部分ゲームにおける独占企業の生産・販売量です．市場における販売量を y とすると，数値例における市場の逆需要関数は $p = 1{,}400 - \frac{1}{20}y$ で与えられます．

(1) **均衡における独占企業の生産・販売量** $p = \mathrm{AR}_1(y_1 : y_2) = (1{,}400 - \frac{1}{20}y_2) - \frac{1}{20}y_1$ より $\mathrm{MR}_1(y_1 : y_2) = (1{,}400 - \frac{1}{20}y_2) - \frac{1}{10}y_1$ となります．したがって，独占企業の利潤最大化条件 $\mathrm{MR}_1(y_1 : y_2) = \mathrm{MC}_1(y_1) = c$ より，

$$y_1(p,c) = 14{,}000 - 10c - \frac{1}{2}y_2(p), \quad c = 500 \text{ または } 200 \tag{10.2}$$

となります．

(2) **均衡における参入企業の生産・販売量** y_2 を参入企業の生産・販売量とすれば，平均収入は $\mathrm{AR}_2(y_2 : y_1(p,c)) = \left(1{,}400 - \frac{1}{20}y_1(p,c)\right) - \frac{1}{20}y_2$ となります．その期待利潤は以下のように求められます．

$$\begin{aligned}
\text{期待利潤} &= \mu(p,500)\Big(\big(1{,}400 - 500\big) - \frac{1}{20}y_1(p,500) - \frac{1}{20}y_2\Big)y_2 \\
&\quad + \mu(p,200)\Big(\big(1{,}400 - 500\big) \\
&\qquad - \frac{1}{20}y_1(p,200) - \frac{1}{20}y_2\Big)y_2 - 1{,}152{,}000 \\
&= \Big(900 - \frac{1}{20}\mu(p,500)y_1(p,500) \\
&\qquad - \frac{1}{20}\mu(p,200)y_1(p,200) - \frac{1}{20}y_2\Big)y_2 - 1{,}152{,}000 \\
&= -\frac{1}{20}\Big(y_2^2 - (18{,}000 - \mu(p,500)y_1(p,500) \\
&\qquad - \mu(p,200)y_1(p,200))y_2\Big) - 1{,}152{,}000
\end{aligned} \tag{10.3}$$

したがって，期待利潤を最大にするような y_2 は

$$y_2(p) = 9{,}000 - \frac{\mu(p,500)y_1(p,500) + \mu(p,200)y_1(p,200)}{2} \tag{10.4}$$

です．その結果，(10.2) と (10.4) とを同時に満たす $y_1(p,c)$, $c = 500, 200$, と $y_2(p)$ は，

$$y_1(p, 500) = 1,000(7 - \mu(p))$$
$$y_1(p, 200) = 1,000(10 - \mu(p)) \tag{10.5}$$
$$y_2(p) = 2,000(2 + \mu(p))$$

で与えられます．ここで，$\mu(p)$ は価格 p において独占企業の限界費用が 500 であるという参入企業の予想で，$\mu(p) = \mu(p, 500) = 1 - \mu(p, 200)$, $0 \leq \mu \leq 1$, です．

製品の価格 p によらず，独占企業の生産技術（限界費用）が参入を目論む企業2の生産技術と同じであるとの予想 μ が高ければ高いほど，参入企業の生産量は多くなり，逆に既存の独占企業の生産量は少なくなることをこの結果は示していて，私たちの直感に見合う帰結となっています．

ステップ2：参入者の予想と参入に関する決定 潜在的参入企業の期待利潤が正となれば，潜在的参入企業は参入を決定します．独占企業の生産技術が参入企業と同等で限界費用が 500 となる確率を $\mu(p)$ と考えれば，参入企業の期待利潤は (10.3)，(10.4)，(10.5) から，

$$200,000((2 + \mu(p))^2 - 5.76) \tag{10.6}$$

となります．したがって，(10.6) の期待利潤をちょうど 0 とするような $\mu(p)$ の値は 0.4 ですから，0.4 が $\mu(p)$ の値の区分点となり，$\mu(p) > 0.4$ ならば参入を決定，$\mu(p) \leq 0.4$ ならば参入を断念します．つまり，この数値例では，既存企業の生産技術が参入企業と同等である可能性は低くないと参入企業が予想する限り，実際に参入を決定することになります．

このゲームの完全ベイズ均衡は数多くあります．そうした均衡の特徴を理解するために，均衡における各企業の戦略がどのような性質を持っているかをつぎに考えましょう．独占企業の限界費用が 500 となる確率 μ の大きさが 0.4 を上回るか，それ以下かに依存して2種類の均衡がありますが，最初に均衡とはなり得ない独占企業の価格戦略と参入企業の戦略を取り上げます．

ステップ3：均衡とはなり得ない価格戦略

> μ の値によらず，独占企業の限界費用が 500 ならば価格を $p = 950$ に設定し，限界費用が 200 ならば価格を $p = 800$ に設定する戦略は均衡とはなり得ません．

理由 独占企業のこのような価格戦略から，潜在的参入企業は，独占企業の限界費用に関して的確な情報を得ることができます．ベイズの公式により $\mu(950, 500) = 1, \mu(800, 500) = 0$ とならなければなりません．参入者の予想 $\mu(p)$ がこの条件を満たすとき，限界費用が 200 ならば参入を断念し，500 ならば参入することになります．ところが参入者のこの戦略に対し，独占企業は実際の限界費用によらず第1期は価格を $p = 800$ に設定し，2期に価格を $p = 950$ に設定する方が利潤は大きくなりますから，ナッシュ均衡にはなり得ません．

ステップ 4：一括（プーリング）均衡

> $\mu \leq 0.4$ とします．このとき，つぎの各項が示す行動戦略の組みと予想は完全ベイズ均衡となります．
> (1) 独占企業は限界費用によらず第 1 期の価格を $p = 800$ に設定します．
> (2) 独占企業の第 1 期の価格設定が $p > 800$ ならば，$\mu(p, 500) = 1$ という予想で参入企業は参入し，価格設定が $p \leq 800$ ならば，$\mu(p, 500) = \mu$ という予想で参入を断念します．
> (3) 参入があれば，それぞれの企業は第 2 期にステップ 1 で描写したようなクールノー部分ゲームにおける生産・販売量を実行し，参入がなければ独占企業は第 2 期に独占価格を設定します．

理由 ステップ 2 の議論により，参入者の予想 $\mu(p, c)$ の下で参入者の戦略は最適です．独占企業は限界費用によらず価格を $p = 800$ に設定するため，価格が $p = 800$ のとき戦略と整合的な限界費用に関する予想 $\mu(p, 500)$ は，事前の確率分布 μ に等しくなければなりません．$p = 800$ 以外の価格は均衡経路上にないため，戦略による予想に関する制約はありません．

参入者のこのような戦略に対し，限界費用の値いかんによらず，第 1 期の価格を $p = 800$ に設定し，第 2 期に独占価格を設定するという独占企業の戦略は最適になります．限界費用が 500 となる確率 μ が余り大きい値をとらないことから，限界費用についての情報を独占企業の価格設定から全く入手できなければ，参入企業は参入を断念するからです．

この種の均衡は**一括均衡**とか**プーリング均衡** pooling equilibrium とよばれます．異なる 2 つの"タイプ"の独占企業が共通の戦略を実行するからです[7]．自分の取る戦略によって相手に自分のタイプに関する情報が伝わるのを避けるような均衡です．

ステップ 5：分離均衡

上の一括均衡におけるような行動戦略は $\mu > 0.4$ の場合は均衡にはなりません．独占企業の生産技術が参入企業と同じ限界費用 500 になる可能性が高いため，参入を阻止できないからです．参入を阻止できなければ，参入を阻止する目的で独占企業にとってベストではない独占価格以外の価格を第 1 期に設定する意味はありません．

> $\mu > 0.4$ とします．このとき，つぎの各項が示す行動戦略の組みと予想は完全ベイズ均衡となります．
> (1) 独占企業は限界費用が 500 ならば $p = 950$，限界費用が 200 ならば $p = 600$ に第 1 期の価格を設定します．
> (2) 独占企業の第 1 期の価格設定が $p > 600$ ならば，$\mu(p, 500) = 1$ の予想の下に参入企業は参入を決定し，$p \leq 600$ ならば，$\mu(p, 500) = 0$ の予想の下に参入企業は参入を断念します．
> (3) 参入があれば，それぞれの企業は第 2 期にステップ 1 で描写したよう

---

7) ここでは企業のタイプを限界費用で特徴付けられた生産技術の違いで区別しています．

なクールノー部分ゲームにおける生産・販売量を実行し，参入がなければ独占企業は第2期に独占価格を設定します．

理由 ステップ2の議論から，予想 $\mu(p, 500)$ の下で参入企業の戦略は最適です．また，独占企業の戦略により，$p = 950$ ならば $\text{MC}_1 = 500$，$p = 600$ ならば $\text{MC}_1 = 200$ ですから，価格 $p = 950$ と $p = 600$ における参入企業の予想 $\mu(p, 500)$ は各プレイヤーの戦略と整合的です．また，これ以外の価格における参入企業の予想は，均衡経路上にないため特に制約を受けません．

つぎに独占企業の戦略の最適性を確認しましょう．以下では，利潤から可変費用のみを差し引き，固定費用を差し引かない金額を粗利潤とし，粗利潤を比較します．

(1) 独占企業の限界費用が 200 のとき

(a) 第1期の価格を $p > 600$ に設定すると，ステップ1の議論により，各企業の生産・販売量は

$$y_1(p, 200) = 1{,}000(10 - \mu(p)) = 1{,}000(10 - 1) = 9{,}000$$

$$y_2(p) = 2{,}000(2 + \mu(p)) = 2{,}000(2 + 1) = 6{,}000$$

で，第2期の価格は $p = 1{,}400 - \dfrac{1}{20}(9{,}000 + 6{,}000) = 650$ です．第2期の粗利潤 $= (650 - 200) \times 9{,}000 = 405$ 万円となります．

第1期の価格を $p > 600$ の範囲に設定するとすれば，独占価格に設定しますから，$p = 1{,}400 - \dfrac{1}{20}y_1$ から $\text{MR}_1(y_1) = 1{,}400 - \dfrac{1}{10}y_1 = 200$．したがって，$y_1(p, 200) = 12{,}000$，第1期の価格 $p = 1{,}400 - \dfrac{1}{20} \times 12{,}000 = 800$ となり，第1期の独占的粗利潤は $(800 - 200) \times 12{,}000 = 720$ 万円です．

(b) 第1期の価格を $p \leqq 600$ に設定すると，参入は無く，第2期は独占価格を設定しますから，第2期の粗利潤は上と同様 720 万円です．第1期の価格の設定範囲では $p = 600$ に設定すると粗利潤が最大で，そのとき，$p = 1{,}400 - \dfrac{1}{20}y_1$ から $y_1(p, 200) = 16{,}000$，粗利潤は $(600 - 200) \times 16{,}000 = 640$ 万円となります．

上記により1期と2期を合わせた粗利潤の総計は $p = 600$ に設定するのが最適となります．

(2) 独占企業の限界費用が 500 のとき

(a) 第1期の価格を $p > 600$ に設定すると，上と同様な計算により，各企業の生産・販売量は

$$y_1(p, 500) = 1{,}000(7 - \mu(p)) = 1{,}000(7 - 1) = 6{,}000$$

$$y_2(p) = 2{,}000(2 + \mu(p)) = 2{,}000(2 + 1) = 6{,}000$$

で，第2期の価格は $p = 1{,}400 - \dfrac{1}{20}(6{,}000 + 6{,}000) = 800$ です．第2期の粗利潤は $(800 - 500) \times 6{,}000 = 180$ 万円となります．

第1期の価格は $p > 600$ の範囲では独占価格を選びますから，$p = 1{,}400 -$

$\frac{1}{20}y_1$ から $\mathrm{MR}_1(y_1) = 1,400 - \frac{1}{10}y_1 = 500$ で，$y_1(p, 500) = 9,000$，第1期の価格は $p = 1,400 - \frac{1}{20} \times 9,000 = 950$ となり，第1期の独占的粗利潤は $(950 - 500) \times 9,000 = 405$ 万円です．

(b) 第1期の価格を $p = 600$ に設定すれば，第2期は独占価格を設定しますから，第2期の粗利潤は上と同様405万円です．第1期の生産・販売量は，$600 = 1,400 - \frac{1}{20}y_1$ から $y_1(p, 500) = 16,000$ で，粗利潤は $(600 - 500) \times 16,000 = 160$ 万円となります．これは180万円より小さくなるため，この場合参入阻止を狙うのは最適ではありません．

この均衡で興味があるのは，独占企業の限界費用が500になる場合です．上の独占企業の価格戦略に従えば，第1期の粗利潤は405万円，第2期には参入企業の参入後180万円の粗利潤を得ます．独占企業が参入を阻止するには，600以下の価格設定が必要で，そうした価格設定をすれば参入を完全に阻止し，第2期には独占による粗利潤405万円を得ることができます．しかし，600という安い価格では，第1期に160万円の粗利潤しか得られず，参入阻止を狙わない場合と比較し，粗利潤は20万円も少なくなります．ここで600という安い価格水準の意味は，限界費用が500の場合，独占企業が参入阻止を狙って限界費用はあたかも200であるかのような振りをする誘因を断つということです．直感的に言えば，限界費用が200の独占企業は，第1期に非常に低い価格を設定することによって，限界費用が200であることを誇示し，限界費用が500の独占企業は，そのような低価格に甘んじるよりも，むしろ参入阻止を断念する方がベターだと考えるのです．

この場合の均衡では，独占企業のタイプによって異なる価格を設定しますから，**分離均衡** separating equilibrium とよばれます．また，限界費用についての私的情報を持つ独占企業に対し，情報を持たない潜在的参入企業が，製品の価格という観察可能なシグナルによって，独占企業の属性（限界費用）をふるい分ける状況が描写されていると解釈すれば，潜在的参入企業が独占企業をスクリーニングしていることになります．その意味でこのような均衡を**スクリーニング均衡** screening equilibrium とよぶこともあります．

理解度チェック問題

1. クールノーによる古典的な複占モデルとその非協力ゲームの展開形である「クールノー・ゲーム」を考える．クールノー・ゲームにおけるクールノー均衡は一意的だとする．このゲームの均衡に関する記述の中から，正しくないものを選択せよ．
   (1) クールノー均衡はナッシュ均衡である．
   (2) クールノー均衡は部分ゲーム完全均衡である．
   (3) クールノー均衡は完全ベイズ均衡である．
   (4) クールノー均衡と異なるナッシュ均衡が存在する．
2. スタッケルベルグによる古典的な複占モデルとその非協力ゲームの展開形である

「スタッケルベルグ・ゲーム」を考える．このゲームの均衡に関する記述の中から，正しくないものを選択せよ．
   (1) スタッケルベルグ均衡で部分ゲーム完全均衡でないナッシュ均衡が存在する．
   (2) ナッシュ均衡でスタッケルベルグ均衡と異なるものが存在する．
   (3) スタッケルベルグ均衡はナッシュ均衡である．
   (4) 部分ゲーム完全均衡はスタッケルベルグ均衡である．
3. 独占企業と潜在的参入企業1社の間の競争を非協力ゲームの展開形で表わすとする．以下の記述の中から，正しいものを選択せよ．
   (1) このゲームには一般に多数のナッシュ均衡が存在する．
   (2) 独占企業は潜在的参入企業の参入以前には独占的価格に対応する産出量を生産し，参入する場合には潜在的参入企業が赤字に陥るような「参入阻止価格」が成立する産出水準を維持．他方，潜在的参入企業は参入しない．このようなナッシュ均衡は，部分ゲーム完全均衡である．
   (3) 独占企業は潜在的参入企業の参入以前には独占的価格に対応する産出量を生産し，参入後は参入後のゲームにおけるクールノー均衡の産出量を維持する．他方，潜在的参入企業は事実参入し，参入後のゲームにおけるクールノー均衡の産出量を実現する．このような行動戦略の組みはナッシュ均衡とならない．
   (4) 独占企業は潜在的参入企業の参入以前には独占的価格に対応する産出量を生産し，参入後は参入後のゲームにおけるクールノー均衡の産出量を維持する．他方，潜在的参入企業は事実参入し，参入後のゲームにおけるクールノー均衡の産出量を実現する．このような行動戦略の組みはナッシュ均衡となるが，完全ベイズ均衡にならない．
4. 同一製品を生産・販売している企業1, 2からなる複占市場を考えます．市場における需要曲線が逆需要関数として $p = 1,400 - \frac{1}{20}y$ (y は市場における販売総量) で与えられるとします．企業は同じ費用関数で表現される生産技術を持っていて，限界費用は一定で200，固定費用は1,800,000とします．D節におけるようなクールノーの展開形ゲームを考えます．
   (1) この寡占市場におけるクールノー均衡を求めなさい．
   (2) このゲームにおけるナッシュ均衡はすべてクールノー均衡になりますか？
   (3) このゲームにおいてクールノー均衡は完全ベイズ均衡になりますか？
   (4) このゲームにおいてクールノー均衡は逐次均衡になりますか？
   (5) このゲームにおけるナッシュ均衡で完全ベイズ均衡にならないものがあるかどうか確認し，その理由を述べなさい．
5. 上記問題における寡占市場と同じ市場を考えます．この市場においてD節におけるようなスタッケルベルグの展開形ゲームを考えます．
   (1) この寡占市場におけるスタッケルベルグ均衡を求めなさい．
   (2) スタッケルベルグ均衡はこのゲームのナッシュ均衡になることを確認しなさい．
   (3) スタッケルベルグ均衡はこのゲームの部分ゲーム完全均衡になることを確認しなさい．
   (4) このゲームにおけるナッシュ均衡で部分ゲーム完全均衡にならないものがあれば，それを求めなさい．

理解度チェック問題解答
(択一問題の解答のみ)

第2章
5 (3), 6 (1), 7 (2), 8 (4), 9 (1), 10 (1), 11 (3), 12 (2), 13 (1), 14 (2), 15 (3), 16 (3)

第3章
8 (1), 9 (2), 10 (3), 11 (2), 12 (2), 13 (2), 14 (3), 15 (3), 16 (4), 17 (1), 18 (1)

第4章
5 (1), 6 (1), 7 (3), 8 (1), 9 (1)

第5章
7 (1), 8 (3), 9 (4), 10 (1), 11 (4), 12 (4), 13 (2), 14 (2), 15 (1), 16 (1), 17 (2), 18 (3), 19 (1), 20 (4), 21 (3)

第6章
7 正解無し, 8 正解無し, 9 (1), 10 (4), 11 (1), 12 (2), 13 (1), 14 (4), 15 (3), 16 (2), 17 (3), 18 (2), 19 (4)

第7章
2 (3), 3 (2), 4 (1), 5 (3), 6 (2), 7 (4), 8 (2), 9 (4), 10 (2), 11 (2), 12 (5), 13 (1), 14 (3), 15 (3), 16 (3)

第8章
1 (4), 2 (3), 3 (1)

第9章
1 (3), 2 (4), 3 (3), 4 (3)

第10章
1 (4), 2 (1), 3 (1)

索引

A

a による i 財の供給量 ･････････････････ 95
a による i 財の需要量 ･････････････････ 95

L

Lagrange の（未定）乗数法 ･････････････ 35

あ 行

アドバース・セレクション ･･･････････ 251
粗代替財 ････････････････････････････ 76
粗補完財 ････････････････････････････ 76
アロー・ドブルー市場 ･･････････････ 7,237
アロー・プラット ････････････････････ 232
アロー証券 ･･････････････････････････ 241
一括均衡 ･･････････････････････ 260,297
陰関数 ･･････････････････････････････ 28
インセンティブ ･･････････････････････ 263
　── ・システム ･･･････････････････ 263
　── 契約 ･･･････････････････････････ 264
　── 制約 ･･･････････････････････････ 265
　── の体系 ･･･････････････････････ 263
売りオプション ･･･････････････････ 242,244
売り手独占度 ････････････････････････ 204
エージェント ････････････････････････ 256
エンゲル曲線 ････････････････････････ 40
エンゲル係数 ････････････････････････ 44
エンゲルの法則 ･･････････････････････ 44
欧州式 ･････････････････････････････ 242
オファー曲線 ･･････････････････････ 41,101
オプション ･････････････････････････ 242

か 行

買いオプション ･･･････････････････ 242,244
買い手カルテル ･･････････････････････ 218
買い手独占 ･･････････････････････････ 201
買い手独占度 ････････････････････････ 204
外部経済 ･･･････････････････････････ 172
外部効果 ･･･････････････････････････ 172
外部性 ･････････････････････････････ 172
外部不経済 ･････････････････････････ 172
価格・所得無差別曲線 ････････････････ 58
価格差別 ･･･････････････････････････ 196
価格支配力 ･････････････････････････ 196
価格消費曲線 ･･･････････････････････ 40
価格無差別曲線 ･･････････････････････ 58

価格理論 ･･･････････････････････････ iv
隠された行動 ･･･････････････････････ 255
隠された属性 ･･･････････････････････ 251
確定的等価 ･････････････････････････ 230
家計 ･･･････････････････････････････ 10
寡占（オリゴポリー） ･･････････････････ 206
価値基準 ･････････････････････････････ 8
価値尺度 ･････････････････････････････ 8
価値の理論 ･････････････････････････ iv
空売り ･････････････････････････････ 242
ガリバー型寡占 ･･････････････････････ 213
間接効用 ･･･････････････････････････ 57
　── 関数 ･･･････････････････････････ 57
間接税 ･････････････････････････････ 85
間接無差別曲線 ･･････････････････････ 58
完全化（パーフェクション） ･･･････････ 285
完全価格差別 ･･･････････････････････ 197
完全記憶ゲーム ･･････････････････････ 279
完全競争 ･･･････････････････････････ 11
　── 市場 ･･･････････････････････････ 11
完全代替財 ･････････････････････････ 22
完全に確率的 ･･･････････････････････ 287
完全ベイズ均衡 ･･････････････････････ 287
完全補完財 ･････････････････････････ 21
完備 ･･････････････････････････････ 237
　── 市場 ･･････････････････････････ 237
　── 性 ････････････････････････ 15,18
機会費用 ･･･････････････････････････ 84
企業 ･･･････････････････････････････ 10
危険愛好的 ･････････････････････････ 229
危険回避的 ･････････････････････････ 229
危険中立的 ･････････････････････････ 229
基数的効用（関数） ･･･････････････････ 17
期待効用関数 ･･･････････････････････ 227
期待値 ････････････････････････････ 228
基本的な考え方 ･････････････････････ 14
逆供給関数 ･････････････････････････ 201
逆需要関数 ･･･････････････････････ 189,191
逆選択 ････････････････････････････ 251
競争 ･･･････････････････････････････ 11
　── 市場 ･･･････････････････････････ 11
強凸性 ･････････････････････････････ 19
共有情報 ･･･････････････････････････ 250
局所戦略 ･･･････････････････････････ 278
嫌われる財 ･･････････････････････････ 22
均衡価格 ･･････････････････････････ 95,159

索　引

均衡経路・・・・・・・・・・・・・・・・・・・・・・・・・284
均衡配分・・・・・・・・・・・・・・・・・・・・・・96,159
均衡プレイ・・・・・・・・・・・・・・・・・・・・・・・284
金融証券・・・・・・・・・・・・・・・・・・・・225,230
偶然手番・・・・・・・・・・・・・・・・・・・・・・・・・277
クールノー企業・・・・・・・・・・・・・・・・・・・207
クールノー均衡・・・・・・・・・・・・・・・・・・・210
クールノー産業・・・・・・・・・・・・・・・・・・・207
グッズ・・・・・・・・・・・・・・・・・・・・・・・・・・・・・22
グラディエント・ベクトル・・・・・・・・・・・37
経済・・・・・・・・・・・・・・・・・・・・・・・・・・・・・・・iii
　　──学・・・・・・・・・・・・・・・・・・・・・・・・・iii
　　──構成員・・・・・・・・・・・・・・・・・・・・10
　　──主体・・・・・・・・・・・・・・・・・・・・・・10
契約曲線・・・・・・・・・・・・・・・・・・・・・・・・・101
経路・・・・・・・・・・・・・・・・・・・・・・・・・・・・・277
ゲーム・・・・・・・・・・・・・・・・・・・・・・・・・・・276
　　──の解・・・・・・・・・・・・・・・・・・・・・283
決済・・・・・・・・・・・・・・・・・・・・・・・・・・・・・・94
限界効用・・・・・・・・・・・・・・・・・・・・・・・・・・26
限界収入・・・・・・・・・・・・・・・・・・・・・・・・・189
　　──生産物・・・・・・・・・・・・・・・・・・・202
限界生産物の価値・・・・・・・・・・・・・・・・・202
限界要素費用・・・・・・・・・・・・・・・・・・・・・202
現金通貨・・・・・・・・・・・・・・・・・・・・・・・・・・94
現金等価・・・・・・・・・・・・・・・・・・・・・・・・・230
顕示選好・・・・・・・・・・・・・・・・・・・・・・・・・・80
　　──される・・・・・・・・・・・・・・・・・・・・81
原問題（プライマル）・・・・・・・・・・・・・・・56
公開情報・・・・・・・・・・・・・・・・・・・・・・・・・250
交換経済（エクスチェンジ・エコノミー）・・94
交換レート・・・・・・・・・・・・・・・・・・・・・・・・10
公共財・・・・・・・・・・・・・・・・・・・・・・・・・・・・・5
公共部門・・・・・・・・・・・・・・・・・・・・・・・・・・10
交差代替効果・・・・・・・・・・・・・・・・・・・・・・75
行使価格・・・・・・・・・・・・・・・・・・・・・・・・・243
交渉の余地のない条件付き契約・・・・・・・266
厚生・・・・・・・・・・・・・・・・・・・・・・・・・・・・・・80
合成財・・・・・・・・・・・・・・・・・・・・・・・・・・・・10
行動戦略・・・・・・・・・・・・・・・・・・・・・・・・・278
後方湾曲（バックワード・ベンディング）型・・85
効用・・・・・・・・・・・・・・・・・・・・・・・・・・・・・・14
　　──関数・・・・・・・・・・・・・・・・・・14,20
合理性・・・・・・・・・・・・・・・・・・・・・・・・・・・・18
好ましい財・・・・・・・・・・・・・・・・・・・・・・・・22
個別的リスク・・・・・・・・・・・・・・・・・・・・・236

混合戦略・・・・・・・・・・・・・・・・・・・・278,281
コンティンジェント contingent 財市場・・・・・・7
コンティンジェントな財・・・・・・・・・・・・225
コントラクト・カーブ・・・・・・・・・・・・・101
コンドルセのパラドックス・・・・・・・・・・・23

さ　行

サービス・・・・・・・・・・・・・・・・・・・・・・・・・・・4
財・・・・・・・・・・・・・・・・・・・・・・・・・・・・・・・・・4
　　──空間・・・・・・・・・・・・・・・・・・・・・・・6
最小所得関数・・・・・・・・・・・・・・・・・・・・・・67
差異情報・・・・・・・・・・・・・・・・・・・・・・・・・250
最適反応関数・・・・・・・・・・・・・・・・・・・・・208
財の束・・・・・・・・・・・・・・・・・・・・・・・・・・・・・6
財のバスケット・・・・・・・・・・・・・・・・・・・・・6
財ベクトル・・・・・・・・・・・・・・・・・・・・・・・・・6
先物（フォワード forward）市場・・・・・・・・7
先物（フューチャーズ futures）市場・・・・・・7
差別価格・・・・・・・・・・・・・・・・・・・・・・・・・198
差別化製品・・・・・・・・・・・・・・・・・・・・・・・205
サベッジ Savage の主観的期待効用・・・・・228
参加制約・・・・・・・・・・・・・・・・・・・・・・・・・265
参入阻止価格を設定・・・・・・・・・・・・・・・294
参入阻止行動・・・・・・・・・・・・・・・・・・・・・291
残余請求者・・・・・・・・・・・・・・・・・・・・・・・267
直物（スポット spot）市場・・・・・・・・・・・・7
シグナリング・・・・・・・・・・・・・・・・・・・・・258
　　──均衡・・・・・・・・・・・・・・・・・・・・・260
シグナル・・・・・・・・・・・・・・・・・・・・・・・・・258
資源・・・・・・・・・・・・・・・・・・・・・・・・・・・・・・95
自己代替効果・・・・・・・・・・・・・・・・・・・・・・75
死重的損失・・・・・・・・・・・・・・・・・・・・・・・194
支出額・・・・・・・・・・・・・・・・・・・・・・・・・・・・・9
支出関数・・・・・・・・・・・・・・・・・・・・・・・・・・67
市場・・・・・・・・・・・・・・・・・・・・・・・・・・・・・・・7
事象・・・・・・・・・・・・・・・・・・・・・・・・・・・・・225
市場価格による評価価値・・・・・・・・・・・・・9
市場価値・・・・・・・・・・・・・・・・・・・・・・・・・・・9
市場取引・・・・・・・・・・・・・・・・・・・・・・・・・・・7
市場の欠落・・・・・・・・・・・・・・・・・・・・・・・240
市場の失敗・・・・・・・・・・・・・・・・・・・・・・・175
事象や状態の違い・・・・・・・・・・・・・・・・・225
辞書式選好・・・・・・・・・・・・・・・・・・・・・・・・50
自然・・・・・・・・・・・・・・・・・・・・・・・・・・・・・276
　　──独占・・・・・・・・・・・・・・・・・・・・・195
　　──の状態・・・・・・・・・・・・・・・・・・・224

索　引

実行価格・・・・・・・・・・・・・・・・・・・・243
実行可能・・・・・・・・・・・・・・・・・96,158
実物証券・・・・・・・・・・・・・・・・・・・・225
私的限界費用・・・・・・・・・・・・・・・・175
私的財・・・・・・・・・・・・・・・・・・・・・・・・5
私的情報・・・・・・・・・・・・・・・・・・・・250
私的所有経済・・・・・・・・・・・・・・・・158
始点・・・・・・・・・・・・・・・・・・・・・・・276
支払い意欲・・・・・・・・・・・・・・・・・・165
社会的限界費用・・・・・・・・・・・・・・175
社会的厚生・・・・・・・・・・・・・・・・・・94
社会的厚生関数・・・・・・・・・・・・・・105
　──の単調性・・・・・・・・・・・・・105
奢侈品・・・・・・・・・・・・・・・・・・・・・・44
従価税・・・・・・・・・・・・・・・・・・・・・・86
囚人のディレンマ・・・・・・・・・・・・282
　──・ゲーム・・・・・・・・・・・・・・282
集団的買い手独占・・・・・・・・・・・・218
集団的リスク・・・・・・・・・・・・・・・・236
終点・・・・・・・・・・・・・・・・・・・・・・・276
従量税・・・・・・・・・・・・・・・・・・・・・・86
主観的交換レート・・・・・・・・・・・・・24
需要・・・・・・・・・・・・・・・・・・・・・・・・39
　──価格・・・・・・・・・・・・・・・・・197
　──関数・・・・・・・・・・・・・・・・・・39
　──曲線・・・・・・・・・・・・・・・・・・40
　──ベクトル・・・・・・・・・・・・・・38
準凹性・・・・・・・・・・・・・・・・・・・・・・16
準公共財・・・・・・・・・・・・・・・・・・・・・5
純粋公共財・・・・・・・・・・・・・・・・・・・5
準線形・・・・・・・・・・・・・・・・・・・・・166
純戦略・・・・・・・・・・・・・・・・・278,281
証券・・・・・・・・・・・・・・・・・・・・・・・225
　──xの上で書かれたオプション・・・・・・・244
条件付き財・・・・・・・・・・・・・・・・・226
　──市場・・・・・・・・・・・・・・・・・・7
状態依存財・・・・・・・・・・・・・・・・・225
　──市場・・・・・・・・・・・・・・・・・・7
状態依存所得・・・・・・・・・・・・・・・230
消費・・・・・・・・・・・・・・・・・・・・・・・82
　──支出最小化問題・・・・・・・・65
　──者・・・・・・・・・・・・・・・・10,94
　──者間の関係・・・・・・・・・・・160
　──者と生産者の間の関係・・・160
　──者余剰・・・・・・・・・・・・・・・165
　──税・・・・・・・・・・・・・・・・・・・86

　──の「競合性」・・・・・・・・・・・・5
　──の「排除可能性」・・・・・・・・5
　──ベクトル・・・・・・・・・・・・・・14
　──理論のゴール・・・・・・・・・・14
情報集合・・・・・・・・・・・・・・・・・・・277
情報の対称性・・・・・・・・・・・・・・・250
情報の非対称性・・・・・・・・・・・・・250
初期賦存量・・・・・・・・・・・・・・・・・・77
初期保有量・・・・・・・・・・・・・・・・・・77
序数的効用（関数）・・・・・・・・・・・17
所得関数・・・・・・・・・・・・・・・・・・・・78
所得効果・・・・・・・・・・・・・・・・・・・・71
所得消費曲線・・・・・・・・・・・・・・・・39
所得税・・・・・・・・・・・・・・・・・・・・・・85
真部分ゲーム・・・・・・・・・・・・・・・285
推移性・・・・・・・・・・・・・・・・・・・16,18
スカラー積・・・・・・・・・・・・・・・・・・・6
スクリーニング・・・・・・・・・・・・・261
　──均衡・・・・・・・・・・・・・・・・・299
スタッケルベルグ均衡・・・・・・・・211
スタッケルベルグ産業・・・・・・・・211
スパニング条件・・・・・・・・・・・・・242
スルツキー行列・・・・・・・・・・・・・・73
スルツキーの代替効果・・・・・・・・・73
スルツキー方程式・・・・・・・・・・・・71
整合的・・・・・・・・・・・・・・・・・・・・・286
政策当局・・・・・・・・・・・・・・・・・・・・10
生産経済・・・・・・・・・・・・・・・・・・・158
　──の配分・・・・・・・・・・・・・・・158
生産者・・・・・・・・・・・・・・・・・・・・・・10
　──間の関係・・・・・・・・・・・・・160
　──余剰・・・・・・・・・・・・・・・・・170
生産物間の関係・・・・・・・・・・・・・160
正常財・・・・・・・・・・・・・・・・・・・・・・40
ぜいたく品・・・・・・・・・・・・・・・・・・44
精緻化（リファインメント）・・・285
政府・・・・・・・・・・・・・・・・・・・・・・・・10
絶対的危険回避度・・・・・・・・・・・232
セット販売 vs. ブレンド米・・・・271
線形近似・・・・・・・・・・・・・・・・・・・・24
選好関係・・・・・・・・・・・・・・・・・・・・18
選好する・・・・・・・・・・・・・・・・・・・・18
選択肢・・・・・・・・・・・・・・・・・・・・・277
先導者・・・・・・・・・・・・・・・・・・・・・211
全微分・・・・・・・・・・・・・・・・・・・・・・28
戦略・・・・・・・・・・・・・・・・・・・・・・・278

索引

――形ゲーム ······ 281
総収入 ······ 9
相対的危険回避度 ······ 232
双対的アプローチ ······ 56
双対問題（デュアル） ······ 56

た 行

第1企業の利潤最大化計算 ······ 207
第1財の需要関数 ······ 39
第1財の需要量 ······ 38
第1種の価格差別 ······ 196
第2企業の利潤最大化計算 ······ 207
第2財の需要関数 ······ 39
第2財の需要量 ······ 38
第2種の価格差別 ······ 197
第3種の価格差別 ······ 197
対称情報 ······ 250
代替行列 ······ 73
代替効果 ······ 71
代替財 ······ 76
単調性 ······ 16, 19
ダンピング ······ 216
弾力性 ······ 42
逐次均衡 ······ 288
逐次合理的 ······ 287
中央銀行 ······ 10
中立財 ······ 22
超過需要 ······ 95
超過負担 ······ 194
直接税 ······ 85
貯蓄 ······ 82
追随者 ······ 211
通常財 ······ 40
強く危険愛好的 ······ 229
強く危険回避的 ······ 229
帝国主義的搾取 ······ 216
デッドウェイト・ロス ······ 194
手番 ······ 276
点 ······ 276
展開形ゲーム ······ 276
等価変分 ······ 167
同程度に好ましい ······ 18
道徳的危険 ······ 255
投票のパラドックス ······ 23
等利潤曲線 ······ 209
独占 ······ 189

――企業 ······ 189
――的競争 ······ 205
――度 ······ 192
凸性 ······ 19
ドット積 ······ 9
ドブルー証券 ······ 225

な 行

内積 ······ 9
内点解 ······ 190
ナッシュ均衡 ······ 284
2部料金制 ······ 217
ニューター ······ 22
ニューメレール ······ 8

は 行

配分 ······ 95
ハウタッカー Houthakker の等式 ······ 62
パス ······ 277
バッズ ······ 22
パレート改善する ······ 97
パレート効率的 ······ 96
パレート最適 ······ 97
パレート配分 ······ 97
反射性 ······ 16, 18
反応関数 ······ 208
反応曲線 ······ 208
比較可能性 ······ 15, 18
ヒクシアン需要 ······ 67
――ベクトル ······ 67
非線形価格付け ······ 197
非対称情報 ······ 250
標準形ゲーム ······ 281
標準的な選好（関係） ······ 19
プーリング均衡 ······ 297
フォロアー ······ 211
フォン・ノイマン＝モーゲンスターン von Neumann-Morgenstern の効用関数 ······ 228
不確実 ······ 224
――性 ······ 224
不完全競争 ······ 11
不完備市場 ······ 176
複占（デュオポリー） ······ 206
負の財 ······ 22
部分ゲーム ······ 285
――完全均衡 ······ 285

索　引

プライス・テイカー ……………………… 11
プライス・メイカー ………………… 11,196
プリンシパル ……………………………… 256
　――・エージェント関係 ……………… 256
プレイ ……………………………………… 277
プレイヤー ………………………………… 276
分離均衡 …………………………… 260,299
平均収入 …………………………………… 189
米国式 ……………………………………… 242
ベルトラン均衡 …………………………… 212
ベルヌーイ Bernoulli 効用関数 ………… 228
偏微分 ………………………………………… 28
ポイズンピル ……………………………… 258
補完財 ………………………………………… 76
保険計理上公平 …………………………… 239
保険プレミアム …………………………… 231
補償需要 ……………………………………… 67
補償変分 …………………………………… 167

ま～わ 行

マクロ経済学 ……………………………… iv
マーケット …………………………………… 7
　――・セグメンテーション（市場分割） ‥197
　――・フェイリュアー ………………… 175
満期日 ……………………………………… 243
見えざる手の定理 ………………………… 102
ミクロ経済学 ……………………………… iv
ミッシング・マーケット ………… 176,240
無差別 ………………………………… 15,18
　――曲線 ……………………………… 17,19
目的関数 ……………………………………… 56
モラル・ハザード ………………………… 255

誘因 ………………………………………… 263
　――両立制約 …………………………… 265
優等財 ………………………………………… 40
要素間の関係 ……………………………… 160
要素と生産物の関係 ……………………… 160
余暇 …………………………………………… 83
預金通貨 ……………………………………… 94
予算集合 ……………………………………… 30
予算制約 ……………………………………… 30
　――式 ……………………………………… 30
予算線 ………………………………………… 30
予想 ………………………………………… 286
より危険回避的 …………………………… 233
より好ましい ………………………………… 18

リーダー …………………………………… 211
リスク・プレミアム ……………………… 231
利得（ペイオフ） ………………………… 278
リビールド・プレファレンス …………… 80
留保需要 ……………………………………… 78
レオンチェフ型効用関数 …………………… 21
レオンチェフ型選好関係 …………………… 21
劣等財 ………………………………………… 40
レモン車市場 ……………………………… 252
レモンの原理 ……………………………… 254
労働の供給量 ………………………………… 84
ロワ Roy の等式 …………………………… 62

和 ……………………………………………… 6
ワルラス配分 ………………………… 96,159

山崎　昭（やまざき・あきら）
1942年生まれ．福井市出身．1966年一橋大学経済学部卒業．仏国グルノーブル大学 D.E.S.，米国ロチェスター大学経済学 Ph.D.，一橋大学博士（経済学）．米国イリノイ大学シカゴ校経済学部助教授，一橋経済学部教授を経て，現在，明星大学経済学部・大学院経済学研究科教授，一橋大学名誉教授．この間独国ボン大学経済学部客員教授，米国南メソディスト大学経済学部客員教授を務める．専攻：理論経済学

〔主要業績〕Monetary Equilibrium with Buying and Selling Price Spread without Transactions Costs, Advances in Mathematical Economics 6, pp.68-81, 2004. Interim Core Concepts for a Bayesian Pure Exchange Economy, Journal of Mathematical Economics 40, pp.167-183, 2004 (With Tatsuro Ichiishi). An Equilibrium Existence Theorem without Convexity Assumptions Econometrica 46, pp.541-555, 1978.『数理経済学の基礎』創文社，1986（A5判・382頁）．

ミクロ経済学

ISBN4-901654-84-5

2006年11月10日	第1刷印刷
2006年11月15日	第1刷発行

著　者　山崎　昭

発行者　小山　光夫

発行所　株式会社　知泉書館
　　　　〒113-0033　東京都文京区本郷1-13-2
　　　　電話03-3814-6161/FAX03-3814-6166
　　　　http://www.chisen.co.jp

印刷者　藤原　愛子

印刷・製本　藤原印刷株式会社

Printed in Japan